解釈学的倫理学

科学技術社会を生きるために

Hermeneutische Ethik:
Pragmatisch-ethische Orientierung in technologischen Gesellschaften

ベルンハルト・イルガング 著　松田毅 監訳
Bernhard Irrgang

昭和堂

目次

第2章 人間学的基礎――人間的―技術的な実践――解釈学的倫理学の解釈の基礎

凡例

本書は *Hermeneutische Ethik: Pragmatisch-ethische Orientierung in technologischen Gesellschaften*, Wissenschaftliche Buchgesellschaft, Darmstadt 2007 の邦訳である。

本文中（ ）は原著者による補足。典拠は原著に従い、（ ）内にそのまま入れてある。また、邦訳の頁数を加えた。なお、本文中の引用箇所については、基本的に原著のドイツ語訳を尊重し、既訳と異なる場合も、それを日本語に訳出した。

［ ］内は原則として本文の理解のために、訳者の判断で入れたもの。読者の読みやすさを考え、地の文に「 」を加えたところがある。

小見出しは、読者の便宜を考え、訳者の判断で付けた。本書には原注はなく、訳注を＊で入れてある。

まえがき

科学技術《テクノロジー》の倫理学は、ふつうはエンジニアのための職業倫理であると考えられている。しかし、本書で問題となるのは、まったく異なるタイプの科学技術の倫理学、つまり、ユーザーの、したがって消費者の倫理学である。技術文明のなかでは、エンジニアも職人も、みな誰もが技術のユーザーである。そこで日々革新され、提供される新しい技術――もちろん、取り残されたくなければ、誰もがそれを持たざるをえない――の氾濫を目の前にすると、次のように問わざるをえなくなる。「現代の技術を前にユーザーに対し、流行の基本的な価値である『かっこいい《クール》』が、本当に人間の自己保存に必要な根本形式であることを示せるだろうか」と。

解釈学的倫理学の目標は、「解放」や「自己実現」のような近代的な要求から見れば、控えめである。科学技術は不確実性と無知とを産み出すが、不確実性や無知と折り合いをつけることは、長いあいだ、学問の仕事であった。倫理学も哲学と同じように、学問でなければならなかった。しかし、解釈学的倫理学では、不確実性と折り合いをつけることも、倫理的反省も、どちらもある種の「技法 Kunst」であると考える。倫理的判断を下すために、倫理学の基本諸原則や諸原理を適用するだけではもう済まなくなったからである。判断の結果を予測することは、限られた仕方でしかできないし、そのために価値判断も必要である。倫理的反省を行うためには、人類学と社会哲学、実践哲学と経済哲学、科学哲学と技術哲学など、他の多くの哲学諸分野の成果を活用しなくてはならない。

解釈学的倫理学は、決疑論や実存主義そして実存哲学の発想に基礎を持つ状況倫理学を発展させたものとして理解できる。つまり、解釈学的倫理学は、良心に基づく意思決定を目指す倫理へとひとを導くこと、あるいは「インフォームド・コンセント」と自己決定権（社会倫理[*1]的に行為する自律の主体）の考えをモデルに理解される。この倫理学は、これらの発想や考えを、科学技術の浸透する社会で生じる、行為の倫理的反省として、社会的文脈、それどころか、（「埋め込まれた《エンベット》自律」のような）文化横断的《トランスカルチュアル》文脈に置くのである。その結果、解釈学的倫理学のリサーチプログラムは、現象学、社会人類学、エスノメソドロジーに由来する多くの着想と一致する。解釈学的倫理学は、それらの新しい潮流と同じように、現代社会で具体的に問題となる諸事例に倫理学的反省を加えるのである。

　解釈学的倫理学は、道徳を実行する能力［運用能力］に関する諸概念を基礎に持つが、その歴史上の先駆者たちについては、筆者の『解釈学的観点に基づく実践的倫理学』（Irrgang 1998）で叙述した通りである。本書の問題は、解釈学的倫理学の方法の現代的基礎づけとその叙述であり、また解釈学的倫理学を実践するための手引きにある。しかし、道徳に関することは、事実のようには記述できない。それは課題であり、道徳を実行する能力に左右される。とはいえ、道徳に関することは、価値づけを伴う解釈抜きには、その力を発揮できない。そしてそのためには、「意味づける解釈」を方法的に再構成できるかたちで「価値づける解釈」へと転換できなくてはならないのである。

　本書は、通常の意味の応用倫理学の著作ではない。なぜなら、本書で考察の対象となるのは、倫理学ではなく、倫理学を倫理的論証と意思決定に適用する諸条件および倫理学を埋め込む諸機能だからである。これらの条件や機能は、現代社会では特に技術的で経済的な特徴を持っている。解釈学的倫理学は、道徳的に善であり道徳的に正しい行為、そしてそれに対応した実践を可能にしなくてはならない。個人としてよい道徳と正しい倫理を身につけることは、わたしたちの課題であり、ひとは、人間として成長し、そのような課題を果たすことができなくてはならないのである。また、善き生と正しい行為とを通して社会と文化の構造改革も行わなくてはならない。

　解釈学的倫理学の第一歩は、現象学と解釈学にあるが、それは倫理学へと進んでいく。解釈学的倫理学のひとつの基盤は、暗黙的ないし明示的な道徳的知識と能力との組み合わせにある。また、それに加えて、道徳を実行する能力、習慣、美徳、価値、規則、原理、義務、規範、さらに道徳的であること、つまり倫理的な範例《パラダイグマ》を手がかりに、解釈学的倫理学は、行為、実践、組織や制度の倫理性に関する価値判断を行う。解釈学的倫理学は、倫理的な権利を有する意思決定と文脈に拘束された道徳的自律の精神による適切な倫理的判断とをともに可能にしなくてはならないが、教条主義的な倫理学の考え方に対しては、リベラルな倫理学を実践する道筋を説得的に示し、ひとが豊かな質を持った善き生を送ることができるように導くのである。倫理学は、正しい実践を導くものであり、命令の体系ではない。この意味で本書は、日常生活のなかでプロの倫理学を実現しようとするものとして理解できる。

筆者の精神に解釈学的倫理学の構想を喚起してくれた人々、なかでも特に感謝を表明したいのは、ヴァルター・チンマリ、ハンス・レンク、ハンス・ポザー、トマス・レンチュ、そして同僚でブエノス・アイレスのネストル・コロナ、フェルナンド・ルイス・フロイス、(チリのサンチアゴの)リカルド・サラスである。また、多くの手助けをしてくれた助手のアルン・トリパティ、原稿を見てくれたラルス・フォン・リヒター、秘書のエヴェリン・ホフマンにもこの場を借りて感謝したい。

ドレスデン　二〇〇六年夏

ベルンハルト・イルガング

日本語版に寄せて

解釈学的倫理学に関するこの著作により、まだ完成していない英語版よりも先に、私の専門書の日本語の翻訳の第二作が出版されることになりました。本書には、日本の研究者たちと筆者の長期間に及ぶ共同作業が記録されています。

解釈学的倫理学は一筋の川の流れのようなものです。筆者は、二〇年ほど前から、この流れにそって、異なる立場やタイプの違いを超え、倫理学、応用倫理学そして道徳哲学をひとつにし、古代ギリシア以来のヨーロッパの哲学的伝統の諸源泉から取り出される思考の範疇と価値づけの地平とを作り上げ、それらを特に個別分野の倫理学と個人の生き方に関わる具体的な諸問題のために用いてきました。本書は、解釈学的倫理学を基礎づけるものとして、読者の皆様に対しまして、この着想に含まれる最も包括的な全体を示し、また、同時に倫理的道徳的な思惟の将来を指示する、その形式の正しさを実証してご覧にいれようとするものです。テクノロジーの哲学を教授するものとして、筆者が、現代のグローバル化の文脈のなかで特に科学技術と経済の発展に注意を払っていることを申し添えておきたいと思います。

入念な翻訳のために貴重な時間を割いてくださった、神戸大学の松田毅教授と翻訳者の皆様、出版の可能性をいただいた昭和堂の方々にこの場を借りてお礼を申し上げます。

ドレスデン　二〇一三年早春

ベルンハルト・イルガング

序論　倫理学におけるプラグマティズムと解釈学

解釈学的倫理学とは何か――歴史的パースペクティブから

近代のさまざまな倫理学は、それぞれその焦点を、ひとがそれに対して道徳的な価値判断を行うべき、行為の複雑性をもっぱら行為の一側面に絞ることで、縮減しようとした。たとえば、カントは行為をそれに従って決定する規則を通して、帰結主義者は行為の諸結果を通して、また、［自然法論による］契約論者は同意を通して、そして［ハーバーマスのような］討議論者は、行為の［正しさに関する］論証根拠を通して、それぞれ行為を限定しようとしたのである。解釈学的倫理学の出発点にある発想は、社会で営まれている多様な実践に関連する、意味づけと価値づけの構造を反省できるようにすることであるが、この構造は、個々に程度の差があるにしても、テクノロジーの構造をますます直接反映するものとなっている。解釈学的考察は、意思決定にいたる過程を解明しなくてはならないが、その状況にどのような欠陥があるかを明らかにし、可能性としてその根底に潜む倫理的対立がどのようなものであるかを指摘しなくてはならない。その対立が不可避に見える場合もあるが、実は解釈に際してはすでに妥協点も準備されているものなので、解釈学的倫理学は、意思決定に必要な倫理を実行する能力を高めるために、現実に即した解釈上の諸規則を作り上げるのである。

「解釈学的倫理学」の名称は、それが、実践的な倫理学と応用を目指す道徳哲学の諸問題を強調し、原理や手続きを志向する倫理学を応用する際に生じる問題群から距離を取る点に由来するが、しかし、そのことでその種の道徳哲学や倫理学を捨てるものではない。確かに、方法論的に見れば、解釈学的倫理学をひとつの折衷と見なすのが最も適切であるが、解釈学的倫理学の探究の中心に置かれるのは、一定の状況と文脈にあって、行為する人間、したがって、人間の実践なのである。すでに述べたように、近代の倫理学は、それぞれその視点を、行為の一側面に絞り、わたしたちが道徳的価値判断を行うべき、行為の複雑性を縮減しようとする。しかし、その結果として、解釈の多様性は排除しなくてはならなくなるし、行為の意味理解と価値づけに伴う不確実性も避けて通らなくてはならない。しかしながら、倫理学が実践へと転回するとともに、行為そのものはもはや倫理学の対象ではなくなり、むしろ倫理学の対象は、行為をある実践の連関のなかで日常に埋め込むこと、そしてこの埋め込みと連動する意思決定の問題になったのである。この点が、特に当てはまるのは、行為のこの埋め込みということが新しい問題であるために、その範例になる前例が見つからない場合である。それが職業上のコンフリクトの事例である。

応用哲学としての解釈学的倫理学

解釈学的倫理学は、意味理解と価値づけに関する多様性、規範と価値の多元性、そして文化を横断する価値判断の違いを過小評価しないが、全面的な相対主義は避けるべきであると考える。また、理論的な倫理学と応用倫理学との調停にも努める。そして、意識的に良識の観点に立つことを選び、専門分野を横断する知的作業に必要な認識論の基礎的考察も展開させるので、自らを「応用哲学」として理解する。解釈学的倫理学は、事実のレベルと価値判断のレベルとを再構成し、これら二つのレベルを収斂させることを試み、その目標は、解釈と論証とにプラグマティックな一貫性を持たせることなのである。

しかし、近代では倫理学と解釈学とのこの関連があまり関心をひかなかったとしても、それは驚くべきことではないだろう。近代の論理は、まずさしあたっては差異化することに固執していたからである。規範的であることを第一目標とする倫理学は、無条件の責任を問題にするが、無条件的なものではなく、論理的にもけっして正確とはいえない、理解の過程は、そのような努力の邪魔になる。逆に、解釈学は解釈学で倫理学に関心を持たなかった。したがって、多様な文化間、および競合する規範と価値のシステム間の対立についても、また「心情倫理」と「責任倫理」[*1]の対立についても、解釈学が理解のさまざまなパースペクティブを責任をもって際立てることが、重要になる。解明が必要なのは、倫理学内部での理解と解釈、したがって学問的解釈の役割であり、また、解釈学自身がどの程度まで倫理的な観点を含み、そしておそらくはひとつの倫理学すら展開させてきたかという点である。どんな解釈学にも備わる、世界解釈の力は、もちろん倫理学にも拡張できるが、解釈学には世界像が複数化した点を正統化するという課題がある（Schönherr-Mann 2004）。

倫理学は、特に社会秩序が容易に受容されなくなったとき、道徳をさまざまな伝統に基づき安定させるように試み、プラグマティズムは、倫理学の場合にも教条《ドグマ》を放棄しようとする。したがって、倫理学を解釈学的な「権力意志」として提示することができるだろう。解釈学的倫理学の内部では相対主義、価値の多元主義そして倫理的な脱構築主義が密接に関連しあう。教条主義は、マニ教[*2]にルーツを持つが、解釈学は状況理解から始める。特定の行為の状況理解の構造からは、ある倫理的な要求が必然的に生じるが、その第一の要求は、正しく理解することであり、学問的な解釈の技法としての解釈学はその技法を教授する。ここで歴史上のあらゆる権利の発見には解釈学的要因が含まれていることを指摘しなくてはならないが、権利に関する歴史的意識のなかに疎外の経験が含まれることは否定できないのである。二〇世紀には学問的な解釈に関する新しい概念が作り出されたが、それは人間の自己理解にまで遡り、その自己理解は、わたしたち人間存在の隠された無意識の衝動全体にまで及ぶものであった（Schönherr-Mann 2004）。

解釈学的倫理学は現代社会の倫理学に対する期待に応える

道徳に関する絶対主義は、規範、価値、価値解釈を究極的に基礎づけるように求めるが、その場合、そのような道徳的規範の形式を構成する規範の無条件性と、その規範の内容が変化する可能性とを解釈学的に媒介する必要がある。他方、解釈学的倫理学と近代の懐疑主義とのあいだには、たとえば、両者ともにこの種の基礎づけモデルを批判しているように、共通の着眼点がある。また、正当化の思想は、ゲームをすることとゲームの規則の「承認」の思想とに結びついているが、解釈学的倫理学の核は、この規則の承認問題に狙いを定める点にあり、学問的な解釈学的倫理学は、［解釈者を］自由にすることを目指すのである。つまり、ここでの問題は解釈者相互の自由と平等にあるが、究極の基礎づけに決別を告げることが、学問的解釈を行うことを反省的に基礎づけることへと導く一方、ここでは同時に解釈学を通して、文化的相対主義とも縁を切ることも求められるのである。

この種の批判は、それ自体が［解釈の］基準とスタンダードを立てる可能性を指示しているので、それらの基準やスタンダードに一貫性を持たせる、という要求にも解釈学的倫理学は応えなくてはならない。そうした要求に応え続けることも解釈学的倫理学の課題のひとつなのである。しかし、同時に学問的解釈がつねに開かれている事実が完全に消えてしまうことはない。つまり、解釈学的倫理学は、公共の場での何らかの発話や行為に関する学問的解釈を行うことと切り離せない以上、教条的な解釈はいわば形容矛盾にほかならないのである。たとえば、カントの定言命法の場合でも、この命法が、ひとが何を望むべきかではなくて、どのように望むべきかを見いだすように導こうとするかぎりは、そこに解釈学のレベルが存在するのである（Schönherr-Mann 2004)。

哲学的倫理学には、今、高い期待が寄せられているが、この期待に応えることができるかどうかについては、いぜん疑問が投げかけられたままであるに違いない。しかし、解釈学を理論的かつ実践的な課題として捉えるならば、それは、哲学をわたしたちが歴史的に生存している事実に連れ戻すことを意味するだろう。解釈学的倫理学は、つまるところ、媒介する倫理学として、社会工学や人間行動に関する知識工学に近いところに位置するのである。近代社会では自己解放と自己実現とが倫理の課題であったが、規範は単純にあらかじめ与えられているわけではないし、どこかから導き出せるようなものでもないので、ことがらとしての倫理学そのものに向かうことが、緊急の課題となったのである。ただし、その場合も、古典的な解釈学には社会哲学的観点から見て、欠陥が幾つかあったことは否定できない（Schönherr-Mann 2004）。

倫理学のこのような転回の根底にある洞察は、「通常は、ひとつの原則から倫理学的導出を行っても、満足できる結果をもたらすことはできない」というものであるが、この窮地を脱する方法のひとつが、新しい課題設定の観点から伝統をたえず繰り返し解釈し直すことである。とはいえ、倫理学自体をこのように学問的に解釈したとしても、将来への見通しや将来の問題はなお未決にとどまらざるをえない。また理解には限界も存在する。倫理の問題に関して無理やり合意《コンセンサス》を強制したり、ひとつの統一原則への従属を強いたりすると、倫理学内部に終わりのない内戦が生じてしまうだろうからである。解釈学的倫理学にとって重要なことは、対立を含んだ多様な理解の可能性、許容可能な行為の可能性、そして発展の道筋を見て取ることである。結局、寛容こそが重要なのである。「語りうる一切は、別様に語りうる」が、解釈学はよりよい理解のためのテクニックに尽きるものではない。学問的な解釈の問題が生まれるのは、特に対立が伏在する状況下であるが、学問的解釈の問題としての倫理学の限界は、それが新しい課題に直面したときに現れる。そして理解の倫理学は、互いに異なる文化が対立している場合に重要な役割を引き受ける。理解の倫理学の内実には、倫理学に無条件に正しい立場などありえない、という認識が含まれているのである。

1 具体的倫理学——決疑論と事例研究を超えて

「ナラティブ倫理学」の構想——普遍的妥当性と個別事例との緊張関係

決疑論の目標は、ある事例の問題解決に関して、道徳哲学的に反省を行うことではなく、最初から事例の問題を解決することにある。これに対応して、決疑論は規範倫理学のひとつの（包括的）理論からではなく、問題事例の分析から出発する（Düwell/Steigleder 2003）が、その種の理論は、決疑論ではむしろ不要なものもしくは欠陥あるものと思われている。このような「ナラティブ倫理学」の構想には終始一貫してある固有の緊張が伴っているが、それは実はあらゆる倫理学に内在しているものである。つまり、普遍的妥当性とより注意深く吟味される個別事例とのあいだでの緊張の高まりである。このナラティブ倫理学には、それが論証の一貫性に代わり、人々の苦悩に関わる関心を持ち出すおそれがあるが、そのおそれに根拠がないのは、これら二つの観点が相互に補いあうからである。決疑論のためには道徳的論争のための枠組み、つまり範例となる問題事例が重要であり、それは一般的な道徳の規則を格率《マキシム》として使用することができるが、現代社会では、個別で多様な道徳的決定を、個別の問題事例に対する普遍的な倫理規則に単純に還元することができなくなっていて、わたしたちはそれらの諸決定を応用したり、変更したりしなくてはならないのである。原則重視の倫理学は、根本的には幾何学と数学に帰趨するが、決疑論は、実践的な主張に帰着する。そのために必要な判断能力に関連する多くの問題は、法律、医学、行政などの実務《プラクシス》［実践］の領域に関連する、普遍化の可能性と配慮の追究とに結びついているのである（Jonson/Toulmin 1988）。

プラクシス——医療と決疑論

時代の制約を受けない諸原則を有する科学理論とは違い、法律家、エンジニアあるいは医師の実務では、職業上の多様な問題が登場する。理論的論証が一連の証明となる一方で、こうした実務遂行上の論証は、問題解決を提示するものである。幾何学の理想は公理化であるが、たとえば、臨床医学では実践《プラクシス》である。わたしたちは経験的に鶏肉に栄養があることを知っているが、医学は理論と実践とを、つまり知的な課題と技術的な能力とを特有のしかたで結合する。臨床医学が科学であるのは、ある病気の処置がもっぱら通常はある普遍化された科学的知識に基づくからであるが、この種の知識は、その普遍化によって医学と生物学の研究者のあいだで世代を超えて形作られてきたものである。医学は、たんなる応用生物学的研究以上のものなのである。医学の場合、発病と治療に関してある範例を認識していなくてはならないからである（Jonson/Toulmin 1988）。

診断とはある兆候を再認することであるが、そのような再認は、再同定の能力を前提としている。そのために類推に基づく論証が必要となる。決疑論はこのような診断と多くの点で関係する。実務で問題となるのは、適切な処置であるが、診断に関連する考察は、類比的に進み、その資源として医学上の分類を用い、範例となる問題事例を掘り起こし、このような事例を参照すべき例としてあらゆる比較対象と結びつけることができる。臨床医学の論証は、異なる診断を下すことができるよう、責任感のある医師のためにいつも開かれているし、さらに、境界例や疑問のある例については異なる見解を持つこともできる。これと関連させれば、この種の分類上の手続きが倫理学にも重要であることが明らかになるだろう。まさにそのような手続きに問題解決のための手がかりを求めなくてはならず、範例と典型的な例とが、類推を行うためには欠かせないのである（Jonson/Toulmin 1988）。

患者の抱えるさまざまな臨床的問題や状況が、医療倫理学にふさわしい範例の追究と決疑論の復活を導いたが、医療分野で道徳的対立が典型的なしかたで生じる理由は、さまざまな臨床的な介入措置が多様な帰結を産み出すことがありうるという事実にもあった。そのために、異なる社会倫理的義務のあいだに生じる対立について、ある普遍化が必要だと思われたが、そのような対立は解消できるものである。倫理学の場合も医療の場合も、実務経験が存在するし、それらはいずれも少なくとも個人的でも集団的でもある。実務に関する倫理的反省を行う論証行為は、形式的、つまり幾何学的証明よりもずっと深く状況に入り込むことができるのであり、この場合、根拠に関する推測に基づく論争は意味を失ってしまう。道徳的知識の核にあるものは、個別的なものなのである。わたしたちは、倫理学的な演繹を行う代わりに、道徳に対する細やかな感受性を磨くべきであり、倫理学の中心にある実践の領域こそが重要なのである（Jonson/Toulmin 1988）。生命倫理学でも医療倫理学でも決疑論が復活し、解釈学的倫理学は生命倫理学の得てきた経験を活用している。

具体的現象や問題事例を普遍的形式や原則により把握し、位置づけ、また、それらを区分し、評価することが求められる場合は、どの場合も方法としての決疑論には、それにふさわしい場所がある。特に、行為を導く規範的な学問は、決疑論を手助けにして、複雑な状況を解明し、利害や義務のなかにある対立を解消し、対立があるなかでも行為に対する指示を与えるように努める。その際、再構成した問題事例や実際の差し迫った課題を問題にすることもできる。決疑論では、一般的意味の類推と類似性に従って、経験的な比較に取り組むことができるし、狭義の厳密に論理的で合理的な法則性に従う包摂を行うこともできる。具体的な問題事例のうちに普遍的に妥当するものを見て取ることこそが、決疑論的な思考の課題なのである。

法と決疑論

決疑論の起源は法にあり、決疑論も法もその本領は、その手続きの過程にある。ローマ法は、もともと個別事例から規則を獲得したが、その規則は、それらの事例とよく似た問題事例のための基準となる。したがって、その時々の執政官の布告から生じる「名誉法 Ius Honorarium」も「永久告示録 Edictum Perpetuum」[*3]、つまり、執政官なら誰でも、さらに条文をそれにつけ加えることができる過去の執政官たちの一般に妥当する一群の布告も、この点では同じである。同じように、英国の法律も今日にいたるまで判例法である。そして啓蒙主義の自然法と一九世紀の法実証主義は決疑論を抽象的な規範主義として合理的演繹へと発展させたのである。さらに、キリスト教以外の宗教では、決疑論は、禁忌に由来する儀礼的な諸規則と、またそれと結びついた「純潔」や「不純」の表象とに関連している。倫理学の分野で初めてかなり詳細な決疑論を発展させたのは中期ストア派である。倫理的義務が自然法の永遠のロゴスから導かれ、そこから「正しい理性 recta ratio」が生じ、この正しい理性が自然に適った生活を促進するというのである。何らかの衝突が生じた場合に、「道徳的なもの Honestum」か「有用なもの Utile」か、そのいずれを選ぶべきかも、そこではすでに論じられていた。

非常に様式化された決疑論が、贖罪規律の発展とそれに役立つ贖罪規定書[*4]とともに現れた。この贖罪規定書は、六世紀のアイルランド、スコットランドやアングロサクソンの地域に始まったものである。その結果、倫理は法律の問題となり、唯名論的な法実証主義が生じる。また、その実務の問題として個別事例に携わるべき点も強調されるようになった。実践的な「良心の決疑 Casus Conscientiae」という固有の専門が、体系的基礎から分離されたのは、ようやく一七、一八世紀のカトリック神学でである。そこでは問題は純然たる決疑論の問題として、普遍的な諸原則に基づく合理的な演繹を通して解決するべきであるとされた。極端な場合には、無条件の倫理的最少要件《ミニマム》が固定され、良心に関する嫌疑は、そのために特に開発された道徳体系の助けを得ることで、取り除かれるべきものとなったのである。このように体系化され、独立した決疑論は「道徳神学」と呼ばれる。道徳神学自体は、その基礎づけのために体系的神学の存在を前提としたが、一九世紀にいたるまで学校では妥当なものとして通用していた。ただ最終的には用語上の問題がひとつ残っている。それは、決疑論が典型的な個別事例、つまり、多かれ少なかれ繰り返されるような状況を取り出し、それらに対して倫理的決定を下すように導くかどうかは、未決であるという点である。したがって、決疑論は、より狭い意味では、規則に適った演繹方法として理解され、より広い意味では、状況倫理学にまで拡張されたのである（Hauser 1976）。

決疑論に対する批判への応答と解釈学的倫理学

決疑論への批判には三つの切り口があるが、それらは互いに区別しなくてはならない。①決疑論は、規則と個別事例とを多様なしかたで伝えるが、そのために所与の例に関する価値判断が最終的には好みの問題になってしまうという批判。②決疑論は、キリスト者の生活に関連する最も神聖な諸規則をそれと正反対のものに変えてしまうという批判。③教会で贖罪を行う際、決疑論を制度化すると、個人の自律が損なわれるが、良心こそが決疑を行う最善のものであるという批判である。これらの批判をすべて考慮すれば、その結果として、決疑論は真の意味での倫理学的研究に高められなくてはならないことになる（Wolf 1976）。他方、医療の分野では、決疑論は個々の症例を記述し、それらを収集することを意味するが、医療の決疑論は、①疾病の典型的経過を記述し、②珍しい個別事例や複雑な事例を分析する、という二つの課題を持つ（Bleker 1976）。哲学的な解釈を行うことは、解釈学的倫理学の枠組みのなかでも、決疑論より強い意味で具体的なものの記述ではなく、具体的なものをある普遍者（地平）の観点から解釈することなのである。

良心の概念は、ある認識論の転換と結びついて生じたものであるが、この文脈で問題となるのは、同意であり、また傾向性としての信念である。このことは「真理に対する生得的傾向性は存在しない」という新しい見方を含んでいる。スコラ哲学の議論は、アカデミックなもの以上ではなかったし、一般の民衆への橋渡しも欠いていたが、一七世紀の懐疑主義者たちは、意見の形成に含まれる不確実性を強調していた。多様な解釈や観点には小さくない相違があったのである。しかし、ルネサンスと啓蒙主義の時代のあいだに新しい統治モデルに関する議論が行われ、伝統的には統治の課題は「倫理的な意味で」「善き生」を可能にすることにあったが、統治の文脈の基礎概念は、信念ないし意見に関連する基礎概念となった。懐疑主義者は、全体として見れば、自律の思想を促したのである（Leites 1988）。

一七世紀になると、「決疑論」という用語は軽蔑を込めて用いられるようになったが、それでも、この語は多様で繊細な区別のために使用されていた。つまり、自由思想とイエズス会の道徳が結びつき、ひとつになり、決疑論は、詭弁とさえ同一視され、罪科をその反対のものに変えようとするものとすら見なされた。決疑論に反対するジャンセニストの情宣活動のために、決疑論に関するこうした見方が生じたのである。決疑論では状況の分析が重要な意味を持つが、法律の思考法とこの決疑論の思考法のあいだにはある類比が存在する。決疑論は、ローマ法と英国法に密接な繋がりを持つが、最終的に判断の決定方法こそが問題だった。このように、決疑論は、道徳に関わる個々の難しい例を扱う専門家たちの解決を発展させたものであり、そこで決定的なのは、判断力を訓練することであり、決定を下す能力を磨くことであった。そこから、多様なタイプの［専門家の］メンタリティが出現した。これは社会を支配する文化の問題でもあったが、決疑論に与する人々は、伝統的な保守派の道徳体系を変革することを望んだ（Leites 1988）。

カントは道徳における蓋然主義《プロバビリズム》にはすべて反対したが、かれもまったく決疑論なしですませられたわけではない。このことは、カント自身が、その著作『理論では正しいかもしれないが、実践では役に立たない』[*5]のなかで記していることである。合理主義の決疑論は、良心を三段論法と見なし、良心の主知主義的な側面を露わにしたが、そのような決疑論には社会的な機能があった。そのことが示されているのは、一七世紀の偉大な決疑論者たちの発言である。決疑論が絶頂に達した、この時代の代表的業績は、アンドレアス・ケストラーの一六五八年の『良心の決疑のための神学』である。ヨハン・ペーター・ミラー（一七二五―一七八九）は、ヘルムシュテット、ハレ、ゲッチンゲンの大学で例外と規則の問題に取り組んだ人である。例外は各領域でそれぞれ類型として普遍化されなくてはならないが（「適正さ」）[*6]、決疑論はそのことを通して、良心を導くことに役立ち、ひとが神を目前にするときの正当化の姿を変えたのである。つまり、最終的に決疑論の背景にあったのは、責任の問題なのである。この種の普遍化の規則は、個人が社会に対して自分を適合させることを要請するが、このような要請は、ある程度までは決疑論の根底にもあるものである（Leites 1988）。ある誤解に基づいて、自然法思想がこうした決疑論に反対する立場として持ち出されたが、真理に関する基準を一切持たない懐疑主義の伝統や信仰に忠実な立場は、むしろ決疑論的に考えることに同意した。また、アリストテレス主義に反対する懐疑主義の攻撃も決疑論的思考をもたらしたが、懐疑主義の克服者として重要視されたガサンディは、決疑論に反対する伝統のなかに位置づけられている。結局、懐疑主義は、個々の問題については、道徳的相対主義の立場を取ったが、解釈学的倫理学は、このような決疑論と懐疑主義の伝統に連なるものなのである。

「探究的倫理学」としての解釈学的倫理学

決疑論にはある程度正確に表現される方針がなくてはならないが、解釈学的倫理学の場合は、この点で事情が少し異なり、そこでは「範例《パラディグマ》」の概念が「決疑論の場合の」方針の代わりに登場する。範例が倫理学では方法的な手続きのための見本となる。訓練された者が行う解釈の手続きの適用と証明は、その方法論を参照することを前提とするが、倫理学的解釈の探究は、範例の概念を用いることで、より開かれたしかたで形作られるのである。ここで倫理学は法律から離れる。より広い文脈の価値評価の場面では、社会に拡張された決疑論、いいかえれば、実験的方法を倫理学に導入することで、それは思考実験を頼みにするのではあれ、倫理学的な価値評価の探究と発見に関する、修正可能な倫理学、つまり「探究的（zetetische）倫理学」が作り出せるのである。このような、探究的倫理学、実験的倫理学、イノベーションに基づく発展を目指す倫理学は、すべて既成の判断形成のさまざまな境界を越えていく。ここでは、事実を確定することと状況を把握することは、その価値を評価すべき実践に関するより徹底した全体的理解のためのもの、特に、イノベーションに基づくある選択された発展の方向をその先へとさらに押し進めるためのものなのである。ここでは「何を行うべきか」に関する不確実性を考慮しなくてはならないが、倫理学の場合にも探究的な方法は、発見法《ヒューリスティクス》と解釈のさまざまな地平の探究に支えられているのである。

さらに「状況」の概念も決疑論の場合は、それを事例として捉えなくてはならないが、その場合、すべては状況、つまり意思決定の状況に帰着させられる。解釈学的倫理学で問題となるのは、人間の状況、つまりマルティン・ハイデガーのいう意味の人間の「現存在」の概念把握と、そのうちで実はわたしたちが伝統に対立していることに気づかされることになる、解釈学的状況とである。つまるところ、人間の実践である。そして、人間の自由は、瞬時になされる恣意的な行為にではなく、ある実践の文脈で行動する能力にあるので、ここでは事例と関連する決疑論に加えて、解釈学的倫理学の意味の人間的実践・技術的実務の解釈のために必要なプラグマティズムを持ち出してこなくてはならない。以上、二つの方法論を突き合わせることを通して、解釈学的倫理学の着想を正確に確定した上で、解釈学的倫理学の方法を、実践を分析することによりさらに明らかにしたい。

2 「あれもこれも」の倫理学——ポスト現象学とプラグマティズムのあいだ

プラグマティズムと解釈学的倫理学——進歩とリスクに代わるもの

ポール・トンプソンは、プラグマティズムがつねに「偶然《チャンス》」に結びついた哲学を与えると指摘するが、現代社会も科学技術によるイノベーションをリスク概念を通して捉える。哲学をプラグマティズムによって再構築するならば、その作業は認識論、形而上学、方法論などの一連の分野全体を含むことになり、そこでこれらのひとつひとつを詳細な議論の俎上にあげて論じることもできるようになるだろう。そのような再構築の作業は、特に伝統哲学がこれらの論点を論じたかたちでも行うことができるが、プラグマティズムの哲学のなかには、あらゆる問題解決の指針として、その助けを求めることができる普遍かつ永遠の諸真理よりも、個々の問題に対する答えを改善し、一歩一歩洗練させることの方により大きな価値を置くものがある（Thompson 2002）。ジェームズは、経験を実存的なものとして把握したが、その経験概念に従えば、ある科学者（今の場合は、倫理学の専門家）共同体の構想を導入することが、合理的である。科学者たちは、真理に関して日常言語による理解を用いて、その実験的研究を解釈する。また、それに続き、この研究を、今はまだ実現していない収斂のための規則としても理解し、それらが正しい方向を指し示していると、仮定して提示するのである。

伝統的には進歩とリスクが、科学技術の実践と技術的経済的発展を意味づけ、また価値づける範例であった。しだいに生産的でなくなってしまった解釈の図式がまだ重要とされることもあるが、今日では人間の制作物や技術とテクノロジーに関連して、わたしたちはどのようなビジョンに従うことを望んでいるのか、という問題については、内容をより限定した、意味づけと価値づけとが必要となっている。進歩とリスクの範例の場合、まず価値づけが問題となり、その次に意味づけが来るが、同じことは科学技術文明の危機の価値づけや意味づけにも当てはまる。倫理学（いいかえれば、一方では特に「テクノロジーによる人間」支配の仮定から来る疑似倫理学的な観点、他方では、工学《エンジニアリング》の倫理的側面に関する感受性の欠如）を支配している、この見方が、わたしたちがむしろ技術をますます理解も分析もできなくなっていることの原因なのである。プラグマティズムは、進歩やリスクのような、枠組みを与える大きな物語の放棄を意味し、むしろその立場を正確な観察を動機づけるものとして位置づける。「リスク社会」は二〇世紀末の現代に残された唯一の神話であったが、この神話は、プラグマティズムが突如出現する以前の、まだイデオロギーが支配していた時代では最後の抵抗であった。そして、プラグマティズムの導く倫理学は、討議倫理学に比べ、解釈上の見解の不一致のマネジメントと不確実性とにより強くコミットしようとする。ポール・トンプソンも、状況と結びつけリスクを定義することに賛成している（Thompson 1986）が、意思決定理論のリスク概念では不十分であり、わたしたちはそのリスク概念を実践の地平に立って相対化し、新しく解釈し直さなくてはならない。まだ十分にルーティン化されていない実践は、すべてがある種の「冒険」なのであるが、それもいったんルーティンになってしまうと、リスクの性格を失う。だが、この問題は後に詳細に論じなくてはならない。

ジェームズのプラグマティズムと「あれもこれも」

分析哲学以後の哲学は、多様なかたちで新しいプラグマティズムの兆候を示しているが、その場合、ひとつ問題となるのは、プラグマティズムの入り口にある真理論のハードルである。つまり、プラグマティズムには、真なるものは思考の過程で必要なものに過ぎず、それはちょうど、正しいことと必要なことが行為の結果であるのと同様である点である。「真理と効用との同一視」という、広く流布している、最大の誤解は、ジェームズが多様なタイプの効用を多様なタイプの言明に分類することを目論んだ、その意図を認識しないことから生じたものである。ジェームズによれば、効用にはさまざまな特徴やレベルがあり、それは任意に選ばれた目的に単純に適うもの、その目的を充足させるものを指示する何かではない（James 2001）。とはいえ、ジェームズが導入した、そうした違いがあるとしても、ここで見落としてはならないのは、ジェームズのプラグマティズムの重要な特徴が、厳格な「あれかこれか」を、何が問題となるのであれ、柔軟な「あれもこれも」に置き換える点である。このような行為論の基礎からすれば、まさに多様な合理性に関するジェームズの叙述には位階《ヒエラルキー》は存在しえないのである。

ジェームズが代表する立場は、世界の多様な見方に関連する、行為論に基礎を置く、多元主義である。世界への知的、美的、道徳的なアプローチは、互いに同じ権利を持つ多元性を形作っており、そのひとつひとつのアプローチが成功するか否かを客観的に確定することはできない。ここでは現実の模写の正確さは大きな問題ではない。むしろ、これはまったくプラグマティズム的なことなのだが、問題は人間的目標の達成と利害の充足なのである（James 2001）。このように、プラグマティズムは、真理がどのように生起するかに関する、ひとつの方法とその発生の理論とをともに包括するものなのである。つまり、具体的事象を目指し、事実に接近することがプラグマティズムの特徴なのである。プラグマティズムは、人間精神と実在とのあいだの静的な対応関係に関するまったく空虚な観念を、人間のそのつどの思想と他者の経験の広大な宇宙とのあいだの、各自がそのひとつひとつの細部を追体験することのできる、豊かで活動的な交換へと変える。この宇宙のなかで思想はある役割を果たし、役に立つことができるのである。「真なるもの」とは、信念の枠組みのなかではっきり正確に述べることができる、ある理由に基づき、「よい」と示されるもの、そのようなものすべてに与えられる特徴なのである。

プラグマティズムが、潜在的真理に関しても、それを妥当であるとする、唯一の基準は、「わたしたちを最も信頼できるしかたで導くものとは何か」、いいかえれば、「生活の各部分に最も適合していて、経験に基づく多様な要請の全体にも結びつき、その全体から何も省略しないものとは何か」に関する問いである。わたしたちは、結果として賞罰を伴う社会の多様な課題を達成するため、必要な人間の本能と効用の導きに、安心して信頼を置くことができるのである。ふつうの見方では、正しい表象は現実を模写するものでなくてはならないが、プラグマティストは、これに反対し、今や常套句となった問いを立てる。つまり、プラグマティストは「表象ないし考えが正しいと仮定するとき、この真理は誰かの実生活にどのような具体的な違いをもたらすのか」とたずねるのである。「真理はどのように経験されるのか」「その仮定が偽である場合、ひとが順応している経験とその経験とはどのように区別されるのか」と問うのである。簡潔にいえば、「実際の経験との関わりで真理の現金価値とは何か」を問題にするのである。ではしかし、〔通常の見方で語られる〕「検証」や「確証」という言葉は何を意味することになるだろうか。プラグマティズムにとって真理の一般的概念は、わたしたちの経験のある特定の契機を他の諸契機――そこに到達できるよう、努力する価値のある契機――に導くことができる方法と本質的に結びついているのである（James 2001, 132-135）。

プラグマティズムの倫理学と解釈学的倫理学

真理は事実上その大部分がお互いの信頼《クレジット》によって生きてくるものである。したがって、検証のなされる間接的な過程でも潜在的な過程でも、それらは、完璧になされた検証の過程と同じように真でありうる。それにもかかわらず、すべての時間を貫いて、あたかも永遠の事物が展開しているかのように、また、すでに存在する正義、ひとつの文法、ひとつの真理が、稲妻を通して開示されるかのように、さらに、これら一切が人間と無関係にあるかのように、わたしたちは振る舞う。本来の対立は、世界が合理論者にはすでに開示されていて、未来永劫に完成している一方で、プラグマティストにとって世界はたえず形成の途上にあり、その決定的な完成は、将来に期待される点にある。この意味で、プラグマティストを粗野な実証主義者と同一視するのは、プラグマティズムに対する誤解のひとつなのである（James 2001）。

　ラリー・ヒックマンの場合、プラグマティズムの倫理学が重要であるのは、それが科学技術の進歩と向きあうことができる新しい用語法を発展させることができるからである。ヒックマンは、ある種の実験的な自然主義ないしは道具主義を擁護しているが、それは、語の最も広い意味での科学技術の概念を中心においたものであり、デューイがこの用語を特に人間の道具と技術の研究として使用したものである。プラグマティズムは、探究の最終成果にはそれほど関心は示さず、むしろ科学的言明と道徳的判断――これは探究過程そのものに関与する――の探究過程と進歩とに関心を持つが、このようなプラグマティズムを特徴づけるのは、反基礎づけ主義、反二元論、反懐疑主義である。プラグマティズムの倫理学は、成果よりも過程を志向し、問題解決そのものより、差し迫った道徳的問題に関する公共の論争と政治的決定を下すことを可能にし、それらを管理し、容易にすることに関心を持つ。その際、プラグマティズムは、新しい問題を古い用語法と古い理論で解決しようとすることに反対する。そこで特に問題となるのは、その問題を翻訳し直して、将来的に可能なシナリオをまとめることであるが、しかし、そのなかでも重要なことは、新しい社会倫理的な語彙群や用語法を発展させることである（Keulartz u. a. 2002）。

　そのような新しい用語法を発展させるためには、特にさまざまな潜在的視点《アスペクト》を取り出して、それを仕上げることが必要である。さらに、潜在性の概念には「段階化」の概念も含まれている。また、プラグマティズムも合意を目指す以上、それは多様なかたちで討議倫理学を手引きとする。ここにも解釈学的倫理学とプラグマティズムの倫理学の違いがある。ただ討議するだけでは助けにならないので、討議は、むしろそのためにこそ限定された基準と方法的な手続きを発展させなくてはならない、多様な職業と関連を持たなくてはならないのである。テクノロジーは、その発展に関する比較的新しい見方では、人格的な力の所産ではなく、人間を越えた客観的で自律的な多くの力が働いた結果なのであり、ひとはそれを簡単にコントロールすることなどできはしない。それは非常に錯綜した過程の帰結なのである。科学技術の発展は、人々の選好を分節化し、その形を変え、さまざまな職業がそれを補完する過程であり、そこで闘争の勝敗が分かれ、論争が現れては消え、決定が下される。科学技術は人間が作ったものであるが、それが世界を作り出す力を持っている点は、特にはっきりと医療分野で感じ取ることができるだろう。いずれにしても、全体として見れば、何か「プラグマティズムの倫理学」のようなものが存在するとはいえない。「哲学的なプラグマティズム」という名称は、かなり不正確なものであり、それは問いと答えに関する非常に多様なアプローチを包括している。プラグマティズムの倫理学は、伝統の倫理学と対立［見解の不一致］のマネジメントのような将来志向的な討議倫理学とを組み合わせたものなのである（Keulartz u. a. 2002）。

懐疑によって啓蒙されたプラグマティズムとしての解釈学的倫理学

プラグマティズムそれ自身には分節化された独自の多様なレベルや方法論はない。この点が解釈学的倫理学と異なる。今、重要なのは、論証と解釈の地平であり、それぞれに固有の能力である。したがって、倫理学におけるプラグマティズムと、プラグマティズムに基づく倫理学とを混同してはならない。解釈学的倫理学は、根本的には懐疑主義の立場を基礎にした方向性を探究する。つまり、応用哲学の出発点とすることができるのは、素朴なプラグマティズムではなくて、すべてを説明するものに疑いの目を持つことをやめない、懐疑によって啓蒙されたプラグマティズムなのである。その立場は、多様な問題設定（ないしは問題解決のための着想やさまざまな可能性）に関して、倫理学的な価値評価を行う際に、プラグマティズムの倫理学の観点からアプローチしようとするものである。また、それは、異なる解釈間の対立や——将来への展望をもって実践を行うためのビジョンや観念、理想の洗練の意味での——価値の評価に関する複数の提案が存在する場合に、その種の対立を克服する課題を担う倫理学に対して、プラグマティズムによる解決を目指すものである。したがって、その立場は、プラグマティズムを選ぶことにより、解釈—構成主義となる（たとえば、Lenk 1998）。プラグマティズムを懐疑主義によって再編成することは、自然主義を批判することを意味し、反省能力の必要性を高めることなのである。

懐疑が敵対する、素朴なプラグマティズムは、どんなによくても日常道徳の哲学、せいぜいその手作業にしかならないが、解釈学的倫理学は、わたしたちが技術を獲得し、熟練と専門性に到達できるように要求する。筆者の考えでは、どんな反省行為のなかにも含まれる技術的性格のために、懐疑を通して自己を確認することが不可欠なのである。「何ができるか」を知るのもよいことであるが、むしろもっと重要なのは「何がよいか」を知ることであり、またもしそれが可能な場合には、それを実践によって達成することなのである。「よい」という価値語が、このような反省行為の中心にある範例なのであるが、それは、この語が特徴づけるものが、「あれもこれも」の意味で人間の実践に含まれる、①機能的レベル（成功の観点）、②効用のレベル（使用可能性と有効性の観点）、③倫理的レベル（倫理的なものと将来を展望する観点）だからである。この「あれもこれも」の観点は、そのつどの状況に応じて、多様な異なる意味を持つが、それが、ある程度よく基礎づけられた多様な判断を区別することを許し、それにより、さまざまな段階を持った多様な論証を正当化するのである。この観点は、極限を表す範例としても役立つが、それは実践の潜在的な帰結の価値を評価すること、特定の実践の可能性の空間を明らかにすること、そして必要があると思われる場合には、応用哲学のための新しい用語法を作り出すことに役立つのである。

技法論としての解釈学的倫理学は、素人の地位を引き上げるのではなく、むしろ素人を課題の前に立たせる。ここでも解釈学的倫理学はプラグマティズムと区別される。プラグマティズムは、特に始めは、素人に向かって自分が目標に対して今、どこにいるかを示すが、解釈学的倫理学は、市民フォーラムやその種の参加型民主主義の諸形式ではなくて、専門家の知識と能力により市民の装備を高めることに賛同するのである。倫理の問題は投票では決められないし、投票にできることといえば、せいぜい集団道徳と集団の利己主義に関してある決定を行うことができるだけなのである。実際、参加さえすれば、技術の価値評価の問題が解けるわけでもなく、能力を獲得し、高めることが求められているのである。しかし、「あれもこれも」の意味では、それをさらに「意味のあるもの」と「意味のないもの」に分ける必要があったとしても、素人の判断それ自体も重要でないわけではない。ただ、参加は応用哲学の意味では正統化問題を解決しないのである。

近世の科学技術の文化への埋め込みと解釈学的倫理学

技術の独立は、特殊近世的な現象であったが、近世という時代に、人間が集団で技術を使用するようになったことで、まったく新しいチャンスと危険とが生まれた。近世の科学革命と技術革命の結果として科学、技術、経済の融合が進んだのである。この過程で技術の進歩は、観念に導かれる実践としての技術と対立するものとして独立したが、遅く見積もっても一八世紀の産業革命以後も、技術はせいぜいまだ間接的にしか社会発展の「小間使い」ではなかった(Falkenburg 2004)。集団的な技術の使用は、しばしば元来、予期していなかった副作用を伴ったが、その副作用は集団的な技術使用が集団の利益のために、極端に有害となるときには、もはや止めようのないものになってしまった。このような集団的な技術使用は、確かに、いわば自然発生したものではないが、それを危険なものにしたのは、社会的なルーティンの存在であり、大衆が技術を受容したことに始まる文化へのその埋め込みなのである。しかし、この種の擬似的自然発生は、次に述べる意味では正当化される。つまり、それは、その利益が受容され、導入され、ルーティンとなっている技術を、新しい革新的技術——たとえその新しい技術が、たとえばより持続可能であったとしても——と置き換えることが極めて困難であるという意味で正当化されるのである。

解釈学的倫理学を実現可能なものにしたいならば、この点を考慮しなくてはならない。他方、帰結の査定と効用の評価は、それ自体としては倫理学の課題ではないが、それでもなおそれらの課題は、責任ある倫理学の、放棄することができない経験的構成要素である。帰結査定と効用評価の課題は、倫理的決定を下す場合、利益の有無や損害の有無の観点を基礎に置くだけではなく、倫理の諸原則、規則と基準とから生じるさまざまな義務を評価することを求められている。これに一定の帰結が生じるさまざまな義務を評価することも加わる。このような評価の課題は、一定の義務の効用を他の義務との対比で位置づけることであるが、この場合、客観的な判断を下すことは不可能であるので、限定された状況のなかでさまざまな義務を明らかにするためには、特に関係者による討議を行うことが推奨されるのである。

しかし、伝統的な価値基盤は今ではもうなくなってしまった。さらに、倫理に関する原理主義の危機もある。規範と価値の変容もいっそう明白になり、加えて自然科学が解釈を独占する事態まで存在している。そこで、解釈学的倫理学の課題は、倫理学に関する伝統的哲学のスタイルと自然科学的・技術的な思考法や制作可能性とを媒介することになる。哲学と倫理学とを支配したのは、長いあいだ、過去に属するものであったが、今わたしたちが必要としているのは、もっと控えめな態度を基本とすることである。グローバル化と価値観の対立は、人権の倫理学に代わり、人間の自己保存のための倫理学を、また、経済が支配的な傾向のなかで、交換正義の倫理学に代わり、より懐疑的な進路を取る倫理学を推進するように促している。解釈学的倫理学はこの意味で人類学と歴史哲学と連携するのである。

解釈学的倫理学の諸段階——弱い倫理的実在論と弱い倫理的主観主義

解釈学的倫理学は、倫理学を「一人称の観点（1PP）に基づく道徳感」（生活形式としての倫理学、つまり具体的に経験される義務、良心の体験、限定された実践に情緒的に動機づけられることとしての倫理）に結びつけ、それを「三人称の観点（3PP）に基づく倫理学」（科学ないし技法）とも結合するが、この三人称の観点に基づく倫理学では、倫理的義務をいわば解剖学的に分析することやその自然主義的還元も行うことができる。また、解釈学的倫理学は、倫理学を「一人称複数の観点（1PPP）に基づく倫理学」——そこで暗黙知、良識・道徳の義務の連関、義務の分析、メタ倫理学、専門的知識などが職業倫理の討議とその制度化に基づいて討議される——にも結びつけるのである。このようなさまざまな記述的要素があるとしても、記述的な倫理学が存在しないのは、倫理学が一貫して規範的なものだからである（Quante 2003, 19）。[*7] ここでは「世界の状態に関する当為の言明」と「行為の指示に関する当為の言明」とを区別しなくてはならない。「するべきである」（行為の指示）に関する言明は、さまざまな行為に結びついているが、「であるべきである」（世界の状態に対する範例）に関する言明は、さまざまな状況に結びついている。また、この文脈では「倫理的に必要である」と「倫理的に正しい」もまた区別しなくてはならない。さらに、「よい」という価値語は、状態にも行為にも適用することができる（Quante 2003, 31）が、理想（目標）志向の倫理学と現実志向の倫理学も区別することができる。

解釈学的倫理学は、弱い倫理的実在論と弱い倫理的主観主義とを結合するが、後者では、「あれもこれも」の範例のもとで意味づけと価値づけが考察される。解釈学的倫理学の第二の段階は、意味づけと価値づけの多様な観点であるが、それが含むのは、①日常的な倫理的経験と技法としての解釈学的倫理学、②道徳のセンスと学問的倫理学、③そこで倫理学の適用が問題となる伝統、制度そして組織である。最終的には、四つの方法上、異なる段階の境界を相互に区別することができる。

① 一般原則と範例の段階
② 分野に固有でかつ暫定的な行為の規則の段階（規範、価値、格率）
③ 行為の規則の意味での適用規則の段階
④ 倫理的に関連のある経験的諸基準の確立を通しての行為基準のための適用規則の段階、である。

この段階理論的な構成を助けにすることにより、「存在から当為への移行」および「意味づけから価値づけ」への移行を方法論的に確保するべきなのである（Irrgang 1998）。

解釈学的倫理学の枠組みでは、応用倫理学の意味づけ的解釈と価値づけ的な解釈とは連動して行わなくてはならないが、それらの解釈の多様な価値をメタ倫理学は守る必要がある。日常経験（1PP）が支持するのは「非認知主義」であるが、これに対して科学的観点（3PP）は、科学的説明から出発する。その全体を包括的に把握するのは、一人称複数の観点（1PPP）であるが、そこでは、制度、伝統、良識が互いに関連しあう。その技法的性格は、伝統に基盤を持つが、それは整合性（メタ倫理学の基準論）によって特徴づけられる。つまり、倫理学の成功は（整合性と収斂のような）方法上の結合の可能性によって示されるのである。以下の四つの段階が解釈学的倫理学の枠組みで中心的役割を担う。

①　日常の倫理経験
②　学問的倫理学
③　伝統、道徳のセンス、制度
④　技法と方法

整合性は、評価に関する関係的な属性概念、いいかえれば、カントのいう「目的の王国」の概念であり、可能なものとして目指されるものを前提としている。評価的な属性ないし関係、観点の集合に関する概念把握は、クヴァンテの評価的属性の思想に関連する（Quante 2003, 103）。この評価的属性の集合は、以下のようなものを含む。

①　存在と当為
②　経験的普遍化と一般的普遍化
③　倫理と利益

④　戦略と倫理
⑤　主観性と客観性
⑥　理想性と実現可能性

このような基礎づけに試行錯誤による可謬的な要素と反省的な要素とが付け加えられる。そのかぎりで、解釈学的倫理学で重要なのが、メタ倫理学的な相対主義と、方法論上の整合性主義の意味によって理解することのできる「結合主義《コネクショニズム》」*8である（Quante 2003, 157）。

結合主義としての解釈学的倫理学

解釈学的倫理学は、価値評価を行う規則の一般的集合の解釈を、またそれとは異なる意味で、価値評価の態度の解釈を行う。それは、以下のような多様な要素の相互連関のなかで、それぞれの整合性、回帰性《リカーシブネス》、遡及的な結合可能性、収斂を示さなくてはならないのである。

①　道徳感情と倫理学の理論
②　循環。意味づけと価値づけの過程を正確なものとするための基礎づけと解釈上の螺旋運動の意味での、帰納、アブダクション、柔らかい形式の演繹の相互関係
③　個別と普遍。（領域や時間に応じた各段階、つまり多様な段階を持つ形式の）分野特有の普遍化と一般化、規則志向と最少倫理学
④　存在と当為。さまざまな自然主義的倫理学と道徳哲学の批判
⑤　理想志向と理想の実現可能性。理想と目標、ビジョン、模範の達成可能性、である。

しかし、整合性は、それ単独では方法論に内在する正当化の視点に過ぎないので、正しい意味づけと価値づけのために、他の基準を必要としている。意味づけと価値づけは、ヒュームもそう考えたように、大変近い関係にあるが、それは、ニーチェや進化論的認識論者が考えるような自然主義的な意味でではない。解釈学的倫理学の自己理解では、解釈学的倫理学は本質的には倫理的反省を導くためのものである。それは、自己保存、協力の倫理と文化的にコード化された普遍的道徳とのあいだに陣取っている。解釈学的倫理学は、良識の場合も、専門家の倫理の場合も、「あれもこれも」の立場、つまり反省された道徳のセンスと職業倫理の着想とが相互に入り込みあうようにすることを推奨するのである。それは、ひとつの観点だけをそのつど絶対化しても、それより先には進めないからである。むしろ、最少倫理が、可能なかぎり多くのひとが有意義な人生を送れるようにする、人間らしい生活の価値と義務とを包括するが、それは、救命、治療、援助の倫理を含むものである。また、それは、人間らしい生の尊厳と価値に関するコンセプトも含んでいる。しかし、従来の概念に含まれている誤謬は、最少倫理が人間の尊厳を道徳的なタイプの事実であると解釈し、それを実現すべき課題としては解釈しなかった点にある。最終的に社会が受け入れている、この小さな嘘は、しばしば個人の内面性やプライバシーを守るのに役立っているし、ときには自己実現にも貢献している。その内容は、外的強制からの保護——それがたんなる役割の期待にとどまるとしても——にあるが、個人の内面性や主観性ないし人格性を守る場合、ひとが自分の所有する財産を評価することや、いわゆる「絶対的義務」[*9]を免れることも許されるのである。

理解と説明

「理解」の概念は伝統的に「説明」の概念と対立する。理解が精神科学、つまり目標や意義と意味もしくは目的と利益を把握するためのものである一方、説明は自然科学、つまり原因と根拠の把握のためにある。理解は、直接的、直観的な理解、つまり、（絶えざる回帰の過程、個別事例と普遍とのあいだの「往復」、地平と状況のあいだの往復として）暗黙のうちに遂行されるか、あるいは論理的な理解の過程の完結したものと見なされていた。これに対して、説明は、理論の発展があるという意味で、明示、解明、分析と見なされた。近代的な解釈技法のなかには、この説明と理解の対立に関する、プラグマティズムによる整理を、対立（あれかこれか）としてではなく、相補性の意味（あれもこれも）で強調するものがある。つまり、自然現象と人間精神とを、ともに説明の意味でも理解の意味でも解釈しなくてはならないというのである。加えて、この解釈技法は、人間精神が果たすモデルとしての観点も強調する。知性が総合と寛容のためにある一方で、数学は、討議的合理性と形式のためにあるが、そのような解釈の根本原則は、相補性と収斂なのである。その場合、解釈学は、プラグマティズム的で技術的な側面と教条的で内容的な側面とをあわせもつのである。

「真偽」の厳密な区別ないし厳密な「あれかこれか」が、近代では古典的論理学ないしは自然科学による意味づけのモデルであったし、今でもそれらが自然科学による意味づけを支配している。しかし、このような解釈の着想が果たした、その卓抜な功績にもかかわらず、この着想は、少なくとも一人称の観点（1PP）が、解釈の前提として重要な役割を果たす場合には、プラグマティズムによる補完を必要としている。解釈学的倫理学は、自らを、人類学や社会人類学も含み、自然科学と精神科学に関する新しい認識論を補完する解釈の着想として理解しているが、筆者はこの着想をすでに『医療倫理学入門』（Irrgang 2005b）のなかでヒトの胚と脳死の道徳的地位に関する問いのために展開した。

知覚のポスト現象学と科学技術の自然化

ドン・アイディーは、原理論も究極の基礎づけも目指さない哲学者であるが、かれの現象学の出発点には、知覚を中心にし、身体と結びつく志向性がある。その基礎にあるのは、ある種の道具的実在論である。どのようにして、わたしたちはいとも簡単に発明し、破壊し、また発明できるのか。現代の生活世界はテクノロジーがその深部にまで浸透している織物のようなものである。これは繊細な、しばしば潜在的な問題であるが、科学技術はわたしたちの生活世界に目に見えない影響を及ぼしている（Ihde 1993, 12f）。人類と科学技術とのあいだの関係は、本質的に予見不可能で両義的であるが、この関係はコントロールできず、そのことが最終的には、テクノロジーを全体として、おそらくは道具以上のもの、つまり文化と呼べるものにしているのである（Ihde 1993, 42）。こうして現象学と自然化の概念も変わる。テクノサイエンスは、文化の所産のひとつであり、テクノ文化はテクノロジーのいいかえなのである。近代科学は本質的に道具の全体、つまりテクノロジーに埋め込まれている（Ihde 1993, 56f）。

知覚は［そこにこのような文化が］深く埋め込まれた実践である。知覚を改めて考察し直さなくてならなかった現代の多様な文化は、書かれたものという主導的な思想に導かれている。芸術とテクノロジーは技術の物質的側面であるが、ドン・アイディーのポスト現象学のコンセプトが含意しているのは、方法の反省を行い、経験を中心に据える現象学であり、いわゆる自然科学の場合にも人間科学の場合にも、その根底にある実証主義を克服するために、テクノロジーを文化主義的に自然化することなのである。哲学者たちは、長いあいだ、観察の理論負荷性について論争してきたが、近年では、観察の技術負荷性と能力負荷性[*10]とが論議の対象となっている。科学は、実験科学でも理論科学でも、その諸結果が、注目に値するかたちで技術的な事象にコミットしている点が認められてこなかったが、まずは、科学に関する従来のアプローチでもその点を承認するところまでは深められることになったのである。そのかぎりでいえば、科学は構成と再構成の所産なのである。最近の分析が示しているのは、実験は、概念的により深い発見の源泉であり、理論的意義を持つことである。自然に関連する概念の変形と技術上の変形の双方の根底にあるのが実験なのである（Irrgang 2003b）。自然を解釈する生物学者の行動の解釈に関連する二重の解釈学も長いあいだ見過ごされていた。また、そもそも社会生活を送ることは、意味を解釈することなのであり、この観点から見れば、意味の背後に存在しうるものなど何もないのだ、と主張する三重の解釈学は、特別に社会学的な特徴を持っている。このことが、解釈学的倫理学に従うばかりでなく、観察者の立場を組み込んだプラグマティズム的な解釈学ないしは多様な観点を認める自然化を筆者が要請する理由なのである（McMullin 1992, 89-115）。

ポスト現象学は自然化をさらに進め、フッサールの現象学による実証主義批判を、構成論的なしかたでではあるが、さらに続行する。その方向性は根本的には変わらない。そこでは近代の自然化の根本にある、テクノサイエンスを自己反省することにより、観察者の立場も反省し、観察と結びついた自然化の範例が生じる。ポスト現象学はこうして成熟し、認識論、科学論そしてメタ哲学となる。ショーン・ギャラガーとフランシスコ・バレーラも認知科学に対する現象学の持つ意義を語っているが、しかし、二人とも時間空間の現象学や間主観性の分析、つまりより古典的な現象学により強くコミットしている。これに対して、ポスト現象学は、観察者の立場、パースペクティブ性とその共同性、地平の意義を分析する。つまり実践（特にテクノサイエンス）の諸形式に基づく、理解に関するポスト現象学の範例を際立てるのである。観察者の役割とそこに基礎を持つ自然と文化に関する認識の実践は、人間身体に関するひとつの哲学を意味する（Gallagher/Varela 2001）。

自然科学が強調するのは、まさしく三人称の観点（3PP）である。しかし、自然科学も、それが哲学的ないし社会的に意味のある言明をしようとすれば、三人称の観点から離れなくてはならない。さらに人間の場合、これらの観点のどれひとつとして純粋に文化のかたちで存在するものはない。記述的かつ倫理的・規範的な、学問の認識論に対して、観察者の立場とパースペクティブ性とを導入することで、解釈学的倫理学に以下のような区別が生じる。

① 専門家の倫理、客観的な倫理的判断、倫理学にも三人称の観点（3PP）がある。

② 情緒的に基礎づけられた道徳、「道徳のセンス」と「共感」。倫理学の唯一の出発点としての一人称の観点（1PP）（情緒主義）。

③ 文化の産物としての道徳の体系と倫理の概念、「一人称複数の観点」（1PPP）。

以上の試論は短いものではあるが、「あれもこれも」の解釈の主導線は、プラグマティズムによってだけでなく、ポスト現象学—解釈学によってもその基礎が与えられた。古い倫理学は、たいてい客観的・科学的であろうとして、倫理学における道徳哲学的レベルを忘れていたのである。解釈学的倫理学の概観により、わたしたちは、上記の三つの観点を具体的な状況の倫理学的価値判断に組み込むことを義務づけられることになる。こうして、新しい決疑論がプラグマティズムによってだけでなく、また方法的にも基礎づけられたのである。

第1章　倫理的なものの解釈学——プラグマティックな「あれもこれも」の地平における解釈技法

探究としての解釈学

技法として構想される解釈術は、功利主義やカントのメタ倫理学が提供するような倫理学についての学問的理解と社会倫理に関する日常的理解のあいだに位置する。功利主義の学問的概念は、倫理学を経済学（費用便益計算、意思決定理論、ゲーム理論）に還元し、カントのメタ倫理学は、倫理学を超越論哲学とメタ倫理学（倫理学の自己基礎づけ）に還元するが、学問的倫理学は、社会倫理的な義務の日常経験なしでも十分やっていけると信じ、良識や道徳は、学問的な倫理学は不可能ないしは少なくとも不必要であると見なしている。解釈学的倫理学は、自己批判的な良識の立場と、究極の基礎づけを要求しない（が、生活世界の問題には基づく）学問的な概念と、その概念の上に立てられる解釈学の解釈技法論の概念に基づき、「あれかこれか」ではなく、プラグマティズムの意味で「あれもこれも」を強調すべきであると信じる。むしろ解釈学的倫理学が労働や手作業、重労働のようにさえ見えるとしても、その目的はあくまで学問的論証に関わる解釈技法にある。試行や思考実験の自由がそうであるように、規則もまた技術に属する。そのため、解釈学的倫理学は、体系化された学問や手引きのある公教要理のようなものというより、探究の試みなのであり、したがって、確かにプラグマティズムに似ている。また、解釈学的倫理学は、日常道徳や道徳的偏見を批判するもの、しかし、また学問の誤謬や倫理学の誤謬も批判するものとして理解される。解釈学的倫理学は、その際、特に問題の発生を研究して、それを再構築するが、解釈学的倫理学にとって最も重要なことは、「解釈学を拡張すること」(Ihde 1998) であり、解釈技法によってポスト現象学 (Ihde 1993) としての「現象学を転回させること」なのである (Irrgang 2001a, 2005b)。この解釈の技法は、自然科学、テクノロジー、文化科学、人間科学、経済学、社会科学などの理論の構築に関与する。

1 理解と解釈——自己を方向づける技法としての解釈学的倫理学

法則概念とそれに関連した概念の区別

伝統的に技法は、それに従うことで、技法の特性が保証されるような規則によって定義されてきた。つまり、規則概念は、規範、規定、基準、方針の諸概念と類縁関係にあるが、regula という語は、手工業の専門用語に由来し、その語源として定規や基準、尺度、規則を意味し、また「まっすぐに向いた」「導く」「支配する」「秩序づける」「指示する」「方針を与える」ことを意味するラテン語の動詞 regere の概念と類縁関係にある。また、regula は、月経のような規則正しさも表す。規則は、社会制度(たとえば、修道会の規律)を特徴づけることができ、工学装置の制作や科学的認識の確立のための諸規定を含むが、なかには定言命法のような道徳的特徴も持つ規則もありうる。規則の概念は、実践哲学と理論哲学の歴史で無視できない役割を果たし、キケロは、regula の語を行為の基準や価値判断の基準の意味で用いたが、両極端のあいだの中庸というアリストテレス的な正義の尺度もまた規則であると理解することができる。また、ローマ法では、regula は、簡潔に文書化され、普遍的に妥当する法の原理であると理解されていたが、それは、特に、技法、技芸、技術の枠組みで用いられる概念なのである。

近世になっても、規則の概念は、まだ道徳的な意味を維持していたが、それは、道徳的な格率の意味であり、また、技能が含む規則の概念とカントのいう理性の実践的規則とを通じてであった。道徳的な規則と道徳的な判断、この二つの指標は、メタ倫理学上の議論、つまり、規範性と普遍化可能性の議論で練り上げられたものであるが、行為論の観点から見るならば、道徳の規則は、社会の実践と同様に個人の実践の価値基準や判断基準として与えられる。その規則は、特に不確定性や不確実性がある場合の意思決定に役立ち、格率の形成に寄与するのである。こうした規則によって、合理的な実践に関する論証を行う場合の帰結評価が可能となるが、だからといって、それでその帰結がすべて正しく予測できるわけではない。記述的な規則と指令的な規則、構成的な規則と統制的な規則とを区別しなくてはならず、その際、指針[*1]と指令的規則も区別されるが、その区別は、指令的な規則を働かせるものが、実は道徳的な圧力である点に求められる。記述的規則と規範的規則のあいだに明確な境界線がつねに引けるとは限らない場合には、規則による方向づけは、意思決定のための合理化された基礎づけに役立つ。規則は普遍化に基づき、その普遍化は蓋然的性格を持つことがありうるが、普遍化は、一般化やそれに伴う中立性と同じものである必要はなく、特定の分野、たとえば、行為の諸領域に制限できるのである。

経験的普遍化と背景の正当化

経験的普遍化の多くは決定的ではないし、したがって、普遍的な道徳命題と同じレベルにあるわけでもない。しかし、まさにこの点にこそ、特定分野に応用できる倫理学にとっての経験的普遍化の価値がある。社会倫理の諸原則に分野に特化したさまざまな倫理学が存在しない場合でも、固有の分野に特化した道徳の諸規則は、個々の行為の領域のうちにその十分な理由を持つことができるだろう。この意味の規則が、行為を結果させる解釈の手続きの手引きとなるのである。いずれにしても、さまざまな規則は意思決定の見通しをよくするために役立ち、そうした規則は他の規則に比べてよりよく正当化される。フレデリック・シャウアーは、指針を、背景を正当化するものや、さまざまな見本を直接に適用したもの、ないしは行為の状況を正当化するひと組のものとして定義している（Schauer 1991）。したがって、規則を道具的性格しか持たないもの、あるいは偶然に仮定されたもの、余計なものと見なしてはならないのである。たとえば、特定の行為の帰結について特に知識が不完全な場合の評価では、指針も蓋然的普遍化として、また、その背景の正当化に基づく評価として、応用倫理学には有効な手段となるのである。

しかし、指針は「もし〜ならば〜となる」の関係、あるいは目的手段構造の意味の記述的な行為の規則であるとも解釈できる。とはいえ、指針から帰結する三段論法の大前提が、社会倫理的であることが示された判断を含む場合しか、指針は社会倫理的な意味を持たないだろう。これは、たとえば「もし、君がこの特定の技術を用いるならば、同時に望ましくない、あれこれの副作用も考慮するべきである」という命題のように、指針が定式化される場合である。指針は、厳密な意味では道徳の規則ではないが、それは、複雑な諸前提からなる、実践的三段論法の大前提に従うと、道徳の規則になることができるのである。問題は「もし〜ならば〜となる」の関係が成立するための前提条件の中身にある。指針は、それを仮言命法として理解するならば、記述的となり、また、それは、実践的三段論法として計算のかたちも取るが、戦略的行為そのものは善でも悪でもありうるのである。

規則は、伝統的に道具的理性の構成要素であったので、応用倫理学を制御する課題に適ったものとなることができる。基準の概念もまた道具的であるように思われる。しかし、仮言命法や指針のような二種類の、社会倫理的でない規則は、道徳の規則にも道徳的背景を正当化するものにも含まれている。道徳の規則を妥当なものとするのが、規則であり、その背景を正当化するものは特定の分野に関係する。したがって、道徳の規則とその背景を正当化するものが表現するのは、制限された普遍主義であると解釈し、そのようなものへと変換しなくてはならない。道徳の諸規則のなかには、特定の分野に限定される普遍主義に基盤を持ち、定言命法や倫理学の諸原則のような一般的で非経験的な普遍化に基づくものとは異なるものもあるが、ある分野に特化した普遍性は、それが定式化される分野、つまり経験的な知識を参照しなくては成立しないのである。

行為の倫理学的評価

しかし、たんに規則に従うだけでは解釈学の技法的性格は保証できない。新アリストテレス主義や新カント主義、功利主義やプラグマティズム、契約説など、その他、これまであげてきた伝統のさまざまな着眼点のどれかが、特別に優先的に役立つのではなく、社会人類学的な地平に関連づけられ、徹底して問題と実践を志向する意味の解明や価値づけが役に立つのである。技術の実践［実務］とテクノロジーの文化のコンセプトが、社会倫理的な意味での自律の概念を変化させるのは、共同体的な実践の持つ効用の要素を強く取り込むことによってなのである。意味の解明や価値づけの対象となるのは、さまざまな価値や義務（規範）、効用の観点であるが、社会倫理的な義務や行動に関わる道具を扱う倫理的な知識に関する、倫理学の反省が、たとえば、これらのものを一定の状況で見いだし、またそれらを実現するためには、必要なのである。そのために求められることは、さまざまな倫理学の原則や価値、規範、指針、適用基準の観点から具体的な状況を解釈する倫理学の方法を発展させることである。また、そのために、それらの諸段階に限定された図式も発展させなくてはならない。

出発点はさまざまな特定の行為に関連する義務を扱う知識にある。技術や経済の文脈で行為が複雑になればなるほど、具体的状況に対する社会倫理的義務を限定する方法は、より専門職業的なものとならざるをえない。解釈学的倫理学の方法は、解明的に基底づけを行う論証方法と結びつく、自然な諸現象に関しては、解釈学的で解明的、批判的で再構築的、現象学的―解釈学的であるが、定言命法のような義務を究極的に基礎づけることには、論証を通じた説得の諸戦略が取って代わるのである。中身のある諸価値と定言命法のようなタイプの義務を究極的に基礎づけることに疑いを抱くならば、それは、自然法の諸論拠をはっきり示す（それ自体が善いとか悪いというような）「本質的属性」を帰属させることに対する懐疑と結びつくことになるだろう。

（文脈における行為や実践のような）個別事例を際だてるのは、他の行為の可能性を考慮しながら、行為を企投［設計］するという意味での状況分析と、全体的な輪郭からある行為の目標に関連して行う、行為の潜在的結果の評価とであるが、そこではこの行為の目標を、社会倫理的なタイプの具体的な行為のさまざまな義務に関連して、より厳密に規定し、検証することになる。したがって、行為の企投や目標は反省を通して正確になり、修正もされる。こうして、たとえば、反省を通して倫理学的な判断を形成する理論と技術を創成する形式を伴った技術発展とを基礎づけることができるし、技術発展のある一定の形式のための指令的判断（義務）を与える理論も作り上げることができるのである。

さらに、倫理学の原則、価値、規範の多様性を考慮した上で、個々の行為や特定の行為の領野（行為の諸分野）のための社会倫理的な義務を措定し、基礎づける手続きにより、行為の評価に際して生じる解釈の対立を処理し、受容可能な、つまり実現可能な解釈を提案しなくてはならない。そのような解明の過程では、義務や禁止の判断がさらに解明を必要とするような段階の図式を構想するべき諸問題が区別される。この解明の進展が対話や議論のなかで生まれるのは、指令的判断が正当化や基礎づけを必要とするからであるが、ある具体的な状況のために倫理的判断の義務内容を解明する際、解釈学的倫理学の意味の幾つかの方法論的規則や、具体的状況の特定の義務内容の解明のための段階図式を取り上げ、それを明確にしなくてはならないのである（Irrgang 1998, 24-30）。

具体的な意思決定の場面では、特定の社会倫理的義務のための論証（Newman 1961）を収束させることが、方法論上の基準の中心にある。その際、解釈学的倫理学は、行為の歴史性も解釈や正当化の過程の歴史性も同じように重視するが、解釈学的倫理学は、変化する問題のための倫理学であり、その問題の倫理的評価を行うものなのである。解釈学的倫理学の批判者は、それを社会倫理の原則の侵食、また価値の退廃や社会倫理の退廃と見なすが、わたしたちが生きている世界は、もはや形而上学が基礎づける道徳の規範が承認されるような世界ではない。解釈学的倫理学は、わたしたちが今、生きる世界のための倫理学なのである。これは残念なことであると思われるかもしれないが、内容を伴う形式化可能な絶対的尺度がある場合は別として、そのような考えは、具体的に基礎づけることはできないのである。解釈学的倫理学は、哲学者にはそのような尺度は存在しないという推定から出発するが、そのことをかならずしも欠点と見なさない。

解釈学的倫理学にとっては目的志向的な価値づけの観点ではなく、プラグマティックな「あれもこれも」の範例の意味での発生志向的な価値づけの観点のほうが重要である。現代では問題が進展する速度と解釈や価値づけを行う際の圧力は大きくなる一方であるが、この点で解釈学的倫理学が明らかにするのは、比較考量する文化と中央集権的でない技術の創成とが実は相互に関連しあっている点である。グローバル化によって展望を持つことが難しくなっている状況に新たに直面し、普遍的な幸福、世界正義、善き生に関する世界規模で妥当するコンセプトといったアイデアをはっきり表現することはますますできなくなっている。達成可能なのは、倫理的価値づけができるように解釈し、比較考量し、それを行うことができる傾向性、実行能力や諸能力を教育することであるが、これは徳倫理の復権を目指すものではない。なぜなら、徳も普遍的に定式化されてきたからである。現代では哲学にしても倫理学にしても普遍主義を定式化することには特に慎重でなくてはならないのである。

行為の諸基礎は、ふつうは精神的出来事、倫理的判断、倫理の原則、義務命題にではなく、それ以外の出来事や行為のうちにある。自分の生命が脅かされるとき、私は倫理の原則に従ってではなく、いわば自動的に行為するだろう。生き残ることができた場合、その後で私はやっと自分の行為が合法的であったかどうか、考えることができるだけである。ルーティンと習慣は、人間の行為や実践の主要な要素であるので、実践の全体は、倫理学の標準を満たさなくてはならないし、実践の全体がわたしたちの自由に対する先例も与えるとしても、ルーティンになった行為が自由の反例になるわけではない。むしろ、それらの行為は、しばしばルーティンのかたちで明確になる、わたしたちの自由の表現なのである（しかし、それはきっかけさえあれば、ルーティンから逸脱しうる）。もちろん、ルーティンに問題が生じれば、その倫理的な正当性は説明しなくてはならない。確かに、多くのルーティンや習慣は、それらを倫理学的に反省してみると、実は反省に耐えられるものではなかった、ということをわたしたちが後になって確認することがある。このことが明らかにしているのは、ルーティンは確かに人間の日常生活の負担を軽減するとはいえ、それは、わたしたちの行為に関して、倫理的には危うい見かけの確実性を立て、それを維持するという犠牲を支払ってのことなのである。

倫理学の運用能力の役割

身体を通して構成される行為の諸基礎は、人間の持つ実践に対する要求の諸基礎とならび、行為の最もよく用いられる基礎であり、したがって、人間の自由とそれを実現させる諸契機でもある。倫理学は行為の正当化だけではなく、行為の動機にも取り組まなくてはならないが、そこで特に中心的な役割を果たすのが、行為の枠組み条件と可能な諸帰結である。しかし、行為や生活のさまざまな営みと倫理学とを分離すると、倫理学は抽象的な形式主義に陥ってしまうだろうから、倫理学と倫理的な問題の解決としての行為の実践とを切り離してはならないのである。倫理学は、事前に制御できるような実践ではなく、ましてや、鞭をうならせる猛獣使いでもない。そうではない以上、倫理的な創造性、問題解決の能力、倫理的な直観が必要なのである。倫理学を運用する能力と倫理学的な価値づけを行う能力こそが倫理学の専門家の存在を正当化するのであるが、それらは、その反対に、倫理学に関する素人芸も正当化するのである。

そこで非常に重要となってくるのが、倫理学の運用能力を養成することである。この倫理学の運用能力を伝えるという意味の道徳教育と倫理的教養の育成、それ自体が、さまざまな価値や規範に対して疑問を抱くことに端を発する首尾一貫性を表しており、そこでは反省の能力と論証の能力の養成が重要なのである。この倫理学の運用能力には、何かを倫理学的な問題提起として捉え、それに名づける能力も含まれる。つまり、ある意思決定やある事例について、それが優れているとか、それには論拠がある、と考える能力や、他の道徳的立場にも理解を示し、その道徳的立場と議論する能力や態度、さまざまな人物や状況に対する倫理学的な感受性を外に向けて表現する能力も含まれる。そのために、倫理学の概念や倫理学の論証法を自由に使いこなし、倫理学の理論の特徴や射程を知り、さまざまな文脈や事例を分析して価値判断できることが必要となるのである（Maring 2004）。

解釈学的倫理学の課題

解釈学的倫理学は、解釈の技法、つまりさまざまな問題を適切に価値判断する技法として、また、うまく成功する良い実践を導くための手引きとして、そこでは方法論的なタイプの根本的な諸特徴と内容的なタイプの根本的な諸特徴とが結びついているので、人間の実践の分析を出発点とし、人間の実践の持つ規範的特徴を強調しなくてはならない。解釈学的倫理学は、最終的には意味づけと価値づけの相互関係と「あれもこれも」というプラグマティックな解釈の手引きの根本的な意義とを基礎づけるのであるが、ここで結びつけられるのが、以下の五つのものである。

① 意味づけと価値づけの諸解釈のための方法上の根本的手引きとしての「あれもこれも」。
② 方法として「あれもこれも」が適用される四つの範例。
③ 厳密な意味での解釈の四段階と段階に関する方法論上の根本的コンセプト。
④ 技法としての倫理学を無知の管理《マネジメント》、価値の不一致の管理と結びつけること。
⑤ 最少倫理（損害を与えないこと）と模範の倫理（責任ある自己実現）の結合。内容的には埋め込まれた自律の倫理、本来性の倫理、（個人的にも、国内的にも、国際的にも）できるだけ他者を傷つけないかぎりでの自己実現の倫理。これらは、どれもパターナリズムではないしかたで他者に気を配る行為や、自助の援助と多様性を可能にする根本思想とに結びつくのである。

理解概念の語源学と哲学史

解釈学的倫理学の中心になるのは、解釈の概念と理解の概念とを解明することである。これら両者は一体のものであり、二〇世紀になってからはっきりと拡張されたものである。「理解」は、英語の understand あるいは comprehend、フランス語の comprendre、イタリア語の comprendere であり、それらは古典的な認識論の概念に属さない。このことは、この概念に対応する術語がギリシア語にもラテン語にもないことから見て取れる。哲学史的に見て、この概念を強調するようになったのは、一九世紀のJ・G・ドロイゼンとW・ディルタイであるが、かれらによって「理解」が、いわゆる精神科学の認識論の根本概念のために、J・S・ミルに代表される自然科学の帰納的論理学の根本概念としての「説明」の対極にあるものとして立てられたのである。こうして、一九世紀になって、この概念は術語として先鋭化されたが、このことは二つの前提から理解される。第一の前提は、ドロイゼンとディルタイが定めた、人間の歴史的現実に関する内的理解の概念は、文献学と歴史学、またそれに関連する解釈の技法論（解釈学）が育て上げられるなかで、それをその内容に即して経験しなければならなかったことである。第二の前提は、クザーヌスから、レオナルド・ダ・ヴィンチ、ケプラー、ガリレオを経てライプニッツにいたる（「自然という書物を読む」こととしての）自然の数学的解釈という高度に思弁的な（キリスト教的そしてプラトン的な）根本思想が、精密科学および技術の基礎づけを鼓舞し、それらを世俗化させるように徹底されなければならなかったことである（Abel 2001）。

「理解する」という語（それは、語源学的には、古代ゲルマンの法廷で、困難に耐え抜くこと、ないしある事案を支持することを法律的に表現した）は、理解の概念と関連し、すでに神秘主義者の言葉で、推論的な理性と対立する、最も高次の理性認識を意味する、ラテン語の intellectus, intelligentia を翻訳する、人工的な哲学的表現の役割を果たしていた。そして、ルターの場合には、理解の概念は、理性《ラチオ》だけでなく、人間の魂の能力の全体を内に含む、解釈学的な認識の方法になる。また、パラケルススは、「理解する」という語を、人間との関連で（理解の代わりに）悟性のように用いたが、それは、医者に対し、マクロコスモスからミクロコスモスを理解し、またその逆にミクロコスモスからマクロコスモスを理解するように要求することによってであった（Abel 2001）。

理解と悟性の新しい合理的な概念の出発点は、ルネ・デカルトによるEntendementの規定であったが、ライプニッツが加工したデカルト主義には、ドイツ啓蒙主義が続き、そこでは、たとえば、クリスチャン・ヴォルフが「悟性」の概念も理性《ラチオ》の意味で新しく規定したのである。そして、カントの場合、悟性の合理的概念は、理性の合理的概念に直接に関連させられ、決定的な規定を与えられることになったが、カントが理解の合理的概念の基準となるものを定めた一方で、時を同じくして、J・G・ハーマンが、ルターやベーメの言葉遣いに再び、光を当てたのである。ハーマンは、過去に自己を投入することを、感情移入する理解の意味で考えていたのである（Abel 2001）。

F・W・J・シェリングは、このロマン主義の理解概念を同一哲学の認識論の根本概念とし、ルネサンスの共感の自然哲学を復興させる際、それを再び方法論的に自然認識に適用したが、本質的には、占いを読み取るような同質的感情移入による理解を目指した、ヘルダーの与えたさまざまな刺激とロマン主義とが、神学と古典文献学の解釈学の伝統を受け継ぐ、F・D・E・シュライエルマッハーのもとで出会う。言語と理解の連関は、同時代でも、特にW・フォン・フンボルトによって取り上げられたが、言語が媒介する理解が［ロマン主義が求めるような］本来の同一性に到達することはなくなったのである。ヘーゲルが思弁的な弁証法的理性の概念のうちに合理的理解と解釈学的理解の関与するさまざまな部分を止揚しようとした一方で、歴史主義の学派は、本質的にはシュライエルマッハーの意味の解釈学的理解の理念に従った。J・G・ドロイゼンにとっては、理解することは、総合的でも分析的でもあり、また帰納でも演繹でもあった（Abel 2001）。

二〇世紀の理解概念の拡大

最近の理解概念の歴史的展開は、それが、まず認識の根本概念にまで拡張された点に特徴がある。カントの理解概念を巻き込んだ、理解の問題系の徹底的な拡張が、E・フッサールの現象学の着想から生じた。その着想に従えば、記号の意味づけ作用は、理解する統握のうちで遂行されるが、その統握が一定のしかたで理解することや解釈することであるかぎり、その理解する統握は、客観化するさまざまな統握とともに変化するのであり、そのような統握のうちで、ある対象（たとえば、外的物体）の直観的表象（知覚、想像、再現など）が、体験される感覚複合体を伴って、わたしたちに生じるのである。理解することが、端的に認識の根本概念になったのが、マルティン・ハイデガーの場合であるが、そこでは、世界の基礎的な意味構成の問題に関するフッサールの着想と、自己自身に基づく生の歴史的解釈学的な理解（ディルタイ）そして実存のさまざまな可能性にあっての個人の自己理解（キェルケゴール）とが統合されるのであり、世界は理解することを通して可能な有意義性として開示される。

「理解する」という概念の理解を特徴づけるのは、特に二〇世紀に入ってからの解釈概念と理解概念の拡大である。人間の歴史的現実を内在的に理解することから始め、その内容に従い、精神的に遂行された過程を後から追遂行することにより、まずは理解と説明のあいだにある対立を確認しなくてはならないのである。とはいえ、解釈概念の拡大に基づけば、理解と説明に関する相互補完的なひとつの考察方法が、プラグマティズムの格率として、「あれかこれか」ではなく、「あれもこれも」の意味で根本的なものになるだろう。こうして解釈学は、いったんはプラグマティックな意味の技法以上のものとして示されるので、理解することは、さまざまな地平に順応すること、特にさまざまな範例や分類の見本のための関連づけを行うこと、ひとつの一覧表のなかに入り込むことを意味する。こうして、解釈学の諸段階を区別することができる。①文献解釈学、②自然の解釈学、③人間の行為と人間存在（科学の実践、技術の実践、経済の実践など）の実存論的な解釈学、④企投［設計、構想］、構築、先取りの解釈学、である。特に最後のさまざまな企投に関する解釈のレベルは、これまでの伝統のなかで注目されなかったものである。また、さまざまな摸倣や再構築も、理解の過程を構成する本質的要素としてこれらとともに考慮しなくてはならない。

解釈学の拡大——現象学とプラグマティズムとの合流

もともと解釈学は文献解釈のための特殊な理論であったが、現代になって、解釈学が拡大されたことは銘記しておかなくてはならない。哲学的解釈学の三人の創始者、マルティン・ハイデガー、ハンス・ゲオルグ・ガダマー、ポール・リクールは、解釈学をそれぞれに特殊なタイプの現象学と結びつけたし、メルロ＝ポンティは、実践や埋め込みに関する知覚の現象学を発展させたのだった。こうして今や、これらの着想が、科学とテクノロジーの哲学のために、その可能性を示さなくてはならないときになったのである。このことが意味するのは、解釈学の更なる拡大と新しい方向づけである。さまざまな科学に関する解釈学的歴史の観点を越え、科学の解釈学と科学の対象の解釈学を創設しなくてはならないが、これは解釈学を科学研究の前線に置くことを意味する。現象学を通して内容豊かになった解釈学がテクノロジーに関して、また文化に関して何を際だてることができるか、を突きとめなくてはならないのである (Ihde 1998, 39-44)。

プラグマティズムの方法は、第一に、別の方法では際限がなくなってしまうような哲学上の対立の調停に役立つ。プラグマティズムの概念は、ギリシア語の「プラグマ」に由来するが、この語は行為を意味し、わたしたちの「実践」や「実用的」の概念もこの語に由来する。プラグマティズムの代表する態度は、哲学ではまったくありふれたものである。つまり、プラグマティズムは、経験的な立場を取るが、とはいえ、その経験主義は、プラグマティズムの場合は、従来の経験主義以上に徹底していて、ほとんど異論の余地のないやり方で体現されている。職業的な哲学者には特に大事な多くの頑固な社会慣習をきっぱりと見限ったプラグマティストもいるが、プラグマティストは、さまざまな抽象と不十分なもの、たんなる言葉だけの解決や誤謬に満ちたアプリオリな基礎づけにも背を向ける。かれらは、原初にあるもの、原理、範疇、見かけの必然性から離れて、最後に来るもの、成果、帰結、さまざまな事実へと目を向け変える態度を取るのである。それは、真理に関しては、道具的な観点を取ることであり、その態度は、真理の成長過程に関するコンセプトのうちで、絶頂に達する（James 2001）。

倫理学の問い

「そもそもなぜ道徳的でなければならないのか」という問いは、道徳の妥当性、つまり、その拘束性のさまざまな基礎に向けられた問いである。その問いは、正確には（「もし誰もが道徳的に行為するならば、なぜそれが誰にとっても善なのか」という意味で）「なぜわたしたちは自分のさまざまな利害と矛盾することをしなくてはならないのか」という問いとして提示される。この「なぜひとは道徳的でなくてはならないのか」という問いに対しては、それを公共の福祉に関連づければ、確かに素晴らしい理由が与えられるが、この答えは、あらゆる行為者があらゆるひとにとってよいことに関心を持つことを前提としているので、最終的には、道徳的であることは、自分自身のためになるから、ひとは誰も道徳的であるべきだ、という要請に帰着する。プラトンがこの種の芸当を試みた最初の哲学者であった。長期的な見通しでも、また一般にも、道徳的な行為が割に合うということは確かに納得できるものではあるが、しかし、道徳に抵触すれば、どんな場合も、制裁を受けたり、協力を得る機会がなくなったりする危機に陥る、だからこの点を考慮せよ、とまでは主張できない。しかし、「なぜ」の問いを普遍化すると、事情は変わるように思われる。その場合、問題は、「カーラはこの状況で道徳的に行為する理由があったのか」ではなく、「カーラには、彼女が、一般に道徳的な人間であると理解される、つまり、道徳的である理由があるのか」となるので、その答えは、「君は道徳的でなくてはならない。なぜなら、それが客観的に見て理性的なことだから」という命題に落ち着くのである。とはいえ、ハーバーマスも最近の諸論文で強調しているように、討議を通して何らかの洞察が得られたとしても、ひとは行為に確実に移行するわけではない。伝統の社会倫理が崩壊してしまい、それとともに特に動機の欠如の現象も急激に広まっているが、これに代わるものを他のさまざまなメカニズムが補償しなくてはならないのである（Bayertz 2002）。

理解概念の解明

理解することは、法廷である事案を耐え抜くようなことを意味するので、それが、合理的論証の、また、しかし戦略や権力の行使の本質的な特徴を含む以上は、それが、ひとつの実践を指示する、さまざまな精神的過程の一連のダイナミックで手続き的な要素を持つ点が強調される。理解することと理解とは人間の知性を表現するものなのであり、それらは、問題解決の能力と少なくとも同じくらいに重要なのである。討議的理性に対立して、統合する総合的知性を書き換えるものが、理解の古典的な概念なのである。また、ここで「あれもこれも」の意味の解釈の現代的概念は、解釈概念の新しい解釈を提案しなくてはならないが、その新解釈のうちで、理性の総合的要素と討議的要素とが互いにどうしても必要不可欠な要素として、また互いに構成的に絡みあう要素として結びつくのである。人間精神の全体理解が問題になるのは、精神がひとつの過程であるからであるが、経験は、この意味で理解されたひとつの知覚であり、また、正しく指示され、整理され、理解可能な過程として解釈されるのである。それは、たんに感覚与件を模写するためではなく、ひとつの道を進むことを通して、進むべき方位の把握ができる過程の意味でなのである。また、人間的な主観性を遂行し、追遂行する意味での感情移入的な理解も、理解概念の地平の人間精神の哲学の基礎の中心にある。

こうして理解することの一連の側面をすべて示すことができる。①何かを扱うことができること、使用することができること、②像と形態を把握できること、③意図、目標、目的、意味を把握できること、④さまざまな運動や過程を整理し、実行できること、⑤経験が構成可能であるという意味で、さまざまな知覚を概念把握し、整理し、分類できること、⑥さまざまな分野で自分を方向づけることができること、⑦規則や模範、諸構造、ネットワークを把握できること、⑧範例や、地平、全体性、領域によって区切られた全体性を把握できること。したがって、理解することは、人間の運用能力の概念のひとつであり、特に運用能力の概念として人間精神を記述するものである。理解の過程には「自然な」終わりはないので、目標を定め、その理由をいうことができる、中断の必要性も生じる。そこで理解と解釈のためには構築も必要なのである。ここからハンス・レンク（Lenk 1995）の名づけた「解釈を通して構築されたもの」のコンセプトが正統なものであることも導かれるのである。

解釈概念の語源学と哲学史

解釈の概念は精神科学の伝統に由来する。ラテン語の解釈の概念に対応するギリシア語の概念 Hermeneia が「解釈学」に翻訳された。解釈学は一般に告知、通訳、説明、意味解釈の技法であった。ヘルメスは、死すべき者［人間］に神の知らせを伝える神の使者である。ヘルメスの告知はたんなる通知ではなく、神の命令の説明であり、意味解釈であるが、特にこれは、神の言葉を死すべき者の言語に翻訳すること、また、死すべき者がそれを適切に理解できるよう翻訳することと見なされる。解釈学は文献解釈の理論であると理解されるが、ラテン語での解釈は、ローマの交易および法律の用語に由来し、意味解釈や［夢などの］判断を意味する。もともとラテン語の解釈概念に占い師や夢占い師の判断の意味が含まれていたとすれば、意味解釈や判断の意味の、後続する概念史は、特に文字が固定する人生の表現を技法的に理解することとして理解できるだろう。その後、解釈学は解釈の技法として、特に聖書の物語に関する判断と結びつけられた。そして、一八世紀には解釈学の目的は、啓示された真理と、理性の真理の一致を証明することになった。意味解釈は文字で書かれた聖書の章句に対して、その本質に関わるさまざま要点の理性的内容を問題にしたのである。

ニーチェは認識を自己意識への後退を表現する解釈の意味で用い、ハイデガーは理解の実存論的構造を分析したが、両者がともに解釈に関するこうした概念に導かれたことは明らかであり、この二人が文献解釈の技法としての伝統的解釈学を批判することを可能にしたのである。かれらの批判が示しているのは、解釈は、意味づける出来事であり、哲学的解釈学は、その解釈学的含意や方法的含意をさまざまに論究するという点である。哲学的解釈学の中心にあるのは、理解の歴史性に関する洞察と認識の循環構造の認識とであるが、これらの問題を方法論的に克服することができるようにするため、解釈学は問いと応答の論理を発展させ、確証の意味での妥当性のコンセプトを発展させた。それは、近代的な自然科学の方法の場合とは異なる学問のコンセプトと結びついているが、他方で「自然という書物」の隠喩に基づいて、精神科学の解釈学を自然の場合にも移行させる試みはすでに早くからなされていた。

重要なことは、応用倫理学の基礎的学問になることができ、自然科学の方法論と精神科学の解釈学の方法論のあいだにある裂け目を克服する使命を負う、ひとつの哲学的解釈学を基礎づけることである。解釈は、一定の規則に従わなくてはならないが、この規則に従うことが、解釈学に要求される技能の本質なのである。いずれにせよ、問題は、文献理解の特殊な方法で導出された諸形式にあるが、逸脱した解釈も実は可能なのである。したがって、ある思想の伝統を際立たせることが必要であるように思われる。キリスト教の聖書解釈史では、資料の内容のレベルでこれを定めるように努めてきたが、それは、聖書に関する特定の解釈を教条的に優先させることになった。哲学的解釈学はそれとは異なる道を歩み、関連する諸規則を企投〔構想〕して、その規則に従い、解釈学の枠内で解釈が技能として妥当するようにしてきたのである。

一方では意味解釈、判断、理解、解釈の連関、他方では合理性が、一七、一八世紀の解釈学のこれに関連する枠組みを構成していたのであるが、それにもかかわらず、一八世紀には特に判断に関する心理学の問題と解釈の情緒的な近さが繰り返し討議され、それが、批判的な分析の契機となった。啓蒙時代の解釈学は、プロテスタントの聖書解釈の、解釈の原則を用いることができたが、その際、意味解釈の方法論は解釈の合理的基礎に関する一般的な観点に順応した。伝統を継承する際の固有の洞察が強調されはしたが、合理主義の場合、論理的な証明手続きを介した証明の方法で導出される知識が基礎づけられたのである。合理主義の方法論が試みたのは、歴史学の知識を合理的に構成することであり、その際、実在的な可能性の概念に助けが求められた。つまり、真なる認識が結びつくのは、「論理学上の真理の領域」という思想に従う、正しい概念体系なのであった（Bühler 1994）。

「細心の注意」が哲学的歴史記述を批判する職務にとっての枢要徳であったが、ブルッカー*2の諸規則は、その規則を文献解釈に適用できなくてはならない、整合性を最大化する、という要請に帰着した。また、解釈学に好意を持ちすぎることもないようにしなくてならなかった。一八世紀のドイツ講壇哲学の意味での「分別」は、目的合理性の現代的用語法にかなり正確に対応するといってよいが、それが啓蒙時代の解釈学を導いた主要な概念であった。一七、一八世紀の解釈学では、道徳の観点が、意味解釈の諸規則を定式化し、またそれらを正当化する際に、顕著な役割を果たしたのであり、適正さと適法性の概念が注目を浴びたのである（Bühler 1994）。

解釈学的倫理学による応用倫理学の基礎づけ

あらゆる解釈学が有する方法論上の利点は、いわゆる先行理解を確定することにある。解釈は、何であれ、意味づけに関する先行的な伝統に左右され、それによって、その観点も限定されることになるが、解釈学は人間の諸活動、つまり認識と行為とを有限性の観点から把握するのである。意味づけとしての解釈も行為の前提としての解釈も、どちらも、時間と状況に左右されるはするが、解釈学は具体的なものを手がかりにして、応用倫理学を基礎づけることができるようになる。しかし、これは、解釈の着眼点と解釈の過程が、それらが実はイデオロギーではないのかという、嫌疑から自由になった場合にしか成功しない。そのような解釈学は、自らの方法の正当性をつねに自己批判的に検討しなくてはならないが、解釈は承認を目指し、承認は、妥当性を要求するために、その要求が記述的な言明であれ、指令的な規範であれ、異議を申し立てられることになる。したがって、解釈学の普遍性は、解釈学の理論上の性格と超越論的な性格がどの程度まで学問の内部で妥当性を制限されるか、また、それが良識の諸原則にまで拡張できるかどうか、にかかっている（Gadamer 1974）。普遍的なコンセプトとしての解釈学が、科学と良識を包括する応用倫理学にようやく基礎を与えることができるのである。

解釈学に対して提起される問題は、厳密かつ普遍的に考察できなくてはならない一定の諸規則により解釈を把握できるかどうかである。少なくとも、特定の分野に対しては適用可能で、理解と行為の基礎としての意味づけと価値づけとを基礎づける規則を立てることができなくてはならないのである。そのように解釈学を一般的に基礎づけるために重要だったのが、意味の認識と正しい諸事態の認識の区別であったが、意味の認識は、価値づけの過程の前提として理解され、正しい諸事態の認識は、意味づける諸事態の前提と見なされたのである。したがって、解釈学にとって決定的なのは、理解一般の可能性の諸条件を問うことなのである。

ニーチェの解釈学

フリードリッヒ・ニーチェは解釈を哲学の原理として発見し、パースペクティズムの哲学のひとつを基礎づけた。ニーチェの哲学には、世界構成のあらゆる要素が解釈的である、という見解がプラグマティックに埋め込まれている（Lenk 1993, 77）。とはいえ、解釈に関するニーチェの原理は、さしあたりは普遍的な哲学の概念として、そして完全に形而上学的なコンセプトとして曖昧なかたちで把握されていた。だが、決定的なことは、ニーチェの洞察が、事実は解釈であり、自然科学の世界観も原理的には乗り越え可能な解釈を提示するものであって、実在の正確な模写ではない、と述べたことである。ニーチェによれば、世界を説明し、解釈しようとするものは、わたしたちの衝動であり、欲求なのである。ニーチェによるこの解釈概念の解釈では、解釈は何かを力づくで奪い取ることとして示され、また、権力意志を表現し、利害を示し、解釈されるものを支配する権利を獲得しようとするものなのである。

ここで幾つか疑問が生じる。文献解釈の場合は、意のままにし、奪い取ることは必ずしも重要なことではないからである（Lenk 1993）。ニーチェにとって解釈は、それを道徳や倫理にも移行させなくてはならない絶え間ない過程であるが、社会的な慣習や道徳の分野には絶対なものはなく、解釈しか存在しない。行為はつねにパースペクティブや意味づけに左右され、解釈は必然的に行為者の観点や立場から生じる。なぜなら、ニーチェによれば、行為と解釈は相互に関連しあっているからである。ニーチェが解釈の概念を拡大し、それを、一切が流動的であることを把握するための存在論上の原理として理解する結果、解釈的な構築物の観点から見れば、ひとつのパースペクティブの世界が生じるが、この種の存在論化は、権力意志の表現としての解釈というニーチェの理論に対する深い疑念を呼び起こすだろう。解釈学的循環は必ずしも存在論的循環であるわけではないが、その循環は、方法論上の超越論哲学のレベルでの理解が含む、循環として働くことがありうるのである。理論と行為は、解釈の理論の観点からすると、共通するところもあるが、その区別も維持しなくてはならない。解釈は、わたしたちが捨てることのできないひとつの図式であるが、これに対して、ニーチェは、「解釈」という表現を多義的に使用したのである。そして、特に重要なことは、解釈すること自体は解釈のモデルとしてだけ、つまり、そのパースペクティブ的なモデルとしてだけ可能な点である。

他方、「一切がパースペクティブ的である」という命題からは方法論上の問題も生じる。その命題に従えば、解釈の基盤に関する根本的な懐疑から逃れるために、さまざまなパースペクティブに段階（パースペクティブのさまざまな程度）を設けることが必要になる。最高の権利を持つ独立した人間が自己立法する際にニーチェのパースペクティズムが、その実践のために有効になるのである。そのとき、本質的に問題となるのが、自己の創成、自己決定、自己限定、自己解釈、自己責任である。しかし、ニーチェが生の価値を絶対的に評価するかぎり、ニーチェの哲学は必ずしも一貫しているとはいえないだろう（Lenk 1993）。いずれにせよ、ニーチェが解釈を、権力意志の表現、したがって、自然と人間の支配として解釈することは、結局は、西洋的な支配の典型的な動機に遡って結びついているのである。

ハイデガーの解釈学

ハイデガーは、ニーチェとディルタイに批判的に対決することによって、この着想を手に入れた。ハイデガーの現存在と理解の分析論は、日常の人間の分別に含まれるある特殊な世界関係から出発している。ニーチェの場合と同様に、世界内部で出会われるものは、ハイデガーにとっても客観的なものや道具的なものの目的性の範疇に属している。わたしたちは理論的な関係を自分の環境に対しては持たず、現存在の分析論が展開しているのは、実践の優位性なのである。その分析でハイデガーが強調するのが、さまざまな対象を構成するプラグマティックな条件であり、ある共同体で結晶化する行為の共通性は、対象解釈のあるありふれたやり方に基盤を持っている。基礎的存在論の観点では、行為主体の概念は、その行為にとって有用なものの概念から分析的・体系的に切り離すことができない。行為と行為の道具が相互に条件づけあい、道具的なものの世界では、ある対象が別の対象によって開示される。こうして道具的なものが相互に開示しあうことによって、物の有意義性が展開されるのである。

とはいえ、人間の現存在は、投企の道具的客観的な可能性だけに制限されるのではない。意味の解釈は理解に基づいているし、理解には行為の目的ないし行為の向かう先が開示されるという構造がある。他方で意味の解釈は理解に対しては自立した体系的な過程である。したがって、概念による理論的再構築としての意味解釈は、理解に基底を持ちはするが、理解を超えていく。このようにハイデガーの哲学は解釈学的哲学の変形として理解できる。とはいえ、ハイデガーの哲学が存在論に埋め込まれている点にはひとつの問題がある。ハイデガーは、最終的には哲学することをある超越として、つまり、一定の観点と制限のあるあらゆるパースペクティブを全体として越え出ることとして把握するからである。

ガダマーの解釈学

ハンス＝ゲオルグ・ガダマーは、ハイデガーの立場をさらに発展させるため、新たに精神科学に関する理解を示さなくてはならなかったが、ガダマーは、学問の正しい進め方の規則に関する問いを立てたことはないし、理解の適切さの基準を問題にしたのでもなく、精神科学の理解一般の認識論上の位置を問うたのだった。その際、自然科学の場合と精神科学の場合とではその認識の目標が異なる点を強調する。理解とは、方法的に一分の隙間もなく統率することのできるものではないにしても、意味の理解を目指す、活動なのである。このことは、特に芸術作品と芸術作品の理解からはっきりと読み取れる。理解は、地平の融合として、つまり新しい洞察に通じる、さまざまな解釈地平の融合として生起するのである。また、ポール・リクールはもう一歩踏み込み、行為を文献の理解を模範にして理解する。文献は、それが解釈に開かれているという意味で［解釈を］「誘うもの」の性格を持つが、行為はそれを客観化できる場合にしか探究できないからである。人間の行為は、それを読み取ることのできる者なら、誰にでも近づけるのである（Lenk 1993）。

解釈学の現代的意義

分析哲学の解釈理論も、解釈を、一定の構築の契機をつねに指示する、固定できない、手続きやひとつの過程として理解しなくてはならないとしている。不確定［不完全決定］な活動空間があらゆる種類の解釈には付属するのである（Lenk 1993）。わたしたちは、外国語を意味づけるために、何らかの参照枠組みを用いるが、それは、人類共通の行為の様式であっても、根元的翻訳はそこで破綻するかもしれない。こうして分析哲学の議論は、解釈の普遍的方法を求める希望はすべて放棄せざるをえない、という結論にいたる。解釈者は、自分の観点や自分の解釈理論を用いるのであり、したがって、解釈に関するメタレベルの諸条件の分析が関心事となるのである。

ギュンター・アーベルが指摘するのは、解釈の倫理学が民主主義の放棄できない構成要素だということであるが、それは、この倫理学が公共の世論の評価を議論する場合、説得力のあること、合理的な受容可能性、したがって道理に適っているものを示すことができるからである。解釈の諸関係に関わるこの哲学は、そのために必要な道具立てを用意することができるのであり、人間のコミュニケーションと行為も、生活世界での解釈の実践や解釈される生活世界から生じてきて、逆にまたそれらを目指していくものなのである。また、そのような解釈の実践や生活の実践と同時に与えられている、規範の運用能力も、そのつどの発話や行為に現前してくるが、人間の世界内存在は、いつも言語的に意味解釈され、生活世界を構成する、他の人間相互間の言語的な拘束性とまったく同じように、最終的には間主観的かつ討議的なしかたで構造化される。これに対して、［アーベルの］解釈哲学では、人間の生活実践は、討議によってではなくて、第一義には解釈によって特徴づけられるように思われる。そこでは、世界内存在と生活世界の構造そしてさまざまな遂行が解釈的なものとして特徴づけられるのである（Abel 2004）。

解釈哲学は、文化的なタイプの相対主義を支持しないし、また理性からも距離を取るわけではない。解釈の倫理学を語る際に、次に問題となるようなさまざまな規範的含意と帰結は、一般に状況の内側から生じるものであるが、そこでは世界、他者、自己自身に対する自分の関係を、パースペクティブ的なもの、構成的なもの、意味解釈的なもの、解釈的な関係として特徴づけることができる。問題は、人間の言語行為、思考や行為の解釈的性格であるが、その場合、解釈の倫理学はひとを自由にする、倫理学のひとつでもある。この両方の観点を考慮するならば、解釈者個人の自由と平等が相互に組み合わされるだろう（Abel 2004）。それは、解釈哲学が究極の基礎づけの範例から決別したとしても、そのまますぐに文化的な相対主義に向かうことは意味しないのである。開かれていること［未決であること］こそが解釈の根本原理であり、解釈がさまざまな行為の自由を支持するのは、解釈が、反省を伴い、行為が文脈的に道理に適っていること、受容可能であることを証明し、また他のさまざまな選択肢を示して、その選択肢を結びつける（つまり、対立を克服する）こともできるからである。解釈は、意味づけと価値づけの二つのレベルを相互に反省して結びつけることも意味するが、アーベルの解釈の倫理学も解釈学的倫理学も、どちらも解釈する存在者としての人間から出発するのである。

欺瞞の倫理学的価値

解釈学的倫理学は醒めて冷静であり、そこには道徳臭もない。また、実際、世界には倫理以外にも重要なものがあるだろう。度重なる過剰な批判、何百、何千もの人間の生で贖うために、仕組まれた見せかけの正義を貫く道徳的厳格主義、蔓延したシニシズム、何があってもクールな態度を取り続けること、決着をつけるのを嫌う脱構築とその暴露騒ぎの後で、解釈学的倫理学は、哲学上の常軌を逸した普遍化の趨勢を抑え、日常道徳を考慮した倫理学的な反省を確立しようとする。そのような反省は、哲学の伝統を通して、また日常的にお互いある程度、快適な生活を送り、自分たちが生活のさまざまな状況と折り合いをつけるように努める、多様な試みを分析することを通して、説得力のある支援にまで立ち返ろうとするものである。ところで、欺瞞は、一般にごくありふれたことであり、実際的な知性の日常的な属性でもある。不安を克服するための自己欺瞞や他者欺瞞も同じくふつうのことであり、さまざまな言葉やシンボルは、武器や暴力の代わりになるが、これらもみな文化の産物である。ニュベルグによれば、人間の共同体の健全な、実際に生きるに値する共同生活は、さまざまな「中途半端な真実らしさ」なしには考えられない。「そうだとすれば」あらゆる自己欺瞞に伴う不安は根拠のないものなのではないだろうか。その答えがどうであれ、道徳では誠実が過大評価されている（Nyberg 1994）。

欺瞞は、公には非難されるにもかかわらず、なぜ尊重され、それほど広く行われているのだろうか。欺瞞は確かに微妙な主題ではあり、悪意からすべて行い、利益のために意図的にだますならば、それは非難すべきことだろう。ニュベルグも汚職や搾取を説き勧めたいのではない。しかし、人が何かを手に入れるため、人前で自分をよく見せるように自己紹介をすることは非難されるべきことではなく、それは、むしろ機敏な知性の存在を示す徴ではないだろうか。俳優のような医者の演技に含まれる治療効果やプラシーボも非難すべきなのだろうか。そこに道徳的に見てだらしのない態度を見ることがつねに正しいわけではないだろう。政治の場面で問題となることも、実際に明らかに欺瞞的策動が増加しているのか、あるいは、それはたんなる暴露ジャーナリズムの結果なのかという話題である。カントの場合、誠実は無条件の義務であるが、絶対的な良心は宗教の問題である。これに対して、プラグマティズムの真理論はむしろ進んで妥協の道を選ぶし、誠実性の遂行理論も何か別のものを目指している。文字や記号は本来考えられていたものの不完全な再現でしかないのである。では、倫理学には自明な真理はないのだろうか（Nyberg 1994）。嘘をつくことが倫理的に間違っているのは、それが嘘だからという理由だけによるものだろうか。嘘は、本人は（完全には）信じていないが、語られたことがその通りである、と他人が正当に期待する状況では、あるひとには信じてほしい、言明として理解できる。嘘にはいつも複雑な事情が隠されている。さらに、欺瞞をある種の技能として語ることもできる。欺瞞は本来、道徳的先入観なしに解釈すべきなのである。たとえば、友人を救うため、嘘をつくことは間違いなのか。善と悪、光と闇、真理と偽、これらは長いあいだ、グノーシス主義によって一色に染められた傾向があったが、今では、ある状況では基礎づけ主義やテロリズムをもたらしうるような、グノーシス主義の根本態度は克服するべきである、ともいわれているのである（Nyberg 1994）。

多くの職業集団は欺瞞の技法で生計を立てている。欺瞞は、発言や執筆、あるいは態度表明やボディランゲージなどを含む、他の行動のかたちで戦略的な諸能力を必要とするが、わたしたちの社会では、日常生活上の欺瞞と道徳の実践に関する道徳的観点の間には緊張関係がある。ことあるごとにある種の誇張や欺瞞が必要なのは、広告やセールスマンの生活形式だけではない。欺瞞は、他人の知覚をコントロールするために、見せたり、隠したりする、賢く冷静に計算された技法なのである。隠すこと、カムフラージュすること、変装すること、見せること、演技すること、偽造すること、見せかけること、これらは、すべて人間の日常的実践だけでなく、ある種の動物たちの日常的な実践にも属する。したがって、欺瞞や騙りについては、その幅広い分野を語ることができるのである（Nyberg 1994）。

自己欺瞞や自分の意志で目を背けること、無神経、愚鈍さ、そして無知に向かう人間の傾向は、多くのモラリストもそう考えるように、必ずしもわたしたちの利点ではない。しかし、私は、私が知りうることをすべて知ろうとしなくてはならないだろうか。自分を承認してほしいと強く望むほど、わたしたちが誠実であろうとする努力に限界も生じるものである。そこに自己欺瞞のある種のパラドックスが存在する。いつも希望的観測を説き進めなくてはならないわけではないが、自己欺瞞は目的に適うことを前提としており、それは、決定の留保や意見を変えることとは区別しなくてはならない。自己欺瞞は、意識的で意図的な操作として解釈するべきなのである。また、自己欺瞞は、役割に対する自分の責任を回避するためにも役立つ。他方に真の自己に対する憧れがあるとしても、楽観主義やプラシーボが重病からの回復過程に良い影響を与えることができることも指摘しなくてはならないのである（Nyberg 1994）。

言語は、コミュニケーションの要素であり、孤立の要素でもありうる。たとえば、社交辞令の基盤は、わたしたちが自分の考えを打ち明けたり、隠したりすることのなかにあるが、そこに含まれる嘘を見抜くことが試されることもある。このため、嘘を発見する手段として嘘発見器さえ導入された。しかし、さまざまな繊細な様式を取る皮肉は、わたしたちがコミュニケーションの手段としての言語とつきあうひとつのやり方であるが、その多様な様式が真理の無条件な指標となることはない。多くのひとは、他人を欺そうとする場合、それを見抜かれたいとさえ思うものなのである。このために、言語の両義性は、利用し尽くされるし、それは自分のプライベートな部分を守るためにも用いられる。プライバシーの領域は個人的なものでもありうるが、家族にも結びついているので、あまりに個人的部分が多ければ、ひとは孤独になってしまうだろう。倫理が本来、指示することは、真実と嘘とをそこに自分を感情移入して扱うことにあるが、その場合、真理に対する信頼と嘘を述べる人物に対する信頼とは区別しなくてはならない。偽善もまた徳のひとつでありうるし、この文脈ではそれを感情労働として考察しなくてはならないのである。偽善は、この文脈ではむしろ友情の表現にもなりうる。嘘が含むエチケットも、子どもたちの行う欺瞞の行動によってすでにある程度は準備されているものである。倫理と戦術は、それらの起源を互いに指示しあうし、警察の捜査の場合は、欺瞞はある程度まで正当防衛の措置として説明できるのである（Nyberg 1994）。

わたしたちが、価値の対立がある場合に何かを倫理学的に考えようとするならば、特に問題のさまざまな細部と人間が状況に適応する諸過程とに注意を向けなくてはならない。この文脈に属するのが自己に関するさまざまなイメージと未来のビジョンであるが、当然ながら、さまざまな歴史的規約もある役割を果たすことになる。道徳的な考えや関係は相互の信頼に基盤をもち、原理と道徳的直観とはまったく異なった価値評価の基準となるが、倫理学の論証にとって重要なのは、明晰さと簡潔さである。価値の対立があることを認めても、それだけでは、これまでも価値の相対主義が生じることはなかったので、誠実性の問題の枠内のなかで基礎づけ主義が必要となることはないのである。公平に関与する観点から見れば、さまざまな道徳的ビジョンと意思決定が、自分の生活に根を持つ日常の道徳を形成するもののすべてなのである。

2　倫理学的解釈技法の方法論上の基本範例──「あれもこれも」のパースペクティブから

解釈の五つの範例

日常生活の場合と同様に専門職の文脈でも、解釈は、方法論上の援助や解釈の手引きを正しく理解する方法を探究することを必要としている。正しい解釈ができるようになるためには、ガイドラインや方法上の手引き、解釈の規則が必要なのである。これは解釈学的倫理学でも同様である。ただし、解釈学的倫理学は他の学問とは異なる。論理的にも学問的にも基礎づけられた倫理学では、循環の回避や自然主義的誤謬の禁止といった方法論上の禁止が特に重要であり、また、たとえば（カントの非経験的普遍化と、功利主義の経験的普遍化に下位区分される）定言命法が含む普遍化要求のような諸規則が重要なのである。その一方、解釈学的倫理学の一般的な手引きは、「あれもこれも」（カントのいう意味での「概観」[*3]）の特徴を持ち、また、どの論証の流れであれば、それを完結できるかを見て取るためには、自由に使用できる戦略は何でもすべてやってみることを要求するのである。近代のさまざまなタイプの倫理学に由来する解釈のさまざまな範例もテストされる。そのなかでは実現可能性の要求だけが特異ではあるが、それこそまさに応用を目指した倫理学にはふさわしいものなのである。なぜなら、結局のところ実現ができない、見識の高い倫理学や道徳を、つまり、ドイツの臓器移植法の事前同意取り付け条項[*4]のように、必要な臓器提供を受けられないがために、何千人ものひとに死を強要するような倫理学や道徳を、わたしたちは支持してしまっているからである。未解決の対立の克服に近づくためには、さしあたっては、道徳的な諸問題や倫理学的な争いの問題内容を明確にするのに役立つ、以下のような五つの解釈の範例がある。

① 道徳感情と倫理学の理論。
② 循環性――意味づけや価値づけの過程を正確にするための、基礎づけと解釈とが含む、螺旋運動の意味での帰納法やアブダクション、緩やかな形式の演繹の相互連関。仮定的思考、実験的思考、段階の優先。
③ 個別的なものと普遍的なもの――分野に特化した（時間的、領域的な段階を持つ、さまざまな段階の形式での）普遍化ないし一般化。規則志向と最少倫理。
④ 「である」と「であるべきである」――さまざまな自然主義的倫理学および道徳哲学の批判。
⑤ 実現可能性――理想および目標とビジョンの達成可能性。模範。

道徳感情としての良心

①道徳感情と倫理学の理論。シェプフによれば、道徳感情の発生に関連する、ある内容を伴う存在論的なタイプの人間学はすべてうまくいかないままに終わった。とはいえ、問題は、そこに暗に含まれる、条件つきの自由概念に関連する人間学にある。では、今日でも、（責任感の観点のような）道徳感情に対して、わたしたちはある直接的確信を持つことができるだろうか（Schöpf 2001, 120-123）。精神分析であれば、実現可能な道徳を構成する諸条件の問題に関する一定の枠組みから分析を始めるが、精神分析は、治療の文脈である道徳的な要請が生じ、ときにはそのことが論拠としても支持されること、また、人間関係に関連して意図的に行われる規範的な規制が失敗するさまを観察することによって始まるのである。確かに、あるひとが自分自身や隣人に求める、道徳的な要請が病気を引き起こすほどの重圧をもたらすことはありうる（Schöpf 2001, 133）。倫理学に関していえば、それは矛盾する結果から出発しなくて

はならない。つまり、わたしたちは倫理学を必要とするが、多くの人々は、良心について語ることがあまりに少ないという見方がある一方、倫理学や道徳の観点はあまりにも高尚な装いをしているのではないか、という確信とも向き合わなくてはならないからである（Schöpf 2001, 146）。良心の中心には他人の目で自分を見るパースペクティブが存在するが（Schöpf 2001, 150）、さまざまな期待と義務は何か互いに関連しあうものでなくてはならないのである。また、その場合、良心に関しては一連の無意識の誤解があるので、良心の検証は曖昧さを含まない問題ではないのである（Schöpf 2001, 157）。さらに、権威主義的な良心と自律的な良心も区別できる（Schöpf 2001, 173）。

倫理学とメタ倫理学・応用倫理学の区別

他方では、倫理学の理論とメタ倫理学とが存在し、倫理学の論証がさまざまな価値の対立を適切に解消するための正しい方法となる。倫理学は、道徳やエートスと区別しなくてはならない。つまり、倫理学は、道徳やエートスに対する学問的反省として行動規範や社会倫理的な義務、意思決定のための行為の諸規則を論証により証明し、正当化する目標を持つのである。ギリシア語の「エートス」は日常言語から借用されてきた一方、「倫理」の概念はアリストテレスの造語である。「倫理の理論」（アリストテレス『分析論後書』89b 9）、縮約すれば、「倫理学」（アリストテレス『政治学』1261a 31）の概念が意味するのは、ソクラテスとプラトンがソフィストの議論と対決し、投げかけた諸問題を反省する学問なのである。この学問の成立背景には、当時、社会的慣習の正統化とギリシアのポリスのさまざまな社会制度の正統化とを、その父祖たちに由来するもの、つまり伝統によって行うことが疑わしくなった事実があった。

したがって、倫理学が取り組むのは、社会倫理の規範化および規範付与の基準とその正当化なのである。倫理学は、規範や手引きを列挙するのではなく、規範の付与とその確定の過程に関連する諸基準を与えるように試みるものであるが、社会倫理的な確信は道徳とエートスの諸領域に属するものなのである。いいかえれば、倫理学の目標は、さまざまな規範や価値が持つ、他者にも妥当する義務的な性格を論証によって正当化することなのである。倫理学は、さらに、人間の社会倫理の基本にある態度に関連する、理性と自由、また規範と良心に関する学説でもある。したがって、倫理学はまったく異なる二つのパースペクティブのもとで営まれる。つまり、倫理学は、一方では道徳とエートスの反省として、他方では道徳とエートスに固有の諸前提や可能性の体系的探究として、理解することができなくてはならない。この後者の課題がメタ倫理学に属する。

狭義のメタ倫理学は、この課題を、道徳の言語の分析、特に、事実的で記述的な命題と、規範的で指令的な命題、つまり義務を表す命題とを分けることに限定するが、広義のメタ倫理学は、倫理学の方法に関するあらゆる反省として理解される（Ricken 1983, 15）。広義のメタ倫理学は、規範倫理学がそもそも可能かどうかを解明しなくてはならないが、それ以外に、ヒュームの法則も分析する。この法則は、記述的命題から規範的命題を導出することを禁じる、ジョージ＝エドワード・ムーアのいうところの、自然主義的誤謬のように、直観的に理解可能なことではあるが、少なくとも方法の観点で「である」と「であるべき」を根本的に区別するものなのである。ここで規範倫理学を基礎づけようとすると、そこにはある困難が潜んでいることが示されるが、倫理学を基礎づける場合には、わたしたちは、道徳性や社会倫理をあらかじめ前提にしなくてはならないのである。

もうひとつ問題となるのは、応用倫理学が本当に哲学なのかどうか、そこには職業としての特徴が欠けているのではないか、という点である（Höffe 1991, 233）。確かに応用倫理学は哲学的には可能ではあるが、実は不要である、という意見がある（Höffe 1991, 237）。ヘッフェによれば、生命保護と学問の自由、あるいは動物保護と経済活動の自由の相克を党派に偏らずに調停することが応用倫理学の課題である。そのために、応用倫理学は法倫理学にも属する（Höffe 1989, 118f, 邦訳一九頁）。それぞれの事案に即した応用倫理学は、個別の事例研究の集合名詞であると考えられる以上は、「グランド・セオリー」のように振る舞う態度を捨てなくてはならない（Höffe 1989, 121, 邦訳二四―二五頁）。アリストテレスが定式化した理論的な学域としての倫理学の諸限界（アリストテレス『ニコマコス倫理学』1095a 10-15）を考慮すると、倫理学が「グランド・セオリー」でありうると考えることは疑わしいので、応用を目指した倫理学は批判的な反省であるだけでも十分であるといってよいだろう。同じことは、解釈学的倫理学にも当然、妥当する。しかし、解釈学的倫理学は、まさに道徳感情や倫理学の理論構築に関する、ひとつの概観を手に入れようと努力するのである。

解釈学的倫理学における社会倫理的な良識の役割

したがって、解釈学的倫理学が注目する主な対象は、社会倫理を扱う知識や社会倫理的な経験である（Irrgang 1998）。社会倫理を扱う知識が手続き的な知識として確立するコンセプトは、そこでは事実の知識と義務に関する知識とが互いに手を取り合っているようなものである。加えて、解釈学的倫理学の枠組みでは、応用を目指す倫理学のモデルの四段階が示されるが、そのモデルは、経験的知識を具体的な社会倫理的義務の定式化に関係させることを可能にし、自然主義的誤謬を生じさせない。それは、「二つの文化」を克服するが、論理的必然性を伴うしかたで妥当するような義務を提示するものではない。むしろ、ある社会倫理的な義務に関連する解釈のさまざまな提案は、具体的な状況で作られるのである。社会倫理を扱う知識を反省的に適用することによって、そのような道徳的先入観が克服され、社会倫理と規範の原理が解明される。その際、解明の過程が、さらに解明すべき問題について、義務や禁止の諸判断を区別する。特に、さらに解明すべき義務に関しては、ソクラテス的・プラトン的な対話モデルを模範に、それを方向づけできる討議が必要となる。ここで求められるのは、問う行為に内在するロゴスが、終着点にいたるまで、部分的には妥当なある限界にまで進むことなのである。こうして顕れてくるのが解釈学の方法としての探究と発見の過程であるが、それは、問いと応答、ヘラクレイトス的探究と発見によるものである。ここで決定的なのは、論拠の連関ないし対立であるが、その場合、論拠の一貫性と収束とが、不一致と同様にある役割を果たすのである。特に、この点で貢献したのがジョン・ヘンリー・ニューマン卿である（Irrgang 1998）。

解釈学的倫理学に対するアリストテレスの貢献

社会倫理的な諸義務の方法的分析あるいはそれらを扱う手続き的な知識の分析にとって極めて重要な著者がアリストテレスである。実践的知識、つまりフロネーシスに関してアリストテレスが解明したもののなかで重要なのは、それが、普遍的拘束力のある社会倫理的な義務に関して、具体的な状況を把握し、社会倫理的に処理することである。フロネーシスが姿を現すのは、所与の状況を普遍的なものに「包摂」するときであるが、その場合のアリストテレスの提案は、暗黙的に「明示的でないしかたで」扱う知識を指示することであると思われる。社会倫理的義務に関連し、明示的に知られている用語は、具体的な状況に関する、けっして完全に判明にすることができない知識を暗に取り込んでいるが、それがある義務の実現可能性に関する知識では姿を現すのである。

そこで、この「包摂」に助けを与えることができるのが、いわゆる「普遍化の指針」であり、その際に重要となるのが、帰納の意味のさまざまな普遍化ではなく、具体的状況で義務を扱う知識が暗に含むものを解釈することなのである。アリストテレスは、さらなる補助も提供してくれているが、それは、両極端の中庸としての社会倫理的なもののコンセプトのなかにある、両極の構築と解釈の手続き、そして平均を求めることに繋がる手続きである（Aristoteles 1975）。両極を比較考量する、この方法だけでなく、競合するさまざまな社会倫理的義務を比較する方法も、アリストテレスが解釈学的倫理学に対して行った重要な貢献には含まれる。

解釈学的に基礎づけられる実践的倫理学へのもうひとつの重要な貢献もアリストテレスにまで遡る「適正さ」の方法であり、それは、社会倫理的な具体的義務を基礎づけるため、完全に限定された状況で、普遍的な社会倫理的義務を少なくとも部分的に失効させる方法である。また、いわゆる「次善の策」に関するアリストテレスの手続き的知識も解釈学的倫理学では重要であるが、その内容は、「平均を求める過程が具体的な効果をもたらさない場合は、義務に従い、他者を傷つけない」というものである。アリストテレスは、数学的に厳密な客観化ができない、暗黙の手続き的知識のより広い諸形式をすでに使いこなしていたが、それらは、後に功利主義が広めることになった、帰結査定の地平での経験的普遍化の諸形式なのである。この手続きは、あらゆる行為が特殊な格率（行為の規則）に従うとき、どのような帰結が生じるか、を探究する。また、当然ながら、解釈学的倫理学は、定言命法を、社会倫理的な格率の検証のためのメタ倫理学の規則として承認する。

倫理学の規則としての実現可能性

他方、社会倫理的な義務を理解し、扱うことは主観的で人格的な色を帯びたままである。しかし、倫理学の客観主義の立場に反対する解釈学的倫理学では、この点を否定的に捉えてはならない。なぜなら、社会倫理的な義務の現実化と行為の諸格率とを価値判断する場合、パースペクティブ性と有限性は避けられないものとして現れるからである。また、解釈学的倫理学はゼロないし「白紙」からは出発できないので、倫理学史のほとんど自明なものとなっている重要な立場を簡潔に再構成することから始めるが、実現可能性の規則は、ある一定の行為の領域で行為を導く諸規則のために経験的知識を取り入れることを要求するのである。そのために、実現可能性の規則は、予測可能な結果に対して責任を引き受けることに、ある制限を設けることを意味する。したがって、道具的理解や社会倫理的・道具的行為にもそれらに関する反省にも依拠する応用倫理学は、分野毎に特化され、多元的であり、経験に開かれたものとなり、さらに自分自身の限界に自覚的にもなるのである。

実践的・倫理学的な理解が社会倫理的な義務の実現を可能にするが、社会倫理的な義務の実現としての実践的・倫理学的な理解は、まさに行為から生じるのである。その理論的反省は、倫理学の原理にまで遡ることを要求するが、それは、たんに社会倫理的に理解すれば済む場合には不要なことである。つまり、認知主義的な倫理学者とは異なり、筆者は、社会倫理的な理解の概念に従い、社会倫理的義務を理解するが、それは、他の社会倫理的な義務の存在に反対せず、あるひとつの社会倫理的義務を進んで実現しようとする場合に限ってのことなのである。このようなたんなる理論的反省ないし知覚は、理解ではなく、メタ理論的な反省なのである。社会倫理的な義務を実現できるようにするためには、社会倫理的な義務と社会倫理的でない義務の区別がどこにあり、社会倫理的な義務はどの点で成立するのかをまず始めに知らなくてはならないが、伝統的にはこの問題は社会倫理的な義務の基礎づけ可能性に結びつけられてきた。しかし、筆者としては、この問いを、「いったいなぜ私は社会倫理的な行為をすべきなのか」という、より幅のある問いとして表すことによって先鋭化したいと考える。この着眼点が妥当性の問題を実現可能性の問いに結びつけるものなのである。

道徳的直観、道徳的判断、それらの涵養

さまざまな道徳的直観は標準的な諸状況に限定されている。その直観は、見かけの上で直観的な性質を持つに過ぎない。そのようなタイプの直観は、実は、しっかりと刻みつけられ、長いあいだ教え込まれてきたさまざまな規則なのである。道徳的な実験が成立するとすれば、それは、たんに新しい模範を知るだけでなく、その模範に従って正しく生きることによってである。そのため、ある道徳が強さを獲得するのは、どのような原理に従って生きたいのか、どのような原理を自分の子どもに教えるべきなのか、を人々が意思決定するときなのである。それらのことを教えることができるのは、原理を説明する、事例や指導要綱があるからである。かつて主流だった道徳教育は、柔軟性を欠いた直観主義者たちを生み出した（Hare 1992, 101-103, 邦訳五九―六一頁）。そのため、解釈学的倫理学に求められるのは、社会倫理的な義務を扱う知識やその手続き的知識、また道徳的理解を再度、取り上げることなのである。この点がはっきり示されるのが、普遍化可能性の規則のような規準や、存在と当為［義務］の区別である。社会倫理のタイプの扱いの知識を解明するために、解釈学的倫理学は、道具的な理解のコンセプトと社会倫理的な理解のコンセプトとに関わるのである。

物語《ナラティブ》が伝える当為［義務］要求の社会倫理的な理解の一例は、新約聖書にある。「慈悲深いサマリア人」の寓話（『ル

カによる福音書』第一〇章第二九―三六節）は、社会倫理的理解を導くものであり、慈悲深さという道徳的価値が実現される実例である。イエスは、この一節では、道徳的価値に何らの定義も与えずに、この価値に反して振る舞う事例を示すのだが、最後には道徳的価値をよく実現した模範でこの寓話を締めくくっている。略奪され、傷つけられ、道端で苦しむひとを助けようとはしない、祭司とレビ人は、不信心者である。寓話の聞き手は、具体的な事例、特に対照的な経験によって「慈悲深さ」の道徳的実例を理解する。慈悲深さが求めるのは、たとえ助ける者に負担［費用］がかかることになるかもしれないとしても、苦境にあるひとに何か肯定できる結果をもたらすことである。イエスのこの寓話は、聞き手のなかに社会倫理的な義務の存在を呼びさまし、この事例のなかにある、慈悲深さの社会倫理的価値の道徳的事実に気づかせ、もし状況がそのように行動することを求めるならば、正しく行動できるように促すものなのである。イエスのこの寓話は、どのようにすれば、社会倫理的な理解を教えることができ、また学ぶことができるか、を示す例である。

社会倫理的な理解がはっきりと姿を現すのは、主観的な観点に立って道徳的に正しいと仮定されている道徳的判断や「勇気ある」「正しい」のような価値づけの述語の理論的形式のなかである。その場合、道徳的判断が価値言明、いわば道徳的な諸事実に関連する一方、倫理学的判断は、道徳的判断を規則によって扱う知識を前提としている。道徳的な観点がある行為を推奨するために意味するのは、その行為が利己的でない性質を持つことであるが、その場合、倫理学的判断は利己的でないことの基準を与えることができなくてはならない。したがって、解釈学的倫理学は道徳的実在論を基礎にしているが、それは、良識が道徳的実在論を受け入れているのと変わらない。この道徳的実在論は、道徳的問題を正しく解決するという理念から出発する（Schauber 1997, 35）が、その場合、解釈学的倫理学はこの言明を「たいていは」に制限する。道徳的実在論は、良識の意味での理論に先立つ信念が引き合いに出す、道徳的な諸事実を仮定することをやめることができないが、解釈学的倫理学がこのようなモデルの思考法を受容できるのは、道徳的な諸事実を解釈によって構築されたものとして概念把握する場合である。また、道徳的な諸事実の意味での、いわゆる「よい帰結［結果］」も解釈による構築物を提示しているのである。

社会倫理的な義務の実現可能性の条件としての「循環性」

②循環性。方法に関していえば、まず、価値評価する解釈に循環があることと解釈が先行理解に依存することは避けられない。解釈学的倫理学にとって問題となるのは、ある一定の状況での具体的な社会倫理的な義務を実現することであるが、その前提となるのは、ある実践を適切に倫理的に価値評価することである。これに関連して、実践的な倫理学の中心にあるのは、選好功利主義と情緒主義の場合のような利己主義の個人の自律ではなく、社会倫理的な義務を実現する実践、つまり、社会的実践に対応する社会倫理的な義務を実行しないで、ただ認識しているのではなく、それに従って実際に行為する、社会的な実践の地平にある人間の状況を分析する試みなのである。実践的な倫理学は、さまざまな状況が孕んでいる障害にも負けず、社会倫理的な義務を実現する、道徳の英雄からではなく、社会倫理的義務を実現するための、有限な人間の限界のある実行力から始めるのである。応用志向の倫理学の可能性の条件制約の問いは、ここで提案されたコンセプトに従って、この倫理学がそこにある解釈学的な根本状況の解明に向かう。この根本状況は、さしあたりは、そこで社会倫理的な義務が分節化される、価値判断の循環構造を含むが、社会倫理的な義務の判断がいつもあらかじめ前提する必要があるのは、その受け取り手が、義務のさまざまな経験を積んでいて、義務に関わる際に含意される最低限の知識を持っている点である。ここに理解の解釈学的循環との類似性を示す、根本構造のひとつが存在する。

カントの道徳的義務の基礎づけとその循環性

カントは『人倫の形而上学の基礎づけ』（Kant 1975 BA 104. 邦訳九六頁）ではある種の循環および倫理学の基礎づけの「隠された循環」（BA 110. 邦訳一〇〇頁）を語っているが、それは、道徳的な「すべきである」命題の義務的性格と自由とが相互の参照により基礎づけあうことである。とはいえ、カントにとってこれは本当の循環ではなく、むしろある種の相互的な含意関係であるので、それを一定制限しなくてはならない。つまり、超越論的なレベルでは、自由を考えるための可能性の条件は、道徳〔社会倫理〕的義務を不可避的に仮定することであり、逆に道徳的義務を考えることが可能となるためには、自由を仮定することが不可欠なのである。ここで解釈学的倫理学の根本構造が明らかとなる。具体的に社会倫理を考えることができるためには、自由（自律）も定言命法（道徳的義務）もともに必要なのである。

道徳的義務の基礎づけに関わる、この循環はある超越論的な地平を持つだけでなく、解釈学的に基礎づけられた倫理学も指示するが、それは、この循環が解釈学的な理解と構造的に類似しているからである。道徳的義務を扱う知識を必ずしも意のままに使用することができていないひとには、倫理学と哲学の反省によって、道徳的義務を指示することはできないだろう。義務に違反しながらも、道徳的義務を自覚している「悪人」もこのような〔義務を〕扱う知識は持っている（Kant 1975:『人倫の形而上学の基礎づけ』BA 113, 邦訳一〇二頁）。カントによれば、これは格別驚くべきことではない。カントによれば、他律の根本命題から倫理学の原則を基礎づけることは自己矛盾を露呈する。自然法則や道徳感情に基づく道徳の基礎づけは、何か自然的なものからの道徳的義務の演繹であり、それゆえ、道徳とは疎遠なものからの演繹なのである。同様に、神の意志からの演繹も別種の他律的な「倫理学」である。したがって、道徳は、ただそれ自身から理解されるときだけ、それ自身の真価において適切に理解されるのである。つまり、わたしたちが道徳的責任を持つのは、自然や神がわたしたちのうちで行為するのではなく、道徳的に適切な義務のような何かが存在する場合だけなのである。そうした場合にだけ、義務と自由の意味で道徳について語ることには意味がある。カントはここで、究極の基礎づけの意味で道徳的義務を基礎づけることは問題にしていないが、それでも、倫理学を自然や宗教から導出することがなぜ意味がないのかを説得的にしているのである。むしろ、カントのやり方で倫理学を究極的に基礎づける場合、わたしたちが「道徳的義務」を経験しているという事実を取り上げ直すことが必要なのである。

プラグマティズムの観点からの解釈学的倫理学

実践を哲学的に価値評価することを始めるにあたって指摘できることは、成功した実践の基礎は、実践に基づく理論的仮定としての「真理」、いいかえれば、プラグマティックな真理だけに置くことができる点である。また、解釈学的倫理学の思考方法もその基礎になる。つまり、理論と実践は対立するものではなく、互いに指示しあうのであるが、この場合、理論を必要としない実践の諸形式が存在し、ルーティン化された状況に対処するためには、暗黙の知識と能力で十分だからである。しかし、対立を含んだ状況——それが解釈学的倫理学の出発点である——は理論を必要としている。他方で、理論は、それを実現するためには、実践を、つまり、読んだり、書いたり、計算することを必要としている。したがって、ある命題が偽であるにもかかわらず、その行為からは望ましい結果が導かれると思うならば、それは、根本的に不合理なことであると考えられるに違いない。あるいは、後になってから、その命題はけっして偽ではなく、偽と見なされていたに過ぎないことが示されることもありうる。いいかえれば、効用は、原則としての正しさを前提にしているのである（Gallee 2003）。効用は、合理的なものであり、非合理的ではないとしても、それだけでは、直接に社会倫理的であるのではない。

パースの場合も、かれには仮説の概念が確かにあるが、今は、さらに踏み込み、アブダクションの過程の言語的な結果も仮説の概念で理解しなくてはならない。アブダクションの概念の本質的に重要なものは可能的なものの指示である（Gallee 2003）。アブダクションもそこに属する、発見のための帰納論理学は、組織化の問題のひとつでもある。今、使用した術語の用法とは独立に、倫理的な対立を和らげるためには、わたしたちが、論理学者や科学理論家である必要はないとしても、理論の証明、確認、検証は、さまざまな成果や帰結に左右されるので、成果を得るためには、個々の行為を計画し、要求することが必要であり、そうした行為を遂行する必然性が客観的基準を用意するのである。そして、実証された仮説が真であるのは、真理が効用として定義される場合であるが、どんな道徳的な状況も一度かぎりのものであり、そこには状況を価値評価するためのプラグマティックな規則がある。つまり、ある観念の意義を発見するためには、その観念の持つ諸帰結を問題にしなくてはならないが、そのためには、実際に行われる行為を注意深く調べる必要がある。ここでは、道徳的な規則に従うことではなく、ある特定の場合に除去が必要な害悪を発見することが問題なのである。重要なことは、害悪のさまざまな原因を取り除くことであって、倫理学の諸原理に関して議論することではない。デューイは個々別々の状況で論理が持つ、プラグマティックな意義を強調しているが、人間の苦痛の原因を発見する方法が重要なのである。しかし、技術的な発見は、それを創造性として解釈するべきであり、たんなる営業努力の意味に解釈してはならない。功利主義と経済的唯物論はけっして同じものではないのである(Dewey 1989, 200-225, 邦訳第七章)。討議するべきものは、概念ではなく、社会的なものの現実の秩序であり、個人は始めから与えられているのではなく、社会化された生活の影響のもとで産み出されるものなのである。

解釈学的倫理学における解釈の四つのレベル

こうして「あれもこれも」の意味で「トップダウン」方式と「ボトムアップ」方式とが結びつき、解釈の螺旋運動が生じるが、その解釈は、つねに自己批判的に遂行され、解釈の共同体によって保証されなくてはならない。解釈学的倫理学にとって重要なことは、さまざまな行為、あるいは「あれもこれも」の意味の意味づけと価値づけが交錯するものとしての、行為の諸領域の価値評価を構造化することなのである。意味づけから価値づけへの移行を方法的に保証しながら、それが遂行できるためには、その枠組みを整理する必要があり、この枠組みは少なくとも以下のような四つのレベルを含むのである。

① 普遍的な諸原理と模範のレベル

② 領域に特化し、時間化した行為の諸規則(規範、価値、格率)のレベル

③ 行為の規則の意味の適用規則のレベル
④ 倫理学に関係する経験的基準の確立による、行為の基準のための適用規則のレベル

医療倫理学の場合、第一段階は人間の尊厳に関する倫理学の原理のうちに見られるだろうし、第二のレベルには模範として患者の自律があるだろう。また、第三のレベルでは、社会倫理的な意思決定に必要な能力をより詳しく解明しなくてはならないだろう。第四のレベルでは、認知症や精神疾患などの個々人の意思決定能力を規定するための経験的基準が必要となる。その場合、価値評価の対象となる具体例で、どのレベルから始めるかは、さしあたり問題ではないが、具体的状況で社会倫理的な義務を評価する際には、まず第四のレベルから始めることになるだろう。ここで自由に用いうる手段の問題を解決できないならば、より根本的なレベルにまで遡ることが必要となる。もし、最も根本的な、あるいは第一のレベルで意見の一致が得られないならば、寛容が求められる。少なくとも議論の対象となる価値の対立を際だたせることはできるが、それでも、社会的意思決定あるいは投票手続きが必要となるかもしれない。そのために解釈学的倫理学は、原理の反省から倫理学的に反省される経験的知識にいたるまでの、そしてその逆の、段階的な倫理学の論証を基盤にするのである。この場合、上から下への演繹は重要ではない。せいぜい弱い意味の「導出」の手続きが存在するにとどまるが、この手続きのうちで、各段階間の論証のさまざまな連関、したがって、原理への反省と倫理学的に反省された論証のあいだにある連関を開示して見せなくてはならないのである。

カントによる道徳的義務の普遍化

③個別的なものと普遍的なもの。普遍化の範例の領域化と時間化。この基準が規則に導かれる倫理学に導く。道徳を検証する道具としての普遍化の規則が目指すのは、道徳的なものが含む無条件的なものを確定することである。普遍化可能なものが、道徳的に必然的かつ無条件に義務づけられるのである。カントは普遍化の二つの定式を識別して

いたが、そのひとつは、自然法則のアナロジーであり、科学のモデルに親和的で自然の形而上学から借用されたものである。もうひとつは、目的の領域であり、それは、自己目的の定式のコンセプトに依存しており、そのため、行為論的に限定される（Kant 1975）が、行為論のモデルは、解釈学的倫理学の出発点でもある、循環性の形式を提示するものである。ここで普遍性の形式の定言命法と自己目的の定式化のあいだのある対応関係の諸限界が現れる。循環性の形式が顕わになるのは、普遍化の手続きによってではなく、行為論が出発するその着眼点のもとでである。問題は、定言命法の行為論的解釈や自己目的の定式は、それがたんに形式的である点だけではなく、純粋理性の構造だけからは導出できない、人間に関する人間学的な基礎的仮定を前提しなくてはならない点にある。格率の形成は純粋に形式的には不可能であるとしても、普遍化の手続きは純粋に形式的なものとして解釈できるが、『実践理性批判』のカントは普遍化の手続きから出発したために、その後期の立場は、全体として形式的な倫理学により強く帰趨していくのである。

イマヌエル・カント以来、定言命法が近代の倫理学の基礎に置かれているが、ヘッフェは、特殊なしかたで定言命法を行為の格率の非経験的普遍化の形式として特徴づける。すでにカントは『人倫の形而上学の基礎づけ』（Kant 1975）では、四つの道徳的義務（これが後期の道徳体系における支柱である）を基礎づける際に、定言命法を典型的に適用している。嘘の約束をすることを禁止していることから、カントと功利主義の基礎づけをめぐる対立を示すことができるし、カント倫理学の場合も、諸帰結の考察がある役割を果たすことができる点も詳述することができる。カントの経験主義に対する批判的な辛らつさは際だっている（Höffe 1989, 206-210, 邦訳一一八―一一九頁）が、カントによれば、定言命法だけでなく、道徳の義務の体系も理性からアプリオリに導出しなくてはならないのである。

そのため、たとえば嘘の禁止のような義務の性格は、カントによれば、もっぱら経験から独立に規定しなくてはならない（Höffe 1989, 213, 邦訳一〇五―一〇六頁）。「嘘をつくことで利益が生じる場合、つねに嘘をつくべきである」という行為の格率を経験的でないやり方で普遍化できるかどうかをテストしてみれば、つねに嘘をつくべきであるという格率は、真理の開示を目的とする言語のコミュニケーション機能に矛盾することが簡単に見て取れるだろう。誰もが、いつも自分が嘘をつかれていると推測しなくてはならないとすれば、言語はコミュニケーションの道具でなくなるだろう。たとえ言語に関する直観的な知識が暗黙のうちに前提とされていたとしても、嘘を価値評価するために経験に訴える必要はないのである。言語のコミュニケーション機能を観察すると、嘘をつくことは、自己矛盾を示すことがわかる。

カントの倫理学を具体的に応用しようとするとき、解釈学的倫理学が取り組んでいる、解釈の一連の諸問題が生じる。ヘッフェは、カントの場合、普遍化のテストに多くの段階がある（したがって、それは程度のコンセプトを含意する）ことを強調し、①道徳的義務を基礎づけるための普遍化のテストと②道徳的義務を状況に応じて具体化することとを区別する。この場合、道徳の原理は、行為者の心の誠実さの基準である。さまざまな義務が対立しても、カントのコンセプトに対する反論とならないのは、義務の対立が義務の拘束性に関わるのではなく、むしろ、行為論的な問題を提示しているからである。カントの厳格主義は、しばしば想定されているほど、実は顕著なものではないが、その場合、カントによる普遍化の手続きと、規則功利主義による普遍化の経験的でプラグマティックな意味づけとを批判的に区別しなくてはならない（Höffe 1989）。功利主義は、経験的に確定可能ないし予測可能な諸帰結の普遍化から始め、たとえば、もしすべてのひとが嘘をつくならば、どのような帰結が生じるだろうか、という問いに対する答えに従って、その帰結が望ましくないことが明らかであることを想定している。

したがって、このことが妥当するのは、カントが、たとえば偽の約束の禁止を基礎づける場合に、信頼性の喪失と、経験的でプラグマティックな解釈に最大限に開かれた概念とを引き合いに出す場合である。カント倫理学が集中するのは、人間がそれに対して責任を負うべきものなのであるが、それは、たとえば嘘の約束では目的設定が矛盾することを把握するために、経験的知識は必要ないからである（Höffe 1989）。規則功利主義の場合は、諸帰結の考察に基づき、行為の規則を普遍化する経験的でプラグマティックな意味づけを行うが、それは嘘の禁止を以下のように価値評価するだろう。つまり、嘘をつくほうが、自分に得な場合は、嘘をつくべきである、という行為の規則に関しては、誰もがこの行為の規則に従う場合の諸帰結の査定を行わなくてはならない。そうすると、他の場合も、嘘をつくほうが得であれば、ひとは嘘をつくと、規則として想定しなくてはならなくなるだろう。そうなれば、親密さも信頼も生み出せない。したがって、嘘に関する行為の格率に普遍的に従うことから生じる諸帰結は望ましいものではない。それゆえ、嘘は、それが結果として普遍性に役立つ場合や、人命を救うための社会倫理的な義務に適合するような場合を除けば、経験的普遍化による規則の場合でも許されない。

功利主義による社会倫理的な義務の普遍化

とはいえ、普遍化の経験的形式に反対するさまざまな異論を表現しておかなくてはならない。リチャード・ヘアが指摘するのは、道徳的判断の普遍化可能性は、道徳の諸原理の場合、それらが時間と関連して生じることを禁じていることである（Hare 1992）。そのために、ヘアは、普遍化にはさまざまな段階が存在するというマッキーの主張に反対する。また、道徳的価値を道徳的でない価値と区別する、他のよくある提案も、ヘアによれば、さまざまな選好の志向を満足しないが、それは、選好どうしの現に行われている比較がずさんだからである。さまざまな選好に等しい重みを与えるための偏りのない観点が、ここでしばしば要請されるが、それは、しかしまったく直観に反した諸結論を導くこともありうる。ヘアは、臓器の採取を目的に、身寄りのないホームレスを殺せば、一家の長二人を救える例を描いているが、選好功利主義に従えば、そのホームレスは殺されなくてはならないだろう。

普遍化された幸福や喜び、つまり「最大多数の最大幸福」は、絶対的であり、何も特定しないでも、良くて望ましいものとして、したがって、合理的な好意の原理として、普遍化された功利主義の基礎である（Sedgwick 1981）。人類の良識も、功利主義と似た帰結に落ち着くが、とはいえ、その基礎はかなり不確実で中途半端なものに過ぎない。好意や自己犠牲などの概念で、良識は利己主義を抑える形式を賞賛する。そのような形式は、功利主義者にとっても重要であると思われるものであるが、その背後に隠れている。すでにデイヴィッド・ヒュームやジョン・スチュアート・ミルの場合にも、効用が正義の根源と見なされていた。そしてこれは、シジウィックも支持する一般的テーゼなのである。わたしたちが道徳的であるべきなのは、それがわたしたちの生きる社会にとって有用だからである。功利主義は新しい道徳を生み出しているのではなく、道徳を改善し体系化している。そうして、功利主義は道徳や社会倫理的な義務を功利性の意味でより完全にするのである。しかし、個人の効用と、公共の福祉の意味の普遍的効用に区別があることははっきりしている。両者が対立する場合、わたしたちは公共の福祉を目指さなくてはならない。わたしたちは道徳的に振る舞うべきであるが、それは、公共の福祉が、良識の意味で維持されてきたからであり、功利主義の意味でも有用だからである。

解釈学的倫理学における規則の意義

しかし、解釈学的倫理学は、普遍的に妥当する道徳の諸規則だけではなく、個別事例や特殊な状況での例外も認知する。またその際に、検証方法として普遍化のテストを頼りにすることができるが、行為の格率が社会倫理的に妥当でありうるためには、それは、以下のような意味で普遍化されなくてはならない。つまり「特殊な例外が生じる場合にかぎり、(かつその場合だけ)その例外は規則によって正当化される」のである(具体的には、嘘をつくことで人命が助かる場合にかぎり、嘘は道徳的に正当化される)。また、例外も規則によって普遍化されなくてはならない。

道徳の規則や行為の格率が意味するのは、何が通常、あるいはたいていの場合、正しいか、正しくないかである(Singer 1975)。マーカス・ゲオルグ・ジンガーが区別する、三種類の道徳の規則は、①基礎的な道徳の諸規則、②ローカルな諸規則、③中立的な規範であり、これは、たとえば、交通の規則のようなものである。この場合は、左側通行と右側通行のように、規則が対立していても、同じ結果を生み出せなくてはならない。例外の存在が道徳の規則の基盤を崩すわけではないのは、規則がたんに一般に有用であるに過ぎないからである。道徳の規則の正当化は、ジンガーによれば、普遍化、あるいは、従わないことで高い確率で生じるような諸帰結を指摘することで可能となる。ジンガーは倫理的判断を普遍化の適用例であると理解するが、そのことを通して、倫理的判断に普遍性が帰属するのである。普遍化の手続きの適用は、誰でもあるしかたで行為すれば、その帰結が望ましいものではないだろう、というようなことを確定するものではなく、むしろそれが望ましくないことを前提しているのである。諸帰結に関する普遍化された原理は、（個人的な意味でなく、集団的な意味で）誰もが、その諸帰結を望ましくないと見なさなくてはならないことを意味するのである。

普遍化の手続きの適用が、いつもこれと同じように簡単ではないのは、状況が異なれば、行為に関する予測を行うことが許されないからである（Singer 1975）。普遍化の論拠と効用の原理は、まったく無関係ではないが、普遍化の原理が効用の原理に作り直されるわけではない。公平の要求と普遍化の手続きとは、実践理性の表現としての道徳の規則（伝統的にいえば、規範）の意味での規則概念のように理解される。規則は行動のしかたを定義し、規制し、したがって、行為を構成する。とはいえ、応用倫理学の中心課題が規則の定式化に尽きると考えるべきではない。むしろ、応用倫理学は、具体例を範例として価値評価することによって、規則を個々に適用できる能力をわたしたちに獲得させなくてはならないのである。

規則に従うことは、集団が団結するのを助け、社会制度の働きを容易にし、社会的行為を可能にすることに貢献する。したがって、応用倫理学では道徳の規則は、特に、道徳的直観を検証する機能と、見通しの効かない不確かな状況で意思決定するための手引きの機能を持つ。自らも専門職であることを望む、応用倫理学が発展させるさまざまな規則と基準は、実践理性の意味で、さまざまな倫理的善を比較考量し、諸帰結の価値評価を行う際に、それを倫理学の専門的知識として構想することに役立ち、したがって、意思決定をしなくてはならない人々の格率の形成にも役立つ。専門家の時代には倫理学者も専門家になるのである（Sass 1991）。実践的な倫理学の諸問題は、普遍化された諸理論を集めたものからではなく、多様な状況を細分化し、対応する行為の諸帰結を通して答えなくてはならないものなのである。したがって、解釈学が導く実践的倫理学は、二つのタイプで普遍化の手続きを許容しなくてはならない。

つまり、内的整合性に基づいた行為の格率の検証（経験的でない普遍化）、そして、この格率を普遍化して適用する際に期待される帰結を手がかりにした行為の格率の検証の二つである。その場合、はっきりしていることは、行為の格率、そしてそれに関連する倫理学的論証の普遍化のテストを行う際に、レベルを分けなくてはならない点である。

倫理的に埋め込まれた自律の倫理的模範ないしは包括的な長期的責任のような自己実現の倫理的模範は、普遍化の範例に関する、超越論哲学的解釈やプラグマティックで功利主義的な解釈によって基礎づけることができなくてはならないが、それは特に、解釈と正当化双方の螺旋運動が結びつく場合である。また、最少倫理の正当化にとって特別な意味を持つ倫理規則の概念も同様に基礎づけることができる。確かに、解釈学的倫理学を規則の定立に還元することはできないが、諸規則は、倫理的判断の有用な補助手段であり、倫理の技法的性格を強調するものなのである。規則も（検証された）例外も、解釈学的倫理学では倫理的解釈の構成要素である。

ヒュームの「である」と「であるべき」テーゼとムーアの自然主義的誤謬

④存在と当為。自然主義の倫理学は規範的な要求を直接、自然に依拠して基礎づける。どのような自然的性質が道徳と関連するのか、と問う時点で、すでに進化論的倫理学の着想は挫折する。存在と当為の区別は、デイヴィッド・ヒュームに由来する。『人間本性論』のヒュームが書き記しているのは次のような間違った考えである。

> 私がこれまでに出会ったどの道徳体系に関しても、いつも気がついたことがある。それは、著者たちが、通常の方法で推論を進め、神の現存在を証明したり、人間がかかわることがらを観察したりするのが一定の時間に限られることである。私が突然、気づいて驚かされることは、語の通常の繋辞である「である」や「でない」に代わって、「べきである」や「べきでない」が現れないような命題にひとつとして出会わなくなることである。この変化は、かすかなものであるが、重大な帰結を持っている。「べきである」や「べきでない」が表現するのは、新しい関係ないし主張なので、それを観察し、

説明することが必要となる。同時に、この新しい関係が、それとはまったく違う他の関係から演繹できること、この他の方法ではまったく把握できないと思われること、それらの理由を与えなくてはならないのである（Hume 1973, 211, 邦訳二二一―二二三頁）。

ヒュームの「である・であるべきテーゼ」は、記述的な論証と指令的な論証の区別を定めているが、この区別は、原理的には「である」から「であるべき」を導出することに反対してはおらず、異なる基礎づけのレベルを単純に混同してしまう、実践を批判している。ようやく後になってから、専門的な議論のなかで、ジョージ＝エドワード・ムーアの場合にそこから「自然主義的誤謬」の禁止が生じたのである。それは、存在から当為を論理的に推論する試みに反対するものであるが、特にその間違いは、「機能を十分に発揮しうる」という意味での「よい」という述語の使用を「社会倫理的に価値がある」と同じものと理解させると思われる点にある（Ricken 1983, 47）。したがって、自然主義的誤謬の禁止は、ヒュームの原則よりも方法論的にさらに進んだ要求なのである。

ムーアの考察は、価値語「よい」は定義できないという点から始まる。この直観から生じる帰結は以下のようなものである（Moore 1984, 36, 邦訳一〇三頁以下）。

ちょうど黄色いものがすべてある種の光の振動を起こすように、よいものがすべて何か別ものであること、そんなことがあるかもしれない。倫理学が、よいものすべてに帰属する、他のあらゆる性質がどのようなものであるかを発見することも確かであるが、実に多くの哲学者が考えてきたのは、自分たちがこの他の性質を名づけるときに、実際に『よい』を定義しているということである。つまり、こうした諸性質は、現実によいとは『別の』性質ではなく、善いことと絶対かつ完全に同じものを意味することである。こうした見解を私は『自然主義的誤謬』と呼びたい（Moore 1984, 40f, 邦訳一一四―一一五頁）。

他の種類の誤謬推理と区別するために、こうしてムーアは「『よい』は自然な対象と関連づけて定義できる」と信じるさまざまな理論を特徴づけている（Moore 1984, 76, 邦訳一五一頁）が、自然主義的誤謬が登場するのは、自然のなかにある合目的性と機能性に基づいて、その社会倫理的な価値を推論する場合なのである。

この理論の支持者が感情を指示するとき、つねに問題として残るのは、感情自体がよいかどうかである（Moore 1984, 79, 邦訳一五四頁）。また、生物学的に正常なものの意味での健康と病気も、社会倫理的な基準ではない。というのも、正常なものはよいものでなくてはならない、と取り決められるものではないからである（Moore 1984, 81, 邦訳一五五―一五六頁）。ムーアは「未決の問いの論証」を指示し、結論を引き出しているが、それは「こうして、自然なものが、よいものでもあるかどうか、という問いは未決のままである」（Moore 1984, 82, 邦訳一五七頁）というものである。このように、ムーアにとっては、進化論も快楽主義も倫理学の確固とした基礎ではありえないが、その理由は、「もっとよい行動がないのは、行動がさらに発展するからであるが、発展段階はせいぜい倫理的な価値の基準でしかなく、これがそうであるのは、さらに発展したものほど、全体としてますますより快楽的になる、という極端に困難な普遍化をわたしたちが示すことができた場合だけだからなのである」（Moore 1984, 91, 邦訳一六四頁）。ともかく「人生は生きるに値するのか」という問いに答えなくてはならないだろう。

「自然主義的誤謬」とその心理学的なタイプの進化的・発生的な誤謬推理に加え、ムーアは、ヒュームの場合のように形而上学も扱っている。ムーアによれば、形而上学も何が「よい」のかという問いには何の影響力も持つことができない。ムーアは、以下のように論じる。

「何がよいか」という問いにはまず二重の意味がすでに潜んでいて、そのことには［形而上学の］ある一定の影響が認められるが、それが意味するのは、実在する諸事物のうちのどれがよいか、という問いか、あるいは、どんな種類の事物がよいのか、それが現実に存在する事物であれ、しない事物であれ、現実に存在すべき事物は何か、という問いのいずれかなのである（Moore 1984, 174f, 邦訳二四七頁）。

というのは、何かが現実的であるかどうか、という問いにしか形而上学は答えることができないからである。しばしばこの枠組みで、諸価値は、意欲されること、つまり、さまざまな欲求や関心から導出されるが、「よいことは、真であることが何か思考されたことと同一のものではないのと同様に、欲求や感情と同一のものではないのである」（Moore 1984, 197, 邦訳二六〇―二六一頁）。ムーアが形而上学に認める唯一の役割は、心理学的な役割、つまり、価値を持つかもしれない事物を示すことだけ（Moore 1984, 202, 邦訳二七二頁）であり、特殊な意味での基礎づけは問題にならない。また、自然主義的誤謬を免れるためには、手段と目的もはっきり区別しなくてはならないのである（Moore 1984, 243, 邦訳三一一頁）。

自然主義的誤謬に対するサールの反論

これに反対して、ジョン・サールがこだわるのは、記述から指令に方法的に移行する場合のすべてで自然主義的誤謬が生じるわけではない点である。サールが議論を始めるのは、ought が英語ではたんなる助動詞であり、is も英語の繋辞である点であり、「これらの語自体が素っ気ないのとまったく同様に、存在から当為を推論することが可能かどうかという問題も素っ気ないのである」（Searle 1971, 263, 邦訳三一二頁）。サールの問題は、道徳的な当為ではなく、さまざまな義務と命法一般であるので、サールは、たとえば、約束という制度のなかで、ある存在から当為を導出するが、そこでは制度が義務と結びついているのである。そしてこの種の「制度的な諸事実」（Searle 1971, 275, 邦訳三二六頁）をたとえば社会生物学も記述する。サールにとっては、存在と当為を厳密に区別する立場は、一定の学問的把握と現実把握とに関連するが、サールはそのように分けて考えないのである。サールにとっては、ある社会倫理的な価値は少なくとも、それを守るべきである、約束のような制度的事実から推論することができるものなのである。

にもかかわらず、サールにとっては、指令的言明と記述的言明が結びつけられる第三のレベルというべき何かが存在しなくてはならない。

私の見解が正しいとすると、記述的表明と価値的表明の区別が意味を持つのは、それが、記述と価値評価の二種類の発話内行為の役割の区別を意味する場合に限る。(中略)なお、私は、約束を守る義務は道徳性と必ずしも関係しないと考える。(中略)約束の概念に属するのは、約束する者がこれこれのことをする義務を負うということなのである。しかし、約束の制度自体がよいか悪いか、あるいは、約束によって引き受けた義務を、それと無関係の他の考察が無効にできるかどうかは、この制度自体には属さない問題である(Searle 1971, 278-281, 邦訳三三〇—三三三頁)。

義務は言語だけではなく契約とも本質的に結びついている。したがって、社会倫理以上に法に関連している。ある殺人を隠すためにした約束は、確かにその約束をした他人に対する義務を意味するが、この義務は社会倫理的とは呼べないだろう。サールにとっては、ある言語を語ることは、「さまざまな義務を引き受けること、義務を守ることを受け入れること、強制力のある決議を承認することと不可分なのである」(Searle 1971, 294, 邦訳三四九頁)。とはいえ、このことから社会倫理がこのレベルと必ずしも結びつくものではない点は明らかである。制度的な諸事実も社会倫理の諸価値と繋がる点を提示できるが、社会倫理は、むしろ制度的な諸事実ともう一度区別される領域を示すものなのである。したがって、存在と当為の区別に着目することは、社会倫理的な義務と社会倫理的でない義務とを区別する本質的な最低限の条件なのである。

倫理学的価値評価の解釈構造

意味づけと価値づけの着眼点に従えば(Lenk 1993, 1995; Irrgang 1998)、自然の解釈に際しても、わたしたちが自然に持ち込む解釈を通して構築されたものが問題となる。価値づけの着眼点は、諸価値、つまり規範と価値の観点で内容を具体化しなくてはならない倫理学的論証の意味で遂行される。経験的で倫理学的な、醒めた冷静な視点が、使用の実践と適用の実践に関する、現象学と解釈学の見方とを結びつけるのである。その場合、さまざまな具体的な要求によって生まれるさまざまな価値、生物学的に基礎づけられる価値、倫理学的に正当化される個人や生物の欲求、したがって価値づけの主観的側面が存在する。他方では、価値を構成する具体的な義務の側面、したがって価値や倫理学の客観的側面も存在するが、そこでは、論証が倫理学の言明にふさわしい表現媒体を提示する。

倫理学上の問題は、価値評価をしなくてはならないものであるが、それは、多くの場合、科学と技術のイノベーションの帰結に関するものである。技術が解釈学的倫理学の枠内である中心的役割を果たすかぎり、倫理学も今までとは違うものにならなくてはならない。倫理学が持つ二つのパースペクティブを互いに補いあうように用いなくてはならないのである。一方で問題となるのは、効率のように、効用と達成能力のレベルであり、第二のレベルは、善、正義、自律、要するに、倫理的なもののレベルであるが、ある相補的な考察方法が必要とされるのである。自然が共進化により機能的に効率的であり、また、それが、結果の観点でも有意義であることが証明される場合（それはむしろ再構成ないし構成された「自然」の場合であるが）、何らかの意味と意義、あるいは倫理的価値に近い効用価値を自然に帰属させることができる。したがって、解釈学的倫理学の観点から少なくとも比喩的な意味で、「物の道徳性」を、より正確には、物の道徳的有意義性を語ることができる。ブルーノ・ラトゥールは、その著作『虚構の「近代」科学——人類学は警告する』で物の行為を語るが、ラングドン・ウィナーによれば、「物は咬み返す」[*5]——これが強すぎる隠喩であるのは、これではせいぜいゾンビの行為しか描けないからであるが。物は自分では行為しないが、人間の実践の文脈で意義を持つのである。アルベルト・ボルグマン（Borgmann 1984）もある意味では、特に技術的手段が持つ能動的な潜在能力を語っている。特定の目的のためだけに作られた技術的手段が、技術の実践で媒介する能動的な役割を果たすことができる点は、筆者も認めたいと思う。「あれもこれも」は人間の実践にも技術の実践にも確かに妥当するものなのである。

以上のことから、道徳、エートス、倫理学に関する議論、また、倫理的判断の反省と正当化としての倫理学に関する近年の議論を考察できたとするならば、筆者が提案するのは、倫理学と道徳の議論のために、社会倫理の本性に関する諸問題を、そこで分析できる六つの研究レベルを区別することである。こうして明らかになるのは、倫理学では倫理学的言明も経験的言明もある中心的な役割を演じることであり、それがぴったりとかみあうことである。

道徳の本性に関する六つの研究レベル

① 規範と価値の起源の問題。生物学、文化史、心理学、社会学がこの問いに答えなくてはならないし、それがある一定の模範の社会的妥当性と事実上の承認の説明に寄与する。

② ①と区別しなくてはならないのが、当為の諸要求に関する論証的な基礎づけと正当化のレベルである。このレベルは、倫理学がたんなる形式的学問でない場合、ある人間像に左右されるし、主体と人格の概念規定を前提としている。ここでは道徳の人間学的「基底づけ」の可能性とそれが倫理学のような反省的学問に対して持つ関係の問題が提起される。また、実質的で規範な倫理学の正当化に際しては、人間学的なタイプの言明に遡る必然性があるかどうか、という問題が生じるが、この種の遡行は、経験的、形而上学的あるいは超越論的なしかたでも起こりうる。

③ そのために、さまざまな行為と意思決定の諸構造の分析が行われる。同様に経験的諸要素もこれに関係する。ある特定の行為理論とそのつどそれに適合する倫理学とが互いに含意しあうのである。

④ 解釈学的倫理学の観点から見て特に重要なのは、結局のところ、当為に対する諸要求を遂行する諸戦略とそれを履行する諸機会に関する反省であるが、この反省も人間像に左右される。

⑤ 現代倫理学の決定的なレベルは、たとえば、契約の締結や、基礎づけの討議あるいは実践理性の領域における

超越論的演繹のような手続きを通じた倫理学の基礎づけである。

⑥　社会倫理の義務的なもの、道徳の言語、道徳の判断の分析を通じた社会倫理的規範の解明（Irrgang 2001b）。

このうち、正当化のレベルでは、倫理的で規範的な論証と経験的で記述的な論証を区別し、それらを混同してはならない。しかし、適用のレベルでは倫理的な規範はつねに、少なくとも人間学的なタイプの経験的な諸事情を考慮して問題にしなくてはならないし、それゆえ、それらを相互関係のうちにおかなくてはならない。したがって、解釈学的倫理学では意味づけと価値づけを概観することが必要となるし、応用倫理学の諸問題に答えることができるためには、倫理学の論拠やメタ倫理学の論拠だけでなく、さまざまな経験的論証も必要なのである。概観は、総合ではなく、ある「ハイレベルの統一」のなかに融合してはならないものであり（そうすると、自然主義的誤謬を冒す危険が生じてしまう）、それは、問題を十全に意味づけ、価値づけることができるように、さまざまなレベルとさまざまな技能とからなる、諸論拠を概観することを意味するものである。

社会倫理的義務の実現可能性

⑤理想的な社会倫理とその実現可能性とが、第五の方法的範例を「あれもこれも」の特徴で書き直すが、それは人間の実践を価値づける解釈に直接関わる。このうち、応用を目指す解釈学的倫理学のより重要な方法的観点としての実現可能性が意味するのは、行為を実際に行う場合の道具的合理性と社会倫理的合理性の配分とを分析すると、結果として、両者を対立するものと捉えるべきではないこと、いずれにせよどんな状況でも両者が対立するわけではないことである。ここでも概観が用いられる。仮言命法と定言命法の対立は、カントの場合でも、さまざまな要求について、その社会倫理的な義務の性格を強調するという、方法上の観点以外のところから生じたものではないのである。解釈学的倫理学は、行為がそのもとにある、目標を価値づける際に行為に関わる道具的で戦略的な配分を、社会倫理

的義務の性格に結びつける。カント倫理学の場合とは異なり、解釈学的倫理学では、状況の分析、手段の分析、帰結の査定が行為の価値評価を構成する枠組み条件なのであり、ますます重要になっているのが、具体的状況での社会倫理的義務の導出と定式化のための技術と経済の枠組み条件なのであるから、妥当性の問題は、実現可能性の分析に結びつけられなくてはならないし、具体的状況のために実現可能な社会倫理的義務をつくる必要がある。たしかに、実現可能性は、ある規範それ自体の妥当性の基準ではないが、社会倫理的義務の適用の可能性を価値評価するためには、状況や手段の選択、潜在的な諸帰結と意図されていない諸帰結とが決定的であり、それらは見落とされてはならないのである。

医療倫理学の事例

具体例をひとつあげよう。ドイツ連邦共和国の臓器移植法は、事前同意の問題を解決したドナーの臓器は自由に使えると定めている。患者は死ぬ前に、自分の臓器を死後適切な状況下で移植してもよいかどうかを決めるのである。これは患者の自律の倫理の意味では問題ないように思われる。筆者も長いあいだそう考えてきたが、これは、今日、筆者には行き過ぎた倫理の例なのである。わたしたちがみな道徳的英雄であるならば、この立場も問題ないだろうし、国民はもっと高い割合で臓器提供意思表示カードを持つことだろう。しかし、わたしたちは明らかに道徳的英雄ではないし(これは、国民の臓器提供意思表示カード保有者の事実上の総数からも見て取ることができる)、この非現実に高い倫理的なスタンダードのせいで、何千ものひとが早すぎる死を宣告されるが、そうでなければ、こうした人々を救えるかもしれないのである。したがって、社会倫理が含む観念的な部分と実現可能性のあいだである概観を得るためには、オーストリアで実践されている、矛盾のない解決のほうが[*6]、解釈学的倫理学の義務にはもっと適合するだろう。おそらく、その場合には、倫理的により満足できるひとつの解決が生まれるのではないだろうか。

社会倫理的な諸義務を、適用条件を明確にしないまま定式化すると、その結果として、規範倫理を[教会で説かれる]

日曜道徳のように偽善的な説教くささで推進することになる。経済学に方向づけられたゲーム理論がそれを記述するように、たとえば、破滅的なジレンマの状況下で一定の領域で行為者が受ける、さまざまな強制力を考慮できなくてはならないし、その行為者は、行為によって個人的な突破口を見いだすかたちで問題を解決できなくてはならないのである。具体的な行為の場面でも理論上のさまざまな対立状況を解決したいと願えば、一定の状況では、すべての面で満足のいく行為の可能性はありえない点に気づいていても、社会倫理的な義務を扱う知識が伝達されるのである。たとえば、重度の障害を持つ胎児の堕胎に関して、その両親が意思決定をする場合、すっきりした倫理的解決は不可能に思われる、義務の衝突が起こりうるが、解釈学的倫理学は、通常の原理に基づくさまざまな倫理学とは対照的に、このような可能性を承認するのである。

社会倫理的な義務の実現可能性と常識

解釈学的倫理学は、社会倫理的な義務の実現可能性を応用倫理学の中心に据える。したがって、解釈学的倫理学は、道具を扱う知識と倫理を扱う知識の関係のための新しい関係を展開させる。カント以降、仮言命法と定言命法、また、ものごとを戦略的に扱う知識――どのようにすれば一定の成果を上げることができるかに関する知識――と本来の社会倫理的な義務とは互いに対立するものと見なされてきた。そしてカントの場合、「二組のそれぞれの」後者だけが倫理学の対象なのであるが、効率が非道徳になりうることを否定するべきではないのである。たとえば、ある犯罪組織が完全に協力的であることは、集団の利己主義の意味では効率的ではあるが、だからといって、それはけっして道徳的なことではない。ロビン・フッドのような高貴な盗賊もたぶん存在するだろうが、その場合も、社会倫理は、奪われた財の最大化にはなく、せいぜい戦利品を貧者と被搾取者に分け与えるにとどまる。戦略的行動も非道徳でありうるが、わたしたちが何を入手しなくてはならないか、まったくわからない場合は、何の譲渡も分与もできない以上、社会倫理的な義務が果たせる状態にもないのである。したがって、戦略的な理性は社会倫理的な義務の実現可能性にけっして関連がないわけではない。社会倫理的な義務に関し、その妥当性の問題と実現可能性の問題を完全に分離するならば、ものごとを戦略的に扱う知識は倫理学と関係がなくなるが、応用倫理学の場合はそうではありえないのである。

それどころか、ホーマンとピエズは、規範の妥当性はその実現可能性しだいであるとまで主張している。とはいえ、ここでいわれる妥当性は、特に規範の社会的妥当性である。近代という時代のさまざまな条件の下では、規範を実装できるかどうかは、その規範の妥当性に現れる。近代社会の、徹底して規範的に理解される生産性のポテンシャルと自由のポテンシャルは、そのポテンシャルが一般に望ましい成果に到達するためには、戦略的行為と制度の整備によってしか、巧みに誘導することができない。良心には制度の失敗を補償する力はなく、戦略的合理性は、どのような実践的倫理学にとっても、主要な問題を提示しているのである（Homann/Pies 1994, 5.f.）。経済に動かされるような経済倫理は、確かに端的には、実践倫理の基準にはできない――それではほとんど自然主義的誤謬である――が、実現可能性の諸条件は、社会倫理的な義務の定式化に際して、その規定の中心となる契機のひとつなのである。実現可能性の範例が依拠する運用能力は、一定の状況で社会倫理的な義務を発見し、実現するものであるが、その場合、社会倫理的義務を理解して扱う特殊な諸形式を際だてることができなくてはならない。倫理的指針ないし、中規模の範囲の社会倫理的諸原則のなかに姿を現すのが、社会倫理的義務を扱う暗黙の知識であり、そのさまざまな形式や戦略、したがって、倫理のタイプが解釈学的倫理学に関係してくるのである。これらのもののために、解釈学的倫理学は方法論的な枠組みを手に入れなくてはならない。

解釈学的倫理学が正統化するものが、事実として妥当している規範や生活世界の特殊な解釈ではないのは、そうすると、記述主義的な誤謬が含意されることになるからである。解釈学的倫理学が出発するのは、むしろ、日常の常識が社会倫理的な義務を理解し、実現できるように、ある一定の手続き的知識をすでに発展させているところからである。その場合、ここでも倫理学の反省の技法の基準が有効となる。つまり、倫理学の場合、解釈的な手続きの基礎となるのが、個別事例と事実上、妥当している規範のあいだを往復すること（遡って結びつくこと）であり、それらは、そこで相互に批判されるのである。特に、個別事例は、他の行為の可能性を考慮した、行為の企投の意味での状況分析と、潜在性の領域の意味での帰結分析とによって分析されるが、それは、特に、行為の目標の観点からすると、具体的に達成すべきことに即して普遍的な社会倫理の義務に適合しなくてはならないものなのである。個々の手続きに関して、絶えず相互に批判を行う過程で解釈学的倫理学の批判的な機能が示されるが、この機能は、特に解釈が対立するときに始まり、社会倫理的義務の正統性を問うが、実践的で規範的な解釈学的循環に基づいているのである。

社会倫理的な義務の命題の二つのタイプ――「であるべき」命題と「できる」命題

実現可能性の規則が意味するのは、すべての「であるべき」は「できる状況にある」を含意し、誰もその「できる」を超えて何かに義務を負う必要はない、ということである。しかし、社会倫理的に責任を帰属させることができる行為の実現が指示するものは、人間のさまざまな傾向性、態度、心構え、伝統的に美徳と呼ばれていたものである。したがって、「なぜわたしたちはそもそも道徳的に振る舞うべきか」という問いは、規範的なものと記述的なものが相互に干渉しあう、人間の行為の領域へと導かれたのである。この規範的なものと記述的なものは、ここではただ方法の観点でだけなお互いに区別されるに過ぎない。したがって、解釈学的倫理学の出発点は、実現された社会倫理的な義務、具体的な義務の経験、具体的な社会倫理の理解にある。道具を扱う知識は、人工物の使用を通して生じるが、その場合、ものを扱うこの知識を恣意的に選ぶことはできない。効用の経験と成功が、道具を扱う知識の正しさの基準なのである。また、道徳を扱う知識は、伝統と模範によって生じるが、その場合も、この道徳を扱う知識は、同じく効用の基準や成功、他者の承認を目指している。成功と承認を「計画に組み込む」ことができるためには、理論的にも説明可能な規則の知識が助けとなるのである。このことは、特に、道徳的な判断から倫理学的な判断に移行するために重要である。

実現可能性の規則は応用を目指す倫理学に特有のものである。応用倫理学で問題になるのは、帰結を志向する行為を戦略的に導き、普遍的に望ましい合意の形成が可能な成果に導くことであり、したがって、その成果には、それが実現する場合、社会倫理的な諸義務が対応するのである。手続き規則としての実現可能性の規則は、社会倫理的な理性と戦略的な理性とを互に関係づける。そのために、環境、特に状況と諸帰結とを、社会倫理的な義務の定式化のための、価値評価の中心的観点にすることを義務とする。古典的な哲学的倫理学で追求された実現可能性の規則は役に立たなかったが、この規則に先駆けるものは、法律学と道徳神学の決疑論にある。しかし、それはアリストテレスの「適正さ」や「善の比較考量」[*7]のコンセプトにも見いだされる。ここでまず問題になるのは、経験的な諸事実が倫理的判断の基準になることであるが、実現可能性の要求は、実践的合理性を表現しているので、実践的合理性は、記述的言明と指令的な命法のあいだに括弧を入れることができるのである。このことは、合理性の理論が、明らかに規範的理論でもあり、記述的理論でもあるということによるのである。実践的合理性のさまざまな理論が、理論的合理性の諸理論よりも、はるかに難しいのは、前者のほうが後者よりもまさに包括的なものだからである(Eckensberger 1993, 154-157)。ここで、倫理的な命法のために納得できる論拠が求められるのである。

実践的合理性の枠内には、三つのタイプの経験的論拠がある。つまり、可能性の論拠と否定的および肯定的な合理性の推測である。倫理学の可能性論証は、「〈べき〉は〈できる〉を含意する」という命題に対応しているが、この命題は、真の意味での倫理学の命題というより、道徳ないし法律の命題であると理解される。応用を目指して、この命題をメタ倫理学的ないしメタ理論的に解明すれば、それは応用倫理学の理論形成に寄与できる。可能性の論拠が喚起するのは、経験上の最初の規範的連関であるが、問題は、規範の内容に合理的であるという資格を与えることができるかどうかである。行為は、その原因と理由とを問うことができるが、合理性は、精神的因果性の形式として、つまり道徳的な事実からその義務内容を帰結させ、また、その義務内容から生じる社会倫理的な義務の、強制のない強制力を洞察し、その実現を迫るようにする推論なのである。しかし、倫理学的判断も道徳的判断も事実のさまざまな連関を指示しており、精神が原因であるとすれば、それが意味することは、この事実の連関のなかの因果性を、精神内の因果性の形式以上に正確に限定しなくてはならないことである。合理性は、まさに精神内部の因果性の形式であり、この形式では、理由が、基礎づけられるものを、まさに事実間の理由の連鎖を超えて、基礎づけるのである(Eckensberger 1993)。そうだとすれば、行為の理由は、ある行為の実現可能性の場合のように、社会倫理的な義務が説得的であるという洞察にほかならない。

社会倫理的な義務の命題の第三のタイプ――「したい」命題

「〈べき〉は〈できる〉を含意する」。弱い意味の「できる」の場合、この定式が意味するのは、道徳的な諸規範全体には矛盾があってはならないことであり、諸規範が矛盾する指示を与える場合でも、優先順位に関する規則が与えられなくてはならないことである。なぜなら、論理的に見て実現不可能な要求は満たすことはできないからである。とはいえ、「できる」を、受け手と関連させる意味で「わたしたち人間に可能」と理解するならば、この定式の意味は、ヒロイズムや、わたしたちには応じることが不可能な他の道徳的に過大な要求は道徳的規範に高められないことであるが、これが実践的合理性の復権を意味するのである。道徳的な当為を行為遂行能力に立ち戻り結びつける、第二の伝統的な路線も、やはり法学の伝統に由来する。「何人モ自カラニ能ウ限リヲ超エテ義務ヲ持タズ」[*8]という法律上の格言から始めて、ホッへが導く結論は、「したい」がプラグマティックに「できる」を含み、「でなければならない」は道徳的義務があることを意味する点である。ホッへが問題とするのは、義務命題を形式言語により分析することで暗黙の普遍性を明らかにすることではない。「私は〜したい」という一般的な諸命題は、客観的にではなく、主体的にしか基礎づけできないが、普遍妥当性は有しているので、それが、義務を表す命題の本来の基礎であることが示されるし、また、これらの義務を表す命題は、黄金律に置き換えることもできるのである。つまり、私が隣人に対して非難するようなことは、私自身絶対にしない。したがって、この戒律は、今、ここで特に一度かぎりのこととして、この仮定された状況では、他者が自分をそのように扱うべきであると、ひとが望むように、他者を扱うものであると理解される。したがって、黄金律は、条件つきの普遍的な義務命題なのである（Hoche 1992）。

ホッへの考察によって道徳的義務に関する分析の興味深い道筋が開かれる。ホッへは、ヘアよりも鋭く分別の「べき」と道徳の「しなくてはならない」とを区別しようとする（Hoche 1992, 303）。「しなくてはならない」、つまり、道徳の義務命題や分別がいう「したほうがよい」の命題とは違い、「するべき」の命題は、その論理的分析を試みると、わたしたちにさらに問題を提示するのである。「しなくてはならない」「したほうがよい」「するべきである」のような語彙で道徳的で実践的な語彙の全体領域がカバーできるわけではない（Hoche 1992）ので、たとえば、社会倫理的に許されることと許されないことの区別を分析することで、メタ倫理学の考察におそらくまったく欠けているものが、道徳的義務の分析として提示されると、推定してもよいだろう。したがって、方法上「〈べき〉は〈できる〉を含意する」が指示するのは、定言命法と仮言命法とを連関させるよう要請することであり、また、それは、戦略的な実践理性と倫理的な実践理性を結びつける、分別の倫理学の枠内での許されることの評価の引き上げも意味するのである。とはいえ、そのために、経験的な事実が一定の倫理学の理論の尺度となるのである。そして最終的には、少なくとも、倫理学の諸理論は経験的に反証可能なものとなりうるのである。

したがって、実現可能性の基準は、道徳的実在論へと導かれ、外的な成功にも方向づけられる。この道徳的実在論は、たとえば、さまざまなリスクを覚悟しながらも、協力が可能となるように、その手助けをする手続きを発展させることを必要としている。しかし、倫理学者が特に求めるのは、社会倫理的な義務を法律、政治、社会、経済、科学、技術と文化の論理に翻訳する規則を解明し、構成することであり、それは、経験と物を扱う知識がまだほとんどない、イノベーションの領域が問題となる場合にはとりわけそうなのである。実現可能性の基準に従い、道徳的な観念をそれが妥当するように実装させることができるが、さまざまなリスクを伴う実践に対する責任を引き受けたいと思うならば、実践が失敗した場合の損害の程度が合理的でかつそれを見通すことができる場合にかぎり、そうしてもよいことになるだろう。

解釈学的倫理学は実践と理論の双方で事例の解決を目指す

解釈学的倫理学では実現と実現への方向づけとが中心的な役割を果たす。実際、社会倫理的な義務の実現可能性を考えることから段階性に関する思想とコンセプトとが自然に生じてくるのである。社会倫理的な義務に関する解釈学のひとつの可能性は、義務には段階があることを証明すること、つまり、適正さの意味で妥当性条件の条件が制限されることと例外とがあることを証明することである。決疑論とは異なり、解釈学的倫理学は事例の解決には制限されないし、倫理学の理論も放棄しない。むしろ、解釈学的倫理学は、実現可能性の基準に基づき、いつもすでに事例の解決を視野に入れる、倫理学の理論のひとつとして展開されるのである。解釈学的倫理学は実践そのものではなく、実践を、したがって理論を比較考量する文化、反省の文化なのである。こうして、解釈学的倫理学は、応用倫理学の諸問題と実質的で規範的な倫理学との結びつきを提示し、状況に応じた倫理学とメタ倫理学的問題、そして人間の実践および現象学的で解釈学的な人間学の問題とを結びつけるのである。

以上の導きとなるのは、倫理学で原理の概念に代わる倫理学的な範例のコンセプトである。このコンセプトが、解釈学的倫理学の方法の中心を限定する。倫理学の範例のひとつは、次のようなさまざまな観点を把握することができる。

①　基礎となるさまざまな観点。意味づけから価値づけに移行する場合、これに注意しなくてはならない。
②　根本的な価値評価の観点の具体例。
③　方法的に保証されたかたちで意味づけから価値づけに移行するためのガイドライン。
④　意味づけと価値づけの諸地平。それが最終的に倫理学的な論証で一貫性を許すのである。
⑤　集団的実践のための模範。

⑥　倫理的な理想、ビジョンなど。

そうした中心的範例のひとつが、「倫理的に埋め込まれた自律」の範例、あるいは社会的に責任を負うことのできる自己実現の範例なのである。個人、人間の人格、そして間接的には社会制度や組織も解釈学的倫理学を引き受けることができる。

3　ポストモダン倫理学の解釈地平——「クールな」防衛の倫理と人間的自己実現のあいだ

さまざまな方法は、それを生み出し、使用するさまざまな人間の存在を仮定している。倫理学は、それを生み出し、使用する人間なくしてはありえない。したがって、社会倫理的に行為する人間に関するさまざまな問いが生じる。そのように行為する人間は、啓蒙の時代以来、自律、解放、自己実現の観点で見られるが、その場合、近代のさまざまなイデオロギー、官僚化、テクノロジー化を通じて、いわゆる個人主義は、多様なタイプの集団化の勢いによって脅かされている。その最新の形式がグローバル化と呼ばれるものである。また、近代ヨーロッパのやり方での個人主義化に異議を唱えるさまざまな倫理学的根拠とコンセプトも存在する。

自己実現の理想のもとでの近代の個人主義化のさまざまな趨勢に反対する、共同体主義《コミュニタリズム》にとって問題となるのが、共同体の諸関係をすべての「利益」社会のレベルに拡大することである。共同体主義は、西洋社会の諸領域の内部から起きた、その基礎に関する批判的な自己反省として理解される。共同体主義は、普遍的で手続き的なカント倫理学を批判することから始め、慣れ親しまれた行動様式とさまざまな伝統の復興に賛成し、古典的な右翼対左翼の思考法に反対する。わたしたちの社会が分業を通して絡みあっていることが、原子論的に自己を記述することを論駁するものなのである。個人の諸権利は社会の維持を脅かすが、自由な個人はある一定の文化と社会をすでに前提とし（Reese-

Schäfer 1994)、自由主義の伝統はとうの昔からわたしたち現在の西洋社会の伝統となっている。万一自由主義そのものが自己破壊的なものであったとしても、自由の諸形式の解放的作用を無視してはならない。そのなかには、環境を悪化させる副作用を伴うものもあるが、自動車のように技術的に産み出されたものもある。

西洋近代の政治哲学と福祉

近世になってホッブズの社会契約のコンセプトとともに利己主義が前面に登場した。このコンセプトでは、公共の福祉は、社会倫理学の本質的な構成的要素ではなくなり、それは、契約の締結のうちに含意されることになった。国家が人間の自己保存の中心であり、またそれを保証するものであるのは、人間が自然状態では破壊的に振る舞うものだからである。国家は、その国家と契約に同意するすべての人間の福祉によって間接的に定義されるが、私的利害も公的利害もこのコンセプトに集約される。また、アダム・スミスの市場経済学でも、すべての人間の経済的自己利害から、「神の見えざる手」によって、最大限の公共の福祉を実現することができる。さらに、ジェレミー・ベンサムの快楽主義的功利主義も、その最大多数の最大幸福の規定により、一種の公共の福祉を主導的な利害にする。

近代の政治哲学が仮定しているのは、社会が自然発生的な利害の自己規制を達成できる点である。そのようにジャン゠ジャック・ルソーは、普遍意志を自分なりに定式化することにより、公共の福祉を基礎づけた。しかし、福祉国家が危機に直面すると、この基礎づけはしだいに疑問視されるようになり、社会的なものの基礎づけにますます助力を求めるようになっているが、これは結局、前近代的な基礎づけの模範に帰着することになる。国家の将来的課題を処理することが問題になるときも、個人の利己主義と利害を自己規制する力が頼りにされることはますます減ってきている。

解釈学的な諸解釈が指示するのは、生活形式と道徳の伝統に関する確証の諸関係であるが、さまざまな道徳は、何が正しい解釈かをめぐって絶え間なく対立している。だとすれば、人間にある特定の生活形式を手本として示すことが果たしてできるだろうか。ここで哲学は、人間の共同生活に関する多様な生活形式と図式を指示するが、その際、共同体主義は、わたしたちが急速に成長するテクノロジー文明を生きているということを十分には認識していない。共同体主義は技術的・道具的な文明と、その文明の刻印を帯びた文化とを見落としているのである。共同体主義の場合にしばしば生じていることではあるが、重要なことは、生活世界を素朴に道徳的事実として受け取ることではなく、生活世界をその行為の構造から再構築し、価値評価するところにまで進むことなのである。

共同体主義の限界

自律の過剰が近代社会の社会的な徳の基礎をむしばんできた。これは行き過ぎた自由という、非社会的な帰結をもたらしたので、伝統の諸要素（徳に基礎を持つ秩序）を近代の諸要素（十分擁護される自律）に結びつけなくてはならないのである。これに対応するのが、解釈学的倫理学の着想であり、「あれもこれも」の方法的範例なのである。解釈学的倫理学は、普遍的な諸権利を与えられた個人を公共の福祉に対立しないものとして新しく理解し直すが、そこでは「社会倫理に埋め込まれた」自律や自己実現が、個人の自己実現にふさわしい近代的で自己批判的な模範として現れてくる。それは、より懐疑主義的な解釈学的倫理学の意味で、わたしたちがテクノロジー社会に直面するとき、少なくとも「社会倫理的な自己保存」を支持するのである。

女神シータラー[*9]の儀礼を破壊しないために、天然痘の根絶を諦め、活気ある伝統に終止符を打たないようにするべきだろうか。地域にあるあらゆる文化的伝統を保存しなくてはならないのだろうか。これらの問いに保守的かつ保存的に答えるならば、それは、民族学的な相対主義を仮定することになるだろう。つまり、すべての伝統は、等しく保存する価値があるということになる。共同体主義は、この状況で、人間のさまざまな基本的欲求や活動のような、アリストテレス的な本質主義の意味で放棄できない、人間の諸生活形式の諸特徴を明確にしようとする（Reese-Schäfer 1994）。したがって、共同体主義の倫理学は、手続き的な要素なしには、倫理学のある近代的な形式は立ち行かない、と考えることに対しても抵抗するのである。さらに、公共の福祉と共同体に関する伝統の理念は、技術によって変貌した近代の日常世界や生活世界にはもはや適合しなくなっている。そこで問題となるのが、道徳的によい社会の理念であり、技術の進歩の擁護ではない。人間の本性は、技術の進歩に伴い急速に変化するので、よい社会、つまり、道徳的な社会の問題は、伝統の基盤では決定することができない以上、技術の進歩に対応できる近代化の理論が求められるのである（Irrgang 2006）。共同体主義は、共同体に賛成するが、解釈学的倫理学は、良心と責任感とを持つ個人、つまり、自分がさまざまな共同体、制度、組織に組み込まれていることを自覚する個人が回帰することを主張するのである。分権化、伝統の再考、権限の配分に関する倫理学の諸原理に対する正当な関心は、近代を反省するある理論によって引き受けられなくてはならないが、その理論は、一面的なしかたで感情の道徳と非合理性に委ねられるものではない。他方、技術者支配と道具化とが徹底することで産み出された、近代の産物である孤立した個人は、将来の問題を成し遂げるための基盤にはならないのである。

社会倫理的に責任ある個人や社会倫理的に振る舞う社会制度に回帰することこそが、現代の危機、特に環境危機の問題に対する正当な答えなのであって、グローバルな問題を解決できない共同体の小さな諸形式――そこには「あれもこれも」のための手がかりはない――に舞い戻ることがその答えではない。共同体主義は、解釈学的倫理学から見てあまりにも保守的で伝統に縛られ過ぎている（Irrgang 1998, 1999a）ので、開かれたかたちで将来の諸問題に自己批判的に取り組むことができない。なかでも公共の福祉の概念については、共同体主義の場合のように過去に縛られるかたちではなく、さまざまな伝統を前にどのような福祉を考えるとしても、それを持続可能な発展の将来モデルから定義しなくてはならない。「あれもこれも」の倫理学の着想に対しても、同じ点が推奨されるが、それは、自立する個人を社会に倫理的に統合し、「社会倫理と結びついた自律」のコンセプトを定式化するように努めることによってなのであり、具体的には、それは特にテクノロジー化のグローバルな現状に対して行われるのである。

自己決定権の倫理学が意味するのは、行為の状況で、当人が自分の現存在の意味の条件を自分で企投しなくてはならないことである（Czuma 1974）が、その際、ひとは自分自身の責任でその適用自体を意味づける条件に対する評価の基準も表に出さなくてはならない。人間的なものが含む実践理性の多元主義に直面すると、さまざまな集団それぞれに人間らしさの理想が存在し、普遍化を目指し努力していることをもう否定することができなくなる。実践理性のために普遍的に承認される義務の基準がない以上は、いわば、サブカルチャーと考えられる自分自身の理性の基準を発展させる必要があるが、このとき、自己保存があらゆるサブカルチャーの多元性の基礎を示すのである。この場合、自律は、人間的なものに関する西洋の普遍的理想に基盤を持つものであり、その起源は、キリスト教の歴史的な努力と比較可能である。キリスト教の普遍性は、神の前での万人の平等に基づくからである（Czuma 1974）。

西洋における人間の自律と尊厳

人間の自律に関するある特殊な形式を描き出すのが、自然法の伝統を参照する人間の尊厳の概念であるが、それが概念として明記されたのはかなり後になってからのことである。とはいえ、その基礎にある思想は長い伝統を持っている。その思想は、キケロにまで遡るが、キケロが、紀元前一世紀に「フマニタス」、つまり人間性の理想を明確に述べたのである。キケロは、「ひとの尊厳」のもとに社会におけるその名誉ある地位を、したがって、他の生物とは異なる、人間の尊厳を理解した。この理解を、ピコ・デラ・ミランドラは、ルネサンスの天才・芸術家の哲学を背景にして、人間が神の似姿である、とする聖書的、アウグスティヌス的な教説と融合したのである（Irrgang 1986）。

人間の尊厳という主題が哲学にまで浸透し、絶頂に達したことを示しているのは、人倫［社会倫理］に関するカントの規定である。カントにとっては、人倫と人間性だけが尊厳を持つものであるが、自由で道徳的な存在者である人間の自律が表現されるのが、定言命法なのである。これに対して、フリードリヒ・ニーチェは、人間の尊厳の概念を人間のうぬぼれの産物と見なし、本来、人間が自分の尊厳を欠いた実存を許容することができるのは、人間が超人を準備するのに役立つ場合だけである、と述べたが、第三帝国の恐怖政治以後、再び人間の尊厳の意味が考察されることになった。憲法上も、真に新しい概念が問題となり、それは一九三七年に初めてデンマーク憲法で登場したが、人間の尊厳の概念は、したがって、それを肯定的に確定するというより、そうでないものをむしろ否定的に除外する性格のものなのである。確かに、その原理的な地位に明確な概念規定と絶対的な境界画定が伴ったことで、この概念は、公共の世論から絶大な人気を博したが、それで社会倫理の諸要請が満たされたわけではなかった。カントが自己目的に関する定式をまとめた結果、人間が、また社会倫理的な要求を引き受け、社会倫理的に責任を負うことができる人間の意思決定の能力が、人間の尊厳の源泉となったのである。これに対して、現代ではある種の生物学主義的な切り詰めが行われ、人間とその生命とが至上の価値を持つと主張されている。

人間的人格の尊厳と、それに結びついた社会倫理的に正当な処遇の要請が洞察されても、人間の尊厳がそのつどこにあるかは未決にとどまる。人格の尊厳は人間のあいだに存在する差異を均すことはない（Schüller 1980）し、さらに、カントのいう「自己目的」の定式（Kant 1975）に関しては、人間を道具化することにすべて社会倫理的な責任が負わされるとするべきではない、と主張されることもめずらしくはない。とはいえ、カントの定式化が正当に要求することは、人間をただたんに、所与の目的の手段としてだけ用いることがあってはならない、という点だけである。というのも、あるひとにある一定の職業〔使命〕[*10]を与えるのは、そのひとの持つ人格の尊厳ではなく、一定の道具的な諸能力だからである。それどころか、今まで一般に信じてこられたのは、公共の福祉のさまざまな理由から全財産を、状況しだいでは人間の生命を、優先的な目的のためにたんなる手段として意のままにしてもよいということなのである。したがって、社会倫理的に見て正統な人間の道具的利用の諸形式が存在するのは、さまざまな社会倫理的要求に直面するとき、他人の自由な自己決定の承認が侵害されていない場合なのである。実践的な諸問題が含む、道具的な技術のレベルと、社会倫理的な定言〔命法〕のレベルは分離してはならないのである。

人格の尊厳を引き合いに出したとしても、意思決定の基準の助けにならないのは、ひとの幸福が他人の幸福と競合関係にある場合であるが、それは、たとえば、チフスに感染した患者がいる場合、その感染者を隔離するとして、感染者は他人がそのひとから感染しないようにするための道具と見なされるからである。この種の衝突に対しては、人間を道具化しているという批難は当たらない。むしろ、社会倫理的に重要な問いは、利害関係者のために、他人に対して不利益を被ることを要求することが、どのような条件下であれば、正当化できるかなのである。したがって、行為者の自己決定権の思想は、正当化の原則によって補完しなくてはならないが、その結果、行為者の自律と利害関係者の自律は、そのままともに維持できる。双方の原理を結合することは、行為者の自己決定権の思想が行為論の基礎になるのはどのようにしてか、という行為論の観点に対応するが、その思想には独自の困難がある。それについてはこの章の最後に指摘する。

「クール」の隠喩

「クール」は現在の若者文化では何か肯定的ですばらしいことを意味する。この語は、モダニティの自己意識が持つオーラにスタイルを与えているが、隠喩として用いられると、「冷ややかさ」は、近代大衆社会の人間のあいだに漂うある雰囲気を記述することになる。ここに意味上での矛盾や対立がある。「冷ややかさ」の隠喩の否定的意味は近代の初めにまで遡るものであるが、人口に膾炙したのは、ようやく二〇世紀になってのことである。「クール」の概念はもっと新しいが、社会の冷ややかさと、それに対応する隠喩の濫用とも密接に関連している。「クール」は、氷のように冷たい疎外の風に反抗する態度を言い表すのである。「クール」は、冷ややかな実存の人生行路に対抗し、さまざまな肯定的な戦略を立てる試みであり、この概念が表現する文化的コードは、二つの表面的には矛盾する性質を持つ、冷ややかさに関連して用いられる。それは、一方では、美的態度のガイドラインとなり、他方では、それに対応する美学はある生活実践を導くものとして現れるが、その実践とは、冷ややかさが人間に対して持つ破壊のポテンシャルを克服しようと試みるものなのである。クールであることが、冷ややかさのなかに置かれた人間に対して、実存的酷寒を生き、冷酷な社会秩序の克服を可能にするのである。クールであることは、望まないときには、誘惑されないでいられることを、また、傷つかないでいられることを意味し、抑制《コントロール》を防衛として、また逆に、防衛を抑制として理解することなのである。それは、たとえていえば、死ぬほどの寒さのなかを移動するために、防護服で寒さから体を遠ざける登山家や極地研究者のようなものである。クールな精神の持ち主は、自信をもって疎外の恐怖に立ち向かうが、疎外そのものの肯定を様式化するためには、冷ややかさを合理主義と機能主義の結果として利用することが重要となるのである。それは、近代の時代の犠牲者ではなくて、その消費者であり、先駆的に考えるものなのである。決定的なのは、防御態勢が攻撃態勢に移る瞬間である。この逆転のひと突きを通してしか、自由に行動する余地は生まれないし、たんなる反抗にしかならない、子ども扱いもいぜんとして克服されず、自由も生じないのである(Poschardt 2002, 9-12)。

「クール」の文化

能動的な適応過程をテストする者として、クールの支持者たちは、できるかぎりシステム的で機能的であろうとする。資本主義と多元主義によってグローバル化する社会統合の諸力が、古いが、はっきりした前線の諸配置を破壊すればするほど、個人への攻撃も非常に広範囲なものとなったために、その攻撃の始めも終わりも定義できないものになっている。牧歌的ではなく、クールであることは、持続的な防御姿勢を与える安全性を可能にするが、それは、普通の日常生活を送っているひととかれの退屈さを守ることに終始するものではない。いたるところにある疎外の、氷のように冷たい風に当たると、その犠牲者の役割ではけっして汲み尽くせない、拒絶を生き、実践することが企てられ、それらに固執することになるが、このことが示しているのは、将来の社会的実践がそこに結晶化しうるような、頑固な対立が残っていることなのである。冷ややかさのなかで生きることが将来の生活形式なのである。感情の直接性は消え去り、それとともに脈打つ暖かさもなくなってしまう。人間の物象化は冷ややかさを伴う。感情に対する不信感は、理性に対する信頼の欠如以上に永く文明に揺さぶりをかけることになりうるだろう。その危険な殺し屋は極端に合理的なストア派であるが、その揺るぎなさと正確さが〔感情の〕殺人と襲撃にスタイルを与えるのである(Poschardt 2002, 12-17)。

芸術家が、どれほど自分たち自身の存在と自由の要求とが進歩的知性の伝統と深い関係にあるかを、意識していたとしても、徹底した自由は、郷愁の気分を完全に振り払うことによってしか可能とならないように思われたのは、個人が社会的機能の要求に応じなくてはならなかったからである。そして、これらの社会的要求は、一九世紀にはまだ敬意を払われていた悲しみや苦痛のような感情を、人間の心の健康を損なうもの、人間関係にとっては問題があるものと見なした。こうして、そのように見られた〔感情に対する〕拒絶は同時に、反抗的でエリート的でもある身振りを取ったのである。クールの美学の根源のひとつは、個人主義の一形式にあるが、この形式は、古代の自己に対する配慮に始まり、自己を様式化する、現在の形にまでその姿を変えてきた。そのような拒絶が含む、思い上がりや距離をおく態度は、二千年以上の間、過剰に冷却されたオーラを周囲に放射し続けたのである。クールの含む反抗がどれほど二律背反的に形作られたかを示すのが、シノペのディオゲネスの例であるが、ディオゲネスは、市民的なライフスタイルを拒絶したにもかかわらず、あるいは拒絶したからこそ、ヘレニズム時代のアイドルとなった。感情は文化的な人工物なのである。たとえば、クールジャズの場合のように、二〇世紀のクールなものの音楽史の初期には、熱いハートの持ち主による卓越した演出が模範であり続けたが、情熱的であることがその演出の根本条件だった。とはいえ、この情熱は、コントロールされ、和らげられ、もはやそれ自体として見れば、同じものであるとは思えないものになった。アフリカ系アメリカ人の俗語では、クールの概念がすでに三〇年代には登場しているが、それは、ジャズの演奏家たちが互いを仲間内では「クールキャッツ」と呼んだときだった。一匹狼で機転の利く、飼いならされていない動物として、うろつき回る雄猫は、予測不可能性や危険性と同様に美をも象徴したのである(Poschardt 2002)。

死に近いこともまたクールのパトスに属する。一九五三年のウィリアム・S・バロウズの『ジャンキー』では、麻薬中毒への道程が、情緒をまったく伴わない生の実践の要素として現れたが、享楽の手段としての逃避は、麻薬があろうがなかろうが、遂行可能なものなのである。ロックンロールは、伝説的には芸術家と書物の消費者にとっては、自由と自己発展の拠り所であった。それは情熱的で、騒々しく、前へ前へと突き進み、その熱狂を聴衆に伝えることができるものであった。この熱い音楽の消費者は、西側の資本主義社会では、当初は、社会の周辺に追いやられた人々であったが、しかしほどなくして、社会の大多数の若者がそこに加わった。さらに、冷ややかさと冷淡が形になったものとしてのアンドロイドの持つ意味が、特に近年のSF映画で高まった。クールに関する古い美学が糧としたのは、企投の持つ、ある厳しさであったが、それが正確さという意味でのスタイルを実存的に経験可能としたのである。「ブレードランナー」[*11]では、「黒い映画《ノワール》」のノスタルジックな冷静さが、SFの未来主義風の冷ややかさと共存している。二〇世紀末の未来主義の「クール」は、自己の人間性を非常に強く意識し、もっぱら、人間性を放棄しても危険はないのだ、と思うような人々によって推進されたのである。アンドロイドの場合、人間性の喪失が何を意味するか、を評価することは不可能である。人間の身体の場合も、人間の意識の場合でも、今では、人間と機械の間に境界を引くことを不可能にし、笑いたくなるほど、それらをひとつにしてしまう、テクノロジーのためのさまざまなインターフェースが生じているが、もしも機械とコンピュータが持つ冷ややかさをひっくり返すことができたならば、未来主義的な知識人とエンジニアは、それを賞賛することになるだろう。人間の新しい自己創造のひとつが提起されているのである（Poschardt 2002; Irrgang 2005a）。

　ロボットの性別もこの方向に向かっている。生きた身体は暖かく、人工の肉体は冷たいが、死後の硬直が始まるのは、身体が冷たくなるときなのである。親密ななかで孤立している人間が硬直していると、それも芸術の対象となるので、描かれるのは、たとえば、装甲車のなかでの生活である。クールを実践することは、適応と拒絶のあいだの、また、システムへの順応行動とシステムからの逸脱行動とのあいだにある波の頂に［サーファーのように］飛び乗ることなのである。極端な種類のスポーツに潜むナルシストの傾向は、特に遠い氷の上では顕著になるし、苦行のさまざまな図式は、冷却の傾向を説明する図式として示されるのである。解放は、装甲車のように武装することと苦行の形とを取らなくてはならないので、近世の巨大な幻想であった、自由も小さな夢とならざるをえない。これが、歴史の最愛の寵児である、自由に対する歴史の復讐なのである。

クールな解釈学的倫理学

自己保存の最少倫理には、クールの基本姿勢と共通点が多いが、最終的には「お熱いのがお好き」[*12]も模範的な倫理家であるので、それらは社会倫理的行為の動機とは異なる観点を持つ。クールなひとは、自分の破壊性に自信を持ち過ぎており、シニカルなひとも、倫理学の観点から見れば、真のそして正当に資格を認められた懐疑論者の哲学的な質には届いていない。解釈学的倫理学は、この意味でクールでもホットでもあり、その点で文化主義的なクールに勝る。グローバル化も個人的なものへの攻撃も、ポストヒューマンな「クールさ」とは異なる解答を要求しているのである。極端に高揚した個人主義と拒絶の態度は一体であり、今では、拒絶こそ主権の新しい形式なのであるが、冷ややかさは、新しいテクノロジーの無節操への応答として理解できる。それに対して、解釈学的倫理学は、懐疑主義的な自己保存を新しい世界理解と自己理解の基礎とするように、提案する。諸価値に興ざめすること、世界が抽象的なものになること、道具的なものの蔓延、情報が境界を越えること、コミュニケーションが紋切り型になること、これらは、すべて世界がテクノロジー化した結果であり、それは一挙には挽回できなくなったものである。わたしたちがそのなかで生きていると信じる、冷ややかさの原因は、テクノロジーそのものではないこと、そうではなく、私たちが所有する技術と、そこから生じる社会の諸構造とを、わたしたちが、人間的に、思想的に、文化的に乗り越えることがもはやできなくなってきていることにある、と筆者は想定している。クールの権力は、抑制可能な情熱であり、そのかぎりで、クールなひとは、現代社会の軌道の圏内にある。

「クールであること」や「クールな」態度は、解釈学的倫理学の興味深い実験場である。なぜなら、解釈学的倫理学にとって重要なのは、現代人がテクノロジー化した社会で社会倫理的に正しいものと認められて生き抜くことを保証する基本的な態度が何であるか、を明確にすることだからである。しかし、「クールであること」は、解釈学的倫理学から見れば、防衛戦略のひとつであり、それは、最終的にはポストヒューマンな人間のあり方に成り変わるものなので（Irrgang 2005b）、本来は、そのような人間のあり方に抵抗するといわれるものを促すものなのである。ここから生じるのが、わたしたちが、テクノロジー化した社会に直面しながらも、人間的なものを自己保存し、自己を守るための対案《オルタナティブ》を求める解釈学的倫理学の義務なのである。

自己概念の発展史

「自己」は、今ではひとつの妥当な概念となったが、それが哲学的意義を勝ちえたのは、近世の思考がようやく主観化する傾向のなかでのことであったので、そこに前史は存在しない。まだ萌芽的だったとはいえ、主観性の概念を表明した著者の一人がアウグスティヌスであるが、アウグスティヌスの場合も、同様に自我は自己が内面に向かうことでしか、つまり、真実の自己としての記憶のなかでしか出会われることはなかった。アウグスティヌスは、このような自己を「内なるひと」、つまり人間の全体の部分にとどまるものとして規定した。こうしてしばしばキリスト教の文脈では内的な人間と良心とが同じものとされた。「自己」という表現は、英語の self に依拠し、一八世紀初めに英語の名詞形で用いられ、それがドイツでもまず宗教的な文脈で用いられた。そのことによって、それまでの人格の同一性、魂の不死、精神の統一、道徳的自己に関する問題の連関が書き換えられることになったのである。「自己」の表現を初めて名詞的に用いたのは、R・カドワースであるが、ロックの場合は、自己と人格は同じ意味を持ち、バークリでは、「自己」「精神」「魂」という表現が同義的に用いられた（Schrader 1995）。

自己という概念の問題の発展の中心の位置を占めるのがカントである。『純粋理性批判』第一版のカントは、純粋かつ根源的な、変化しない意識を特徴づけているが、それが、超越論的統覚として意識統一の根拠を形成する。カントは、それを内的な現象の流れのなかで存立あるいは持続するものとした。一方、『純粋理性批判』第二版では、純粋かつ根源的な統覚は、自発性の作用として解釈されるが、自己意識を特徴づけるのは、それが、「私は考える」という表象――この表象は、他のあらゆる表象に伴うことができなくてはならないし、ひとつの意識のなかで同一のものである――を産出することによって、それ自体はそれ以上どんな表象にも随伴されえない点である。カントからキェルケゴールにいたるまで、自己の概念は自己意識（自我、自我性）と反省とに関連することで、その本質規定を保持してきたが、フリードリヒ・ニーチェは身体の価値を変えることによってこの関係をひっくり返した。今では自己はもっぱら人間の身体と結びつけてしか考察されない。マルティン・ハイデガーにとっても、自己の自己性を主題化する上で自我、主観、意識の諸概念は不適切である。なぜなら、自己に関する意識は、自己の存在からしか解明することができないのであって、その逆ではないからである。こうして、ここで現存在の価値に関する問いが提起される。分析哲学の枠内では自己、自己意識、自我、人格に関連する、家族的類似性についてのルートヴィヒ・ウィトゲンシュタインの思想が、それらの概念の使用方法に向けられ、その結果、それらの概念が互いに境界を引くことがきわめて困難なものとして現れくると同時に、特に倫理学の問題と関連する自己の問題領域を拡大したのである（Schrader 1995）。

自由の基礎づけと格率

自然法が自由を基礎づける場合は、人間の権利の理念は万人の平等に由来する。法の秩序は、対立の回避に役立つが、法は、全体として制定されなくてはならないものであり、法の制定、施行、遂行は、契約の相手方の意思に叶うものでなくてはならない。この意味で、承認された私有財産の秩序も権利の一部を構成する。しかし、権利が強制を伴うのは、あくまでも経験的諸条件があっての話であり、どんな権利も、たとえば、さまざまな妨害行為が禁止されるように、否定的な意味で自由権なのである。また、それぞれの人間像に応じて、人間の諸権利も多様に解釈され、定義される。

幸福はふつうある種の高揚感として示される。ヘレニズムに始まる、西洋の個人主義は、幸福をさまざまな願望が充たされることと考えており、そのような願望は、客観的な意思の表現と見なされる。多種多様な善と悪とが存在するが、さまざまな願望のあいだに調和が生じうるのは、願望が混沌としている状態は、正常ではないからである。同様に、多様な格率を立てることができるのは、行為のさまざまな対案の可能性を探究することが助けとなる場合である。そのような場合には、わたしたちは、その願望や意欲に従うことができる。しかし、幸福は必ずしも万人の最高善ではない。目的《テロス》の思想こそが、最高善と究極目的の概念を定式化する。産業化された現代では、たえずより多くの願望を作り出すことが課題となり、望むこととできることは一致するのだ、と宣伝されている。しかし、願望の充足は経験的諸基準に左右され、豊かな人々は食べるものには困らなくても、お金に関する不安を抱くものである。現代のやり方も最終的には願望の経済学に行き着くのである。

否定的な意味の自由は、わたしたちが行為をする場合、その行為が限定されないことを意味する。意思決定の自由ないし自由意志は、さまざまな選択肢を前提とし、そのような対案のあいだには、無条件の優劣がないものと考えられなくてはならないが、その決定はけっして偶然に下されるものであってはならない。さもなければ、その意思決定に対して責任を帰属させることができなくなるからである。ホッセンフェルダーは、否定的な意味での自由が唯一可能な自由の概念であると考えるが、それは、その意味の自由の概念は、わたしたちが完全には決定されていないという仮定に基づくからである（Hossenfelder 2000）。さらに、そこでは、諸行為のあいだには無条件に互いに優劣がないことも仮定されている。格率というものはいつでもつねに疑うことができるが、そこにあるのが、ある根本的な自由なのであり、そのように格率を変更できる可能性もこの根本的な自由を表現している。行為者は、そうしようと思えば、格率を変えることでも別様に行動することができるだろう。意欲は変えることができる以上、自由である。これが、この行為論的考察の結果である。意欲は変えることができ、また自由であるからには、行為者は十分に責任を負うことができるのである。

自由意志は直接に示されるものではなく、解釈により再構成されるものである。したがって、自由意志はつねに問接的に示されなくてはならない。では格率が人間の行為を完全に規定するのだろうか。答えは「ノー」である。意欲の間接性では自由は説明できないが、自由を破壊することなしには、自由は説明できないのである。したがって、わたしたちの行為は格率によって完全に決定される。しかし、格率は、際限なく、いくらでも変えることができる以上、非決定論にも分があると考えることができる。意思決定を成就させる、終わりのない可能性は、実践哲学のためのひとつの強力な論拠なのである（Hossenfelder 2000）。格率の変更はけっしてたんなる恣意や純粋な偶然から起こることはない。格率を変えることは、別の格率を通してだけ可能である。したがって、さまざまな行為に責任を帰属させても、何の問題も生じない。格率の概念に依拠するだけでも、倫理学は学問でありうる。

ホッセンフェルダーの自由概念が意味するのは、最上位の格率が存在してはならないことであるが、さもなければ、他のあらゆる格率がすべてその最上位の格率によって確定されてしまうからである。わたしたちの行為を究極的に基礎づけることは、行為を自由なものであると概念把握するかぎり、不可能であるが、それは、究極の基礎づけを最上位の原理からの完全な導出として理解する場合のことである。とはいえ、格率を一定のしかたで究極的に基礎づけることはできる。さまざまな格率は、基礎づけられなくてはならないし、自由に選ばれたものでもないのである。そのかぎりでは、権利を求めることと幸福を追求することが、万人共通なものなのである。決定論は、あくまで純粋に理論上の立場であり、実践のために何かを変えるものではない（Hossenfelder 2000）。これまで、倫理学上の議論では、自律の概念がさまざまな自由権、自己決定、プライバシー、個人の選択、そして自分の意志に従い、自分自身の行為を生み出し、自分が固有の個人である自由を含む、多様な一連の意味を特徴づけるため、参照されてきたのであるが、自律が要求するのは、それを保護し、顧慮することであり、それは、ある人物の選択が個人の福祉や社会の福祉を増進しない場合でもそうだったのである。このような（意思決定ないし行為する当事者の）自己決定権としての自律の思想は、多様な様式で解釈することができる（Irrgang 1998）。したがって、倫理学にとって重要なのは、より法学的な意味での「インフォームド・コンセント」（医療倫理学における説明と同意）の原則ではなく、たんなる個人的なものではない、実践の枠組みの状況に応じた意思決定の原則なのであるが、そのような実践を準備するのは、関係者の討議でなくてはならないのである。この理解に従えば、能力のない人とは、状況に応じて社会倫理的決定が下せないひとのことなのである。その場合は、この能力のないひとの代わりに別の人が意思決定しなくてはならない。

カントにおける自由と自律

カントは道徳的な意思決定とそうでない決定とを区別する基準を、道徳が含む、自律の理念に見いだすが、それは、その決定が、さまざまな感情や気質そして他の人間学的特徴から完全に独立であるべきである、という理念なのである。カントは、定言命法を導出し、自己目的として定式化される、この自律が含む人間の尊厳の思想を基礎づけるにあたり、ある内容的な方向づけを与えようと試みるが（Kant 1785, Irrgang 1998）、この伝統の流れのなかで道徳的に行為する個人の自律を表現するのは、各自の道徳的洞察に基づいて下される自立した意思決定なのである。この決定は、カントに従えば、普遍化できるかどうか、テストにかけることができるか、あるいはそれが倫理学の諸基準と原則に従えば、一定の状況に対して、倫理学的に成熟し、責任を負うことができる意思決定であるかどうか検証できるものなのである。さらにカントの立場を行為論から解釈するならば、自律的に下された意思決定は、たんに普遍化可能なだけではなく、正義の意味でも状況に適合するべきであることが明らかになる。

確かにカントの場合、自律が意味するのは、外的な要因や原則に左右されること、限定されることは、どんなことであれ、すべて道徳的でないものとして排除すべきである、ということである。とはいえ自律は、けっして恣意を含意せず、また、普遍化の手続きによって自分で検証することのできる、社会倫理的な自己責任の強制から自由になることも含意しない。カントの自律に関する理解は、カントに先立つ良心の判断に関するコンセプトを変容させたものであるが、それは、同じ伝統の流れに位置づけてよいものなのである。その伝統とはキリスト教的なものであり、使徒パウロの倫理学にまで遡ることのできるものである。それこそが、良心の自由および良心の判断に関する学説をキリスト教の倫理学に導入した。パウロが『ローマ書』二章一五節で確認することは、異教徒の魂にも、道徳の戒律が刻みつけられていることである。また、パウロが同書一四章二三節ではっきりと言葉にして強調するのは、内なる確信から出たものではないこと、したがって、良心の判断に反対して企てられることは、罪である、ということなのである。

良心に基づく道徳・規範・義務

良心は、主観的な恣意ではなく、ひとが自己自身の理性の判断に従うことを要求する。したがって、善も単純に「自然の傾向性」のうちにあるのではなく、良心の判断が行う、目的の価値判断のうちにある。人間の尊厳を最終的に基礎づけるのは、人間自身が自分の行為の源泉であること、そしてこのうちに［人間の］無制約性のひとつの契機が現れていることなのである。こうして実践理性の構造から生じるのが、「個人の良心」という最後の審級である(Hossenfelder 1983, 13f.)。早くから古代やユダヤ・キリスト教の文献には良心の多様な意味があったが、多くの人々の抱える問題は、そもそも良心が存在するか、などという理論上の問題ではない。むしろそれは、実践の問題、つまり「自分の良心が今、ここで何をするように命じているか」という問題である。あるいは、その問いは、他人が明らかに良心を欠いた行為を行い、しかもそれで成功を収めている場合にも、「なぜ自分は良心に従うべきなのか、そしてどのようにして従うことができるのか」という問いなのである(Funk 2004, 13)。

いずれにしても、そこに良心に関する極端な個人主義的解釈、それどころか利己主義的解釈など見つけることはできない。自律的存在が自己を実現するとすれば、それが意味するのは、自分が、自分自身から自分の実践のためのビジョンを企投することなのである。それは、私が、法的強制からでなく、また義務的規範へのたんなる服従や日常道徳からでもなく、さらには私が自分の意思だと思い込んでいる意思からでもなく、自分の生と実践とを社会倫理的な課題として把握することを意味するのである。重要なことは、「善き生」の意味で人間の持つあらゆる特徴を実現することなのである。そしてその場合、それぞれの自己に、使命や天命、さまざまな能力やありふれた日常的な実現と傑出した実現の諸形式が存在するのである。したがって、解釈学的倫理学のビジョンは解釈の共同体のものであり、それは、その解釈の葛藤を生産的に仕上げ、意見の相違を解消し、共通のビジョンを追求しなくてはならないのである。自己実現は、拒絶する権利ではなくて、課題であり、ビジョンなのである。

社会的責任と自己実現

人々は知識、思考そして判断の能力のさまざまな欠陥に苦しめられる。人間の知識は、必然的に不完全であり、思考、注意、集中の力もつねに制限されており、人間の判断は、しばしば不安や偏見、各自の利害関心によって濁らされるものでもある。これらの欠陥のなかには、道徳的欠陥や利己主義、だらしのなさから生じるものもあるが、それでも、その大部分は、端的に人間の自然な状況に由来するのである。そのような状況に従って、人間は多様な人生設計だけでなく、互いに非常に異なる哲学的、宗教的、政治的そして社会的な直観も持つことになる。ロールズはこれらの条件の複合体を正義の情況[*13]と呼ぶが、それは解釈学的に基礎づけられる応用倫理学が仮定するものに対応している。

トマス・レンチュは、社会的責任を担うことができる、人間の自己実現はどのようにして理解できるかを、正義の概念に即して明らかにする。これは、合理主義者が基礎づけに関して超越論的理解ないしは普遍的語用論の理解を持っていることに連関する。この点に関して、法を形式的・手続き的に規定することで、実践的にも事実的にも、深刻な社会的・経済的な不正や構造的暴力に直面したときの正義概念から政治の色が取り除かれる結果になった。正義に対する具体的な政治的要求も、哲学的に理解される真の意味の反省を要求するが、その反省は、人間が社会生活を営む際の文脈に関係する実質的な問題に内容のある答えを与えるのであり、法に対して、もっぱら方法論から、合理主義者のように基礎づけ主義から、そして形式や手続きから、さらには超越論的観点や社会工学、機能主義からアプローチすることに身を委ねるものではない。問題は、人権に関して具体性を伴った、ヒューマニズムの意味での正義を、政治的にはっきりと、その輪郭を描いて実質的に限定することなのである（Demmerking/Rentsch 1995, 11f.）。

正義の実現可能性

このように、手続き的正義論が問題状況を混乱させるのは、法の正義が、内容の正当性にではなく、それが正しい方法で生み出されたどうかに左右されてしまうからであるが、この手続き的正義論の基礎にあるのが主知主義的な誤謬推理である。それは、拘束力のある規範を社会的コミュニケーションのたんなる形式的な諸条件から導出し、こうした条件のなかに規範の拘束力の妥当性の根拠を見いだそうとする誤謬なのである。そうした手続き主義者は、しばしば現在の世界の現にあるさまざまな不正を許容してしまう。他方で、実質的な正義論は、自然法、マルクス主義、実証主義や国際法などの正義論とも区別できるが、実質的な正義論のなかで受け入れられる可能性が最も大きいのが、国際法的な正義論である。諸個人や諸国家の自己決定権を含む、さまざまな国際法的な人権の一覧を取り上げる利点は、それが、他の点ではまったく異なっていたり、それどころか対立さえしたりする、正義の諸表象と両立可能な点にある。また、この正義の表象のおかげで、ある社会に暮らす人々の関係や国際社会での国家間の関係が支配から自由な対話の場である、と誤解するような幻想に陥らないで済むのである。正義の原理の定式化が抽象的であればあるほど、普遍化できない利害関心を普遍化可能であると見せかける危険性もいっそう大きくなるが、言葉だけの妥協は、権力も富も持たない人々の希望が向けられる、進歩的ないし革新的な決着が孕む、さまざまな矛盾を隠蔽する傾向を持つのである（Demmerking/Rentsch 1995, 139-141）。

トマス・レンチュの出発点には、「正義はいったいどのようにしてさまざまなしかたで不可能になるのか」という問いがあるが、レンチュがそうした不可能性の諸形式から基礎づけようとするのは、反省と実践により正義を踏み越え、それを文脈化し、相対化しなくてはならない、必然性なのである。また、レンチュは、正義を、個々の主体の属性としてではなく、共同で営まれる生活の社会的でコミュニケーション的な形式、間主観的な繋がり、そして関係として理解するが、正義が不可能となるのは、わたしたちがそれを、普遍性を持った公平で理想的な観点から構成し、その結果、正義を、個人やさまざまな社会集団そしてその行為に関して状況に即した具体的な価値評価に適用しようとする場合なのである。公平性、非当事者性、中立性そして普遍性の観点では、自分がさまざまな具体的状況で具体的な事例に直面するとき、正義をそのつどのように受け止めるべきか、わたしたちには見当がつかない。したがって、普遍化する諸原則や普遍妥当的な命法は、形式的で空虚なものにとどまるが、理念としての正義が不可能である状況証拠のひとつは、正義が無理矢理に数量化されることである（Demmerling/Rentsch 1995, 191f.）。

正義は事実として不可能なのであるが、それは、人類の根絶やし難い、抑圧、暴力、罪の歴史を見ればわかる。今は亡き死者に対する過去の不正義を、二度と埋め合わせることなどできない。それは、ただたんに不正義として思い起こされるだけである。個々の身近な領域でも正義は不可能であるが、そのことは、個別の具体的な価値判断の状況で明らかになる。その場合、わたしたちは、複雑な具体的状況に直面して、「自分はあるひとを適切に見て、価値判断しているのだろうか」と自問するのであるが、実践に目をやれば、そこで示されてくるのが、個人のあいだの、心や身体、性や世代、倫理や知性、社会や理念そして宗教や生活形式に関わるさまざまな差異に関して、公正な判断を下すことがきわめて困難であるという事態である。社会的な相互作用が生じる、身近な領域にある個人間の差異は覆すことのできない否定性を持つが、それは、再生産され、文化間のマクロな領域でも高まり、さらには国際正義をも困難にする（Irrgang 1994b）。事実としては西洋の技術と資本主義文明こそが、何百年間も続く植民地主義、人種主義、帝国主義を通じて、地球をそのイメージに従って暴力的に変化させ、そのことで人類のさまざまな文化、生活形式、諸民族を抹消してしまったのである（Demmerling/Rentsch 1995, 193f.）。

トマス・レンチュの理解するところでは、コミュニケーションを通して公正を実現するという意味では、正義を満足のいくかたちで達成することが、理念としても、事実としても、個別にも、また、間文化的にも不可能であるので、正義に関する表象自体がその枠を踏み越え、克服される必要が生まれるが、レンチュはそのことを正義表象の解釈学的、つまり、道徳的な自己超越として特徴づけている。根絶し難い不正、つねに起こりうる過ち、あらゆる判断の暫定性、そしてすべての権利の毀損に関していえば、さしあたりは判断を下す、権力を持つ人々こそが敏感になり、自分を相対化しなくてはならない（Demmerling/Rentsch 1995, 195f.）。公正な資源配分のための直接の一般的な規則を立てることができないのは、個人や集団のニーズの比較を正当化しようとすれば、それは、それについてアプリオリには何も語りえないさまざまな討議に左右されることになるからである。物質の配分も道徳の関心事ではあるが、それは倫理的規則の問題ではなく、ニーズの評価と精査は、道徳の判決には従属しない（Grundwald/Saupe 1999, 148）。平等も正当な不平等も、その諸契機に関する問題は、文化と独立にかつ抽象的に規定すべきものではないのである。

解釈学的倫理学から見た正義

解釈学的倫理学によれば、人間的な実践を創成しようとすれば、正義の諸問題は、状況に即して、当事者の自己決定権を強く考慮した上で、将来を見据えながら、高度過ぎない理論を用いて決定されなくてはならない（Irrgang 1994b）。正義が意味するのは、人間の平等ないし均衡の確立であるが、世界全体での正義は実現困難なのである。それゆえ、解釈学的倫理学が根本的に求めるものは、正義ではなく、個人や国内のそして国際的領域での自助を手助けし、多様性を促進することである。解釈学的倫理学のいう「あれもこれも」が教えるのは、社会倫理的な義務を「客観的なもの」（カントの場合の定言命法、多様な倫理学の正義）として自己決定権に関するリベラルな観点から解釈することであるが、それは、個人の自己実現の模範とならび、他者に対してできるだけ公正であろうとする試みを摸倣するためであるし、また、テクノロジーの文化の諸構造を変形し、可能なかぎり豊かな人間性を実現できるようにするためのものである。

インフォームド・コンセントが倫理学に埋め込まれたことに関連するのが、倫理学の分野に確かに個人と主観性とが回帰していることである。上部構造、大衆化、匿名性、責任の拡散に直面して、個人や主観性と袂を分かつべきことは、もはや動かし難い事実と思われていたが（Irrgang 1999a）、規範は自分で自分を変えることができない以上、倫理学は実現可能性の範例を基盤にするとき、つねに個人の行為に課せられるものでなくてはならないのである。つまり、今日では、諸個人が、最終的に正当で道徳的にも責任を負うことができることを行うためには、自分の実践の諸文脈を意識しておかなくてはならないのである。しかしながら、自律に関する新しい理解は、費用便益計算による合理的意思決定のモデルに基づくものではなく、むしろ伝統から始めて、将来を創成するためのさまざまな観点から問題状況を解釈することによって、共同の実践を実現可能にすることを目指すものである。現実と関わるこの共同の実践のモデルが、行為と自由の概念を変え、その結果、インフォームド・コンセントの概念も変えたのである。それに加えて、実践の理解の変化が生じたが、それは、実践を現実との関わりから解釈する暗黙知のモデルに基づく。特に、実際に実践をおこなうなかで、その目的がその手段によっても変化し、ビジョンも理念も模範も変わり、また、新しく導入され、順応していくものなのである。このような自己修正は社会倫理的実践の構造契機の中心のひとつである。

重要なことは、自分自身が社会倫理を実際にやり遂げることであるが、わたしたちは、自分の実践知に関して間違うことはなく、ただその解釈の場合にだけ誤謬を犯しうるのである。自分の実践が、そのあらゆる決定要因にもかかわらず、全体としては自由として経験されることは、疑うことができない。そうした実践を見せかけだけで行うことはできないが、自由や個々の決定に関するわたしたちの解釈、コンセプト、理論は、どれも間違うことがありうる。解釈学的倫理学の文脈では、自律は、孤立させられ、原子化された、個々の決定ではなく、そのような実践を遂行する際に作り上げられる洞察を意味するのである。それは、わたしたちがある状況で、帰結と便益の観点でも倫理の観点でも何をなすべきかを、また、技術の諸構造、諸制度や諸組織のように、実践の諸結果と諸帰結とを含む、実践全体のなかで何に焦点を当てるべきかを知らせるものなのである。

自律は、社会的に承認されている、人間が自己を実現するための実存的行為の空間である。そうした人間の実践の場合、（制度的であれ、プラグマティックであれ、理論的であれ）自分自身の存在が気がかりなものになるが、そのことが、環境問題に関連する諸構造と行為の倫理学、制度の倫理学のような複数のレベル（Irrgang 1998）で責任倫理学の考察の出発点となる。ハイデガーの「道具を扱う知識」のテーゼに従えば、主観と客観とは、人間の実践の、分離不可能なパースペクティブであるが、ハイデガーのこのテーゼは、自律とインフォームド・コンセントに関する、根源的に原子化された解釈を根本から変えるものなのである。つまり、人間的な自律は、（主観としてであれ、客観としてであれ）徹底して他者のもとで果たされることによってしか構成されえないのである。高度にテクノロジー化された現代社会のさなかにあって、解釈学的倫理学が賛同することは、自律的に行為する主観から、流行のポストモダンのように決別することではなく、自律的に行為する主体の個々の実践を文脈化することである。解釈学的倫理学は、そうした主体に対して、社会倫理的な主体としての自己や、人間性、プライバシー、同一性、主観性のような、社会倫理的主体に結びついた価値を擁護する方法上の装備を与える。

解釈学的倫理学の特徴――「あれもこれも」、実践を伴う倫理学、進歩的自由主義

デカルトとカント以降の近代が基礎づけ主義、二元論、普遍主義として特徴づけられるとすれば、解釈学的倫理学は近代以後に属するものと特徴づけられる。イノベーション、テクノロジーの進歩、生活環境の改善も行うテクノロジーの現在が、それに関する反省をした上で、強く支持されるのは、それらのものが、過剰な活動や自然破壊、受動的消費そして大衆化のような、行き過ぎた現象をもたらさない場合なのである。したがって、解釈学的倫理学は一義的に分類できるものではなく、それは、近代的特徴とポストモダンの特徴とを結びつけ、新しく限定された条件の下で、啓蒙された近代的な個人が回帰することに賛意を表明するのである。解釈学的倫理学は、諸現象を精確に制御しようとするタイプの倫理学ではなく、個人の観点から重要なものを示すものとして、その存在は、判断するひとや観

察者なしにはありえず、倫理学の専門家になろうとするひとに同伴するものなのである。誰もが、倫理学を運用する能力の獲得努力を惜しまなければ、倫理学の専門家になることができるが、解釈の技法と価値判断の技法とを学び、習得し、それらを使えるようにならなくてはならない。そして価値判断のさまざまな基礎的観点のなかにあって、解釈学的倫理学のプラグマティックで懐疑的な「あれもこれも」が、比較考量と熟考の文化のための諸地平を開く。そのような文化が、二つの極端な観点のあいだに立って、アリストテレス的な中庸を含むことになるのである。

解釈学的倫理学の意味での義務を認識するならば、そのことは、自分や自分の会社の、また自分の組織の、さまざまな課題、目的、理想をはっきりさせることに繋がる。その認識は、何を改善しなくてはならないか、という問題も含む。さまざまな義務を領域ごとに特化させるならば、具体的な行為の状況で義務を指示されるひとに対しても注意が向けられるだろう。その場合も、問題は、禁止と規律の道徳ではない。その種の道徳も考えなくてはならないが、それらを与えるのは、過去に属する倫理学ではなく、将来の観点から現在を解明する倫理学なのである。ここで重要となるのが、共通の課題としての善き生の探究である。

解釈学的倫理学は、考察の技法として伝統の諸概念に変更を加える。

① 近代的な自律の還元された形式と表現としてのインフォームド・コンセントには、その視点性と必然性とを通して新たに焦点が当てられる。
② 自律の概念では自由の概念が倫理学的な解釈技法の観点から強調される。
③ インフォームド・コンセントは、人間の生活と実践の価値に関する人類学を補完する構想を必要とする。
④ 自由の概念は遂行から見た運用能力として、また解釈学的倫理学は技法として解釈される。
⑤ 人間の実践は、実存的配慮のレベルと道具的テクノロジーのレベルとを持つ。
⑥ 自然的なタイプと同様に文化的なタイプの埋め込みの要因が持つ価値も承認される。

⑦　埋め込まれた自律と運用能力の概念は、専門知識、倫理学の伝達そして倫理的思慮を持つ諸文化に焦点を当てる。
⑧　危険の回避と長期的責任が倫理学的範例と模範である。

生活をよくすることをテーマにすることは、幸福主義に戻ることを意味するのではなく、生きるに値する生活の倫理学に焦点を当てることを含むものである。そのために、役立つのが、テクノロジーの浸透する文化のなかで身体的な人間存在と結びついている、価値や義務のプラグマティックで現象学的な探究である。倫理学の問題設定ではカント的な判断力の概念が支配的であるが、それを、適切に解釈する自己批判の技法に置き換えなくてはならない。全体としては哲学的懐疑に大きな敬意を払わなくてはならないが、その懐疑は、特に立ち入った探究として理解されるもののことである。その目標は、あくまで倫理学を伴う実践を徹底することであって、演繹可能な倫理学の理論を立てることではない。解釈学的倫理学は、政治的な観点では、持続可能性（Irrgang 2002c）と社会的責任（Irrgang 1998）の模範を持った、進歩的な自由主義の倫理学となるが、自己を実現することと自分自身が生きていることに喜びを感じることとは、官僚主義を伴うような国家的および国際的な集団主義とは対立するものである。また、その場合、自由主義を単純に前提してはならない。むしろ、自由主義は、それ自体として可能なもの、その価値の測られたものとして、倫理学的に妥当性が保証される、他のあらゆる観点と同じように、一から作り上げなくてはならないものなのである。そもそも、ある種の教条としての自由主義は自己矛盾以外のなにものでもないだろう。自己実現は、根本的選択の意味で課題を実行し、実現することであるが、それは、個人としても組織や制度としても追求されるのである。これは実践の分析の枠内では社会倫理的な義務を意味する。

解釈学的倫理学が内容的に目指す範例は以下の通りである。

①　自己自身に対する責任としての自己実現と創造性。
②　他人の自己実現のチャンスを開く（他人の場合にも創造性を要求する）。
③　節度ある責任帰属（適正さと人間の弱さ、有限性、傷つきやすさの理解）。
④　支援の意味で距離の遠近に応じて限度を付けた責任。
⑤　社会に対する責任としての福祉、グローバルな規模の持続可能性。

自己実現の倫理学は、自然な共同体（具体的な責任）の文脈では、純粋たる禁止の道徳である伝統的な義務倫理学と対立するものである。ヘーゲル以来、自己実現は真の自己ないし固有の自己の現実化を意味するが、その場合の自己は、そこにあるものではなくて、永遠の課題として示されるものである。自己実現は、長期的責任に関していえば、つねに更新が求められる、自己企投のためのビジョンと見なされるべきであるが、その責任は、日常のルーティンもそのなかに組み込む。自己実現には多様なビジョンが可能ではあるが、自己実現は、共同の実践の枠内でしか達成できないし、自己の構成も環境と関わるなかで生じる永続的なフィードバック過程なしには生じない。その結果として、どんな場合でも、解釈学的倫理学の解釈では、自己実現を利己主義や快楽主義、あるいはナルシズムのような生活態度として理解することはできないのである。

解釈学的倫理学と公共の福祉

公共の福祉は、伝統的にあらゆる共同体の、あるいはひとつの共同体の利害関心によって定義されるが、そのような利害関心に関しては、自然法、契約説、功利主義、それぞれの解釈がある。解釈学的倫理学による定義の試みは、利害関心ではなく、目的、ビジョン、模範を志向するものであるが、それらのものは、幸福、つまりある共同体の公共善や価値を促進することができるのである。そこで問題となるのが、この公共の福祉に集団化が伴わないようにすることである（Irrgang 1999b）。さまざまな共同体は、さし当たっては、社会生物学上の家族や氏族であるが、それらは変化にさらされているものであり、村落共同体は、新石器革命を前提とする。社会《ゲゼルシャフト》の意味の諸国家が成立したのは、まずはメソポタミアの都市文明の技術の強力な助けがあってこそであったが、それは、集団の技術的実践の帰結でもあった。このように、善と成功した生活は、共同体の実践が特徴づける多様なものなしには成り立たず、人類史上の技術の多様な範例と深く結びつくものなのである。したがって、これにふさわしい模範を立てるために決定的に重要なことは、社会倫理と効用とが一致していくことなのであって、利害関心をはっきりさせることではないのである。可能なかぎり多くの人間にとって、地球上での生きるに値する人生のビジョンが含むものは、基本的なニーズの確保であり、他者と連帯しながら個人も共同体も自己実現を可能にすることであり、持続可能性や長期的責任であるが、そのようなビジョンがつねに要求するのが、生きるに値する生活とは何か、を解釈し、議論することなのである。解釈学的倫理学は、将来の責任を徹底的に問題にし、それを具体化することをたえず求める倫理学なのである（Irrgang 2002c）。

システム、物、制度のさまざまな強制力に直面しながらも、倫理的判断の形成を個人のものとしようとすれば、それは、テクノロジーの諸構造のなかで人間個人が回帰することに基づくだろうが、そのような構造は、人間個人が作り出したものであるのに、そのことをひとは、長いあいだ忘れていたと思われる。そのかぎりでは、技術的なものが含む個人の生命は、今も限られたものにとどまっている。強制的道徳、禁止を命じる倫理、過剰な規律が、人間を使い捨てられる物として生産するのであるが、これに反対して提起されるのが、社会的文脈で啓蒙された自己決定権の倫理学なのである。この倫理学は、懐疑の伝統に根ざし、以下のような包括的な価値基盤に拠って立つ。

自己実現のための基礎として解明された自己決定権の倫理学は以下のものを包括する。

①　反省と啓蒙、そして情報提供を受けての自己決定権（インフォームド・コンセント）

② 具体的な人間性、寛容、公平さの模範
③ ことがらに即した醒めた冷静さのエートス
④ 公共の福祉と長期的責任
⑤ 傷つきやすい身体を持つ人間の模範
⑥ 持続可能で、かつ善き生を可能にするテクノロジー構造のビジョン

解釈学的倫理学のなかで結びつくのは、解釈技法としての倫理学の概念と将来への責任の実現を目指し、社会的責任を担いうる人間の自己実現の模範とであるが、自律的で優れた運用能力を兼ね備えた諸個人がいなければ、解釈の共同体もないだろう。かつて倫理学で求められたのは、一般的な義務的規範のアプリオリな基礎づけであったが、人間の自律に関する倫理学の枠内にある意志の倫理学の存在にもかかわらず、義務はけっしてどうでもよいものではない。当為《すべし》の倫理学は、歴史的に見れば、宗教的な倫理学であるが、カントが望んだのは、自分の倫理学を無条件の当為に基礎づけることであった。これとは反対に、意志の倫理学は、一貫して記述的なもののうちにとどまるので、自然主義的誤謬の障害を避けて通らなくてはならないのである（Hossenfelder 2000）。契約説は、人間の目的から出発するが、この文脈では、将来世代は、ひとつの世代のすべての個人と同様に問題とならない。法の理念は、諸目的が衝突しあうのを阻むことに基礎を持つが、法は共同体に必要なものなのである。共通の目的が問題となるが、共同体には直接に行為する力がなく、共通の意志が個々人のさまざまな意志に対してまず立てられなくてはならない以上、個人こそがあらゆる目的を設定する本来の主体なのである。

第2章 人間学的基礎――人間的‐技術的な実践――解釈学的倫理学の解釈の基礎

カントと功利主義、二つの伝統倫理学に対する反省から

本書の目標は、倫理的考察のための技法論を作り上げることであるが、この技法論は、たいていは技術によって導かれる日常生活の複雑な状況のなかで、わたしたちがプラグマティックに使用でき、社会倫理的に責任をもって行為することを可能にするものである。このことによって、日常の道徳と専門家の判断とのあいだに隔たりが少しでも生じないようにすべきなのである。技術的行為の効用が何であるかは伝統的にはまったく明白だったので、古典的功利主義は、技術的行為の結果から直接その行為が持つ人間の幸福を促進する（社会倫理的な）価値を読み取ることができると信じることができた。他方、カントは、社会倫理的価値と人間の行為の効用は相互に限界づける必要があるので、両者は互いに無関係でなくてはならないと考えたのである。ベンサムとカントに関する正確な学問的議論と解釈を筆者はすでに公表してある（Irrgang 1998）ので、ここでそれを繰り返す必要はないだろう。優に過去二世紀にわたり、有用性と効用とは非常に拡大してきたので、この二人の立場は、人間のそのつどの行為にふさわしいあり方を探究するための指導方法を求めて、それを参照するには今ではもう適切なものではなくなってしまった。定言命法を基盤にした学問としての倫理学（カント）あるいは費用便益計算ないし幸福苦痛計算の計量経済学としての倫理は応

用倫理学の基礎としてはふさわしくないのである。

1 個人に実現される自由、行為の状況適応、倫理的責任帰属

自由意志と脳研究

大量殺人や衝動殺人の犯人は、人間の自由意志の反例として繰り返し取り上げられるが、それは、犯罪者の大部分が生物学的には明らかに凶悪犯罪に傾きやすいからである。その点から、研究者の注目は特に前頭葉（目のすぐ後ろの領野）に集まっているが、それは、前頭葉が人間の社会的能力の学習と情緒のコントロールのための中心的な役割を担っているからである。子どもの頃、わたしたちは、非社会的な行動の結果が罰を招くことを経験する。そのため、将来になって行動の重要な規則を破ろうとするとき、行為の衝動を抑制することで前頭葉がそれを防ごうとする。この理由から見れば、明らかに道徳は抽象的に意識されるというより、むしろ直観的に感じられるものである。しかし、このコントロールを行う審級がなくなってしまえば、ひとは攻撃や嘘、暴力を恐れなくなってしまうだろう。出産時に脳の前頭葉が酸欠で損傷を受けたり、幼児期に脳の前頭領野を負傷したりすると、おそらく良心は十分働くように発展しないだろう（Spektrum Dossier 1/2003, 59）。今、責任能力について考えたいならば、脳研究による認識を知るように努めるべきである、という助言が与えられる。錯覚や欺瞞が人間につねにつきまとうことは、科学的にすでに証明されたものと見なされているが、この研究成果は、嘘を取り囲む否定的な光輪をひとつずつ取り去るのである。多くの人類学者の考えでは、人間に特有の微妙なごまかしや抜け目ないペテンの才能はけっして遺憾とすべき能力ではない。この能力は、悪への傾向にではなく、人間の社会的知能の本質的要素に由来する。嘘は、特に個人の利益の

ためにもなるし、他人を出し抜くことにも役立つので、誰にも都合のよい社会の潤滑油や麻酔薬と見なすことができるのである（Spektrum Dossier 2003, 72-74）。

人間の自由意志の根拠

自由意志こそ人間の特徴である、と論証しようとすれば、説明や裏づけが必要となるが、この論証では、自由意志は、機械の動きが決定されるのとはまったく異なる、他に類のないしかたで予測不可能であることが含意されている。しかし、責任を帰属させることと罰することとは、決定論や三人称の観点からの予測可能性と完全に両立可能である。自由な選択の感情は、それに何か有効な意味を与えることができない以上、幻想ではない。ひとから幻想を奪いたいと思えば、幻想は消してしまえるが、ひとが自分の選択をしなかったということが、論理的に不可能であるのは、自分の選択に関する当人の発言は、何であれ、直接に反証されるからである（Scriven 1994, 103）。

行為を導くさまざまな根拠を特に特徴づけているのは、それらの根拠が、刺激や情動がある反応を引き起こす場合と違い、単純にある行為を生じさせるのではない点であり、むしろ、ある根拠を受け入れたり、拒否したりできるように、ひとがその根拠に対する自分の立場を明らかにできる点にある。したがって、根拠が自然的に実現可能か、という決定的な問いは、そこで根拠を有効にする考察がニューロンのレベルで実現可能かどうか、いいかえれば、自然的過程と同じものでありうるかどうかという問いになる（Pauen 2005）。むしろ、この現象が把握できるためには、そこで根拠が有効になるような、認知のさまざまな過程がニューロンのレベルで実現されると主張しなくてはならないだけである。根拠こそが自由な行為の基準であると認めるべきなのである。あるひとの本質的な選好を限定するためのさまざまな手続きを考えることができるに疑いないが、そのなかで最も意味のあるのは、有効なしかたである選好に逆らって決定する傾向的な能力、ひとが実際に所有している能力である、と筆者には思われる。ワインを飲むひとはアルコール依存症でないかぎり、自分の選好を変えることができるだろう。それは、たとえば、そのひとが別の飲み物のほうがおいしいと感じたり、健康に良いと思ったりする場合である。これと逆に、アルコール依存症の患者には、麻薬中毒患者の場合と同じように、強い衝動や病的欲求に逆らって決定する傾向的能力が欠けている。パウエンのこの提案の本質的な点は明らかにもっと詳細に検討すべきであるが、それでも〔少なくともいえることは〕パウエンが示していることは、〔自由意志と因果的決定論の〕両立論が、行為の他の選択肢を自由に使用できるのは、それが、さまざまな根拠が自由な行為のための適切な基準を与えない場合に限られる点である。しかし、〔適切な基準を与える〕十分な根拠は存在する（Pauen 2005）。

神経系と無意識の精神的機能――リベットの実験とその解釈、ミラーニューロン

神経系に生じるさまざまな事象と意識の関係を研究したのがリベットである。そこで問題になるのは、特に神経の諸事象と意識的経験の時間的関係である。随意運動を引き起こした脳の諸事象は、被験者が自分の決定に関する意識を持った、その時点よりも三五〇ミリ秒前に生じていた。この結果からは、決定を下す意識は脳の過程の結果である、と理解するのが最善であると考えられる。現実に作業全体を行うのは、脳の過程であるが、それは決定にいたる事象の因果連鎖の一部ではない。第二に、リベットが指摘するのは、この事実にもかかわらず、ひとが自分の意図を自覚すると、すぐにある行為に対する拒否権を発動させる、十分な時間を持つことである。リベットの信じるところでは、この観察が自由意志に関する〔哲学の〕伝統的表象に関わる余地を残してくれる。ひとに何ができるかは、ひとが何であるかによってすでに決まっている。行為が抑圧されるかどうかは、その行為をそもそも最初に引き起こす諸要因と同様に決定されているのである。では脳の自然本性そのものが自由意志を可能にするのであろうか。さまざまな根拠がさまざまな決定や先取りされた帰結のために構成されるが、それらの根拠は目の前にある一定の状況に適ったものである。リベットが述べているように、わたしたちは実際に行為をやめることができるし、またこの決定も事前に固定されているものではない。わたしたちは根拠に基づいて決定を下すのであり、この根拠がわたしたちの根拠なの

である（Libet 2005）。

おそらく、あらゆる意識的な精神の現象は、そもそも意識が現れる前に、実際には無意識に始まる。さまざまな種類の思考、表象、態度、創造的観念、問題解決などが最初は無意識に始まるのである。脳の適切な諸活動が十分に長く続くときにだけ、この無意識の思考があるひとの意識に達するのである。声を発すること、話したり、書いたりも、同じ範疇に属する。つまり、それらはおそらく無意識に引き起こされるのである。たとえば、ピアノやヴァイオリンのような楽器を演奏したり、歌を歌ったりすることも、似たような無意識の行為遂行を必然的に含む。感覚的な信号に対して迅速に運動する多様なリアクションの行動も無意識に遂行される。スポーツの範疇に属するもののうちの多くがこの行動範疇に属する。信号に対する素早い反応もそうである。無意識のさまざまな精神的機能がもっと速く発動できるのは、それらが持続時間の短いニューロンの活動によって実現するときである。意識される経験の現象は「すべてか無か」という性格を持つが、その閾の意識はかなり唐突に現れる。人間は連続的な意識流を持つ、というありきたりの表象には、意識に対するタイム - オン［時間持続］の条件を持ち出して異議が唱えられる[*1]。意識された思考過程は不連続の分断された諸事象から成り立っているのである（Libet 2005）。

近年［一般には一九九六年とされる］、新しい種類の脳細胞が発見された。もしかすると、その脳細胞には、わたしたちの脳の働き方に関する観念を革新する可能性があるだろう。ミラーニューロン［物まね細胞］は、新しい形式のニューロンとして、わたしたちが、たとえば、自分の知らない女性の痛みを感じるようにしてくれる。ミラーニューロンは、現象学もそれを記述した、他人への感情移入を可能にするものである。何種類かの「把持細胞」もニューロンであることが判明したが、それは、他人がものをつかみ、保持することを心に記すものである。通常、運動系と感覚系は、厳密に分かれているが、ミラーニューロンの場合は、他人の知覚と運動を追体験できる。ミラーニューロンのおかげで、わたしたちは他人の身になることができ、他人の行動や体験を自分のためにシミュレートするが、自分自身には行為への衝動が喚起されることはない。というのは、他人への感情移入そのものが認識されるようになるのは、ミラーニューロンが活性化しても、それが自分自身の感覚運動系の場合の活性化より千分の一ほど少ない場合だからである。つまり、その反応は、自分自身が当事者である場合とは異なるものなのである。これは共鳴効果とも呼ばれる。しかしこう考えると、誤った解釈に導かれる可能性もある。たとえば、イルカが微笑むとき、わたしたちは、そこにイルカの模範的形態を捉え、単純に感動し、読み込みをしているだけなのである（Kast 2003）。

身体に埋め込まれた自由と状況にふさわしい弱い被決定

リベットによれば、自由の意識と自由そのものとをそれぞれに把握するならば、これら二つのものは同じものではなくなる。意思決定の自由のモデルは明らかに間違ったコンセプトなのである。しかし、ゲーム理論と意思決定理論のモデルもあまりに抽象的であり、最終的には、役に立たない遊び以上のものではない。わたしたちは、自由と意識とを身体に導かれたもの、身体に埋め込まれたものとして、原子論的なものでも点的なものでもないものとして、人間の実践の契機として考えることを学ばなくてはならない。実践は、学習に基づき、暗黙知や能力そして、精密機械のような知能と言語の運用能力を前提としている。もちろん、人間の実践のさまざまな部分は、その身体、歴史的状況、生態学的環境によって決定されるので、学習もそのような決定の諸要因の可能性の範囲内にあるが、最終的には人間の実践はそれらの要因によって過剰に決定されてきたのである。その意味では、人間の実践それ自体はせいぜい弱い意味でしか決定されていない。わたしたちの行為の目標は恣意的なものではなく、おそらくは理性的、つまり、状況にふさわしいものではある。筆者はこれを弱い被決定として解釈するが、それは奴隷的な強制ではないし、伝統的な決定論を支持するものでもないのである。

［行為の］作者である体験は、意志を通して条件づけられる体験である。ここで問題となるのは、行為の作者であることの、そして行為の意味の観念である。したがって、ある願望がひとつの意志［意思］になるためには、それはある一定の役割を果たさなくてはならない。つまり、願望は、わたしたちを運動させなくてはならないし、行為に対

して有効なものとならなくてはならないのである。願望がひとつの意志として行動を導き始めることは、手段の選択に関わる思考の過程が動き始めることを意味するが、意志の生成を特徴づけるのは、必要なさまざまな歩みを現実に踏み出す準備を展開することなのである。意志にはさまざまな限界があるが、その限界は、現実が許容するものと許容しないもののうちにある。意志に限界があることとわたしたちの能力に限界があることとは別の話であるが、このような限界のもうひとつの例が、挫折した行為の意味での失敗した試みである（Bieri 2005）。

意思決定の主体と自由の三つの構成要素

わたしたちの意志は何もないところでは生じない。さまざまな道具的な意思決定は道具的な意志を導き、道具的な意志を前提としている。状況が新しい場合や複雑な場合、あるいは、万一必要な意志がより長い時間、緊張すべき状態にある場合には、事情は異なる。その際、わたしたちはさまざまな可能性を明確に比較考量する過程に入り、最後に慎重な考察や時間をかけ、成熟した決定が下される。決定的なのは、熟慮が意志を形成することである。自由に苦悩が必要なのは、わたしたちが自分を主体、つまり自分が意志の作者であることを経験するために、苦悩を必要としているからである。自由の経験からは三つの構成要素を読み取ることができるが、それらの構成要素が相互に干渉しあうことによって、［意思決定が］開かれているという確信の度合いが強くなるのである。その第一は、意思決定すること一般の経験である。つまり、行くか行かないかについて、熟慮や想像を通して決定するのは自分だということである。第二は、決定は取り消すことができること、より正確にいえば、ひとつの決定をその後に来る対立する決定が撤回できることは喜ばしいことなのである。つまり、わたしたちには、自分が何を望み、何をしたいかを、事前に決定的に知るということは不可能なのである。諸事情が変化するとともに、意志の内容も変わることだろう。自由意志は、わたしたちの思考と判断が意思を完全に限定したしかたで条件づけることに存するのである（Bieri 2005）。

意志が自由であることと自由でないことの違いを、［意志が］条件づけられていないことと条件づけられていることの対比に結びつけるとすれば、それは根本的な誤謬を犯すことになるだろう。自由も自由でないことも、どちらも現象なのであり、どちらの現象も、概念的に見れば、多様に条件づけられていることの枠内でしか存在しない。自由であることも自由でないことも、その経験を記述するために純粋な主体を必要としないので、わたしたちは、ある控えめな、条件づけられていないことを支持しなくてはならない（Bieri 2005）。自分の意志に関する理解を広げようと努力することは、しばしば生命の危機を乗り越えるための唯一の手段であるが、それは内的な検閲に対する反抗を経験するときにも生じるものである。さまざまな自己像の本質には、自己像が必然的に検閲を伴うことが属しており、自己像に対応しないものが禁止されるのである。自己とは、何かを我がものとすることを通してようやく形成される何かなのであり（Bieri 2005）、その結果、自己を限定するさまざまな特徴が生じるのである。わたしたちは他人の体験そのものを追体験することはできないが、他人が類比により、私に似た体験を持っているというある種の体験は持つことはできる。すべての人間の健康な脳は、通常は、とてもよく似たしかたで機能しているので、このように仮定することは不当ではないのである。

人間学的解釈学に由来する自由な判断能力モデル

人間の身体的自由に関する運用能力のモデルは、行為の諸根拠のように合理化に由来するのではなく、人間的な経験に満ちた、解釈により構築されたさまざまなものに由来し、暗黙知の能力がわたしたちの実践の大部分を構成している。わたしたちの実践の大部分は無意識に行われ、新しいものではない。学問的な反省や構築、日常世界の自己経験は相互に補いあうことを必要とするが、最終的に感覚系の意識が本質的に遅れることが意味しているのは、わたしたちが自己意識を持つときには、わたしたちの感覚世界の意識がすでに解釈されているということである。暗黙知や暗黙の能力が自覚に先立つ自由の構成要素なのである。このことは自己矛盾しているように見えるが、それが、身体に拘束された人間の自由と創造性の一部なのであり、この自由と創造性が人間の実践では表現されるのである。精神的なものは暗黙知や能力そして無意識も含むものなのである。

成功する行為は、恣意や偶然に基づくのではなく、適切なものであるが、自由な行為は把握から生じるのであり、自由な行為を決定するのは状況ではない。人間の自由な実践を十全に概念把握しようとすれば、それはどのような観点を取っても誇張にならないだろう。わたしたちの行為は生起するが、しかし、行為は意欲され、自由になされたものでもあり、ときにはそれ以上、ときにはそれ以下のものである。実は、ルーティンとイノベーションのあいだには対立はなく、両者はともに実践のための解釈の地平に属する「あれもこれも」のうちにある。絶対の自由は、つまるところ、キリスト教の神学的教義[*2]であるが、それは、人間の本性を考慮すれば、非現実的なものであるだろう。行為の自由には、多くのルーツがあり、それは、解釈によって構築されるが、自由は、反省、言語、解釈により、さまざまな事物や行為から距離を取ることを前提としており、そのかぎりで一定の自己関係を前提としている。この自己関係は、おそらくひとつの方法だけで実現できるようなものではないが、暗黙知と能力、明示的な知や能力が可能にする自由には程度の違いがある。暗黙知の意味での信念は傾向性として理解できるが、傾向性が可能にするものは、明示的反省に比べれば、自由の度合いが「より少ない」が、日常生活のためにはより重要なものであるだろう。わたしたちは、自分が道徳の実践に参加している以上は、道徳的責任があると考えるが、この信念の基にある仮定は、わたしたち人間が他に類を見ない能力、つまり自由意志を持っているということなのである。その場合、自由意志に関するより強い見解とより弱い見解とが存在する（Lohmar 2005）。

性格と行為を結びつける人格

わたしたちは性格を選べないが、自分の健康状態を改善するために、食習慣を変えようと熟慮することができる。そのかぎりではさまざまな選択に関連する諸条件が存在する。同様に、熟慮することや動機の諸構造は合理的な構成要素を持っており、自分の性格を成長させる望ましい効果もある。責任と性格の連続性が明らかにある役割を担っており、人格性は行為の責任を負うために必要な、性格と行為を結びつける基礎なのである。道徳的責任を課すことができるための条件は、ひとの性格の連続性にある以上、責任を課すために意志の自由を持ち出す必要はない（Lohmar 2005）。道徳的責任の帰属は、道徳内部の問題であり、決定論が真か偽か、という形而上学の問いには影響されないので、人格の質を通して責任帰属の正当性に関する問いに対応することで、従来の自由意志による基礎づけの枠組みの内部で、道徳的評価のための他の選択肢を提示することができるだろう。このアプローチは道徳的実践に戻らなくても正当化できるのである。

自由意志の問題を解決する新しい哲学の役割

後戻りのなかに哲学はない。逆に、新しい知識こそが哲学の必要を生み出すのである。これまで自由意志は自然哲学ないし倫理学の主題として論じられてきたが、自由意志に関する哲学的討議と日常の議論の本質的要素は、どれもが、すべて他の選択肢、知性によって理解できること、［行為の］作者であることを含んでいる（Walther 1999, 17）。別様でありうることとしての自由には、決定論の問題が、自分の意志であることには、志向性［意図］の現象とその中立化の可能性の問題が、［行為の］作者であることには、道徳的責任の帰属ないし個人の責任のある反応の正当化の問題がそれぞれ取って代わるのである（Walther 1999, 26）。ヘンリク・ヴァルターは、自由意志の三つの構成要素のすべてを神経哲学的に理解できるかたちで定式化するが、その結果として、いずれにしても、他の選択肢、知性によって理解できる、［行為の］作者である、の三構成要素に関するより弱い解釈が導かれる。ヴァルターは、その結果生じるものを、自然を超える力の助けなしに、自己限定するものとして、「自然的自律」と名づけるが、この自己限定は、完璧に決定論的な宇宙でも可能なものなのである。わたしたちは、自分の生活がどう移り変わるかを完全に掌握している、それ自身は、何の原因も持たず、自己自身の原因となる［神のような］存在者ではない。しかしまた、考え、熟慮した結果として、生起するものに何の影響も与えることができない、操り人形でもない。もっと強い形の自由意志は存在しないとしても、道徳的秩序は崩壊しないし、責任の概念を放棄しなくてはならないことはない。ただ、人間に関する幾つかの幻想を捨てなくてはならないのである（Walther 1999, 12-14）。

端的にいえば、自由の概念が含むものはあまりに多過ぎる（Walther 1999, 30）。決定論の主張は、行為の他の選択肢のコンセプトには脅威となるが、それは、生起するものすべてに関して、ひとつの可能性しか認めない諸条件が存在する場合には、わたしたちには実は本当の意味で他の選択肢など存在しないからである（Walther 1999, 35）。また、残念ながら、多くの議論では決定論と予言可能性とがはっきり区別されていないが、決定論と予言可能性は同じものではない。古典物理学の場合ですらも、初期条件のちょっとした変化がシステムの挙動にさまざまな大きな変化をもたらすような不安定なシステムが存在する（Walther 1999, 38）。行為は、その行為者の性格や状況によって完全に限定されるかもしれないが、行為者の性格は、過去の時点でも決定論的なものではなくて、別様でありうるように形作られうるのである（Walther 1999, 46）。自由意志に関するわたしたちの表象には、このように、別様でありうるという観念だけが含まれるのではなく、わたしたちの意図から、つまり、理解可能なさまざまな理由からある目標を志向するさまざまな行為や決定が生起するという考えも含まれている。ヴァルターは、自由意志のこの特徴を「知性によって理解できること」と呼んでいるので、わたしたちが、知性によって理解できることという論拠を評価できるようになるためには、さまざまな理由がわたしたちの行為の場合、どのように因果的に効力を発揮できるのかを説明する理論を持たなくてはならない。そして、このことは、再び、志向性に関するひとつの理論を前提しており、「行為の」作者であることは、わたしたちの行為や決定が自分に左右されることを表している。わたしたちは、自分の行為や決定の作者、源泉、起源、いわばそれらを最初に作動させるものなのである（Walther 1999, 54f.）が、行為者因果の理論には、それに従えば、理由は自由な行為の原因ではありえない、という決定的な問題がある（Walther 1999, 98）。

行為者因果を仮定するための主要な論拠、つまり、それが日常の出来事の説明として適切かどうかを考えると、その論拠は自己論駁的となってしまう。というのは、このコンセプトの場合、行為者が本来何であるのか、という疑問が生じるからである。日常の出来事に関するわたしたちの説明がそこから始める前提は、行為者の本質がある種の内的な核心のうちにあり、それが、魂やホムンクルス[*3]として特徴づけられることなのである。［刺激に］反応できることが意味することも、ある行為のさまざまな理由を、その可能な帰結および互いに競合する諸動機に関して、慎重に検討し、それらを自分自身の人格に関係づけることなのである（Walther 1999, 319-321）。さまざまな意思決定では、賢明で適切な決定を下すために必要なあらゆる情報が必ずしも自由に使えることはないし、決定から生じるさまざまな帰結も予測できないことがある。このことは、たとえば、転職や結婚、転居のような、人生の重要な決定にまさに妥当する。よく知られているように、このような決定は、自分が何をしたいか、明らかになるまでは、しばしば時機が熟すまで待たなくてならないものである。こうした場合、脳のネットワークが最小のエネルギーに慣れ、リラックスできるようになるまで長い時間がかかるのであるが、そうした場合も、賛成、反対それぞれの要素に変化があったのではなく、それらの重みづけが変わっただけなのである。何が間違っていて、何が正しいか、わたしたちは突然、端的に知る。そのために、繰り返される反省の過程が必要であり、それが、わたしたちがある日、何が間違いで、何が正しいかを直感するまでは、ずっとその諸論拠をわたしたちの、ころころ変わる気分の輪のなかへと流し込み続けるのである（Walther 1999, 346f.）。

自己に関する無限背進の問題に関していえば、自己の表象と自分とが感情的に同一化されるならば、よりハイレベルの意志にさらに遡ることはなくなるだろう、というのが、その答えである。わたしたちのさまざまな決定は、感情――それは確かに身体そのものに遡る――によってバランスを取っているので、よりハイレベルの自己に関するさまざまなモデルも帰結させることができる。一方では「ソマティック・マーカー」[*4]がライフヒストリーの鍵となる体験と決定とを結びつけ、他方では言語が表象する自己のさまざまなモデルとナラティブによる自己のコンセプトとを同一化の過程に含めることもできる。しかし、自己のモデル化は、すべてわたしたちの神経的な身体そのものに基盤を持っていて、わたしたちの自己に関する認知的な内容をその上に記すことができるのは、一定程度まではその鋳型のおかげなのである。というのも、あるひとが今までの体験や行為、決定と一致するような決定を下す場合、「この決定はそのひとが決定したことであり、それはそのひとのものである」ということが正当化できるからである。つまり、もし傾向性や経験の総体から生起するのでないならば、どの瞬間も、ひとつの全体として新たに現れてこなくてはならないような、人物や自己が、それ以外のいったい何から生起するのかが、わからなくなってしまうからである(Walther 1999, 347f.)。

伝統的な自由意志と責任の概念、自律と自己実現に関連する人間の創造性

もうひとつの幻想は、自分が同じ条件のもとでも別様に行為できるだろうと思い、また、同時に理解できるさまざまな理由でも行為できるだろうし、自分の行為の源泉はもっぱら自分自身にだけあると考えてしまうことである。このような伝統の自由概念も幻想と見なされる。わたしたちに責任が生じるのは、自分の行為が自分自身の理由によって限定されるときである以上、わたしたちが、自分の持つ諸理由を反省し、評価できること(知性によって理解できること)は必要なことではある。他方では、しかし、その結果として、わたしたちがあらかじめ与えられた図式に従って、ただ単調に行為しているのではなくなることになる、行為の一定の活動空間や、柔軟性と開放性に関連する一定の基準が求められるだろう(これが「弱められた別様でありうること」である(Walther 1999, 352f.))。

自由意志と責任のための条件は、伝統的に多様な選択の可能性と最低限の責任とであったが、これら二つのコンセプトが十分に整合的に考え抜かれてはいないことを示すことができる。多様な選択の可能性の立場は、帰結の論拠を

前提とするが、その論拠の場合は、力の伝達の諸原理を能力のコンセプトの場合と完全に同じように明らかにしなくてはならない。また、最低限の責任の場合は、意のままにする可能性とコントロールの可能性とが前提とされているが、これは人間の能力を根本から超えてしまう可能性がある。有意義性の問題に関していえば、そこに創造性という考えを導入しなくてはならないが、人間の創造性は、自律や自己実現あるいは自己創造に関連するので、創造性と人間の尊厳とのあいだに密接な関係がある。ここで問題となるのは、生の具体的な企投や開かれた未来であり、愛情や友情、しかしまた自己であることが孕む弁証法なのである。自己自身を形成する意志は、意志が自由であることとコントロールとを前提としており、実践的な選択と実践的な熟慮は、創造的な問題解決の構成要素なのである。とはいえ、行為を実行するあいだも部分的に意図を変えることはできる（Kane 1996）。

人間の企投の可能性、つまり人間が将来に関係することは、自然のなかにはなく、動物と人間の区別の本質的な範疇に属する。自分の死に関する知識が有限な限界ある自由を基礎づけるが、自由意志は幻であり、それは、自分の性格に関する創造性を可能にする、人格の自由のために場所を譲らなくてはならない。ここで問題になる自由は、他者に付き添うことを望み、それを可能にもする自由、つまり、ある異なる解釈をする自由であり、ときにはある異なる実践をする自由であって、指示のために自分の腕を上げることができるかどうか、というようなどうでもよい自由ではない。したがって、自由は、人間に固有の人間性の形式であり、人生をある程度は自分で演出するためのものなのである。行為の自由で考えられていることは、命令に応じ自分の腕や指を上げることができる自由ではなく、自分自身の行う所産に対する権利付与、つまり、自分自身の生を創成し、自己実現する権限を自分に付与することなのである。

自由意志を神学の問題として先鋭化することや神に賛成か反対か、を決定する自由は、「あれかこれか」の根本的態度を含むが、それは、行為の自由とはまったく異なる解釈の地平のひとつを描き出している。行為の自由を限定するのは、手段の選択であるが、その場合、そのさまざまな目的は、ほとんど自然にあるいは効用によって決められる。

道具的理性ないし道具的メンタリティの強い分野では全体として、目的あるいは効用の方向づけを前提として何ごとも始まる。それらは、人間の行為を動機づける精神的なタイプの最高のものには属さないが、にもかかわらず、正当な権利を持ち続けるのである。性格が行為の傾向性、つまり人間の行為を可能にするもの、より正確にいえば、運用能力を自由に使うのであるが、そのことで行為の自由のコンセプトが排除されることはない。とはいえ、行為の自由のコンセプトは、ある意味で自由を制限しており、性格が自由の枠組み条件をあらかじめ与えているのである。この枠組み条件は、けっして恣意的に与えられるものではないが、不変のものでもない。自由が実現されるのは、枠組み条件が小さく変化するときであり、かならずしも期待されていなかった、他の選択肢が優先されるときであるが、英雄的行為だけで起こることはめったにないのである。

人間の本質を形成する知識、認識に先立つ相互作用としての承認

しかし、人間の性格が部分的にしか自由ではないとしても、その性格には責任を引き受けることが求められている。通常、自分には責任がない、と考えるメカニズムに属すことのなかに、ひとは自分の性格には責任がない、と思うことがある。しかし、その場合も、ひとは自分の性格を変え、変化させる可能性がある以上は、この可能性が、最善の状態に達していないかぎりは、つねに基本的な選択を変更し、検証することが必要である。このことは、自己を社会倫理的に実現する課題にずっとかかずらわざるをえない、大多数の人間にあてはまることだろう。実際、それは無意味なことではなく、それが、ヘラクレイトスの言葉「性格は人間の運命である」（断片一一九）[*5]の解釈も可能にする。運命は、ギリシア語では「ダイモーン」の概念で表現されるが、そこでのダイモーンの先行概念は、ソクラテスの「ダイモニオン」や、神の言葉ないし預言者の言葉であり、それらは、良心のコンセプトに先立ち、確かに、それらと同じ様に指示を伝えるものなのである。

人間の性格を構成するのは、暗黙知と能力、また、明示的知識と能力であるが、主体性を最初に構成する暗黙知の

能力が決定的であり、さらに、人間の場合は、暗黙知の能力はより高い階層から繰り返し影響を受ける。認知症や他の疾患の患者は、時々、その意識的な人格の一部やさらに多くの部分を失うことがあるが、それは、暗黙の記憶によって獲得された人格ではない。同じことは、かなり多くの障害やダウン症患者の場合の知的障害にもおそらく妥当するだろう。人格は、脳全体に結びついているので、脳の諸機能が部分的に欠けても、破壊されないのである。

ヘラクレイトスは、ある程度まで、人間の思考を身体化された形で解釈する立場を先取りしているが、それは、現代の神経哲学の諸成果と一致するともいえる。ヘラクレイトスに関しては、上記の断片一一九にきわめて曖昧な文言が伝承されているが、それが、ギリシア語で Ethos anthropo daimon（性格ハ人間ノ運命デアル）である。この場合、ethos が性格、人格、本質、個性、慣習と翻訳できる一方、daimon は、神の摂理や運命と訳すことができる。したがって、あるひと固有の人格やその本質ないし個性は、そのひとにとって運命であるか、あるいはその課題なのであるが、それは、わたしたちが現代的に解釈するように、神が与えた性質か、あるいは進化論的に考えられる動物と人間の差異を記すものである。人間の本質を形作るものは、特に倫理学的な諸原理でもなければ、理論的な諸原理でもなく、ひとが学習し、知識や能力、また倫理的な知識や能力を道具のように扱える能力を発展させた事実に基づく。解釈学的倫理学は、倫理学の着想としてはこのような根本的な転換をすでに認識していたし、その認識は倫理学の歴史のなかで長い伝統を持っていた（Irrgang 1998）。神経哲学が持ち出した新しい観点は、運用能力、つまり道具を扱うことができる能力の観点である。この運用能力の概念は、自然な傾向性の伝統的な学説と同じものではないが、それだけではなく、伝統的な徳の理論にもおさまらない。むしろ、それが意味するものは、自然な運用能力は、ある文化環境のなかで、最終的には、人間の脳が自然な傾向性をはるかに超えるような運用能力を発展させるにいたったことである。そのようなさまざまな運用能力が、非常に多様なレベルでの並外れた記憶の働きに基づいて可能にするのが、理論的な観点であれ、価値づけ的な観点であれ、さまざまな状況と折り合いをつけることなのである。意味の解明と価値づけの働きは、諸状況の価値判断に際しては表裏一体をなしている。

承認が認識に先立つ、とアクセル・ホネットは指摘する。子どもの思考能力や相互作用の能力の発生は、さまざまなパースペクティブを引き受けるメカニズムによって生じる過程であると考えなくてはならないが、重要なのは、シンボル的思考の発生にとっても、パースペクティブを引き受けることが不可欠な点である（Honneth 2005, 46-48, 邦訳五五―五七頁）。人間精神の発生も、自分を愛してくれる関係にあるひとを早い段階で摸倣するという前提に結びついている（Honneth 2005, 51, 邦訳六〇―六一頁）。このことは現代の脳研究の諸成果とも合致しているが、これに対応し、承認すること、つまり、英語の acknowledge が意味するのは、二人称のひとの行動が表出されている場合に、それに応じた適当な反応を要求することとして理解できるような態度を取ることである。社会的相互作用のネットワークは、哲学ではしばしば認められてきたように、認知的な作用を素材とするのではなく、承認する態度の材料から編まれているのである。したがって、わたしたちにはふつうは他の主観が感情を表す命題を理解することは難しくないが、その理由は、わたしたちがすでにそれに先立ち、そのような表現行為が要求する内容が自明なものとして与えられる、ある態度を取っていたことにある（Honneth 2005, 57f, 邦訳六七―六九頁）。

その場合、考慮すべきことは、間主観的な承認の優位が根源的な模倣の考えに結びついたままである点である（Honneth 2005, 75, 邦訳九二頁）。さらに加えて、自己が物象化[*6]する可能性があるという考えにも注意しなくてはならない（Honneth 2005, 90, 邦訳一一二頁）。あらゆる物象化の核心が承認の忘却にあるならば、このような忘却状態を組織的に可能にし、それを裏づけている、実践［実務］やメカニズムのなかにその社会的原因を見いだすことができなくてはならないだろう。ルカーチの場合は、物象化の態度は、実践が一面化することを通して生起すると仮定するため、非人格化と物象化の違いは顧慮されない（Honneth 2005, 99f, 邦訳一二五―一二七頁）。わたしたちの社会では物象化と自己を物象化するさまざまな圧力が存在するが、自分自身を公共の場で提示するように、個々人に要求する制度の性格はかなりの幅で変化しうる。自己を演出するように無理に要求することやスタンダードとなった、ひととの触れあいの形式が存在する（Honneth 2005, 104f, 邦訳一三〇―一三二頁）。したがって、道徳の基盤は、一定の資格を満たした行為をするように、要求することにあり、倫理学の基盤は、情緒を帯びた実践を背景にしながら、自分や他人を一人称のパースペクティブを持つ誰かとして承認することに基づき、倫理的判断を要求することにある。

倫理的な技術のコントロールの問題——技術的行為に対する社会的な責任問題

論文「テクノロジーと経済の発展のグローバル化と責任主体の回帰」(Irrgang 1999a) で、筆者は本書の出発点となっている、ひとつの現象、つまり、「テクノロジー文明」に責任主体が回帰するという点を論じた。近代のテクノロジーとその創成との複雑性に直面している、社会の自己組織化が、可能なかぎり多くのことがらに関する個人の運用能力に基盤を持つ一方で、さまざまな課題を抱えた [旧共産圏のタイプの] 単位政党やその中枢の立案にあたるスタッフたちは、過大な要求を突き付けられているように見える。現代のテクノロジーの進展が持つ複雑性は、技術的な問題でも倫理的問題でも、専門家と素人双方が運用能力を持つように要求するのである。この論文の根底にあったのは、ギュンター・ローポールとヴァルター・チンマリとのあいだで少し以前に行われた論争である。

ギュンター・ローポールが論文「技術の進歩の二律背反と新しい倫理」で明確にしたのは、政治による技術のコントロールをテクノロジーの帰結査定ないし技術評価の上に置くことである。ローポールの場合、倫理学と技術のコントロールのコンセプトとが結びついている。個人主義的な責任倫理の伝統的なコンセプトは、社会の構造的対立を個人の背中に押しつけようとする (Lenk/Maring 1991, 49) が、技術の進歩は目標の危機を特徴づけるのではなく、むしろコントロールの危機を特徴づけるのである。「〈べき〉は〈できる〉を前提する」が、エンジニアの持つ責任能力は、実践的な制約によっても、また理論的な制約によっても限界のあるものである。ここで問題となるのは、たとえば、労働契約上の制約で行為の活動範囲に非常に小さな余地しか残されていない場合である。とはいえ、労働を良心に基づいて拒否することもときには起りうるが、そうなったとしても、多くの場合は、技術のコントロールに影響を与えるようなことにはならない。

したがって、倫理学に残されているのは、倫理学の外にあるさまざまな審級に効果的に呼びかけを行うことや、公共の世論に対して直接警戒を促すことだけになるが、道徳的な英雄の行為がしばしば選ばれることも特別なことではない。労働法は自由主義経済の考え方の原則を反映しているが、経済倫理学ではこの形式は消える。そのような考え方では、技術をコントロールすることは、倫理的であれ政治的であれ、市場経済のシステムを操る［神の］見えざる手の精神に逆らった冒涜となるだろうが、消費者と生産者の分業の結果は、今では技術の帰結を一義的に計算できないようにしてしまった。製作者は多くの場合、たとえば、テレビ受像器の場合、それが利用される形式や利用される量に対して権力をふるうことはできず、技術的な行為はしばしばチームワークとして組織される。協力する行為が、個人的なものに翻訳可能である点は、当然、認められるが、組織的に生じることについて、個人に責任を負わせることはもうできないのである（Lenk/Maring 1991, 54-57）。

さらに、技術の倫理的コントロールは道徳哲学上の多元主義によっても制限されている。哲学のスキャンダルは、拘束力を持つ目標を何も明示できない点にあり、倫理学は、せいぜい実質的道徳に関する十分基礎づけられた最少の模範《カノン》を展開することしかできない。消極的功利主義のいう「最少の数の最小の苦痛」[*7]がこの模範の見本となるだろう。技術的行為は、本質的に媒介的、協同的、集団的であるので、それは、個人よりむしろ社会の行為なのである。さらに分業も加えれば、責任は個人にではなく、経済や産業の組織のほうにある（Lenk/Maring 1991, 60-64）。集団の行為は協同の行為と異なり、調整されていない以上、この場合、個人を超える道徳の主体は存在しないのである。

集団で技術を使用する行為が生み出す逆説的な効果は、しばしば技術の否定的な帰結として現象するので、媒介する行為の倫理的な特性を強調しなくてはならない。確率論的なモデルは集団での使用行為をさまざまなリスクに限定するが、個人主義を基礎にした確率論的な倫理には段階の理論がないために、そのような倫理は失敗すべき運命にある（Lenk/Maring 1991, 65-68）。道徳哲学の理論的整合性とプラグマティックな有効性とが問われるのである。「なぜそもそも道徳的でなくてはならないのか」という問いに対する、個人主義の倫理の答えはすべて説得的ではないし、段階の理論から見れば、行為の個人的レベルと個人を超えたレベルを区別しなくてはならない。政治を欠いた倫理には効果がないので、社会化、賞罰、良心形成の過程を検討しなくてはならないのである（Lenk/Maring 1991, 70-81）。

ヴァルター・チンマリは、同じ本の論文「個人の責任――科学技術倫理の基礎」で、ローポールと正反対の立場を取り、個人の回帰を語る。しかし、古典的な責任倫理の回帰を支持しているのではなく、テクノロジーによる行為と古典的な行為とを区別するのである。フィードバック過程に基づく揺らぎは、古典的な行為をテクノロジーによる行為と区別する、古典的な因果律の原理とは対立するが、この古典的な因果律の原理が基づくのが、結果は原因以上のものを含まない点であった。こうして、蓄積の効果と許容の限界が今や決定不可能になる。たったひとつの球体の運動も、それが完全に決定されているとはいえ、予測不可能なままである（Lenk/Maring 1991, 79-81）。さらに、認知が鮮明でないこととあらゆる結果を予測は不可能であることが加わる。ここに責任倫理のさまざまなジレンマが立ち現れてくるのである。

テクノロジーによる行為は、無知の条件のもとで自分に責任のある知識を産み出すが、さまざまな帰結が予測できないことから生じるのは、行為には責任がないことではなく、技術の帰結評価の義務が存在することである。実践的三段論法の基盤は、自然に関する線形的因果の思考が含む、因果のモデルにあり、この論法は目的の諸表象と手段に限定されたものであるが、非線形の因果性のモデルで行為することが行為のモデルを変えるのである。さらに、この傾向を強化するのは、わたしたちがそうした直線的でない自然のモデルにより、行為しなくてはならないことによる。テクノロジーによる行為は、通常の事例では個人を超えたレベルでなされる（Lenk/Maring 1991, 83-85）が、テクノロジーによる行為の場合も、自分自身が引き起こしたのでなく、予見もしなかったさまざまな帰結に対して道徳的に責任を持たされることがありうるのである。

テクノロジーによる行為に対する個人の倫理的責任

このような状況では、しばしば制度的なものへ逃避することになるが、制度だけを信用するならば、それは道徳的責任から逃げることであるだろう。道徳的責任は、個々人に向けられ、各自が負うべき責任は、その役割に向けられる。責任を感じることができることのなかには、帰結としてはまだ知りえないことも含まれるが、テクノロジーによる行為の場合も、行為主体が個人でなくなったことから、個人が責任を免除されることが帰結するわけではないのである。個人だけが責任の主体であり、この点を考慮しなければ、責任転嫁が生じる。そのような場合があるが、テクノロジーによる行為には二段階の義務があり、それらは、制度レベルの客観的に負うべき責任の諸構造を個人レベルの責任構造に変換するためのモデルと方法を作り上げているのである（Lenk/Maring 1991, 85-87）。

ローポールに対しては､倫理学が技術のコントロールの問題を解決できないならば､倫理学がまったく無意味になってしまうだろうという反論がある。システム理論のモデルで設定されているようなコントロールの能力だけが、倫理学の決定的特徴ではなく、テクノロジーによる行為と同じく個人の行為の新しいモデルを作り上げる能力を持つことも、その特徴なのである。実践的三段論法は、すでに生起した事例の価値を判断し、状況を普遍的に価値づけるが、それと並んで、人間の未来に関わる行為と決定のモデル、つまり技術に対する責任の模範がここに登場する。それらのモデルや模範は、確かに集団のさまざまなプロジェクトを提示するが、それらは、個人レベルにも置き換えられなくてはならない。テクノロジー社会が複雑になればなるほど、より大きな成功を収めるのは、テクノロジーと経済発展の、中央集権的ではない、民主的コントロールと創成のモデルであるが、このモデルのほうが、単位から構成される政党と五ヵ年計画を持つ独裁制や、国家が営む鈍重な官僚政治よりも素早く、また順調にたえず効果的なフィードバックを生み出しながら、発展を遂げていくのである。

テクノロジーによる行為モデルでは責任が拡大するが、それはあくまで個人に帰属する。コントロールのさまざまな問題は、政治、経済、法、テクノロジーによる行為のための枠組みの創成に左右されるが、その場合、これらすべての分野での倫理的規範が社会の自己組織化の枠組み条件には含まれる。人間の行為のさまざまな枠組み条件が集団的なしかたで方向づけられる度合いが現代で大きくなっているとすれば、チンマリが正しく述べているように、まさに一定の定義された枠組み条件のもとで、責任を持って道徳的に行為することができる、個人の回帰が必要なのである。ローポールは、個人が道徳的に責任を持ちうる行為と、集団の行為としてテクノロジーによる行為とのあいだには対立があるとしているが、筆者はそのような対立を見ることも追体験することもできない。むしろ、テクノロジーの創成のための倫理的な模範は、社会倫理的に責任ある個人の行為を可能にするように、それをはっきりと言い表さなくてはならないのである。

2 人間的な日常の実践――ハイデガーとウィトゲンシュタインから

ハイデガーの現存在と世界内存在の日常性

技術的な実践のコンセプトは、道具に関わり、道具を扱う知識に関するマルティン・ハイデガーの思想から大きな刺激を受けている。この思想の開示により、現象学と解釈学がプラグマティズムを受けいれたのである。マルティン・ハイデガーは、『存在と時間』の第一四節から一八節の「気遣い」の分析枠組みのなかで技術の哲学を試みるが、この技術の哲学は、従来の技術の哲学とはまったく異なる哲学として始まる。ハイデガーが世界内存在としての人間的現存在の分析で出会うのが、日常的な世界内存在の日常性の現象である。存在者の全体としての世界性は、それを環境世界と現存在双方の空間性が特徴づけるが、ハイデガーによる実存論的分析の根本的に新しい着想は、それが人間の世界との関わり、世界内での関わり、そして世界内にある存在者との関わりから出発する点にある（Heidegger, 1972, 66, 邦訳一〇五頁）。ハイデガーにとっては、これらの関わりは多様な様式の配慮に分散しているが、特に配慮の分析でハイデガーが際立たせるのが知覚的認識である。道具を扱い、使用する配慮は、特有の認識を伴うが、世界内の人間的現存在はいつもすでに道具を使用する様式にある。こうしてハイデガーは前現象学的な地盤に達する。この配慮の現象に入っていくことを通して物の構造もまた明らかにすることができる。物はギリシア人によって「プラグマタ Pragmata」と呼ばれ、ハイデガーの場合、実践は、配慮する関わりを意味するが、ギリシア人の場合、「プラグマタ」で考えられたのは、「たんなる物」であった。ハイデガーが物を使用することを実践として理解する道を切り開いたのである。こうして、物を使用することのうちに物が価値を持つ構造のひとつを探ることができる（Heidegger, 1972, 68, 邦訳一〇七頁）。

第一五節は、さしあたり現存在の日常的な世界内存在を配慮として、そこで出会う存在者を道具として、そしてその存在を手許にあるものとして規定する。このことによって、理論に対する実践の優位が主張されるが、第二に、制作を実践からポイエーシスに向けることで、実践の領域は制作へと切り詰められる。そして第三に、配慮の相関項となることができる存在者を超える世界にも接近するのである。そのような地平を境界画定するのは、公共世界にある人間の共同存在ではなく、個々の現存在の道具的行動であるが、「のために」のさまざまな様式が、つまり、有用であること、何かに貢献すること、何かに適用できること、扱いやすいことなどが道具の全体性を構成するのである。これが、先行的に露呈される道具全体の帰趨性の多様性の現象のひとつであり、それが、第一八節で展開される世界概念に基礎を与える。この文脈に属する諸概念は、目立ってくること、差し迫ってくること、抵抗することで記述される（Rentsch 2001, 55-57）。哲学は日常的な配慮が妨げられることで始まるのである。『存在と時間』の不安の解釈は、［現存在という］存在者が他の存在者と関連を持たなくなることから始まるが、その解釈が示そうと努めることは、このように存在者［現存在］が重要でなくなってしまうことが、世界企投のうちに現れる、世界の世界性に帰属する本質的な意義の経験を可能にすることなのである。

ハイデガーの場合のもうひとつの主要な論点は日常の人間生活の解釈である。哲学は、日常の解釈学そして人間生活の解釈とならなくてはならないが、それは、日常生活のさまざまな営みを把握することから始まり、たとえば、生物学や心理学のような個別科学のあらゆる記述に先立って手をつけられるものである。ハイデガーは現存在、共同存在、自己存在の三つの観点で人間の日常生活を分析するが、この文脈では、ときとして軽蔑的な修辞法や一風変わった用語を選び、「ひと」としての現存在の日常的存在が、規範的な意味での実存のより劣った形式であり、本来の、つまり固有なしかたで捉えられる自己と区別されなくてはならない点を示唆している。とはいえ、他方では、ハイデガーが明確な言葉で繰り返し、注意を促すのは、問題は、現存在の原事実性を過小評価することではない点である。こうしてハイデガーは本来性の倫理学を基礎づけるが、そこに反響しているのは顧慮の思想なのである。顧慮は、気遣いが共同存在の文脈で取る特徴的な様式の名称である。この場合、顧慮はパターナリズムの傾向を拡大することもできれば、〔他者の将来を〕先取りして開放する顧慮や自助の助けとして把握することもできる（Rentsch 2001, 95-97）。

わたしたちが存在し、かつ存在してきたことは、ハイデガーによれば、わたしたちの生の原事実性と被投性を表現している。わたしたちは生きるなかで多くのことを変えることができる――住居、職業、配偶者、友人、ライフスタイルは変えることができる――としても、自分が生きている事実と生活にある形を与えなくてはならない事実とは取り除くことができない。現存在は、特に理解と解釈として、つまり企投する生として理解されるが、ときにわたしたちは存在者に関する語り口で「何かを理解する」という表現を「あることを取り仕切ることができる」「何かを克服できる」「何かをすることができる」の意味でも用いる（Rentsch 2001, 99-101）。企投的な性格をそのように強調することは、情態性分析からの直接的帰結として独特のものに見えるが、それは、それに先立つ分析で、現存在の被投性の状況が確かに率直に強調されるかぎりでのことなのである。とはいえ、ハイデガー自身が、ここで背負い込むことになってしまう、あらゆる緊張関係にもかかわらず、そこにひとつの意味が生じているのは、ハイデガーが、受動性と能動性の関係、受容性と自発性の関係を基礎的存在論の観点から再編しようと努めているからである。解釈の概念は、伝統的には読み手がさまざまな文献に関わること［つきあうこと］に優先的に結びついていたが、今や実存論的分析の枠組みのなかで、それは、全体として人間が世界と関わり［つきあうこと］に適用されるのである（Rentsch 2001, 103f.）。

ハイデガーは世界内存在の日常性の解釈学でおしゃべりや好奇心、曖昧さを日常性の頽落の諸形式として強調している。頽落は現存在の構造契機であり、個人はそれに対して、責任を取ったり、弁解できたりするようなものではない。公共の解釈の流れのなかをかけずり回って、語られていることを語り、書かれていること（おしゃべりやなぐりがき）を書き、注目されていること（好奇心）に注目し、自分自身に事実属していることと、伝承され、存続しているさまざまな制度化された実践に無反省に関与することだけで、自分に属しているものとして経験されるもの（曖昧性）とを見分けることができないこと、これらのことが、望むと望まざるとにかかわらず、わたしたちを構成する（Rentsch 2001, 112f.）。

ハイデガーの現存在は英雄的である。現存在は死に直面することで自己自身を雄弁に捉える。死を恐れ、死におのくものが、ひとなのである（Rentsch 2001, 147）。ハイデガーは、近代の思考が存在と当為、事実と価値、記述と命令とを特徴的なしかたで分断したことには一貫して与しないで、これを攻撃するが、その結果、ハイデガーが用いる諸表現は強く規範的な連想を呼び起こすのである。その誘惑が大きくなるのは、そこに現れる良心や罪、決意性のような表現のためであり、またここでハイデガーの文献から本来性の倫理のようなものを再構成できるからである。他方では、ハイデガーが倫理学を自らに禁じているという断言も見逃してはならない（Rentsch 2001, 157）。いずれにしても、ハイデガーに本来性の倫理学があることは否定できない。自己の選択、良心、責任、そして決意性は、ひとが本来的になる諸様式なのである（Rentsch 2001, 157）。したがって、共同存在は、ハイデガーにとっては実存範疇のひとつであり、またハイデガーが良心と呼ぶものは、本来、アリストテレスのいう分別[*8]と同じものなのである（Rentsch

2001, 166f.)。

到来性が、理解しつつ実存するための基底を与え、それを可能にする(Rentsch 2001, 200)。フッサールと結びついた現象学派でも新しい現象学でも身体性と感性が分析の中心となったが、現存在が存在しうる可能性のもうひとつの意味は、確かに各自性[*9]とならび、他の各自性を持った共同存在なのである。実存相互のあいだにある差異によって、本来的であれ、非本来的であれ、自己理解のようなものも、初めて構成されうるのである(Rentsch 2001, 215)。また、トマス・レンチュが、ハイデガーの現存在分析の欠陥と感じているものと、そこでその欠陥を補完するものとして、実存相互のあいだにあるものを同列に扱っていることを指摘することは非常に重要である。身体性に関してハイデガーが述べていることも同様に重要であるが、筆者もこれら二つの論点にはっきり同意しておきたい。二つの論点は、筆者には実践哲学の観点からハイデガーを解釈する上で不可欠であると思われるからである。その分析全体は、実存論的な行為遂行論として構成論的に特徴づけることができるが、それは、後期のウィトゲンシュタインによる、意味構成のための〔言語〕使用の分析に近づけることができるし、道具使用、手許に有るものと目の前に有るものに関するハイデガーの分析では、間接的ではあるが、いつも人間のいきいきとした手のことが語られているのである。しかし、これらの分析では人間の身体性はまだ考察の外に置かれていた(Rentsch 2001, 217)。

解釈学的倫理学の基礎——ハイデガーとウィトゲンシュタイン

筆者自身の分析が進むのも同じ方向である(Irrgang 2005a, 2005b)。日常性は、ハイデガーが特に第九節で実存範疇として導入した、最初の革新的な根本概念のひとつであった。さしあたり、そして少なくともふつうのもの、既知のもの、信頼されているもの、自明なもののレベルが、方法的に分析の出発点として意識的に選ばれた(Rentsch 2001, 224)。ハイデガーが本来の目標を達成する前に、『存在と時間』の分析を中断した理由は、特に、ハイデガーがしだいに哲学をもはや学問とは見なくなり、むしろ指示し、鼓舞する勧めの言葉と見なすようになったことに見ることができる（Rentsch 2001, 275）。筆者も解釈学的倫理学の技法的性格について語っているので、このことを支持する。あるいは倫理学のためにそれを先鋭化させるともいえるだろう。

トマス・レンチュは、マルティン・ハイデガーに言及しながら、人間の世界関係と自己関係の構成様式を問題にする。レンチュは実存論的な文法と間実存論的な分析を展開し、その背後に遡ることのできない生活世界の日常性を基盤にした、語りと実践のコミュニケーション的な間実存論を作り上げることができるのであるが、そのような日常性こそが、あらゆる主観的、秘私的な志向に、また、同様にたんに理論的、還元的な個別科学の志向に先立って、わたしたちの世界志向と実践的な自己理解を構成しているものなのである。このような日常の実践のなかで、意味論の記述的側面と指令的側面とがプラグマティック［語用論的］に交わっている。レンチュは、ウィトゲンシュタインとハイデガーの諸著作の、繊細で深い構造のうちにある、広範囲な体系上の連関のうちに実践の概念に関する自分の分析を位置づける。このことが可能になる理由は以下のようなものである。①ウィトゲンシュタインもハイデガーも事物存在［目の前にあるもの］の存在論ないし事物存在の意味論を解体する。②このような解体が可能になるのは、意味批判と意味批判的な構築の分析の徹底によってである。③分析の意味基準によるこの解体の運動は、ハイデガーの場合でもウィトゲンシュタインの場合でも、古典的な意識の哲学に深く切り込む、反デカルト的な批判となる。④古典的な存在論、意識の哲学と超越論哲学そして意味論に代わり、両者は生活世界的な日常実践の背進不可能性に訴えかける。この背進不可能性は意味構成に関するプラグマティックな［語用論的］分析と結びつくだろう。⑤道具存在［手許にあること］、気遣い、意味と使用のようなプラグマティックな諸要素は、伝統的な真理のコンセプトも批判する、ある全体論を導く。⑥深い解釈学を仕上げることができる。⑦深い解釈学のさまざまな構成要素は、隠蔽されたものと隠されたものとを、なお開かれているもののうちで開示しなくてはならない。⑧そして、深い解釈学のさまざまな観点は、日常性のうちに隠されたものとして際立たせることができる（Rentsch 2003, 12-17）。

最初の結び目は意味に関するウィトゲンシュタインの使用理論である（Rentsch 2003, 23）。有限性と身体性が世界を構成するが、その場合、中心となるのが背景に関する考え方である（Rentsch 2003, 39f.）。ハイデガーが人間の「現存在」と名づけるのは、先行的な開示性とあらゆる理論的な概念把握に先立つ規範的なものの、記憶の及ばないほど古い場所と存在者の意味の場所である（Rentsch 2003, 55）。その場合、プラトン主義を離れ、言語、世界、自己の等根源性から出発しなくてはならない（Rentsch 2003, 56）。レンチュは、ハイデガーの基礎的存在論と実存論的分析を意味の理論として解釈する（Rentsch 2003, 61）。人間はいつもさまざまな状況のなかに置かれているが、そうした状況を言語で再現するためには、単純に無条件に述語づけさえすれば十分であるとはいえない。そのために重要なのが、状況の記述、なかでも基本的な状況の記述である。しかし、行為と出来事の理論のなかには、結局のところ、状況記述にはあまりに手短にしか触れないものがある。有限性は、表象される出来事の系列のように、日付のある時間の最初と最後に客観化ができるような事実ではなく、生の基本形式のひとつなのである。人間は状況のなかにも出来事の連関のなかにも生きている。この点で事物の世界のさまざまな出来事と区別しなくてはならないのである（Rentsch 2003, 77-86）。

ここで中心になるのが以下のような説明文である。「砂糖は水溶性である」という文は観察可能な事象の事実を確認するものではない。むしろこの文脈では傾向性とその現れを区別しなくてはならない。その場合、文の妥当性の諸条件を十分に明らかにすることができなくてはならない。ここでライルによる傾向性を再構成する方法を助けとすることができる。さまざまな現れに関してさまざまな傾向性を区別できなくてはならない（Rentsch 2003, 114-117）。ライルは、ノウハウを知識と呼び、それを論理的には第一のものとし、あるものがこうこうである、という知識と区別する。このやり方はハイデガーの分析にも対応しているが、それは、哲学のなかに誤った道が結果するのは、人間の生活と行為の日常的に信頼された諸連関が見落とされて、それらを理論的に主題化し、様式化することにより、捉え損なうことからなのである。道具性［手許にあること］（道具の扱いの文脈での対象性）と事物性［目の前にあること］（理論的に直観する眼差しのなかの対象性）とが、ライルによって決定的な場所で主題となるのである（Rentsch 2003, 121f.）。

観察者は、自分の子どもの部屋の模倣を見る者ではなく、その子ども部屋を見る者を模倣するものなのである。したがって、精神に関する人間学的用語を傾向性の用語で再構成することが課題となる。とはいえ、「物」と人間の区別は認められない（Rentsch 2003, 128f.）。

しかし、ライルの場合、人間の生の形式ははっきりしない。人間とは何かと問えば、それは傾向性の束なのである（Rentsch 2003, 131）。人間の生の形式としての可能性――ハイデガーは、この形式を実存範疇と呼ぶ――はさまざまな実存的傾向性である。物の世界にはさまざまな傾向性が存在するが、ライルの場合、傾向性に関連する語りの論理を差異化する作業はまだ十分には仕上げられなかった（Rentsch 2003, 136）。世界内存在の概念は、「ために有る」という概念（つまり、ひとつの生活形式として実存的に理解される志向性）と並ぶ、第二の概念であるが、この概念でハイデガーは主観・客観の主題にブレイク・スルーをもたらした。実は、傾向性の物象化へのライルの批判が正しい点は伝統の信念理解に即して論究され、また確証もされる。生きることをひとつの生の全体と把握するならば、生きていかなくてはならない、ひとりひとりの自我や人間は、まずキリスト教の証言やグノーシス派のさまざまな神話の圏内で分節化されるだろう。『ヨハネ書』のキリストは、二つの区別の体系を相互に対決させるが、それは、もっぱら世界の外と世界の内から理解される体系と、世界内存在が自己自身を理解する体系の対決であった（Rentsch 2003, 174-177）。

ハイデガーは、人間の自己理解――自己が自己自身に関係すること――が含む、各自性の現象を重視したが、それはウィトゲンシュタインが生活形式としての独我論を強調したのと同じである。死はそれぞれ個人の生の限界である（Rentsch 2003, 195）。人間学がいわゆる事実的ないし実存的な循環性を含むとしても、それは、そのような死にとって煩わしい困難となるものではない。結局、実存論的分析は実存的な基底を持つ（Rentsch 2003, 195）。気分は不意に襲いかかってくるが、そうして気分づけられることは、さしあたっては精神的なものに関係しない。しかし、それは心の内部にある状態ではない（Rentsch 2003, 240）。ハイデガーは、負い目の存在論的概念を発展させる（Rentsch

2003, 252）が、それと結びつくのが、歴史性のパースペクティブの開示である。その際、地平が存在と時間の文脈での超越論的な生の形式の意味で理解される。私の時間性の諸限界が私の世界の諸限界を意味する。超越論的な実存範疇として、現存在は人間の可能性の諸条件を名づけているのである。つまり人間は人間に過ぎないのである（Rentsch 2003, 257-260）。

ハイデガー［の述べていること］をたんに心理的で主観的なものではないと理解するならば、以上のようになる。また、かりにそう理解するとしても、わたしたちは、日常生活ですでに一定の根本的な実存論的形式を信頼し、自分本来の生活を知っているが、この実存論的形式は共通の生活形式に基づいている。生の現象に関するこの信頼性は、さしあたり主題にはならない、暗黙的なものである。空間性と日常の配慮に関するハイデガーの叙述が示唆するのは、この空間性と配慮が実存範疇を特徴づけることである。ハイデガーは、解釈学のやり方で日常経験と日常言語とを踏まえるが、ここで問題となるのは、可能性の諸条件とその解釈である。可能性の実存範疇は、そこでは現存在の開示そしてその自由の可能性の条件である。ここでもしさまざまな可能性に異を唱えようとするならば、否定を行う際にも可能性のひとつを選ばなくてはならない。このようにして、現存在は異を唱えることで異を唱えられるものを認める（Rentsch 2003, 268-275）。現存在の構造全体と等根源性とは、実存論的な規定には等しい権利があるという原理により、互いに結びつく（Rentsch 2003, 276-278）。ここで、全体としての生、同一性の意味での生の全体に関して生じる問いが、「いったいどのようにして人間は真の同一性を獲得するのか」、また「人間の根本状況の諸形式は何なのか」というものである（Rentsch 2003, 284f.）。

ウィトゲンシュタインが暗に示唆する人間学は、二つの実存的態度、つまり技術と観照とを前提として出発する。その際、ウィトゲンシュタインが主張するのは、技術の制作可能性に頽落した文明が、観照に関する語りを理解できなくなったことである（Rentsch 2003, 289f.）。『存在と時間』と同様に『論理哲学論考』が掲げる要求は、カントの超越論的観念論を批判的に継続すること、そしてそれを最後までやりきることである（Rentsch 2003, 292）。この二つは伝統の超越論哲学の徹底として理解される。ウィトゲンシュタインにとっては、言語の限界に挑戦することが倫理なのであった（Rentsch 2003, 329）。精神的なものに関して、基礎となる言語外の存在論がどのように構成されたとしても、この存在論は、張りぼての類に属するものであって、その任にはたえない。そのとき、この存在論は真の主体性を基礎づけなくてはならないものであったが、そのことこそが決定的な間違いだったのである。つまり、主体性をその比類なさのうちに解明し、確保しようとする試みが、物象化する存在論を導いてしまったのである。主観性の形而上学は、事物存在の意味論の助けを借りて、学問的に擬似的に構成された事物の存在論であり、それが主観的なもののプライベートな世界を確保しようとする（Rentsch 2003, 359）。受け継がれてきた、疑う余地のない世界像の原事実性も、解明され確保されることはできないし、志向的な規則使用が自発的に先取りされていることも反省的に取り戻されることもできないのである。どんな懐疑や批判も、基礎づけや正当化も、この二つを等しく根源的に意のままにできる、超越論的で実存論的な枠組みのなかでだけ生じることができる（Rentsch 2003, 378）。

レンチュの見るところ、ウィトゲンシュタインとハイデガーの場合、その最も重要な成果のひとつが、言語分析と実存論的分析とを対応させることができることである（Rentsch 2003, 383）。なかでも重要なのが身体性の持つ超越論的生活形式である（Rentsch 2003, 411）が、この実存範疇は生のさまざまな現象の可能性の諸条件を名づけるものなのである。これらの諸条件は、等根源的であり、互いに還元不可能で、共同で意味するものである。それらの特徴である、断片性は、それらが原理から導出されるものではないという洞察に対応している（Rentsch 2003, 416）。人間は言語的に生きる（Rentsch 2003, 427）が、わたしたちがこの根本状況を生きるという事実は、わたしたちの意のままになるものではない。ここで示された諸形式が、それらがどんな生活の営みの場合であれ、生の可能性の諸条件であることは、わたしたちがプラグマティックに気づくものではないが、それは、それらがすべての行為の前提条件だからである。わたしたちはこの点を理論的ないし抽象的に知ることはない。それはわたしたちが行うものなのである。疑おうと思えば、誰でもそれを疑えるが、その懐疑はすぐに終わってしまうだろう。わたしたちは、シンボルをさまざまに使用しているが、それが有限である事実は、導出できないものとして与えられている。わたしたちの生にはさまざまな限界があるが、それがわたしたちの行為の限界であるので、そこから導かれる、本質的に倫理的な洞察のひとつは、ともにある他者の存在がわたしたちの意のままにはならないこと、そしてそれを説明できないことを承認することである。人格が意のままにできないという事実こそが、道具的ではない、肯定的な人格相互の関係、人格的自由、尊厳を構成する。他者の説明不可能な存在に対する尊敬が道徳的関係を構成するのである。

社会制度と実践の理論——言語ゲームを手がかりとして

社会理論は、二つの主要なコンセプト、つまり、全体の持つ総体性のコンセプトと個人からのアプローチのコンセプトとによって引き裂かれてきたが、それら二つのコンセプトが問題にしているのは、実は、どちらも強力な隠喩なのである。近代の場合、二つのアプローチは「あれかこれか」で把握され、自由主義と社会主義が争った。しかし、社会理論と社会思想の場合は、社会生活とその成立に注意しなくてはならない。フーコーが権力と暴力による社会の構造化を再構成したのは、コントロール、支配、編制、権限付与、対立の概念によるものであったが、その際、フーコーは、局所的な構造化を取り上げたのだった。また、ギデンスは、一定の時代のさまざまな単位の社会が全体としてどのように形成されたかを研究し、社会の有機的組織を機能主義的に解釈したが、ここで重要なのは、社会的世界を、それがさまざまな制度と構造により、特に何か全体的なものとの関係では定義されないような、さまざまな実践［実務］から作られるものとして、一貫して理論的に見ることなのである。したがって、問題は、さまざまな規則と資源とを結びつけるさまざまな枠組み条件であり、社会の権力の諸源泉なのである（Schatzki 1996, 1-4）。

しかし、最近の社会研究は、実は、社会を描き出すものは少なくともシステムや総体性ではない点を明らかにしている。むしろ、断片化こそが新しい理論構築の根本にある気分なのである。ここで問題になるのは、しばしば資本主義に反対する運動と関連する、ローカルな諸権力に関する理論なのであるが、さまざまな個別の社会運動は、個人主義、功利主義そして個人の人格のアイデンティティのアイデアを志向するものである。社会的に構成される主体という思想は、不安定で流動的なのものであり、本来その上に何かを基礎づけることはできないものである。さまざまな社会理論が措定した、多くのアイデンティティはひとを欺くものである。現在のポスト構造主義の理論構成のなかで、主体が断片化し、不安定になっていることはいうまでもないので、社会生活の構造を理論化することに反対する、さまざまな理論に対して今では、警戒の声がうねりのように生じている（Schatzki 1996, 5-9）。

実践の主題に対するアプローチのひとつを言語ゲームに関するウィトゲンシュタインの理論を通して発見することができる。ウィトゲンシュタインがそれとして認めているのは、個体性と社会性に関するより幅の広い基盤であるが、言語は、必ずしもあらゆる社会現象を表現することはできないので、わたしたちは社会の秩序に迫っていかなくてはならない。ここで問題になるのは、個人間の関係と共存である（Schatzki 1996, 10-14）。特殊な状況では、生の事物存在に関わる諸条件が存在するが、それは、個々の人間の物体的ないし身体的な諸活動に基礎を持つものである。ウィトゲンシュタインが語るのは、生活のさまざまな見本（生活のさまざまな性質）であるが、それは、身体の諸活動、最終的には、精神的な諸条件や精神的状態ないし心構えにその基礎を持つ。ウィトゲンシュタインにとって重要なことは、心と行為の関連であるが、身体が遂行する行為が社会的なものの基盤と見なされる。実践をマスターしているかどうかの社会的指標は、ウィトゲンシュタインにとっては言語をマスターしているかどうかなのである（Schatzki 1996, 21-51）。

実践の理論のために、ウィトゲンシュタイン最晩年の文献を取り上げなくてはならない。ウィトゲンシュタインは社会哲学者としては認知されていないが、さまざまな行為を表出する身体の形成として記述し、それを理論的に首尾一貫させている。ウィトゲンシュタインは、技術をマスターすることと、言語を助けとする通常の、習得され、規制されたさまざまな反応方法とを比較する。言語をマスターすることと技術をマスターすることとのあいだにはある程度、対応関係があり、双方ともに身体に現れてくる行動の多様な社会的なレベルに属しているので、人間に関する［目的語のない「する」という」自動詞的理解が存在するのである。生活の諸条件に関わるさまざまな制度は、ある慣れ親しみを指示するが、それらは、通常の環境から生じたものである。結局は、以上述べてきたことが個人を構成する。また、性に関することがらも身体表現の社会的編成に属する。さまざまな社会的条件は、表象となって初めて気づかれるが、その場合、性に関することがらは、人格のアイデンティティの主要な範疇のひとつであり、心と行為の関係は、個性の主要な構成要素である。ウィトゲンシュタインには、身体の活動は、精神が現象する様式のひとつである(Schatzki 1996, 56-87)が、因果関係も実践の一部であり、最も重要なのは実践を組織することである。行為を方向づけるために、さまざまな実践の組織を条件づける意義が重要となるが、それは、意図しなかった行為の帰結と区別しなくてはならない。さまざまな実践が拡張され、統合されることで存在し、習慣や風習、制度も、何かを実行できる能力や、何かを同定できる能力、そして、反応や応答ができる能力とまったく同じように、実践に属するのである(Schatzki 1996, 88-91)。

理解することは状況に適った行為のための前提条件であるが、言語ゲームはウィトゲンシュタインにとっては生活形式である。ひとつの実践は、ひとの行為のしかたを整える一組の考察であり、実践を、実践を導くさまざまな行為と区別しなくてはならないが、実践の場合に重要となるのは、使用の諸様式なのである。ある実践を組織すれば、一定の規範性が展開されるので、その場合に受容可能な行為が重要となる。何をひとつの実践として同定するかは、その文化内部の理解者の立場に関する自己理解にも左右され、文化に拘束されたさまざまな期待や経験が存在するので、それらによってその洞察も分節化することができる。そこで、あることが意味を持つのはどのようにしてか、が問題となり、このことに、世界を洞察する可能性も左右される。文化は、このように理解可能なことを行為や発話で表現することに基づくものなのであり、その場合、行為の洞察可能性とそれに関係するさまざまな物の関係が問題となるのである(Schatzki 1996, 94-118)。

日常の技術的行為と人工物

制度はさまざまな実践の背景と見なすことができ、社会性と社会の秩序とは対応する。人間の生活には相互に関連が存在し、それが社会分析の対象となる。つまり、生活世界の持つ構造は、そこにさまざまな構造が共存しているものと見なすことができるのである。この関連のなかで、傑出した意義を持つのが、コミュニケーションの手段であり、社会性と実践にとっては、それらが伝統、言語や習慣の内部に埋め込まれていることが決定的である。ここで問題になる社会性は、さまざまな実践［実務］に含まれるものであるが、この意味での実践は、行為の連鎖から成り立つ、社会的に形成されたものであり、そのような実践が個々の社会の編成を可能にするのである。また、ある社会慣習に関わることも実践として理解することができる（Schatzki 1996, 168-208）。

日常の技術的行為は、偶然性の克服や欲求の満足、生き延びるための組織化に役立つ。それを特徴づけるのは、道具を技術的に扱う知識、伝統そしてときには発明やイノベーションであり、成功や失敗でもある。したがって、生活世界は、参与しないで、観察し、知覚する観想からではなく、技術の実践に基づく権力からなる。ここでは、①技術的な実践のポイエーシス的・道具的な権力の観点（制作可能性）と②技術的な実践の社会倫理的で共同体に関わる権力の観点（正統性）とを区別しなくてはならない。伝統的に人間と技術の相互作用は、労働と制作の概念のもとで論じられてきたが、ハイテク社会は、労働と制作の概念を変えてしまった。ここで技術的行為の現象学が、それに注視し、示してきたことは、人間の日常世界が、技術的行為が経済化されるよりも前に始めから［技術的行為で］織り込まれていたことである。技術的行為は、人工物とも自然とも折り合いをつけようとするものであるが、そのことが示しているのは、そこに自然科学がある以上、技術的行為は、少なくとも自然科学と共生しようとする、一般的傾向を持つ点である。意図した効果や目標、目的、そして意図しなかった効果が、技術の使用連関に関する理論の決定的な着眼点であり、そのような理論は、コミュニケーションと道具という特徴を帯びるのである。技術的行為は、伝統的にさしあたり、技術的であれ、そうでないものであれ、見本、構想、モデル、模範などを志向する。そこにそれらを文化的に埋め込むことができる。したがって、行為を導く模範やモデルの解釈は、技術的行為に関するひとつの解釈（技術の解釈学）の本質的課題に属する。技術化された生活世界を特徴づける諸構造、（たとえば、自動車が進入できなくなった都心のモデルのように）社会のレベルで生活世界を導く隠喩や（たとえば、「わたしたちの青い惑星」のイメージのように）環境レベルで生活世界を導く隠喩が、技術の実践を方向づけ、開示し、可能にするのである。そしてコミュニケーション行為がなければ、技術の行為の社会的レベルは理解できないのである。

技術に関する伝統の諸理論が意味することとは異なり、目的や価値を示すのは、道具ではなく、ある人工物を詳細に評価する一定の使用であるが、他方では、特に特殊な人工物は、一定の使用法を意味する。これらの使用法は、労働、狩猟、娯楽、ダンスや遊び、つまり、コミュニケーションによる相互作用のかたちの諸段階と結びつくことができるが、それらの諸段階は、そうしたかなり特殊な形式でも人間がともに生きることを可能にするのである。とはいえ、技術的手段としての技術的人工物が完全に価値中立的だということではない。それは、人工物が一定の使用法のために産み出され、通常、それに応じて使用されもするからである。技術的な人工物がその意味を保持するのは技術的な実践のなかでであるが、このことは、発明の場合にも使用の場合にも妥当するのである。

実践を導く倫理学としての解釈学的倫理学

わたしたちは近代化の範例を通して自分の文化を記述する（Irrgang 2006）。近代化の範例にはしばしばテクノロジーによる生産、科学的管理そして官僚制が結びついている（Higgs u. a. 2000）が、ここでボルグマンが、課題の範例に対立する概念として発展させる（「焦点を集めるもの」としての）物のコンセプトに関心が向かう。ハイデガーは、これを「物が物になる」ことへの注目と呼んだ。このような中心的意味を持つ物を取り出すために重要なのは、態度や習慣と同じように伝統的な表現方法である。そこで問題となるのが、技術文化の孕む、さまざまな二律背反を明らかにする能力を有し、まったく無意味なことと意味のあることとを区別することである。技術的なものの評価と理解にとって肝心なことは、［物として］具体的であること、効用、そして善良であることを区別することである。その問題は、道具的実践と倫理的に反省される実践の関係にあるが、効用と善良とが技術的実践の持つ意味の次元を構成する。技術の解釈学の課題は、わたしたちが、技術に対する、そこに穴を開けるほどの懐疑的な問い返しに直面させられるときも、そもそも技術を実践することには意味があるのだ、と哲学的に考えることで自己確認することにある。技術的な人工物は、［ハイデガーのいう意味での］物ではなく、効用と善良の意味で人工物と適切に、つまり、有意義なしかたで折り合いをつける方法を学ぶ上での課題のひとつではあるが、その場合には、効用と善良とを一般的に区別しなくてはならないのである。ここで発展させるべきものは、［物として］具体的であることと効用との連関を問う哲学的な言葉遣いなのである。

さまざまな技術的手段と折り合いをつけるためには、ある技術的手段と技術の実践の二つの場面で意味を見いだそうとすること、つまり、技術的な課題に呼応しようとする、態度と心構えとが求められる。何よりテクノロジーはより多くのテクノロジーを解放するのであり、さまざまなテクノロジーはさまざまな課題を達成する。その結果、わたしたちは自分でしなくてはならないことを免除されて、生活はますます快適になる。あるいは少なくともそうなるはずである。寺院や大聖堂のように、人々の注目が集まる、焦点を集める物が存在する一方、重要なものを閉じ込めておく技術の範例も存在するが、いずれにしても、たんなる人工物そのものを越え出るような意義が存在するし、文化的なものは注目を呼び覚そうとするものなのである。日常生活のなかにも自律的ないし自律的に振る舞うように見える、テクノロジーが存在するが、ただそれがそれ以上には注目されないのは、そのテクノロジーが他のテクノロジーによって利用されたり、手入れされたりするからである。しかし、刺激し、興奮させる技術も存在する。［物として］具体的であることそして効用と善良が、技術に関する三重の基準と見なされるだろう。とはいえ、この三基準だけでは、進歩に関する競争のモデルの場合と同様に、せいぜい間接的にしか技術の資格を評価できないため、決定的な限定は不可能であり、たえず見直しが必要になる。したがって、この見直しが繰り返し反省の対象とならざるをえないのである。

技術のさまざまなメディアが、それぞれに特殊な課題を提起し、わたしたちの技術的な人工物との関わり方を規定するある特別な注目のしかたを、つまり、特に目立つ関心の向け方を要求する（これは、たとえば、人間に関する知識やそれに類するものと折り合いをつけることとは異なる）。ここで重要となるのが、プラグマティズムの理性と社会倫理の理性の基準を探究することである。これが、たとえば解釈学的倫理学の対象となり、その答えは、反省された良識の問題となる。ある実践が含む、具体的なものと社会倫理的なものに関する問いは、そのつどの実践に関する反省と、［物として］具体的なものと社会倫理のさまざまな状況の範例とを相互に批判することでしか仕上げられない。人工物を志向する場合でも、課題を志向する場合でも、自律的なテクノロジーが、バランスの取れた善き生を可能にするのである。技術的な人工物が何に関係し、何と関連するかは、人工物が示している、その特徴的指示から、それを解釈しなくてはならないが、暗黙のうちに期待された役割を持つさまざまな実践が、社会的行為の構成要因となる。こうした期待があると、主体を構成することは困難になり、このことが、主体と自己実現のコンセプトも非常に難しくするだろう。社会が進歩するなかで人間を定義しようとするならば、人間的な自己の保存が求められるだろうが、それは簡単なことでないのである。したがって、解釈学的倫理学がこの目標を支持するのは、それが、実践を導くことができる、固有の倫理学を作り上げるのを支援することからなのである。

以上のような理由から特に解釈の対立が生じるが、そのような対立は、論証や解釈そして討議により、それを可能なかぎり解明しなくてはならない。技術的で道具的な行為の解釈学は、文化に埋め込まれたものの精神科学的理解、行為の連関に関する自然科学的で技術的な説明、経験社会学的モデル化、技術的に作られたもの（やその評価）の意味と目的に関する技術哲学的反省を、特に方法的に反省された、技術に対する社会のさまざまな使用法のうちに結びつける。解釈学は、なるほど伝統的なタイプの精神科学の方法のひとつではあるが、道具的で実験的な技術的理性に関する行動科学のために、また、それを豊かにすることができるのである。テクノサイエンスとテクノロジーの含む方法論の反省は、技術的行為の解釈を行う技術の哲学の前提なのである。

解釈学的哲学の課題を見事に描き出してくれる、技術の隠喩を用い、この節を締めくくろう。ドン・アイディーは、その著書『解釈学の拡張』で、二つとも、海路を指示し、発見させるはずの、ヨーロッパの航海システムとポリネシアの航海システムとの違いを指摘した。その星空は異なり、船のタイプ（上陸する可能性がなく、遠く離れた距離用のカタマランと呼ばれる双胴船）も、さまざまな道具や手がかりとされる指標（波の形や高さ、波の色、飛んでいる鳥など）も異なるが、順応することが求められるのは、そのつど地域が異なるものに入れ替わるときである。似たことは、方向を教える機能を持ったカレンダーにもいえる。この点でマヤ暦は、エジプト暦やメソポタミア暦、古代中国暦、インダス文明の暦、そしてグレゴリオ暦と本質的に区別される。多くの暦は、グレゴリオ暦よりもはるか以前から非常に正確だったが、エジプト暦に対する場合とは異なり、ヨーロッパは、マヤ暦からは何も受け継がなかった（Ihde 2000b）。さまざまな文化が持つさまざまな解釈学を再構成することは魅力的な作業であるが、それを助けとして、同じ技術の生活形式（大規模な都市文明の場合の潅漑施設建設）がライフサイクルの意図した方向づけにより解釈されたのである。解釈学的倫理学もこの分野で技術の哲学と同様に多くのことを学ぶことができるが、それは、特にさまざまな技術の生活形式が過去五〇年の間のように、劇的に変化する場合なのである。

3 イノベーション、構想と創造性――倫理学の問題としての人間的実践の新しいもの

倫理的に責任ある行為を可能にする技術の実践と創造的な技術理解

わたしたちは、技術的な実践を行うに際して、社会倫理的に責任ある行為が可能となるように、考えることを学ばなくてはならない。そのためには技術を創造的に理解することが必要である。新しいものへの好奇心や好みは文化的に自明ではない。将来が新しいものと等しいものとして扱われてはならないし、新しいものは過去にも発見できる。見慣れた世界にも新しいものが取り込まれているに違いない。将来をコントロールしたいという欲求は、すでに有るものを保持することと達成されたものを確保することに向けられるが、これに対して、新しいものが持つ魅力は、未知のものを探究しようとする好奇心によって動かされている。この好奇心がわたしたちを次の一歩を踏み出すように誘惑し、見慣れた大地を越えていくように促すのである。本当にこの好奇心は飽くことを知らないが、それは、探究されるべき可能性と現実性の空間は、いぜんとして無限に及ぶからであり、この探究に必要な自由に使用できる手段もますます増えていくからでもある。文化は、ふつう過去と関係づけられるものであるが、この結びつきは、発展の障害となるものを提示できる。文化的な見地にとって重要なのは、将来を思い描くことができる能力である。そこには、集団の願望や集団の欲望が存在する（Nowotny 2005, 9-12）。

将来をそれ自身として要求できる能力は文化的資源のひとつであるが、革新的なものが充満するのに直面すると、それに圧倒される感情、自分の生活のコントロールが失われてしまう感情が湧き上がってくる。そうすると新しい心の病気が生じる。それに加えて、自分がつねに監視されているという感情も現れてくることがある。依存や遅延の感

情も生じうるが、それは、古典的な工業生産が思考と知識のさまざまな産業へと転換することを通してである。ノヴォトニーは、原理主義にまでなった、二〇世紀の運命を決する進歩信仰について語る。しかし、将来を考えるには、知識と想像力が必要である。「新しいもの」という名前こそがイノベーションなのである。光輝く科学的知識と何百万もの飢餓の人々の存在とが世界規模のさまざまなイノベーションの葛藤に満ちた帰結と結果であるとはいえ、イノベーションが想起させることは、挫折の可能性がつねにあるとしても、その歩みをさらに続けるようにわたしたちが鼓舞されていることなのである（Nowotny 2005, 13-18）。

将来の可能性に開かれたイノベーション

現に存在するものの多様性がますます大きくなり、その差異がより明らかになることが、イノベーションの徴候である。新規のやり直しが不断に繰り返されているが、それでも、それはそのつどいつも新しいのである。新しいものの定義も、そこに含まれるあらゆる構築的な要素にもかかわらずけっして任意のものではない。わたしたちは第三の起源神話、つまりテクノロジー文明の起源神話を産み出している。その場合、イノベーションのためのひとつの文化的な舞台装置が存在するが、それは、人間的なものを変化させてしまう、収斂するさまざまなテクノロジーに基盤を持つ。さまざまに可能性を拡張し、それを拡大することで、意味解釈に関する一種の自然科学による独占が生じた。「真か偽か」あるいは「あれかこれか」が自然科学的な解釈図式の基礎なのであるが、イノベーションは、今日ますます条件づけられ、社会化され、方法的に洗練されているとはいえ、それでも原理的に開かれている。それは、可能なものの領域に向かって開かれていることを意味するが、さまざまな視覚化技術も新しい現実空間を開くのである（Nowotny 2005, 19-26）。

機械の革新は多くのそれまで盲点だったものを明らかにしているが、科学と技術のさまざまな革新は、社会の革新を前提にしている。科学的知識やデータ、方法そして実験室で制作された生命の諸形式や有機体などを意のままにする権利とはいったい何であるのか、が解明されなくてはならない。さらに、その本質的な基準が知識生産の効率になり、多くの人々にとっては、革新が続くと、それは、複雑で混乱した世界のなかで自己を見失うことを意味するようにもなる。自由に選択する消費者と自由に投票する選挙民のイメージは社会的に構築されたのであるが、このイメージは、啓蒙期に属する「真に自由な個人」の双子の兄弟のひとりなのである。さまざまなシンボルのテクノロジーと認知の道具とが好奇心を支えるが、図像と文字とがシンボル言語の領域に属する。人類の歴史では言語と文字とが脳の認知構造を組織し直した。漢字を読む場合は、ヨーロッパの文字を読む場合とは別の脳の部位が関与するが、書字［エクリチュール］は、ダーウィン的な進化論の所産ではなく、生物学と文化との雑種《ハイブリッド》であるという自然本性が人間の特徴なのである。人間は多様な意味に注意を向けることができるが、ヨーロッパでは人々が移住したので、そのさまざまな活動が南部から北西部に広がっていった（Nowotny 2005, 27-43）。

自然は将来を知らないものであるが、新しいものを導入しようとして、議論が生じる場合、しばしば自然が引き合いに出される。とはいえ自然の不変性に対する信念は、結局は保持することができないだろう。科学的な品質管理こそ、この管理が産み出し、認証する科学的知識の信頼性を保証するべきである。したがって、科学がゲームの審判員の役割を担う審級となったが、いずれにせよ、社会的かつ技術的な知識の関与が高まっていることは否定し難い。科学の客観性も歴史的に変わりうるものであるが、二〇世紀に科学と国家の同盟が生まれた。科学の客観性に対する信頼性は失われたが、この喪失は「テクノロジーの」受容の問題の一部となるのである。将来に対する視界は晴れておらず、新しいものの語る言葉も不正確である。「近代のプロジェクト」は、自由の実現とこの実現の失敗とを基盤にしている。ダーウィンの理論は、新しいものを発見し、それを基礎づける理論のひとつではあるが、科学の進歩とイノベーションを語るためには、それらを受け取る側の人々を巻き込まなくてはならないだろう。淘汰には人工のものと自然のものとがあり、自然は倫理学の論証では永続的で普遍的なものを代表しているが、そのような見方は自然に関する適切な見方ではなくなった（Nowotny 2005, 44-61）。

現代の中心概念としてのイノベーション

新しいものへの不安は好奇心を押しとどめるが、自然は、二分法によって自然と文化に、あるいは自然と科学に、不合理なしかたで二分割されている。また科学と技術は、民主主義の体制でも権威主義の体制でも発展してきたが、創造性は個人の発展を意味する。言語は創造性の源泉ではなく、創造性を伝達するものである。創造性に帰属するさまざまな微視的構造の記述は実験室で得ることができるが、そこに見いだされるのは、新しいものに関する制度上の諸条件である。今日では、科学研究の政策への関心は、公共の世論が注目するものの焦点ではなくなっており、予測できないものをコントロールしたい、という願望が広範囲にわたって生じている。制作できないものの諸限界は、制作者である人間にとってより、生物学的進化の場合のほうが大きく、イノベーションが確実に技術者支配になってしまうのは、さまざまな実験的システムの持つ意味が過大に評価される場合である。新しいものは、社会に統合され、現に存在するものと折り合うように制作されなくてはならないが、それは対立を伴い、抵抗を生む。問題の社会秩序は、そのうちでイノベーションが効力を発揮できるような枠組みなのである（Nowotny 2005, 66-107）。

革新的なアイデアはひとを驚かせるが、これまでは、将来を表象しても、散漫になりがちで、それを展開させることは難しかった。この点は、自然科学の場合の予測を手がかりにすれば理解することができる。今日の人類の知識全体とその非常に印象的なさまざまな技術的な能力が目指す将来は、新しい始まりを約束するというよりも、これまで達成したものをさらに高めて、それをダイナミックに継続するものであるが、実験室から市場への移行は、その速度をますます大きくしている。また、古代ギリシアやローマのような、わたしたちの文化の過去に属するものの研究はあまり価値を持たなくなり、宇宙や進化の歴史の研究のほうが重要となったのである。それとともに人間性に関する思想の中核も変化した。重要なのは、再興ではなくイノベーション〔革新〕なのである。三〇年前まではまだ将来は、予見可能で確実なものとみなされていた。「ローマクラブ」*10の未来研究と報告は、正確な予測を行うことができると信じているような未来研究の精神を表すものであり、このような未来研究の内包する弁証法を特徴づけている。したがって、興味深いのは、すでに終焉した将来に後戻りしようとする、眼差しのほうであるが、今、特に求められているのは、将来と折り合いをつけるための創造性である。七〇年代にあった計画主義の高揚感は、すっかり落ち込んでしまい、今日では、さまざまな関係者がどのように将来を思い描くか、という問題がより重要になっている。そして、この場合、活動するさまざまな集団の間にある異質性が非常に大きくなり、そのために将来の計画可能性の幅も同じように非常に小さくなっているのである（Nowotny 2005, 133-135）。

近代のイノベーションがもたらすギャップ

近代が約束したこととテクノロジーが達成した偉業に対する信頼が新たに表現し直されるべきときである。二、三〇年前までは技術官僚による計画可能性と制作可能性を信じる気持ちがまだ広くあったが、それは、今では適度に弱まり、そのようなやり方の限界を承認し、より多くの住民の願いを聞き取る準備ができるほどになった。このことは不確実性の存在を承認することを含んでいる。ではしかし、いったいどこから、一方ではイノベーションに対して、他方ではコントロールに対して抱かれる、集団的な強迫観念はやってくるのだろうか。発見を欲望すること、イノベーションを期待すること、そしてイノベーションに現代的なしかたで焦点を当てることは、互いに関連し、干渉しあっている。そのために、イノベーションという出来事は現代の中心概念になった。イノベーションは、将来を想像するわたしたちの集団的な想像力のなかに、概念の真空状態を産み出すが、ここで将来について考えるときには、ある概念的なギャップが現れてくる。ある革新が効果的であればあるほど、ますますそこに出現するさまざまな変化も大きくなるからである。近代を象徴し、近代がそれを誇りにもしていた、社会と技術の巨大なシステムは消えたわけではないが、全体を見通す困難と複雑性が、それらのシステムを特徴づけており、その二つの特徴は、脱中心化のさまざまな要求にしたがい、ますます強まってきたのである。この結果、それらは市場の諸権力にその権力を移譲した

(Nowotny 2005, 123-146)。

しかし、テクノサイエンスと知識生産もどちらも計画の領域に取り入れるべきである。研究のための機器や研究に必要な技術も、同じように市場の形式に合わせ、あるいは計画の位階《ヒエラルキー》に従って組織しなくてはならない。したがって、そうすることは、かならずしも決まったやり方で組織される必要のないイノベーションへの対応としては、二律背反的《アンビバレント》なことを期待することである。イノベーションの概念は、社会に居心地の悪さを残した、そのギャップを埋め始め、近代が約束したものの大半を成就したが、とはいえ、その結果は期待されたものとはいささか違うものであった。工業国の大多数の人は、社会的な豊かさと安寧とを手に入れたが、人々が最終的に手に入れたものは、場合によっては望んだものとは違っていたのである。イノベーションは、ありふれた不確実性であれ、本当の不確実性であれ、そこから生じる真空状態を埋めることができないが、このような不確実性は、イノベーションの過程そのものの不可欠の構成要素のひとつなのである。イノベーションの概念は、さまざまな変化から生じる、多義性を弄ぶのであるが、こうした変化には正確な目標はない(Nowotny 2005, 147-166)。

持続可能なイノベーションという理想像が繰り返し表明されるだろうが、わたしたちはいぜんとして近代的なままであるし、将来にわたって近代的であり続けなくてはならないだろう。もっとも、古い模範は、それが将来の行為のための指針でありうるためには、修正を必要としているが、一定の基本的な期待は尊重しなくてはならない。自由な個人が自律を求めて奮闘しているが、それは、今ではまず芸術や文学あるいは哲学のうちで闘われるものではなく、日常生活のなかのこととなった。近代という時代は、ひとが自分を別の立場に置くことができる時代である。この能力を「白紙《タブラ・ラサ》」のために破壊してはならない。人間像が変化し、文化の意識が変化したのも近代の結果なのである。したがって、近代の内面的分裂は、止揚できないものであり、社会に関する知識の欠陥が、技術に関するビジョンを盲目にするのである(Nowotny 2005, 170-195)。

技術を愛しすぎると、人間的なものが消える速度が加速されるが、西洋を技術の彼方に投影する準備は整っている。

ここで現れてくるのが、テクノロジーの「恋愛至上主義（ドンファン主義）」である。男性には車が女性の代わりとなる。技術進歩の領域で大量生産が起こり、技術者は自分自身が起こした運動の犠牲となるのである。こうして時間に圧迫された人間が生じるが、そうした人間は運動のためのモーターを内蔵している。技術への愛と速度は表裏一体なのである。世界を支配しているのは、そのような速度の形態であるが、それに対抗して、わたしたちは、人間的な文化の速度を発展させなくてはならないだろう（Virilio 1986, 98-113）。高速度の追求は、徹頭徹尾、軍事的なものに結びついているが、戦争に伴う運動は、技術の運動のひとつである。さまざまな解釈の可能性を通覧する動きは、解釈学的な技法を意味し、それは速度を攻略することにも向けられているが、このようなギャップが含む広大な領域を経めぐる旅をすることで、いわば、時間を振りつける、譜面の記法も基礎づけられるのである。そこから新しい生活形式、つまり文化のイノベーションが生じる。また、輸送と交通の管理も非常に大きい問題である（Virilio 1986, 112-123）。

技術の創造性と社会性

創造性が科学の概念になるほど正確になったことは一度もない。創造性の学問的概念は、人物や行為、その行為の結果を記述するために引き合いに出すことができるものであり、創造的な精神やファンタジー、才能、オリジナリティー、インスピレーション、発明、芸術家による創造の諸概念に関係する。確かに創造性の測定や解釈に関しては問題があるが、しばしば引き合いに出されるのは、能力と専門技能ないしは傾向的特徴の結びつきであり、それは知能と比較される（Matthäus 1976, 1194-1199）。こうしたことはすべて、技術の創造性の記述や分析にも妥当するが、その場合、技術的な発明に関しては長いあいだ、技術の創造性が要求されてきたし、何に技術の創造性を帰属させるかについては、（発明の才能がある）エンジニアに中心的な役割が認められてきた。しかし、すでにアリストテレスが技術的行為に区別を設けていた。それは、①航海士が船の舵を必要とする場合のように、技術的手段とその所産の使用と、②舵を制作する船大工の技術的行為の区別である。また、アリストテレスは技術の補助手段の制作とその使用とを区別し、そうした使用の熟練した知識が制作の知識をけっして前提としてはいない点も確認している。ただし、アリストテレスは、制作の知識は少なくとも後続の使用に関する確実な知識を前提するのかどうか、というわたしたちにとって興味深い事例は議論していない。とはいえ、現代では、制作も使用もフィードバックされるものであるので、制作の知識と使用の知識はばらばらのものではないと想定しても、十分に説得的であるといえるだろう。

文化理論的な観点から見れば、技術の所産［商品］は、さまざまな関係と意味の織りなす複雑なシステムの一部であり、現実とその意味を社会的・文化的に構築するものの契機であるが、物質的な文化はシンボル構造と社会構造との相互関係のなかで探究されるべきなのである。その場合、文化の概念は異なる行為の領域にも応用される。もしクリフォード・ギアーツ流の文化概念により、それを、社会的相互作用を通して媒介される、多様な意味とシンボルの秩序あるシステムとして理解するならば、技術の所産とは文化が客観化された物質の一部である、と把握されるだろう。［技術の所産としての］商品文化は、その同時代の商品の全体なのであり、ある組織の文化の一部をなすものであるので、技術が産み出した人工物の意味はその効用によって汲み尽くされるものではない。物質的な人工物は、文化的に産み出された現実の客観化された表現であるだけではなく、それはまた、そのような現実の構築にも貢献するのである。物質的な人工物は、文化のモデルであり、かつ、文化のためのモデルなのである。物質的な人工物が、集団の諸価値を顕わにするように働くのは、それが、差異化と分類のように社会統合のシンボルとして働くこととまったく同じなのである。さまざまな商品の社会的使用は、そのさまざまな属性から推論できるものではなく、また、単純にその使用マニュアルから読み取られるべきものでもないのである。効用と不要なもの、自然的なものと人工的なものとを区別することは、文化的に生じた選択の結果なのである（Irrgang 2001a）。

経済的・政治的・社会的要因によるテクノロジーの変化

イノベーションは古いものを改善し、人間の新しい能力とその社会組織を開発することを意味する。テクノロジーのイノベーションは、人間が持つ、テクノロジーの権力を増強することを意味するが、それは新しい商品やサービス、改善された商品やサービスを打ち出す力なのである。人間と環境に対して、テクノロジーのイノベーションが及ぼした影響には良いものや有益なものもあったが、破壊的なものもあった。エネルギー関連のテクノロジーを構築し、輸送を行う人間の諸能力は高まり、人間をその限られた動物的筋力から解放したが、同じテクノロジーが、空気や水、土地を汚染しもしたのである。人間が属する物理的な環境世界を克服するために、人間はテクノロジーのイノベーションを使用したので、世界は非常に大きな速度で変化するようになり、社会的にも物理的にも、その属性の複雑さが増した。イノベーションは、自己自身のもとで自己に関係する過程であり、そこでは、研究に始まり、サービスを超える、多くのそして十分な数の創造的な行為が、ある共通の目標を実現するために、統合されたしかたで互いに結びつき、働いているので、その過程は技術の発展にとどまるものでない。それは、十分に理解された、社会的事業でなくてはならないのである。テクノロジーのイノベーションは、ある関連する知識の知覚やその生産の過程であるが、それは、そのような知識を、ひとがその対価を支払うつもりのある、新しい商品やサービスそしてその効用が実証されている商品やサービスへと変形する過程なのである（Morton 1971）。したがって、イノベーションが特に意味するのは、経済と社会の変容なのである。

テクノロジーの発展に関する多くの事例研究は、個別の発明や工業部門、企業の歴史、発明家の歴史、もしくは企業家の伝記を対象としてきた。これらの事例研究に共通しているのは、それが技術のさまざまな小分野に制限されていることである。この観点でテクノロジーのさまざまな原型が定式化され、技術発展を経済的に決定する仮定が生じたのである。さらに、製造者とユーザーとのあいだには知識のレベルの違いも当然のものとして仮定された。技術の発展を分析する際の進め方が、しばしば個々の点で不十分な理論形成しか導かなかったのは、経済的範疇だけで技術の発展を記述しようとしたためであった（Pfeiffer 1971）。

大きなイノベーションと小さなイノベーションを区別するべきであるが、大きなイノベーションとは、範例を変更し、まったく新しい技術的行為の諸形式を開拓するものであり、小さなイノベーションとは、技術的な行為の日常的構造から生じるものである。道具を扱う知識は、さまざまな移行と類推形成からなる、偶然性に貫かれた過程から生じるが、それは、ある技術のスタイルに左右されるので、イノベーションを好むことも、技術のルーティンに左右される。その際、解釈の見本が、革新的《イノベイティブ》な行動の中心部分になる。エンジニアに関する伝統的イデオロギーでは、発明家は真っ直ぐな首尾一貫性という基本となる見本に従ったが、その見本によってイノベーションは計画可能となり、計算可能であったのである。しかし、クーンによる科学発展のモデルをテクノロジーの発展に応用することを試みるならば、結果は異なるだろう。そのために、テクノロジーのコミュニティの日常の実践も、不正則事例のように調査しなくてはならないだろう。この場合は、不正則事例は、機能上のエラーか技術的な行為の失敗であり、テクノロジーの革命は、そのつど、伝統の支配的な技術の諸範例を変更するものであるが、この変更によって新しい伝統に生命が吹き込まれるのである（Laudan 1984）。テクノロジー内部で認識が変化することは、技術的に行動する相対的に小さなコミュニティのメンバーによる、卓越した問題解決の活動の結果であるが、どんな場合も技術の創造性の形式こそが重要なのであり、そこで技術の運用能力が解決のための戦略になるのである。

テクノロジーの支柱は理念である。そしてテクノロジーは、私的な善と公共的な善のどちらでもある。テクノロジーの変化は、政治的にも経済的にもまた社会的にも構成される。そのために社会的責任（Irrgang 2002b）や持続可能性（Irrgang 2002c）のような模範が必要である。テクノロジーの変化を方向づけ、先鋭化するのは、環境、資源への要求、統治の諸活動、国家と地域の政治、社会階層や集団帰属、税政や政府や企業の投資の優先順位であるが、これらは公共的な源泉と私的な源泉によって支えられ、消費者のさまざまな選好に沿うものである。発明やイノベーション、発展は、テクノロジーの移転と同様に、テクノロジーの変化の中心的ベクトルであり、これらの活動は、互いに重なりあうが、法律のような規則に従うものではない。テクノロジーの変化は、連続的・累積的な過程であり、問題解決の活動のひとつであり、社会のさまざまな利害と諸勢力により、方向づけられ、また社会に埋め込まれてもいる（Parayil

1999)。

むしろ、相変わらず続いているのは、さまざまな伝統と技術のルーティンであるとはいえ、状況は価値の転換がより激化する時代のなかで変化している。発明や蓄積、交換、適応などが技術の発展を駆動する要因であるが、それでもなお、継承ないしは模倣がむしろ、さまざまな発明の源泉であり、したがって技術の創造性の源泉なのである。さまざまなイノベーションは、三重の方法で成立しうるが、それは、オリジナルな発見、継承、そして異なる環境への適応による。そのような環境への適応はすぐにできるものではなくて、一定、遅れて生じるものであり、この意味では適応が非常に難しい場合や、それがまったく新しい社会制度を作ることを要する場合もある。時には組織はすっかり壊れてしまう（Ogburn 1969)。瞬く間に世界規模で定着した発明はほんのわずかしかない。これは、電話、ラジオ放送、テレビ、マルチメディア、インターネットのようなコミュニケーションの構造物にあてはまることであるが、これらは文化の特殊技術に属する。

イノベーションの諸要因

イノベーションの過程や趨勢とそのさまざまな決定要因に関していえば、需要吸収の理論、テクノロジーの刺激理論ないし供給圧力の理論が存在する。これまで市場のさまざまな力がテクノロジーの変化を決定する主要な要因と見なされてきたが、需要に関する理論は、欲求ないしさまざまな効用関数を持つ消費者ないしユーザーを前提にその議論を始めていた。このような諸理論では、イノベーションが成功するかどうかはアプリオリに知ることができた。同様に供給の圧力もイノベーションの決定要因として市場を仮定していた。しかし、どちらの理論でもイノベーションのスケジュールは説明できない。総じて、科学・テクノロジー・生産に関する一次元的なコンセプトから離れるべきなのである。イノベーションの効果を説明する際、顧慮すべきことは、科学による入力の果たす役割が大きくなったことであるが、同じように研究と発展の複雑性が増したこと、研究と発展の努力とイノベーションの結果とのあいだの相互関係が重要になったこと、行為を通した学習が意味を持つこと、研究の制度上の形式化が大きくなったこと、文化と国家による埋め込み要因（たとえば、権利）、国際的、制度的な枠組み条件、研究補助者や消費者の教育水準も留意しなくてはならないのである。

普及そのものもイノベーションの過程と見ることができるが、そのひとつは企業間だけでのイノベーションの普及であり、もうひとつは、テクノロジーの産み出す商品の需要の普及である。ここで問題となるのはテクノロジーが定義する路線上の連続した進歩である。さらに加えて、競争に内在するメカニズムがあり、それもさまざまな分野のイノベーションとテクノロジーのネットワーク化を促進する（Dosi 1984）が、テクノロジーの水準とテクノロジーの発展経路の関係を際だてなくてはならない。技術の発展経路の枠組みのなかでしか技術の水準とテクノロジーの欠陥は定義できないが、イノベーションの枠組み条件を記述するどんな構造理論の場合でも、文化の要因は今までほとんど完全に見落とされてきた。しかし、実際には、テクノロジーの運用能力を定式化する際、文化の諸要因が、制作の領域でも応用の領域でもある中心的役割を果たすのである（Irrgang 2001a）。

創造性の前提条件

創造性は、何かを探索し、創出し、意味を産出する想像力に起因するが、創造性のさまざまな前提条件は、それを調査し、限定できるが、その固有性は、創造性に通じる三つの道筋でその姿を現す。自己意識の創造性の個体発生は、幼児の生後おおよそ一年目の終わりには完結するが、それは人間の創造性の驚くべき特徴のひとつである。その場合、社会的行為の規範性と向きあうことで自己意識が生まれるが、それは遊びのなかに姿を現す（Popitz 2000）。マックス・ウェーバーは、社会的行為の根本範疇を導入したが、そこで問題となるのが、不作為や黙認なども含む人間の行為である。内的な行為は、外的な行為と異なり、人間の持つ主体的な意味、つまり、行為者が自分から自分の行為に結びつける意味によってしか適切に限定できないものである。これに対応して、特殊社会学的な認識、なかでもその因果的説明は、経験的な社会行動を、その主体的に考えられた意味の過程と結果から捉えることで成り立つが、この場合、「意味」で理解されるのは、社会的行為の認識と価値観である（単純化すれば、前者は行為の結果、目的と手段に関する表象であり、後者は価値や規範、要請である）。その際、行為者の行う個々の意味付与は、つねに歴史的に条件づけられていて、個人を超えた認識や価値の表象を前提条件とするが、それらの表象こそが、行為者の行為の意味内容を構成する意義を有するのである。マックス・ウェーバーの没後、その社会的行為の概念は、アルフレッド・シュッツの現象学の著作のなかで、有意義な発展を遂げた。シュッツは、何か時間的に持続するものとしての行為と完結した出来事としての行為とを区別したが、シュッツによれば、行為の意味に関しては、行為の「～のため」と「～なので」とを区別しなくてはならないのである。

テクノロジー内部の変遷や発展を理解するための分析の道具、ないし方法の探究については、今日まで技術史が、技術が何であるかを明らかにするため最も貢献してきた。そこで問題となるのは、テクノロジーの変遷のためのモデルを構築することである。この点については、これまで経済のモデルが繰り返し提示されてきたが、それは、テクノロジーの変遷の内にあるダイナミズムに光を当てることに失敗している。経済のモデルが記述するのは、生産性の増大としてのテクノロジーの発展なのである。とはいえ、新しいテクノロジーを刺激し、選択する場合の経済と社会のさまざまな要因の圧倒的な意義を見逃してはならない。テクノロジーの理解とテクノロジーの変遷の理解には大きな違いがある。レイチェル・ラウダンが指摘するのは、テクノロジーの知識およびテクノロジーによる行為の生産と普及とを再構築する、そのようなモデルがこれまで研究されることがあまりにも少なかったということである（Laudan 1984）。

技術的知識の変遷の源泉は、たとえば、橋の崩落事故のように、技術的行為ないし技術的実務の失敗である。そこには多種多様なテクノロジーと技術の問題が存在するが、技術の問題の第二の源泉は、導入されるテクノロジーの機能上の失敗である。技術は、それがうまく働いている場合に比べ、それが強要される場合にあまり導入されないものである。第三の道は過去の技術的成果を外挿することである。この場合、技術の実務を改良する問題が累積的に増えていく。技術が変遷する方向を定義するのは、しばしば、テクノロジーがすでに使用し、達成した、技法のレベルないし技術の水準なのである。したがって、いいかえれば、実際には、重要なのは、達成されたテクノロジーのレベルないし水準の機能である。わたしたちは、商品と過程の変遷経路のコンセプトによって、テクノロジー変遷の構成要因とその方向づけの最初のモデルのひとつを発見した（Dosi 1984）。技術の成果は、一度達成されるや、二度と手放されないのは、その成果が、持続的、それどころか、文化に対する不変の合目的性を持つことになるからである。このように考えるのは、技術に関する行き過ぎた楽観主義であるが、それが、構成主義的な技術の哲学に対して解釈学的な批判を行う際の手がかりのひとつとなる。一度、達成された技術的知識の高い文化によって、基礎づけと正当化の端緒は獲得されるが、その端緒［の妥当性］は、文化相対主義的ではない反論に対しては決定的とはいえないのである。技術の産み出す、あらゆる商品が持つ人工物という構造は、目的・手段の合理性による厳格な判定にさらされ（Janich 1998）、一定の目的に対して一定の手段が適確であるかどうかは、つねに成功と不成功、つまり、一定の手段による一定の目的の達成と失敗によって判断できるのである。

技術の哲学の新しい領域としての文化的要因

技術のノウハウは、継続と不可逆の特徴だけではなく、見直しできないという特徴も持っている。したがって、それは累積的な性格をはっきりと示しているのである。この意味で技術は、原理的に進歩の方向に進むものである。技術の進歩は、認識の進歩と同じく、方法的には（事後的に）、位階《ヒエラルキー》のあるかたちで分節化され、多様化され、ますます豊かになっていく行為の能力として再構築することができる。当然ながら、車輪や歯車の設計、製造、使用の文化史のなかには断続的に獲得された障害を排除する能力が入ってくる。その際は、実践的な実証から理論的な実証への移行と、技術的な実務から理論への移行とを解明しなくてはならないが、これらの移行は、技術忘却に陥っていた哲学の伝統にとってはこれまで馴染みのないままのものだった。文化の高さで考えられているのは、技術使用の知識のそのつどの水準であるが、その水準こそが、継続可能で後戻りのない発展のなかで、放棄不可能な結果をもたらしたのである。このようにまとめると、生じるかもしれない誤解があるが、それは、文化の高さについて語ることが、評価的なものと考えられることであり、またそれが評価する文化比較のために持ち出されるべきだとすることである。しかし、そのような誤解は防がなくてはならない。ここで重要になる試みは、文化の高さによって、人間の共同体が歴史的に達成した、行為能力の水準を名づけることであり、そこでは事例を狭い意味の技術に制限することで、技術の手段が合目的であることを、主観を超え、文化を横断し追体験する可能性によって、ある文化に制限しないようにするべきなのである（Janich 1998）。

しかし技術の水準はもっぱらその技術的状態だけで定められるものではけっしてない。技術の諸水準は、標準化の過程の結果であり、また、うまく機能しているさまざまな技術的実務に技術を成功裏に組み込んだ帰結なのである。標準化の過程とテクノロジー移転の成功のためのさまざまな前提条件は、テクノロジーのさまざまな範例を受容し、文化的に同化し、組み合わせることなのである。その場合、この過程のためには導くものが存在することが必要である点を強調しなくてはならないが、範例を押し通すためには、協力と協調が必要なのである。文化ごとに異なってコード化されるのは、技術的な機能性ではなく、高度な組織であるが、それがなければ、機械は機能しないし安全でもないのである。対応する文化の移転がない場合には、テクノロジーだけでは不十分であり、それは深刻な環境問題を発生させるが、それはふつうなら避けることができたであろう。安全な技術とはそれに対応する文脈（技術とメンテナンス）のなかにあるテクノロジーのひとつなのである。適正なテクノロジーは社会的で文化的なひとつの状態であり、その状態は技術に内在するものではない。したがって、技術は、安全、効用、環境によい、のような一定の理想に向かって企投［構想］しなくてはならない。そしてこのことは、しばしば、自然法則によって構成されるので、客観的で価値中立的なものと見られる技術的な機能性とは異なり、それぞれに文化の刻印を帯びているものなのである。取り扱いや取り扱いの可能性は、文化の評価の見本であり、しばしばさまざまな（たとえば、ユーザーに関する）先入観や安全や環境によいことに関する固有の表象の刻印を帯びている。このような明白になってはいない先入観と文化の諸特徴を、反省し、主題化することが重要なのである。

そのような反省と主題化の結果は、さまざまな発展経路に関するコンセプトであるが、それは、一直線なものではなく、多文化的であり、ネットワーク化され、フィードバックされるものである。そうした発展経路は、多様に屈折し、偶然を取り込みながらも、歴史的な署名の入ったものである（Ihde 2000b）が、それは、いぜんとして技術進歩の伝統的モデルと曖昧なかたちで類似し、多くの点で近しいものなのである。そこで重要となるのが、テクノロジーの最前線とその先端分野をはっきりさせることである。これこそがイノベーション政策の目標であり、現にあるテクノロジーの趨勢の強化が試みられるのであるが、その基盤は対応する社会基盤《インフラストラクチャー》にある。そのために、結果としてテクノロジーの進歩は、不均衡な過程になる。つまり、テクノロジーの発展に対する市場の力と影響に関する理論の限界と弱点とが目に見えるようになるのである。テクノロジーの次元を定義するものは、市場の諸構造を左右する、過去のイノベーションの持つ能力や過去のテクノロジーによるさまざまな設備や能力であり、過去のイノベーションがどの程度、適切で応用可能か、なのである。つまり、これらのものが、テクノロジーに内在する変数なのであり、市場の構造とダイナミックな競争は、せいぜいテクノロジーの発展を決定する外的な決定要因であるに過ぎない。新しいテクノロジーのさまざまな範例が含む、創発と通常の技術進歩を区別しなくてはならない。イノベーションの本質的要因は、少なくとも短期的には特許権を理由に独占的地位を取ることを許すような可能性なのである。このように、国内的であれ、国際的であれ、個別の企業とイノベーションを継続して起こす企業とのあいだにはテクノロジーの不連続性がある。企業には価格を決めるという、ごく限られた余地しか残されておらず、通常のさまざまな個人主義の発想では、わたしたちはそれほど遠くには行けないので、成功するための戦略は、テストにより模倣し、学習することなのである。イノベーションを起こす企業が最初のうちは独占的地位を持つことがきわめて重要であるが、需要の弾力性と価格レベルは、相互に条件づけあうので、企業の戦略も構造化されていき、イノベーションを起こす小さな新企業が計画されるのである。重要なのは、新企業の出現に関わる諸要素であり、ここでは資本の強さと利益の期待が重要である（Dosi 1984）。

テクノロジーのなかにあるさまざまなギャップに関する理論は、企業間にあるさまざまな不均衡を強調するが、その不均衡は、イノベーションによる生産と商業化に関わるさまざまな能力の違いによって生じる。イノベーションにより新しい商品をまったく初めて導入することとそれを初めて模倣することとのあいだにあるギャップが、テクノロジーのこのギャップを定義するが、このギャップを限定するのはその普及割合である。この場合、普及の要因のひとつとなるのが、市場での需要の弾力性であり、ある特定のテクノロジーを主導する国も重要である。ある技術的な商品のライフサイクルはきわめて短く、またテクノロジーが変遷する割合も非常に高いことが企業間の不均衡を拡大する。しかし、それに加えて、国際的なテクノロジーの不均衡も存在する。テクノロジーを主導する役割を限定するのは、一連の枠組み条件であるが、テクノロジーの主導者だけが生産できる商品も幾つか存在する。この場合、個々の国の違いは重要ではなく、国際的な特化と分業とが生じ、テクノロジーのレベルが異なるさまざまな国にしばしば創造的模倣を行うことが推奨される。各国に特有のさまざまな知見と能力、教育水準、地域的独自性、そして賃金水準、これらのすべてが、ある国の市場の諸特徴を記述するのであるが、それらの特徴が、イノベーションを達成し、貫徹する際に中心的な役割を果たすのである。以上のすべてが企業活動の構造的諸条件を産み出す（Dosi 1984）ので、テクノロジーのさまざまなレベルと発展経路との連関を際だてなくてはならないが、技術のさまざまな発展経路の枠組みのなかでしか、技術の水準とテクノロジーのギャップは定義することができないのである。しかし、イノベーションの枠組み条件を記述するあらゆる構造理論は、これまで文化の諸要因をほとんど完璧に見逃していた。とはいえ、その要因こそが、生産の分野でも応用の分野でも、テクノロジーの運用能力を定式化する場合にまさに中心的な役割を果たしている以上、ここにこそ、技術の哲学の新しい課題領域がある。

テクノロジーのイノベーションに関する合意と普及

そのかぎりでは、イノベーションの道筋を語ることが技術の発展経路を語ることになる。テクノロジーのさまざまな範例は、企業内のあるいは企業を横断する組織の、テクノロジーの専門家集団間の合意を提示するが、基礎研究の場合は、新しい範例に関する合意は、本質的にはもっぱら関連する科学の分野の専門家のあいだでだけ必要なのであり、状況は異なる。テクノロジーの新しい範例の場合は、それを初めて作り出すことができるのは、合意がユーザーも含む場合、したがって、範例や模範に関して二重の合意が生じる場合なのである。つまり、ある新しいテクノロジーの範例が生まれる前提となるのは、それが生産と使用で有効であることが実証される場合なのである。ある新しい範例に関する一致、つまり、いわゆる「締約」は、商品の品質のうちのどれが、ユーザーにとってとくに重要であるかが、ユーザーが購入を決定することによって明確になるとき、はじめて生じる。このことは、さまざまなユーザーの集団についてもいえることであり、その結果、テクノロジーのさまざまな選択肢が保持されるのである（Esser u. a. 1998）。

電話に関するベルのビジョン、電話の範例と「ユニバーサル・サービス」に関する電話の模範は最終的には定着したが、それは競争の過程の成果ではなく、設立された、皆が一致できるスタンダード電話の成果であり、包括的ネットワークを現実化する前提の成果だったのである。そのためには標準化の過程が必要だった。さらにこの場合、システムを主導する者が存在する必要性が証明された。加えて範例の転換によって人的資本の価値が剥奪される点が指摘されるが、需要による舵取りのモデルでは、社会が非効率な商品やテクノロジーで溢れる結果、現在と将来の世代に負担がかかる可能性がある。わたしたちは、いぜんとして間違ったタイプの自動車に乗り、間違ったタイプの原子炉を利用しているし、設計が最適でないタイプライターやキーボードや、技術面に最適ではない、ビデオフォーマットで作業している。わたしたちは、たとえば、コンピュータネットワークや遠距離通信システムの場合に、そうした相互作用とテクノロジーの移転に参加しているが、ユーザーと消費に対する効用が立証されていない多くの商品が存在する。とはいえ、そうした財貨の利用は、この財貨の消費者が多くなるとともに高まるのである（Esser u. a. 1998）。

イノベーションの特徴は新しい技術の普及である。ある発明は、それが使用されるようにならないうちは、ほとんどあるいはまったく経済的な意味を持たない。イノベーションのための発明のギャップを埋めることが肝要であるが、しばしばこのギャップは非常に長期間に及ぶ。イノベーションに対して決定を下すことは、資本を投資することを意味するので、イノベーションは大企業でのほうが起こしやすい。外部のさまざまな源泉と資源の意味を過小評価してはならないが、イノベーションの基礎となるさまざまなアイデアは、自分のものでないテクノロジーを引き受け、それを新しい小企業が形成することで生まれた。このアイデアは、産業の外からやってくる最初の先駆者のようなものであり、普及の過程は、本質的には学習過程であるが、学習は、イノベーションを起こす者のあいだでも、そのユーザーのもとでも起こる。そこには一定の普及割合が存在する。小規模な企業がイノベーションのために持つお金や貸付金は少ないが、利潤が上がるかどうかが、決定的な刺激になる。将来の売れ行きに関する情報を与えてくれる決定的な源泉が重要であるが、ここで問題となるのが可能なユーザーの存在なのである。多くの場合は、技術の機能が役に立つあいだは、古い技術を新しい技術に取り替えることは割に合わない。また、イノベーションの結果のひとつに構造的失業がある。この問題に対する応答は、有能な能力として要求されるものが変化するということである。しかし、自動化の持つさまざまな危険は、いささか過大評価されてきたように見える。国家のさまざまな枠組み条件が互いに適合しているならば、テクノロジーの変化が速ければ、結果としてかならず失業の増大が起こるという理由はない。ここで重要となるのが、［職業に対する有用な］要求の総和が適切なレベルにあることである（Mansfield 1968a）。

発明とイノベーションとのあいだにある距離は非常に大きいが、成功するために最重要なのは、イノベーションの時間を計画し時間を管理することである。マンスフィールドは、費用を削減するか、供給を拡大するイノベーションが非常に有益であると見なしているが、イノベーションの割合は生産のサイクルに対して多様に変わる。機械のイノベーションが要求するインターバルが最短で、エレクトロニクスのイノベーションが要求するインターバルが最大である。模倣の割合は大幅に異なるが、ここで重要なのは、あるイノベーションを使用すれば、利潤が上がることであるが、これを査定するのは非常に難しい。そして、利益の期待の大きさと高度な運用能力がイノベーションの使用には必要である、という単純な事実から推論できなくてはならないことは、イノベーションの導入期にはさまざまな困難が伴うことである。多くの企業は、高い能力を前提としない、単純な装置を好むが、その他の点では、より小さな企業は、より大きなライバルよりも素早くイノベーションを行うのである（Mansfield 1968b）。

S・C・ジルフィランは、シカゴで出版された、その著作『船の発明』（一九三五年）と『発明の社会学』（一九三五年）で、技術の進歩を定式化したが、そこでは、技術の進歩が、無数の小さな改良と修正の不断の増大に基礎づけられ、大きなイノベーションは、そこで起こるごくわずかの滅多にない出来事として捉えられた。ルイ・ハンターも、その著作『西部の河川上の蒸気船』（一九四九年）のなかで、名もない機械工と職場監督の行った、無数の小さな改良と順応に価値を置いている。卓越したイノベーションのひとつひとつで、累積の特徴と欠乏とが互いに手を取り合っているものなのである（Rosenberg 1982）。この間、ラタンとハヤニイが導き出した一九七一年のイノベーションのモデルがより大きな注目を浴びてきた。その枠組み条件にはメタレベルのさまざまな生産機能があるが、その順応の過程は、そうしたメタの生産機能が持つさまざまな能力として理解されるが、それは、より効果的な諸部分のために働くのであり、特に、新しい入力の特殊な流れを提供できる産業によって浮き彫りになるさまざまな機会に対する応答なのである。テクノロジーの変遷を促進する、外的な諸要因の変数を捉えたのが、ジェイコブ・シュムークラーである。テクノロジーの変遷の指揮管理は経済力に左右されるが、シュムークラーは、一九六六年に『経済成長によるイノベーション』という著作を書いている。需要がイノベーションの割合を決定するのであるが、それにしても、新しいテクノロジーが受容され、生産過程に埋め込まれ、順応する、その割合は、非常に重要であり、特徴的なものである。高度なテクノロジーには生産性があり、それが影響を強めるかどうかは、そのテクノロジーを適切な場所で使用するかどうかにかかっているので、生産性の変遷の研究が必要なのである。乗組員が船の建設を改良したことが、その発想の出発点だった。テクノロジーの普及に関する経済学の研究には幅広いものがあった。技術の普及と技術の発展の水準は対応しているが、テクノロジーの無数の改良や修正、適応にいたる累積の効果が、あるイノベーションを受容し、埋め込むやり方に影響を及ぼすのである。マンスフィールド自身は、一九六一年の著作『技術の変化と模倣の割合』で普及の過程に関する自らの分析を参照させている（Rosenberg 1982）。

あるイノベーションの普及と達成の割合にとって中心的なのは、テクノロジーの使用による学習である。テクノロジーのイノベーションを導入することは、学習の過程としてモデル化できる。その場合、問題となるのが実務を通した学習の経済的含意であるが、それは機械の進歩である。そこでは、埋め込まれた技術の知識と、埋め込まれていない技術の知識とを区別しなくてはならない。高度な特殊な知識が、現代の道具を扱う知識なのである。行動による学習は、航空機産業の場合に、DC8の歴史を手がかりに実証された。その場合は、消費燃料を削減するという困難な要求が中心にあった。エンジンの維持費用も削減されなければならなかった。航空機をより自由に使用できるようになるには、それを使用する際により大きな責任を負うことが伴わなくてはならなかったのであるが、航空機の維持と修理の人件費の高さがここでは中心的な要因のひとつである。この要因が修理能力と維持の改良を強く動機づけるのである。その場合、電話産業のシステミックな複雑性も指摘される（Rosenberg 1982）。

テクノロジーの社会的費用

経路への依存のコンセプトと新しいポジティヴ・フィードバック経済は、一九九〇年にブライアン・アーサーによって定式化されたが、この理論を助けにテクノロジーの移転をこれまでとは異なるしかたで説明できなくてはならない。このモデルの場合も、どのようなテクノロジーの移転が豊かな成果をもたらすか、どのようなイノベーションが最終的には市場で実現されるかを、完全には予言できないが、それらのことは、一定の期間に獲得できる、ユーザーの数とあるしかたで関連している。したがって、起業家は多くの場合に値引きをして、最初の購入者にある消費材に対する関心を喚起するが、その結果、技術的な商品の使用に意味を与えてきた、古い水準を変えることができる。たとえば、環境にもっと優しい新しい技術的な商品にチャンスが与えられるのである。ここで問題となるのは、すでに古い水準で投資をしてきたが、今は新しい投資をしなくてはならない、顧客を刺激することであるが、それは、新しい技術的な消費材の使用がそのユーザーの環境で可能でなくてはならないときに発生する費用を、新しいテクノロジーの購入により償却するためである。なぜならば、一定のテクノロジーを引き受けることは、このテクノロジーそのものの価格を負担させるだけではなく、むしろ、今変えなくてはならない従来のスタンダードと使用の範例を変えるための費用が発生するからである（Esser u. a. 1998）。

技術的に成熟したコンセプトや技術的により優れたコンセプトが定着しない事例も多くある。むしろ、社会的受容のために、より多くの投資がなされたシステムが定着するのである。今日では、テクノロジーだけを発展させ、提供するだけでは十分ではなくなった。むしろ一定の発展、移転、ユーザーの経路を提供しなくてはならないのであるが、それは、すでに導入されているスタンダードを背景に、また、新しい道具を扱う形式や新しいスタンダードを学習し、設定し、その使い方を教えなくてはならない必要性に直面しながら、一定の新しいテクノロジーを、定着させるためなのである。したがって、純粋に理論的にはもっとよいテクノロジーの解決がすでにありうるにもかかわらず、多様な形式で、あまり環境によくないテクノロジーがさらに利用され続けられるのである。この場合、これは、経済的な費用だけでなく、新しいテクノロジー使用の新しいスタンダードが発展しなくてはならないときに生じる、社会的な「費用」の問題でもある。加えて、考慮しなくてはならないのは、発展とテクノロジーの移転経路に関するアーサーの主張を悪用しないように注意することであるが、このことが意味するのは、この主張を国家による産業支配のさまざまな措置を正当化するものとして用いてはならないことである。そのような措置は、より低い発展段階のテクノロジー化にとどまるのを防ぐために、行われてきたという論証に最終的には助けを求めることができるからである

(Esser u. a. 1998)。

経路に依存する過程でマクロな構造が構築される。テクノロジーの構造の発生は、その経路への依存とその経路のなかにある相互作用から説明できるが、ここで考慮しなくてはならないのは多様な世界観の存在である。職業的な売り手と買い手とは、情報のフィードバック・ループのなかで結びついている。またリスクの拒否も発展経路に影響を及ぼす。このようにして経路の発展を構成する、予測できない効果が存在する。また、新しい商品の学習効果も経路の発展に入り込んでくる。行動による学習、順応、埋め込みは、このような経路依存のモデルで説明できる形式なのであるが、この点で形式的な数学的モデルが不十分であることが証明される。さらにまた、分配に関する仮定も重要である（Arthur 2000）。

テクノロジーの社会基盤《インフラストラクチャー》は、ひと組になった、産業関連の特殊な集団的能力と、さまざまな応用のために設置され、複数の企業やユーザーの組織である役割を果たしている優れた技能である。それは、たとえば、社会の安全のような公共財を生産するための、効果的な協力の前提になる。社会基盤はシステム全体として企投されなくてはならないが、それは、多様なユーザーに向けて行われ、テクノロジーの体制の枠組みのなかに整理される。社会基盤は、多様な機能を持つ枠組みを持つものと見なされるのである。ここで重要になるのが、支援する競争、輸送の社会基盤、遠距離通信の社会基盤、知識の社会基盤、産業の知識と基礎的なテクノロジーの能力である（Edquist 1997）。

売る者と買う者が結びつくと、それは、イノベーションの専門化と標準化そして、その再編成と連携をもたらす。経路への依存と高い技術には技術の権力的側面が結びついているが、技術の経路が決定していない場合も、技術発展は、ひとつの企業が、強制的に働かせ、意のままにすることのできる、市場でのリーダーシップや特許のような有利な条件を産み出すのである。技術的な運用能力は傾向性として効果を発揮するが、行為できる能力は、たとえそれが自動的に支配あるいは強制にすら必然的になるわけではないとしても、権力になるのである。成功や失敗は、権力と能力の現象であり、支配は服従を要求し、強制が強いられる。たとえば、戦争では技術から生じる強制や強要が存在することは間違いないが、技術の能力は強制しないし、テクノロジーの移転のための十分な背景や行為の目標がない場合でも、移転を強制するものではない。とはいえ、技術的な能力に差があることは、あるテクノロジー移転が、有意義で倫理的なものとして支持できるかあるいは望ましいか、を熟慮する前提ではある。技術の文化への埋め込みの問題を考慮しない場合でも、しばしばグローバル化に反対する人々は、技術のこの権力的側面を明らかにしているが、それは、文化と価値に条件づけられた埋め込みに配慮しない技術だけが、客観情勢による強制や強要などを意味するからである。正確にいえば、グローバル化の文脈での技術の権力的側面が明白にするのは、世界とテクノロジーとを反省する文化が求められていることなのである。これらはすべて文化現象であるが、世界像や世界観、あるいは倫理的な考察を通して初めて、ある技術とあるテクノロジーの移転が望ましいか、必要かを決定できるのである。さまざまなテクノロジーは、全体として見れば、おそらくは道具である以上に文化なのである（Ihde 1993; Irrgang 2006）。

この間、技術の近代化のなかで技術自身が模範となり、技術、テクノロジーそしてテクノサイエンスは、それ自身が文化の支配的な模範へと発展したが、技術や科学と折り合いをつけることも、あらゆる近代化の推進力を伴いながら、いっそう技術的なものになるのである。テクノロジーの近代化は、過去の産業国家（イギリスや中央ヨーロッパ、アメリカ合衆国）の発展の場合は、まず啓蒙の文脈のなかに、そしてその後には道具的な合理化のなかに置かれた。しかし、インドや中国、ラテンアメリカでのインターネットや情報テクノロジーの成功が示しているのは、西欧のテクノロジーの移転のために、それを啓蒙の地平に埋め込むことは今日では省略可能だということであり、また、道具的合理性ではテクノロジーの移転は説明不十分なのであり、その説明をむしろ、少なくとも最も近代的な技術によるグローバルな魅力によって補わなくてはならないことなのである。そのような技術はわたしたちのアカデミックな技術哲学も技術批判もそれを夢見ることとさえできなかったようなものである。このような事態が、わたしたちを鼓舞し、グローバルな普遍化とテクノロジーの近代化の世界規模で領域化されるさまざまな形式を浮き彫りにするという課題へと、勇気をもって向かわせるものであるに違いない。それは、わたしたちが技術の意義やそれぞれの文化の文脈での効用や善良を問うことで行うものであり、これを自分で行うことのできる国々の特権的なプロジェクトにとどまるものではないのである。技術とテクノロジーは、これからもますます文化の模範となっていくので、特に、技術とテクノロジーの移転が問題になる場合、それらの意義を自問しなくてはならない（Irrgang 2006）。

伝統的に「テクノロジーのギャップ」は技術の構築文化から定義されてきたが、グローバル化の時代には消費者革命が生じる。テクノロジーを創造的ユーザーのパースペクティブから考察するならば、そのギャップは実際には何の役割も果たしていない。ハイテクと折り合いをつけることは、別の機械の場合と同じように、容易にも深刻にもなりうる。ハイテクは、もっとユーザーがそのつきあい方を学べるように作ることができるだろう。こうしてテクノロジー移転が容易になるが、失敗の原因を排除し、技術を可能なかぎり安全にするため、より注意深くなるように警告されるのは当然である。それが生産者に影響を与える。テクノロジーのトレンドを産み出すために、テクノロジーの最前線にあって指導的地位にある必要はかならずしもないが、これまでの考察が示したことは、技術の実践［実務］をエートスの形として創成できることである。制作者だけでなく、ユーザーも行為の自由な活動空間を持っているが、そのために、誰もが、技術と創造的につきあうことを学習しなくてはならない。技術の実践は、文化の企投のひとつであり、鋼鉄製の家のなかにある、技術発展というプロクルステスの寝台ではないのである。

第3章　テクノロジーの権力と折り合いをつける——人間の自己保存のための倫理学

1　テクノロジーの権力と技術のリスクとに折り合いをつけること——最少倫理と範例による方向づけのあいだで現実に根ざすこと

技術の哲学の政治哲学的範例の転換

従来、批判理論もユルゲン・ハーバーマスも、技術を支配と隷属の範疇のもとで概念的に把握してきた。つまり、それを道具化や自然と人間のあいだの屈服、奴隷化の範疇で捉えてきたのである。しかし、もともと支配と隷属は、政治学もしくは社会学の概念であり、それは上下の秩序、したがって社会の階層を問題にするものである。それは、社会秩序に関するアリストテレスの伝統に始まり、ヘーゲルを経てマルクスにいたるものであった。支配概念を特に、技術にうまく適用することができないのは、技術が、機能原則上の平等とその仕上げのなかにある不平等とによって特徴づけられるからである。事実、技術、なかでも近代の技術に向けられた、支配に関するそのような見方は、技術者支配の運動、工学的特徴を持ったコントロールと管理の幻想——それは生産過程をしっかりと固定しようと望んで、直接に計画経済を導入することになる――のなかに集中して現れている。

マルクス・レーニン主義によれば、権力はその時々の社会関係から生じてくる。マルクス主義の支配に関する概念は、したがって、まさにアリストテレス以来の解釈のこの伝統のなかにとどまっているのである。しかし、技術は、社会を構成する本質的要因のひとつである。新石器時代革命と技術の範例の都市化とは、そもそも社会を構成する上での前提である。少なくとも一万年前から技術的な生活形式こそが、さまざまな社会の本質を構成している。したがって、社会構造を本質的に決定しているのは、人間のあいだにある支配関係だけではなくて、対応する技術の水準、主導的な科学技術の範例、そして当然ながら、技術が誘導し、実現する社会基盤なのである。さまざまな文明を構成する環境的な枠組みに関する諸条件と並んで、社会の発展のための根本的な枠組みの諸条件として、科学技術の構造が登場する。これら二つの要因は、アリストテレスからマルクスまでの古典的な理論では、見過ごされていたものである。技術は、その人間学的解釈では、まさに制度の権力によって特徴づけられるが、結局のところ、この権力は、人間の実践の権力を基盤にしているのである。人間の実践を調整し、組織化し、互いに協力させる、という問題は、実は本質的に技術の権力に絡む問題なのである。

歴史的には、しばしば技術の権力とその社会的帰結とは、文化によって正統化された。技術の権力は確かに経済の土台である。まずは、その使用価値によって特徴づけられる、人工物や生産過程に必要な原材料の交易が経済の出発点にある。そこで権力を行使するのは、技術的な人工物と技術的実践から生じるさまざまな力である。この技術の権力は、さしあたりは、文化的・人間学的に正当化することができる。つまり、権力の行使は、技術的であれ、社会的であれ、それらはどちらも技術の実践という視点を持つものであるが、それは正統化し、かつ正当化することもできるのである。このような技術の権力は、自由な使用に供される多様な技術的かつ社会的な補助手段（傾向性《ディスポジション》の権力）を基盤にしている。

権力概念と技術の実践

権力概念には、技術に対しても意味を持つ、以下三つの意味のレベルがある。つまり、

① できること、ないし能力もしくは運用能力
② 力、強さ、権威
③ 権限、代理権、支配、暴力から圧力まで、である。

権力の現象は、もともとはソフィストが発見したものであり、それは、特に権力の道具的で戦略的な側面を際立てていた。権力の要因は、特にまた、おそらくこのソフィストの発見をもとに哲学が落ちこぼしてきた主題を提示することになる。アリストテレスは、権力現象の分析を本質的には主人と奴隷の主題に限定したが、これらの前提によって、哲学では技術の権力を十分に深く考察することがなかったのである。あるいは、それを考察することは本来、かなり稀なことなのである。しかし、現実には、技術を理性的に使用する――理性を技術の権力にも適用できる――問題の手かがりとなる点が幾つか存在する。ここでも先と同じように、三つのレベルがある役割を果たす。つまり、

① 理性的な権力適用（帰結）の道具的側面
② 権力（効用）使用のプラグマティックな側面
③ 権力適用の社会倫理的ないし道徳的なレベル（社会倫理）

しかし、理論に権力の観点を帰属させれば、それで問題が終わるわけではない。むしろ、しばしば、理論の無力さ

と実践ないし制作《ポイエーシス》の権力とが語られてきた。したがって、技術の権力を深く考察するように促すものは、技術の実践なのであり、ときにはその痕跡であるルーティンの形式、そして制作なのである。その際、わたしたちは、理論と実践の対立から議論を始めるべきではない。たとえ実験や試行が、またそれらに伴う誤謬の可能性が、技術の実践のひとつのレベルであるとしても、特に技術の実践は、むしろ最初から反省が加わった形での実践形式、理論によって導かれた実践の形式なのである。技術の実践は、技術的な課題と問題について、それらに適合した土台となるさまざまな素材を取り寄せ、また有能な労働者や技術者の参加を得て、それらを支配し、権限下に置き、克服し、圧倒しようとするものなのである。したがって、権力とは、技術的なものの領域でも、まずは文化的事実のひとつなのであり、さらにそれを純粋に法律の観点か、あるいは倫理的な観点で見れば、許可かライセンスなのである。そこでは事実上の権力と権威とを区別しなくてはならないが、行使される権力は、それが技術の権力である場合も、少なくとも正統性の問題を含むのである。

技術の実践は、あらゆる実践と同じように、何かを行う可能性に基づく。効果的な行為は、そのような可能性に左右されるが、それは、効果的な行為が、特に技術、経済そして軍事それぞれの戦略的行為の諸形式のうちに現れるのと同じである。それらの形式は、ある狭い範囲では技術的実践の部分であり、また技術的実践に地盤を持つ秩序ある権力の表現である。そのような秩序を持つ実践は、規則的な実践であり、また技術的であると同時に、技術の外部にある、目的に対する技術的手段の規則的使用や取り扱いとしても妥当なものである。したがって、技術の実践のうちにはある獲得された権力、つまり技術的手段を使用できる権力が存在する。それに加え、ひとつの社会あるいは人間や集団は、技術的な人工物と技術的手段とを意のままに使用できなくてはならない。自然に対する人類の支配は、抽象的な概念であって、この概念こそが千年の長きにわたって、人類史とその技術的実践の本質とを覆い隠してきたのである。その概念で問題となるのは、たいていの場合、自然の脅威に直面した人間共同体が自己を防衛し、生き延びることであった。

技術の権力——操作と埋め込み、二重の観点

権力は、それが言語的に表現されると、たとえば、それによって人に指示を与え、それに従わせる見込みのある権利を意味するが、それが技術的に表現されると、間接的に、つまり、内在する規則に従う際、その成功と望まれているものを獲得できる見通しが持てることを意味する。権力は、それが言語的に表現される場合と技術的に表現される場合とで、異なる次元に存在するのである。そのことで無視されているのは、支配のテーゼが技術に無差別に適用されている事実である。政治権力は、意志的行為の諸相を普遍化することに基づいており、たいていの場合それは万人の意志あるいは普遍意志に依拠していた。したがって、わたしたちは、技術との関連では権力に関する二重の観点から、つまり、まさに操作および人工物の意味での技術の権力と技術の埋め込みに関する権力の、二重の観点から出発しなくてはならない。後者は、技術的実践の枠組みに関する条件であり、それ自体は技術的種類のものではないが、技術の目的をしばしば十分なしかたであらかじめ与えるものなのである。たとえば、ピラミッド、寺院、廟などの建築の場合がそうである。

技術の権力と技術の埋め込みに関する権力のあいだには相互に含意しあう関係があり、それは現実に新しい形式の発展を導くような相互的な影響関係である。近世的な意味で、マキャベリにとっての権力問題は、ケースバイケースで決定すべき、決疑論的問題にすぎなかった。権力の問題は、公共の福祉と善き生の意味での人間の社会的本性に従って決定されるべきものであった。しかし、技術的な観点からすれば、公共の福祉と善き生の問題は、道具的要因とプラグマティズム的要因に埋め込まれていて、これらの要因が、技術の機能については技術的実践の社会倫理に関するあらゆる問題に先立ち、中心的な役割を果たすのである。

近世の時代には知識は権力であった。自然科学の、つまり、テクノロジーとして応用可能で評価できる知識が、技術的ないし科学技術の実践の意味での権力として解釈されたのである。そのような知識は、自然に関する因果的知識

を意のままにできる、権力の地盤に立っている。技術の権力は、可能なものを実現するチャンスを与え、そのようにして、少なくとも近世の時代には、人間の権力を支えたのである。資源の意味での新素材、新エネルギー、新しい能力、知識の獲得は、拡大する権力、いいかえれば、それが、新しい行為と新しい形式の技術的実践に向けて絶えず進んでいく権限を与えた意味で、権力を行使する技術の基礎であった。一九世紀になると、君主の権力は、国家権力の政治を通して解体したが、技術がしだいにいっそう軍事を通して利用されるようになり、またそれ自身もより多く生み出されるようになったのであった。軍事・産業・大学の複合体が成立し、その結果、生産の観点では、新しい形式の軍事技術を使用することで、技術的実践の発展に急速な加速が生じたのである。

技術を実践することによって生じる技術の権力は、とりわけ権力のコントロールを通して、特に契約論の意味での権利によって行使される。技術的実践は、暴力やコントロールのない強制ではなく、コントロールされた権力であるべきなのである。その場合、権力の持つ肯定的な諸次元も分析しなくてはならないし、また考慮すべきである。これに対して、フーコーが専門的に取り扱ったのが、規律化と規範化の意味での、権力のもっぱら否定的な機能、抑圧的かつ排除的な諸機能であった。しかし、技術の権力の分析をそれだけで済ませるわけにはいかない。というのも、技術的実践は、あらゆる文化、つまり規範から逸脱する文化だけでなく、あらゆる種類の通常の文化の基礎なのであり、したがってそれを文化の否定的側面だけから見ることはできないのである。

技術の権力は、個々の技術的な人工物の特殊性に基づくのではなく、それと結びついた技術的あるいは技術的でない実践の特殊性に基づく。戦車や大陸間弾道弾の存在だけが、技術の権力の表現なのではなく、実際にある条件下ではこの装置の使用を唆す、軍事的実践の枠に含まれる威嚇もまた少なくともそのような権力の表現なのである。したがって、技術の権力は、技術的実践あるいは少なくとも技術に根拠を持つ実践と本来的に結びついているものなのであり、人間から独立にある何らかの構造によって基礎づけられる、危険性によって構成されるものではない。技術の権力は技術的手段に習熟し、それをコントロールし、我がものとしようとする人間の有能な技術的能力と本来的に結びついているのである。したがって、技術的人工物に習熟し、技術を獲得する意味で、技術的人工物を対象に即して適用することは、いぜんとして技術的な人工物の本質的な構成要素である。技術的な実践の権力面に対しては、テクノロジーによる器具や装置の制作やコントロールこそが、機械から科学技術によるさまざまな構造物（供給や社会基盤《インフラストラクチャー》）にいたるまで、最も枢要なものなのである。このようにして創造性、新しいものの制作が拡大される。

技術の権力と人間の技術依存——人工的環境

他方で、技術の生み出すさまざまな構造物は、それらが機能しなくなったとき、致命的となるさまざまな依存を引き起こしうることも、技術の権力的側面である。他の選択肢を持たない状態で、テクノロジーを生み出すさまざまな構造物に依存することは、その失敗事例では、依存する人間の強制と隷属とを拡大させることもありうる。さらに技術的実践の権力には、望ましくない副作用を避ける権力も属している。技術の権力の問題は、もともと運用能力の有無の問題であった。特に、近世になるとともに、人工物の場合には、人間の運用能力に関わるシミュレーションの数が増加する。そこから都市と都市化のような固有の技術的な構造物と人工的環境の創造が生じる。同じように、技術に対する権力（つまり、スイッチを入れたり、切ったり、技術を導入したり、撤廃したり、除去したり）も技術の権力の要因のなかでも重要な要素のひとつなのである。この点で技術の近代的形式を特徴づけるのは、それを宇宙船に喩えることである。この隠喩は、人間にとって完全に人工的な環境の存在を意味するが、宇宙船とは、人間が自分にとって完全に疎遠で敵対的な生活環境に入り込み、そこで生きることを可能にするものなのである。

誰もがイノベーションを語るが、実際に現状を支配しているものは、伝統的に変わらないもの、つまり技術的伝統の権力であり、これまで進んで来た発展経路の暴力である。その向きを変え、別の方向に導くことは、例外的な状況を除けば、きわめて困難である。技術的伝統の権力は、それが技術のイノベーションそのものも包括するとき、ほとんど限界を知らないものとなる。したがって、それは、イノベーションが一定の加速度を持つ場合から始めることができる。科学技術が、啓蒙の初期に約束したものは、ある新しい知識の地平のビジョンではなくて、人間による支配のビジョンであった。理性は、結局、そのような権力を展開することになった。伝統的にこのプログラムは、まさに自然に対する支配として読み取られてきたが、それは、技術的な生活形式による自己支配のビジョンでもあった。その問題は、人間をあらゆる自然性と偶然性から解放することである。あらゆる労苦からの人間解放の約束が近代世界を作り上げたのである。

機械のような構造物が、技術的な人工物ごとにその機能が異なりうるのは、技術的手段、目的ないし目標がそうであるのと似ている。課題《タスク》の範例（Borgmann 1984）は、テクノロジーが持つ変形する権力を示している。ある課題を実行する、つまり、プランを遂行し、計画を実現する権力は、技術的な実践の一部なのである。その際、技術とふうに関わることと技術と職業的に関わることとが区別されなくてはならない。そのことを通して、異なる権力関係が基礎づけられる。その結果、技術の新しい手段的な性格は、今ではひとがボタンを圧すだけで技術の力を発揮させることができるような性質を持つにいたったのだが、これは歴史的には未曾有のことである。技術的手段は技術の使用に集約され、その構成方法を通して、さまざまなしかたで特定され、より多くの目標をあらかじめ与える。こうして、目標と手段を定義する際、わたしたちはある渦のなかへと巻き込まれる。技術的なルーティンを多様化し、それを機械のなかに実装することにより、大量生産、大量消費、固有の社会問題と環境問題が生じるのである。ルーティン行為の場合は、手段と目標のあいだに安定した関係が存在するので、個々の生産物、個々の商品は意味を失うが、同じことは、それを作り、消費する、技術的な人工物に関しても当てはまる。

技術の解釈学と近代の技術権力

技術の解釈学では、中世の大聖堂のようなものが、ひとつの時代の技術のビジョンを形作る技術的意味の中心的目標となる。重要なのは、その時代の文脈での技術的実現の焦点をひとつにする範例であり、技術の範例となる事例である（Borgmann 1984）。わたしたちは、テクノロジーの限界画定を行うような倫理学を発展させることができず、ただ、善き生、充実した生活、生活の質などのビジョン（たとえば、適正で持続可能な科学技術のビジョン）のような、ある関連する地平ないし範例の中心となるものしか示すことができない。そこで次のような破壊的な側面が、近代の科学技術から生じる。

① 労働の分割と生産からの疎外。
② 日常生活と行為の科学技術化と家族の破壊。
③ 余暇のテクノロジー化とリクリエーションの受動的消費への置き換え。
④ テクノロジーの安定性を権力要因として軽視してはならないこと、そのような要因は、テクノロジーの革新の障害となり、広範囲な最前線でその妨げとなる。

古代社会における主人・奴隷の範疇を技術に適用することが可能なのは、奴隷が労働を行っているかぎりでのことであった。しかし、奴隷は、労働そのものによって奴隷となったのではなく、すでに労働に投入される前から、かれらが技術的に使用される前から奴隷であった。私が自分のハンマーを使うからといって、ハンマーを奴隷にすることにはならない。また、私がハンマーで他人の頭蓋骨を叩いても、そうはならない。しかし、技術に権力的側面を認め、それを支配関係で解釈するならば、その結果、技術、特に技術の権力的側面に関する、かなりひどい間違った解釈が導かれるだろう。国家がテクノロジーの最前線を刺激するだけでも、それは加速する事例を産み出し、自動車産業や医療分野の場合のように、費用を増加させるものとして働く。必要なのは、テクノロジーの最前線の育成だけではなく、むしろその育成にねらいを定めたテクノロジーの模倣と適応なのである。

権力を文化と結びつけると、欲求が抑圧されると理解されるが、このような見方をするならば、権力は、禁止、法律と「ノー」ということとして解釈されるだろう。統治のテクノロジーに関していえば、中央集権のモデルと司祭的な福祉国家のモデル[*1]とを区別しなくてはならないが、技術は労働により快楽を抑圧した後、たとえば、よい住居や食事のような、快楽の充足を命じる迂回として解釈されるのである。フロイトが流布させた衝動の抑圧という文化のモデルは、もともとはカントにまで遡るが、ローマ法も規律の手段としては重要だったのであり、それは軍事的な中央集権から生まれたものであった。そのように技術を中央集権的に組織化する場合とそうでない場合とで技術に関する異なった権力概念が生じる。技術の権力の事実上の源泉は、環境的要因と資源そして人々の技術的な運用能力のうちにあるが、それは最終的には人口増加と技術的な生活形式との連関に左右される。すべてを決定するのは、権力の源泉ではなくて、ぎりぎりのところでは、社会の形式が生み出すところの技術的な生活形式なのである。技術が絶えず新しいさまざまな技術的な生活形式を喚起するのは、それが新石器時代革命や都市化のような新しい範例に方向づけられることによってである。このような生活形式を可能にしたものと新しい課題と目標の設定とが、しかしまたそれらと結びついた規律化などが権力の要因なのである。都市化のようなさまざまな技術的「革命」で新しい組織化の諸形式と文化産業とが生まれる。権力は、運用能力の獲得、職業訓練と学校などと本質的に結びついている。ここでも技術の権力のもうひとつの側面が社会的な規律化なのである。しばしば、技術のコントロールも、その技術を使用する人間のコントロールと結びついている。技術者支配は、その場合、人間を材料として、それを機械と見なし、人間をそのようにして完璧に道具化する運動なのである。このことは、確かに問題を含むものであるが、技術をコントロールしたいと思うことは、倫理的にはまったく正しいことなのである。

技術の限界画定は困難である

技術は、通常は、傲慢と無節度として理解されているので、その権力的側面に関して、技術の限界画定を行うことが推奨されている。しかし、そうすることで、技術の「本質」そのものに暴力が加えられることになる。技術はそれが実現されれば、できるだけ多くの人々の善き生のために適切に貢献することができるための発展経路として、目標と地平とを必要としている。だが、現代の科学技術のしだいに増大する強大な権力から考えると、技術の限界画定は、ますます救いようのない様子を見せることになるだろう。新しいタブー視の試みが、先祖帰りしては現れ、保守的な不安を鎮める、気休めのような道徳となっている。これを理解するには、性的禁忌の歴史をここで少し垣間見るだけで十分である。技術のさまざまな限界超出のなかで繰り返し生じた限界体験の内で明白になったのは、しかし、技術の無力ではない。むしろ、十分に多くの機会に技術の可能性がより正確に定義され、そのことで最終的には、技術の権力は強化されたのである。特定の破局的な事件をそれだけ切り離して見たときにだけ、その事件は悲劇的、運命的そして無意味なものになるが、個々の技術に潜在する破局的な側面を取り除くことは、善き生を可能にするために本当に重要なことなのである。

技術的実践を特徴づけるのは、技術を運用する能力を持つ個人、技術的能力をシミュレートした装置、機械そして道具が作り上げるネットワークの構造である。しかし、技術的な人工物しか見なければ、技術の持つ権力の位相を正確につかむことはできないだろう。技術の持つ権力の位相は、技術の実践と技術的に行為する者と連関している。権力は、何か抽象的な力ではなく、行使されるものなのである。官僚的で技術者支配的な権力は、人々を規律化し、規格化する権力と見なすことができるのであって、それがテクノロジーにより基礎づけられた権力と見なされるのは、ただ間接的にでしかない。技術的権力の源泉は、人工物ではなく、自分の道具を身につけ、使いこなすエンジニアや消費者の「素晴らしい、天才的で創造的な能力」なのである。それに取って代わろうとすれば、自分や他人の技術的能力を創造的に拡張しなくてはならないが、そのような技術の構想は、能力をさらに拡張させようと人々を駆り立てることにさしあたりは失敗するだろう。

国家権力とテクノロジーのコントロール

「権力の源泉ないし集約点は国家である」という主張があまりに短絡的であることはますます明白になっているが、その理由は、国家がつねに技術とテクノロジーの生活形式を基礎にしていることにある。ある社会が権力を持つことができるのは、その社会の生活のさまざまな営為が事実上、十分に経験された生活形式と形の上で等しい場合に限る。その際、問題となるのは社会における所与の力関係の全体である。安全性と技術のコントロールは、国家を形作るさまざまな制度の課題なのである。技術の含む権力的側面に関しては、本来は、規律社会の危機から合理的なやり方で考察を始めなくてはならない。つまり、国家権力は、かつては裁判を行う能力に基礎を持っていたし、そのことで人間からほとんどすべてのものを奪うことができ、市民の生命に対して死刑を実行しうるものであった。国家権力は、国家の諸制度の権力を基盤にしているのである。しかし、これらの諸制度も最終的には武器やコミュニケーションの手段、ある環境での建築物を必要としているが、それらのものは、ひとりひとりの市民では、ましてや市民的コミュニティや反市民的コミュニティでは自由に使うことができないようなものなのである。今日では、国家がそれを保証する技術による供給の観点が、この種の機能を広く引き受けるようになっている。

権力とは結局、何か曖昧な存在であり、より具体的に見るならば、追求されるべきさまざまな利害のことなのである。技術的権力については、次のような観点を区別することができる。

① 利害の追求（個人や集団の意思や願望の実現）。
② 規格化、基準、検査、調査、コントロール。
③ 暴力（略奪、軍事、殺人など）。技術は、この場合、暴力の補助手段であり、対抗的な暴力も含めて、個人と集団に対する強制である。

④ （技術的な構造物に）依存させること。
⑤ （技術の存在や伝統のように）既成の物質文化が権力として方向性を指示すること。
⑥ 欲望充足。
⑦ 技術的な能力を至上のものとすること。

権力のこのような諸形式は、その構成のしかたや技術使用の状況によってさまざまに異なるが、権力の問題は、人間と技術の相互作用の、そして技術的な実践の問題なのであり、テクノロジーの構造は、そのシミュレートされた技術的な実践に基礎を持つ。

わたしたちが必要としているのは、テクノロジーに対する新しいビジョンだけではなく、長期的視点からテクノロジーを導く経路《パス》である。つまり現実感覚に溢れていて、テクノロジーを創成するための実現可能性が十分に見込める、現実的ビジョンが必要なのである。夢想やSFが問われているのではない。障害者の身体を防御するような防衛的テクノロジーのビジョンと生活の質を向上させるような積極的テクノロジーのそれとは区別しなくてはならないが、その場合、わたしたちは、技術的人工物には権力がない、という前提から議論を出発させなくてはならないだろう。武器は自分で自分に鍵を掛けることができないので、そのような技術を使わないでおくことのできる高い人格性を備えた有能な人物、いわゆる「人材」が必要とされる。また、秀でた技術的能力も今のところはまだ機械やエキスパートシステムで代替できる状況にはない。権力のゲームも真理のゲームも、戦略的な行動を模写しており、他者の行動を限定しようと望むことが問題になるのである。

暴力が意味するのは、何かをあるいは誰かを意のままに使用できることである。全体として、権力、支配、暴力は互いに関連する。それらは、人間の自由、人間の努力、生物学的・人間学的力と力強さの表現なのであり、人間の実践を根本的に特徴づける。自分の利害を押し通すことと自分にできることを実現することとは互いに関連する。権力の現象も支配の現象も、それを特徴づけるのはその根底にある二律背反である。権力は、力と対比するならば、社会的な責任帰属の概念であり、解釈により社会的に構築されたものでもあって、それは、権力関係をねつ造することとすらある。権力は、さまざまな対立が存在し、相互にぶつかりあう要因のひとつなのである。

近代の科学技術の内包する不確実性

二〇世紀になって、わたしたちの使用する多様な機械およびわたしたちのさまざまな経験に含まれる権力が、劇的に強くなったが、同時にそれはある予見不可能な諸帰結を伴った。近代の科学技術は、根本的にそれ以前の形式の科学と異なるが、その主な理由は、その複雑性にある。それが不確実性を生み出し、わたしたちが知ることのできることと、あるいはある科学技術とその将来的発展とを理性的に考えうる範囲を狭めるのである。たとえば、スペースシャトルの科学技術は、ある恐れをひとの心に引き起こしたが、何が起こりうるかを、正確に特定すること、あるいはあるシステムのなかで、差し迫る事故を精密に予測することは不可能だった。以上のようなすべての理由から考えれば、近代のテクノロジーは、しばしばそう主張されるように、科学者とエンジニアだけで作り上げた合理的産物ではない。科学技術は、わたしたち人間の歴史のほぼ全体の背景にあって、それを駆動する力である。このような主張が科学技術決定論のテーゼであるが、他方で、社会と技術を取り巻くものが、これを先鋭化し、一緒になって科学技術を作り上げている、と主張する少数派もあるのである（Pool 1997）。

発明とイノベーション双方の過程で中心的役割を果たすのは、観念およびビジョンの権力である。個人や人々の集団の特定の行為が、多様なしかたで科学技術の発展を先鋭化させる。数世紀前のアメリカの人々は、根本的にはテクノロジーをよいものと見なしていた。しかし、今日では、警戒心が先に立ち、それがテクノロジーと向き合う根本的な態度になっている国もある。なかには科学技術に対する警戒心と猜疑心が強くなりすぎ、たとえば、遺伝子工学や原子力工学の場合のように、技術的発展が終わってしまったところもある。発明の過程は、先立つ長年の試行錯誤の経験から生じた信念と実践とによって導かれて、それらの信念や実践がテクノロジーとしてまったく新しい道筋を開くような根本的に新しい観念には抵抗するものなのである。そうした事例のひとつが、ジェット噴射機[*2]（Pool 1997）の例である。

テクノロジーをコントロールできるという主張は願望に過ぎない。工具を使用する伝統的手工業の技術でさえ、完璧にコントロールできるわけではない。職人のハンマーの一撃一撃も、職人的なルーティンが失敗のリスクを減らしはするが、それでも狙いから外れることがありうる。程度は違っても、伝統的手工業での技術に妥当することは、近代の科学技術にも妥当する。近代のテクノロジーが自発的、自律的に発展したという主張は、不当にも近代科学技術を人間抜きで考えうるものにしてまっているのである。科学の発展が、科学技術の拡張と産業化と近代化の加速を導いた。哲学者があらためて特に強調したのは、人間のあらゆる行為を特徴づけるものとしての、不確実性、予見不可能性およびコントロールの不可能性であったが、哲学者は行為から生じる望ましくない副次的帰結の問題も指摘した（Winner 1992）。高度な科学技術上のシステムが深刻な打撃を蒙る可能性は過小評価できないので、この段階でも慣用とコントロールの問題が提起される。高度なテクノロジーの産物であるさまざまな構造物に見いだされるものは、使用されるのを待っている道具の受動性ではなく、技術の全体である。これが、科学技術の構造物に関わる際、わたしたちが身につけなくてはならないルーティンとなり、訓練された行動や行為を要求する。媒体としての技術は変質し、道具でなくなってしまったが、技術的行為の根本的構造は変化してはいない。

テクノロジーのもたらす構造物は、自己を産出、維持し、プログラム化するメカニズムとして、技術発展に特有の意味を形作っている。科学技術のシステムは、全体として政治の発展をコントロールし、また政治に影響を及ぼす。このシステムは、明らかに社会構造の出力とその操作条件とを規制しているのである（Winner 1992）。しかし、社会はどのようにして技術の諸構造をコントロールするのだろうか。科学技術が複雑であることとそれが自律していることとは相互に影響しあう。知識が高度に専門化すれば、研究分野でも技術分野でも分業が生じるだろう。この分業が社会をさらに複雑にした。そのかぎりで、テクノロジーのシステムに対し、人間が行為できる力の喪失を語ることができる。しかし、他方で、技術的には、テクノロジーの産み出す構造物は、一本のハンマーよりも多くのことを成し遂げる能力を持つので、人間の行為の力は著しく増大している。現代では、わたしたちは、エネルギーを、その生成や生産、輸送や伝達の諸様式を構成するさまざまな繋がりに関する技術的理解なしに利用している。とはいえ、これも現代技術だけの特徴ではなく、すでにもっと古い形式の技術にもあったものである。古い技術の場合も、個々の労働者が技術的にその作動のしかたをまったく知らなくても、装置や機械は使えた。同じことは、自動車や他の技術的製品にも当てはまる。

個々の科学技術の構造物に関して、ユーザーにその技術的対象についての知識が欠けていることは、技術的行為の複雑性の構成要素なのであり、何も近代の技術に限られた話ではない。パンがどうして焼けるかを正確には知らないままでも、人類は何千年間もパンを焼くことができた。装置が技術的に見て安全であり、使用方法もはっきりしていれば、無知は問題ではない。テレビ、CDプレイヤー、自動車は、その技術に期待される働きがちゃんとしていれば、個々の装置を細部までよく知る必要はないのである。当たり前のことではあるが、現代ではふつう身の周りにある、すべての技術装置の修理を日常的にできるわけはない。しかし、技術的な人工物をうまく使用し、テクノロジーの構造物と難なく折り合いをつけることは、わたしたちがそれら人工物や構造体の設計プランを細部まで知る必要があることを前提とはしない。エンジニアだけが技術に関して成功した行為者なのではない。この事態は、当然ながら、技術的行為と技術の発展の一定程度の民主化を含意している。だが、それは、技術的行為が専門的職業になることと矛盾せず、むしろ専門的な職業技術が日常的になったひとつの結果であるし、技術的行為の職業化を拡大するのである。ユーザーはそこに取り込まれなくてはならない。ウィナーは、このような分析に基づいて、問題が新しい技術的行為をテストすることを要求する点にあると見るのではなくて、技術的行為そのものに関して反省する能力が高まることを求めるのである（Winner 1992）。

科学技術に対する信頼と生活世界

［科学技術に対する］信頼は、脱魔術化された世界の不透明な側面である。そして信頼されるものの方は、自明性の、つまり、テクノロジーの浸透した生活世界の避けがたい基盤の一側面なのである。近代の科学技術の歴史は、現実に驚嘆すべき勝利の歴史のひとつである。そして、社会批判の意味論の基礎にあるのは、この成功を、技術的ではないコミュニケーションを社会的に周縁化した結果として解釈し、技術がさまざまな負担を軽減することが信頼に値するかどうかを問わないことである。したがって、テクノロジーと日常的に関わるなかで、まったくよくわからないしかたでそうした信頼を積み重ねることがびっくりするほど難なく生じるが、このことがいったいどのようにして可能となるか、が問われるのである。いずれにしても、ここで考えられているのは、技術的な人工物、したがって、技術製品、まさにそのようなものであり、その習得ができ、規則に従う一連の行為の意味での技術とは異なるかたちで機能するものなのである。したがって、問題は、すでに導入され、実際に経験することができるものの形を取った、技術的構造物であり、典型的なしかたで流通する消費の技術、つまり、それが日常的に使用に供されている素人にとっての技術なのである。そのような技術的構造物が信頼に値することこそが問題なのである。その場合、むしろ問われるべきことは、科学技術の、多様なしかたで経験できる、潜在的な危険性およびその社会的な費用にもかかわらず、なぜわたしたちの社会は、技術についても信頼のある共同体──ウェーバーのいう「合意ある共同体」[*3]がそれを目標とする社会と比較可能なもの──として特徴づけることができるのかである。そのように機能する技術の通常の形式に関するさまざまな着想をわたしたちはさらに発展させるべきなのである。とはいえ、ハイデガーの言葉遣いでいえば、テクノロジーの浸透した世界が「不気味な」点は、まさに科学技術がこのように機能することであり、そのことを予期できる失敗にはないのである（Wagner 1992）。

権威としての科学技術に対する信頼ないし技術の信頼共同体としての近代社会という捉え方は、すでに着想としてはマックス・ウェーバーに見いだされる。ウェーバーは、（技術的なものであれ、社会的ないしシンボル的な類のものであれ）合理的な秩序に関して合意することをその秩序の複雑さを理解することと区別している。合意と理解は同じものではないのである。ウェーバーは、合意を習慣的行為として分類したが、わたしたちが、自分の身の回りを技術的人工物で取り囲むようにすればするほど、理解が伴うかたちで跡づけできる部分はいっそう小さくなり、信頼に対する機能的な必要が大きくなる。実際、自分でマスターしようとして、いろいろと試みると、隠されていた予期せぬことや潜在していた不確実性が新たに表だってくるものである。とはいえ、選択を強制されれば、「ある技術の利用を」首尾良く実現できることが証明可能になるだろう（Wagner 1992）。技術に対する信頼は、倫理的な考察を通してではなく、その日常的な使用によって産み出されるのである。したがって、原子力工学や遺伝子工学のような専門技術は、簡単にはそうならない。その種の技術は、日常的消費のための商品を提供し、技術の受容者にその消費のチャンスを与えなくてはならないのである。その例は、「赤い」遺伝子工学に見られる。「緑の［エコな］」遺伝子工学の例は、自然に関するある間違ったイデオロギーを持っているために、先進国がその使用を望まなかったチャンスを中進国が利用していることを示している。[*4]

技術に対する信頼は、それと関わることで生まれる知識、暗黙知の問題である。それは、使用前に証明や正統化の戦略によって産み出すことができるようなものではない。技術に関わることは、せいぜい一度は実際に試してみるようにと、説得することができるだけである。それは、最終的には、ルーティンの問題、ルーティンの構築と習得の問題であり、技術的な人工物と折り合いをつけられることが確証されるかどうかという問題であって、それらが技術に対する信頼を産み出すのである。技術に対する信頼はけっして無理強いすることができない。繰り返し結果が出ること、ルーティンと確証とが最後の最後に技術に対する信頼を醸成する。しかし、「技術をマスターする」ことを、あるものを支配するという意味で理解しようとすることは根本的に間違っている。むしろ、重要なのは、自分の持つさまざまな能力を慣らして、能力に習熟することである。何らかの実験をうまく成功させ、終わることを繰り返すことが、確証の意味で信頼を産み出すのである。技術に対する信頼を産み出すものは、繰り返しであり、合理的な論証ではない。もしある技術にそれを確証できる可能性が、まったくないとすれば、その技術の正統性を証明可能にする機会が一度も与えられないことになるだろう。しかし、ある特定のテクノロジーには極端な危険性があるという十分な理由がある、という場合を除けば、それではふつう、独断的なやり方になってしまう。

わたしたちが今、そのただなかにある、科学技術革命、つまり第三の産業革命は、科学、テクノロジー、経済の複合体が独り立ちする傾向によって特徴づけられる。この自立化の過程は、科学、テクノロジー、経済そのものが、それぞれに持つ固有の発展方向のために、文化的枠組みの持つさまざまな機能から来る定義を引き受け、道徳と倫理を社会的に有効な権力としては、脇に追いやってしまうのでないかぎり、さらに社会的・文化的に創成し、方向づけることのできるものである。エルンスト・カッシーラーもマルティン・ハイデガーも独り立ちした科学技術の進歩に対抗し、わたしたちが科学技術に対して自由な関係を持つように要求したが、技術批判やテクノロジーに対する悲観論ではなく、批判的分析とテクノロジーを反省する構造とが問題に対する正しい回答なのである。重要なのは、科学と技術に関する哲学を社会と経済に埋め込むことなのである。もしそうだとすれば、テクノロジーのビジョンを提起することは、技術者だけの仕事ではなくなるだろう。したがって、「持続可能性」を科学、テクノロジー、経済の新しい連携のための理想として取り上げることもできるだろう。

テクノロジーの発展は、自然発生的ではなく、たとえ根源的には基礎にあるプロジェクトがそのつど企図され、実行されたとしても、計画されたものではないという意味では歴史的・偶然的に起こる。したがって、その背後には、たとえば、社会的であったり、文化的であったりするような、他の限定要因が存在している。テクノロジーと関係する文化のレベルを一般的に限定することはできないが、そのような文化水準は、むしろ範例と技術的・経済的な発展経路に左右されるものである。テクノロジーは、経済に従属するものとして位置づけられるのではなく、経済が技術的な発展のための、選択メカニズムを下準備するのである。加えて、科学とテクノロジーの結合は、経済に対する圧力となり、さらにその圧力を生産的に克服しなくてはならないのである。テクノロジーが役立つのは、第一義的には［倫理的な意味の］善き生ではなく、快適な生活であるが、技術の実践が含む、有用な価値、倫理的な価値、快適な価値そして社会倫理的な価値を補完するような考察のしかたは、技術的実践を価値評価する二つの様式として妥当なものとすることができるので、実践の概念を分けることが必要である。技術的なビジョンは、一定の技術の発展経路を用意するように、導き、企投することを通して、技術の実践やその発展を調整し、形作るなかで、効用と倫理の観点とを結合するのである（Irrgang 2002a）。

効用の価値とテクノロジー文明

効用の価値、正確にいえば、倫理的に承認された効用の意味で、ひとのために役立つ、つまり、人間的なものを目指す効用の意味の価値は、技術実践に関する効用と倫理性のレベルの相互に補完しあう考察の方法をわたしたちが身につけるように説き勧める。その際、技術的に制作可能なものは、実現と能力とによって、そして効用は成功よって定義される。何かが実現されなければ、成功もないのである。文明の水準としての技術水準は、それを簡単に価値評価できるものではないとしても、実現と成功の二重の基準を必要としている。これらの価値判断の基準が与えるのは、賢明さと公益とであるが、技術的行為による自然な達成と同じ行為の理性に適った成功とが相互に補完しあうものと見なされるのである。同じように技術を偶然に使用することと計画的に使用することも区別できなくてはならない。

世界が何かとやっかいで危険な存在であること、そこにこそ世界の原初的経験がある。世界では認識は偶然的なものと安定したものとの結びつきのうちに成立する。問題だらけの世界のなかにいるとき、わたしたちは、プラトンのイデアの内に顕現するような、完全な存在に憧れるものであるが、反省的思考が混乱、曖昧、矛盾を明晰、一義性そして一貫性に変えるのである（Dewey 1995, 78, 邦訳七九頁）。したがって、経験は自己確信の問題であって、できあがった状態で与えられる確実性に手を伸ばして獲得するようなものではない。自然も、伝統的に哲学の諸学派がそう仮定したようには、完結した存在ではなく、そこでも偶然が本当は本質的な位置を占めている。「応用」が多くのひとにはほとんど我慢ならない用語であるのは、その語が、すでに完成し、完備した何か外にある道具の存在を思わせるからである。したがって、科学の応用を技術と呼ぶことが意味するのは、科学には疎遠な何かを働かせ、科学が無関係なしかたで偶然に何かの役に立つようにすることなのである。こうしたやり方では科学を人間的なものにすることはできない。

解釈学的倫理学では不確実性の克服は理論的にだけでなく、実践的にも追求しなくてはならない。現代のテクノロジーについては、技術の目的や目標ではなく、もっぱら技術的な手段の構造と確実性が中心に議論されている。その場合、本当に重要なのは、現代の科学技術の手段としての根本的な新しさを考慮することである。その点をはっきりいうために、テクノロジーの技術的性格をたんなる手段に還元すると、大部分の技術的実践の形式は、ボルグマンが一般的な労働について名づけたものにまでその質を下げてしまうだろう。テクノロジーは、それに固有のしかたで安定性を獲得し、それ自身を安定させてきたのである（Borgmann 1984）が、ボルグマンやアメリカ合衆国の新しい技術の哲学者（Higgs u. a. 2000）たちにとっては、テクノロジー文明が明白なしかたで提示しているさまざまな可能性を前にするとき、特に「善き生」とは何かが、その定義と規定とが問題になるのである。したがって、ボルグマンが現代のテクノロジーを賞賛するのは、わたしたちがそのおかげで「善き生」に関する問いを再び提起し、議論することになるからである。リベラルの伝統が信じるところでは、発明とテクノロジーこそが文化に関わる問いを開示したのだが、その答えは、文化的に豊かな多元主義によって充たされなくてはならないものなのである。リベラル派を批判する者も文化のこの開放性を認めはするが、むしろそれを混沌と救いのない状態と見なす。テクノロジー化されたリベラルな社会こそわたしたちがそこに生きる社会なのである。リベラルな民主主義が実際に「善き生」に関する問いを開示し、このわたしたちが、民主主義をさまざまな行為のうちに現れる、集団的立場のひとつとして受け入れて以来、「善き生」に関する問いが立てられてきたが、その結果、テクノロジーの効用に関するさまざまな観点からのグローバルな配分と国民的な配分に関する闘争が生じるのである（Borgmann 1984）。

わたしたちは、テクノロジーが発展するなかで科学技術の問題を主題化する一方、実際に、テクノロジーの道徳的地位に関する問いも立てている。後期ハイデガーやボルグマンの場合がそうであるように、何かを教示する所作をすることは、積極的に同意を与え、選んだものが何であるかをわたしたちに顕わにして見せるが、そこではそれ以外のものは姿を消したままである。科学技術の中心には、それが焦点を当てるさまざまな事物と実践があり、そのような事物が大きな意味を持ち、テクノロジーに対しても種々の高度な要求をする。このような焦点化を行うものが、わたしたちの生活を整え、またテクノロジーの再編を許すのであり、その再編がテクノロジーの観点から見た「善き生」を可能にする。テクノロジー社会は、そのような再編に必要なあり余る物質を所有しているし、そこではテクノロジーが社会に固有の伝統を展開する空間も提供するのである。とはいえ、そのような空間を開示するには公共の政治をテクノロジーから分離することが求められる（Borgmann 1984）。

リスク概念

現状ではテクノロジーに関する社会の討議は、リスク問題に固定され、リスクはいわばトラウマになっている。というのは「善き生」に関する問いが今のところまったく視野に入っていないからである。リスクの概念は、イタリア語の risco, rischio つまり危険、冒険に由来し、一五世紀以来、中欧と西欧の場合、一貫して「交易者のあいだでの金銭上の冒険」もしくは「生起を予期していなくてはならない危険」に対する商人言葉から来た概念として用いられている。この概念は、北イタリアの都市国家で発展したが、その由来は不明である。おそらくもっと古いイタリア語の概念は、「危険を冒す」「冒険する」の意味での richiari ないし riscicare を名詞化したものである。こうしたイタリア語はもともと「根」、しかし「岩礁」も意味する rixa というギリシア語から取ってこられたと思われ、そのために riscicare は、もともとは「岩礁を避けて舵取りする」ことを意味する。したがって、より広く見れば、リスク概念は、人類史の長い期間ずっと主要な輸送手段であり、技術的行為と経済的行為とがそこで密接に結びついている航海から生じたのである。ベネチア、ジェノア、さらにフィレンツェや他の北イタリアの諸都市は、勃興し始めたばかりの資本主義の最初期からすでに利益を得ていたが、この資本主義は、発見の危険を冒す者や世界周航そして同じく初期の近世ヨーロッパの植民地主義に引き継がれたのである（Rammstedt 1992）。

リスク概念は一五〇〇年ごろイタリア語から取ってこられたものであり、イタリアでは、一四世紀以来、海運保険の分野でこの語が用いられた。一五世紀には、ドイツ語の文献にも、外国語としてイタリア語やカタルニア語のリスクを表す用語法が見られる。しかし、この語はすでによく使用されていたに違いなく、書き手に説明は不要だった。特に、冒険とリスクは関係があるが、その関係は、船が万一沈没した場合につねに確認されるに違いない。リスクに関するこの理解は、危険を、交易が失敗した場合、予期しなくてはならない損害として特徴づける一方、冒険を、同じ交易から期待される成果が不確実であることの予期としても示している。リスクのこのような概念形成の過程の前提には、偶然を孕んだ未来の理解と経済の形式的な合理性があったし、この合理性は、当然のように貨幣システムとともに生じた「計算」の特徴から読み取ることができる。すでに一六世紀には「リスク」が日常用語化していた、こうしたロマンス語圏の言語的な名称とは対照的に、ドイツ語圏では一九世紀に入るまで、リスク概念は、経済的なものにずっと無関係なままだった（Rammstedt 1992）。

さらに一七世紀にはリスク概念が科学化し、数学化する次の一歩が生じた。ブーレーズ・パスカルの確率論ではリスクは日常会話でも用いられた。ダニエル・ベルヌイ、P・S・ラプラスらの場合は、リスクが、海運保険の専門用語として、またJ・F・W・ハーシェルの場合は、一般的な保険の専門用語のひとつとして語られた。しかし、ラプラスは、それ以外にもそれを自著『偶然の理論』で専門用語として用いている。事象の確率は、期待とも結びついているが、また明日を前にしたときの人々の不安とも結びついているのである。その著作でラプラスは期待を、ひとが確率的状況――それは交易と結びつけられている――から導き出せる効用として定義する。そしてそのような効用は数学的に把握できる。さらに期待値は生起確率との積として計算される。数学化された期待として、つまり確率的損失に対して期待される獲得との比がリスク概念を数学化することを可能にした。そして経済行為の場合は、一般的な数学の理論のなかでも、ある特殊なリスク理解とともに、確率論に助けが求められるのであるが、それは、ベンサム、スミス、ミルらの場合にすでにはっきりした形を取っていたのである（Rammstedt 1992）。

二〇世紀になると、J・フォン・ノイマンとO・フォン・モルゲンシュテルンの著作のなかで意思決定理論が確率論に一貫して組み込まれることが示された。その場合、重要なのは、不確実性のもとでの意思決定を基礎づけることであり、その決定がどの程度の確実性［安全］に達することができるかを計算することである。こうしてリスクは、技術的なものに優位を与える理解、たとえば、安全性の管理のためのテクノロジー・アセスメントの枠組みのなかで重要な意義を持つことになった。政治にそのような要素が欠けていたことが、リスクの受容や（ウルリヒ・ベックのいう）「リスク社会」の思想を導いたのである。リスクは、ここで損害の期待の意味で流行語となった（Rammstedt 1992）。リスクは、第一義的には、行為者が原因と見なす行為や出来事と結びついているので、生じる結果は行為の帰結として理解できる。手段は、その目的が間接ないし直接に、ある行為の帰結として生じるように、考え、実行されなくてはならない行為である。そのために、「運」は意のままにできないことに注意しなくてはならない。運をリスクとして正確に捉えるという思想は、歴史的には、幸運や不運を予言することにより、運を克服することに適進する態度を取る、不屈の人間的な努力の文脈に属する。特にその努力には、襲いかかってくる不運に対抗する予防的手段が含まれる。運を克服するために損害の原状を回復するという発想の前段階は、すでに古代初期のさまざまな文化にまで遡ることができるが、その際、問題になるのが連帯の多様な形式である。損害と確率とを互に関係させ、より正確に措定できればできるほど、保険の条件もより明示的にすることができるのであるが、確率言明は、事象に大局的に関係するものであって、個々の特殊な事例に関する言明を許すものではないからである（Gethmann/Kloepfer 1993, 5-8）。

リスク概念のポイントは、たとえば失業、病気、死のように、多数のひとが遭遇しうる、多様な行為の状況を類型化する点にあるが、リスクの評価により危険を予防する思想は、危険の防止に取って代わることはない。したがって、「確率×損害」としてのリスク概念は、生活世界で生じる行為の運を克服するための一定の戦略を様式化したものなのである（Gethmann/Kloepfer 1993, 9ff）。また、他者から加えられるリスクと自分で選択するリスクも区別しなくてはならない。多様なリスクを合理的に評価し克服するためには、リスクとリスクとの比較［リスクトレードオフ］をしなくてはならないこともあるが、その評価のためには、一連の目的とさまざまな帰結の程度を探知できなくてはならないのである。目標をどの程度まで達成できるか、その見通しを評価する以外に、評価の手続きにも手をつけなくてはならない。不確実性がある場合に意思決定を行う際は、さらに帰結全体の効用の値を所与の事例に関する主観的な生起確率とともに評価しなくてはならないのである（Gethmann/Kloepfer 1993, 34）。

テクノロジーが特徴づける複雑な文明では、リスクの受容を無理なく要求できるかどうかという問いが生じる。つまり、他者はわたしたちにどのようなリスクならば、受容を無理のないものとして要求できるのか、また、逆にわたしたちは他者にどのようなリスクならば、その受容を無理のないものとして要求してもよいのかという問いが生じるのである。リスクのこの受容可能性の問題は、実際の受容と厳密に区別しなくてはならないが、問題は、そもそも普遍妥当性の要求を伴うかたちでリスクトレードオフをどのようにすれば可能にできるかである。それが示しているのは、どんなリスク評価の場合にも、ある自明ではない規範的要因が潜んでいることである。リスクを伴う行為が、受容可能となるのは、リスクのさまざまな条件下にある行為を合理的な基準に従いテストすることによって、求められている受容が確定される場合である。その場合には、ある一定の数の要請が問題となる（Gethmann/Kloepfer 1993, 36-38）。ある行為を他の選択肢としてリスク評価する場合には、合理的にリスクを比較することが許されなくてはならないが、この比較は、リスク受容に関する社会科学的研究から、いわば、取り出してくることができるものである。

実際はリスクを受容する行為は、しばしば合理的ではないのだが、もしひとがある生活形式を選択することで、あるリスクを受け容れることを選ぶとすれば、それは議論されている行為の選択が拘束力を持つと仮定してもよいのである。つまり、ある生活形式のプラグマティックな一貫性が、ある合理的なリスク比較の前提なのであるが、さまざまなタイプの行為や行為のリスクは、しばしば互いに共約不可能なものと見なされるので、リスクを比較するための原理を立てることは、目的合理的に規約を取り決めることなのである。このようなリスク比較の規約の諸基準は構成的なしかたで導入しなくてはならない（Gethmann/Kloepfer 1993, 43-47）が、リスクをどう規定するかは、その時点で自由に使用できる認識のさまざまな可能性を基礎にしなくてはならない、予測に左右される。また、実現可能性の考察もリスク比較では中心的役割を演じなくてはならない（Gethmann/Kloepfer 1993, 80）。近代のテクノロジーの変遷にとって特に重要であったことは、近代科学が、現在と将来の利害関係者に対する行為の帰結の広がりを概観することができないほど、拡大した事実であり、また、近代科学がわたしたちの行為とその帰結とのあいだに生起しうる、さまざまな連関の条件的因果に関する、わたしたちの知識を著しく拡大した点である。さらに重要なのは、わたしたち近代の（また、啓蒙主義の特徴も備えた）人間像では、あらゆる利害関係者が同じ権利を持つ主体である点を承認することが正しいとされていることである（Gethmann/Kloepfer 1993, 2f.）。

テクノロジーの発展は、新製品の需要と供給、受容と効用ないし経済性に依存するが、リスク評価を含む反省的な文化は、テクノロジーを社会と文化に埋め込むことを指示しなくてはならない。というのも、需要や受容と効用そしてそれらとともに最終的には消費こそが、実験科学を意味づける機能のための役割を増大させているからであるし、これが文化の特徴だからである。実験科学の応用者が今後も生産を決定することがより多くなるだろう。バイオ・テクノロジーの場合、職業人がそうした応用を行うが、かれらが食品生産の分野でも医学の場合でも、通常の消費者に歩み寄ることは、少なくともドイツではこれまでのところたいていうまくいっていない。たとえば、「緑の［エコな］」遺伝子工学の分野の受容の問題がそうである。遺伝子工学的に産出され、変化させられた食料に対する需要があってもこれまで満足な供給はできていない。バイオ・テクノロジーにもこのように反省文化の課題があり、それは異なる要求を持つ他の消費者集団に照準を合わせることなのである（Irrgang 2003c）。

多くのひと、特に技術の批判者には、リスク論はリスク受容のさまざまな問題を忌まわしいものとして想起させるに違いなく、テクノロジーとなった研究の自律性を危うくするものである。また、社会がテクノロジーとなった研究に投入しなくてはならない法外な金額が、社会が科学にその説明を要求できるようにすることを避けがたいものとして現象させる。さらに、テクノロジーとなった研究が社会に対して持つ、さまざまな帰結はますます劇的なものになってきているために、テクノロジーを反省する文化が求められていることが明白になった。そのような反省的文化は、テクノロジーの（倫理的）正統性と（社会的）受容可能性について、内側からも外側からも熟考するが、その文化がテクノロジーとなった研究の自律性を見いだすのは、それらの内部でであって、その外部からその自律性を脅かす国家や社会そして道徳に対する研究の防衛的な自衛権の内部ではないのである。

テクノロジーの進歩は、さしあたっては道具の領域で生じ、それは、プラグマティックで功利主義的な正当化を必要とする。しかし、技術的な行為の進歩には倫理の次元があり、そのかぎりでは、プラグマティックな正統性の検証と倫理的な正統性の検証は、なるほど方法的には区別されるとはいえ、完璧に切り離されるものではない。実践との関係で見れば、正統化する行為については、伝承の可能性の限界と実践を教授する可能性の双方を考慮しなくてはならない。正統化の問題が起こりうるのは、技術のさまざまな結果と将来の発展一般の不確実性とに関してだけなのである。予測に含まれる極度の複雑性、理論の不在と因果関係の欠如は、将来の展開を評価することを困難にしはするが、それをまったく不可能にするものではないのである。

テクノロジー研究の実践を正統化する概念は、ある種の実践哲学にその助けを求めることができるが、そのような実践哲学は、技術的な行為を修正する必要性から考察を始める。しかし、それはまたそのような実際の研究を導く（倫理的、社会的、経済的そして法的な）諸制度からも出発する。実践哲学によれば、テクノロジーの領域の行為と暗黙知は、不可分の統一を構成しているが、そのために、明示的な知識にも実践哲学への間接的な入り口は見いだせるのである。

行為、試験、実践そしてイノベーションが持つあらゆる意味にもかかわらず、実践本来の「そのために」、つまりその目標は、たとえその知が不正確かつ曖昧であり、暗黙的であるとしても、知識の対象である。イノベーションと発見法とを前面に押し出す実践哲学は、正当化の戦略として、とにかくまず成功することにこだわるので、ようやく二番目に、論証理論の枠内での真理の基礎づけ、ないしは妥当性の正当化理論が加わる。しかし、成功を決定するのは、目的を実現することにより、技術的行為の目標を達成することである。とはいえ、成功だけが技術的行為の正当化を決定するとするならば、目的が手段を神聖化することになるだろうし、わたしたちは技術者支配のモデルに陥ってしまうだろう。したがって、正当化問題に応える際には、少なくとも原則的には、倫理的な論証が異議申し立てできるものでなくてはならない。このことが技術者支配のモデルを排除するからである。

科学技術倫理とリスク

したがって、科学技術倫理の問題と課題の中心になるのは、倫理に関係する損害と効用のさまざまなレベルを限定することである。つまり、テクノロジーの帰結とそのリスク評価を価値づけるかどうか、もしそうするとするならば、それはどの程度までなのか、を明らかにしなくてはならない。また、テクノロジーの使用がもたらす空間的にも時間的にも遠い影響が評価に値するかどうか、という問いにも答えなくてはならない。量的なリスク概念が妥当かどうか、所与の事例では質的なリスク要因も倫理的に意味があるかどうか、も検討しなくてはならない。さらに、あるテクノロジーの使用による、現実に起こりうる帰結（さまざまなリスク）以外に、可能であると仮定されるさまざまな帰結も、その価値づけを行う場合には、考慮しなくてはならないかどうかも、明らかにしなくてはならない。そして、何らかの存在者を道徳的対象として承認する際の基準も正当化しなくてはならない。すべての帰結の分配の倫理的意味も検証しなくてはならないし、同様に一般に所与の事例で受容可能な帰結の分配の基準を明示し、正当化することも科学技術倫理の課題なのである。さまざまな価値の対立を解消する戦略も発展させなくてはならない。最後に、以上のように先取りしたさまざまな課題に対する検討結果を踏まえ、テクノロジーを全体として価値づける図式も展開しなくてはならない。この正当化の基準の核心にあるものは、「一様性の原理」として特徴づけられるが、それは、道徳的規範と価値とを一般に正当化できるのは、それらを限定するあらゆるものが一様に十分な理由を持つ場合であることを意味する。また、それは、あらゆるものが一様に十分な理由を持つのは、一般にそのような規範と価値に従うことが、「善き生」に関する個々人のあらゆる表象を充足させるチャンスを一様に高める場合であることも意味する。特にここで問題となるのは、たんに功利主義的な価値づけのしかたには還元できない損害と効用の正しい分配なのである（Mehl 2001）。

テクノロジーと科学のイノベーションには必然的に不確実性が伴うが、そのために間違った評価が生まれるとすれば、それには五つの理由がある。つまり、①現状での科学的知識が完全であると過剰に信頼することで脅威に関する間違った認識を持つこと、②見積もられた確率評価が、不完全な情報のために欠陥を抱えることがありうること、③副作用および外的要因との相互作用とに関する間違った評価、④ヒューマン・エラーに対する考慮が不足していること、そして⑤安全対策そのものに対して人間が行う反応に対して、誤った評価がしばしば生じることである。これに加え、以下のようなリスク判断とリスク評価の一般的問題も現れる。つまり、①リスクとその大きさに対する、一貫してまとまりのある評価基準がないこと、②生起確率は小さいが、いったん生じれば深刻な事態となる、偶然の出来事に関する一貫してまとまった扱いがないこと、③合理的な意思決定の一般に承認された諸原則が侵犯されること、④「真のリスク」認知と「たんに表象されただけのリスク」認知との対立、⑤さまざまな程度のリスク受容に見られる多様性とその多様性一貫性が欠如していること、⑥人命の喪失や生活の質の低下を金銭的に評価する際に見られる一貫性の欠如である（Rescher 1983）。

やっかいなのは、潜在的損害が大きいが、生起確率の小さい状況と折り合いをつけることである。［統計上の］多数から個々の行為の値を推論することは、最も都合のよい場合でも、受容可能な選択肢の並びを示すにとどまる

(Gethmann 1991) ので、具体的に意思決定にいたるためには、さらに他の基準が必要である。合理的なリスク概念の二つの要素である、確率と選好とは、主観的な要因により限定されており、選好の客観的順序は確立できない。一般にリスク比較を行うことができるためには、選好を限界づける可能性のために、さまざまな要請（選好を概観する可能性、それに精通する可能性と還元可能性に関するさまざまな要請）を導入しなくてはならないが、それは、行為の帰結の広がりに限界がない場合、その行為は無限に大きなリスクによって特徴づけられてしまうからである。行為の帰結の広がりは、それを行為の帰結として承認されるものに関する決定によって限界画定しなくてはならないし、それは、そのことで解釈によって構築されたものとなる。安全［確実性］、自由意志、信頼性とコントロール可能性のような、しばしばリスク受容の基準と呼ばれているものではうまくいかないのは、それらが、あらゆる行為の規則に対して必然的に要求されるプラグマティックな一貫性の諸基準を充たさないからである。したがって、合理的なリスク比較には行為の直接的帰結しか組み込んではならないことになるのである。

リスクマネジメントはリスクを伴う行為を制限する形式のひとつであり（Banse 2002）、それは、考察に、当惑、つまり期待されたものとは何か違うという契機が組み込まれることに関係する。リスクマネジメントでは、安全［確実性］——安全は危険や不確実性、また変化する偶然性などのないことと理解される——を追求することが、人間の根本的な欲求であり、また、高度に洗練された社会の価値理念であることが前提になっている。リスクに関する知識、リスクを伴う行為、リスクマネジメント、つまりリスクに関する考察一般を、この目標の達成、つまり、安全の獲得ないしは確立に従って、不確実性の克服に従属させることができなくてはならないのである。安全の確立とは、この意味で（たとえば、偶然性や曖昧性の形で）扱いの難しい、さまざまな連関を克服することであるが、それはそのような連関を管理可能で、構造化された、組織的な形式へともたらすように努める。その場合、未限定なものを生産により管理（支配）する意味で、こうした多義的なものをまず一義的なものにしてしまうべきではないし、偶然性も必然性に還元するべきではない。むしろ、不完全な知識と折り合いをつけることが重要なのである。リスクは、さしあたっては（技術的な）行為の将来の結果に関する不確定性の特殊な表現なのである。技術的なリスク分析のプログラムの基礎には現象の反復可能性の仮定があるが、その仮定は、等しい損害の原因は、――同じ条件のもとでは――等しい損害の事例を引き起こしうるというものである。したがって、わたしたちは誤謬に慣れ親しむ《フレンドリー》技術を推進すべきなのである。

リスクは、可能な帰結であり、なるほど本質からして現実的なものであるが、その考察には仮定的あるいは理論的な可能性も含めることができる。決定的なのは、定義の領域であり、そこでそのような可能性が生じうるのである（Hubig 1993）。そのように意思決定すべきであるが、それが帰結分析や責任帰属の基礎になる。いわゆる「メタ可能性」、たとえば、新しい生命体を創造することによる、その可能性は仮定的なリスクを作り出す。このような可能な帰結の領域は互いに非常に異質なものを含んでいる。計算可能性の戦略、効用の考察、統計と失敗分析などが、帰結のシミュレーションでは現れてくる。そこでは専門家どうしの対立の問題、証明責任の問題、証明責任を転換する戦略とシステム・シナリオが登場する。わたしたちの時代に「失敗の木」の分析も取り入れられ、それを強化し、「失敗の木」の分析は、いわゆるエコ収支や環境アセスメントのためのモデルにまで仕上げられた。したがって、今ではテクノロジー・アセスメントは、テクノロジーから帰納をする場合と問題から帰納をする場合とに区別されている。とはいえ、このように区別することに問題がないわけではない。哲学によるリスクの考察で重要なのは、次の四点である。つまり、

① リスク概念の概念的不確実性
② リスクに対する主観的態度の過小評価
③ 問題のある「修復の倫理」としての安全の哲学　そして
④ そのような哲学から帰結する責任問題の新しさ（Hubig 1993, 93）、である。

客観的リスクはたいてい危険と同一視されるが、安全は危険を免れていることとしては存在しない。むしろそれは

「受容できないリスクを免れている」ことと定義するべきである。自分の生活習慣から自分自身がより多くのリスクを生み出すようになると、生み出されたリスクをわたしたちが不満を漏らすことなしに受け止めることがしだいにできなくなるのは、確かに、事態は別様でありうるからである。加えて今日では、損害規模も大きくなっている。そこで、行為の戦略や取り逃された効用と関係するのが、損害確率の意味で最も重要な計算量の決定であり、そのためには特にリスクの社会的レベルに注意を払うことができなくてはならない。しかし、生活にテクノロジーが浸透したことで、ひとがいつまでたっても大人にならない傾向も生まれたように思われる。主観的なリスク認知には修正されうる可能性があるのである（Hubig 1993）。修復の倫理の観点は、［スーパーファンドのような］連帯責任の考え方に賛成し、それをもっと徹底した予防原則に置き換えるが、それは、責任と修復のシステムが、それ自体を安定させることで損害の場合には有利に働くからである。

将来予測に関する問題

説明と予測とは伝統的には同じものとされ、いわゆるヘンペルとオッペンハイムの図式[*5]がそのことを明らかにしたが、そのような同一性を主張することは、その基礎にある言語分析的な科学理論と同じように、近年では苦境に陥っている。これは、科学理論がプラグマティックな認識モデルに向かい、理解・説明論争が終焉したことによるものである。その際、決定論的カオスの理論が特別に大きな影響を及ぼした。この理論に従えば、わたしたちは、ようやく「事後的に」しか再構成できないのであって、「事前に」予測はできない。したがって、チンマリが提案したのは、説明、記述、モデル化、シミュレーション、それぞれの予測を区別することである。そのうちで高度な的中率を持つ予測が可能である領域が中規模世界《メソコスモス》である。これに予測者が予測しなくてはならないものに影響を及ぼす点が加わる。それはちょうど、ハイゼンベルグの不確定性原理[*6]の場合やロバート・マートンがいうところの自己実現の予言[*7]の場合に似ている。決定論的カオスの理論に従えば、観察者の関与も問題になる。その場合、考慮しなくてはならないのは、知識がますますいっそう制作として概念把握されていることであるが、そこでは予測が制作を導くものとなるのである。予測、ユートピア、計画は、思索により将来を先取りする三つの形式なのである。だが、先取りのためには何らかの構想が必要である（Zimmerli 1997a）。

将来に関する主張は真理値を持たないが、プラグマティックな価値は持っている。また、未来派のテーゼは将来に関わるものではないが、将来に関する内容のある予測は予言でなくてはならない。したがって、生活世界の将来と科学的な予測学との関係が問題になり、そのために、線形的な時間表象と結びついた時間の指数が必要となる。このように、予測は本来、将来の構想に結びついているのである。わたしたちが将来の科学技術の帰結を評価したいと思うのは、過去に自分たちが予測しなかった多くの帰結が、今では存在していることを学んできたからである。リスク、つまり「予見できないこと」を、予見できないこととして受容する心の準備は、わたしたちがものごとを予見できなくなる程度に比例して失われていく。予測の問題と将来の問題が区別されるのは、前者が生活世界の場に位置づけられるのに対して、後者は論理空間に位置づけられることによってであるが、その区別が現在、先鋭化しているのは、予測学のジレンマがその連関を貫いているからである。予測の必要性を基礎づける同じ洞察から予測の不可能性も帰結するように思われるのである。つまり、それは、テクノロジーに影響された生活世界の領域では、予測のできない帰結が出現することが増えるという洞察である。原理的には、ほとんどあらゆる予測は偽になるが、間違った予測をする確率は、事態が非常に複雑な場合にだけ非常に高いのではなく、その事態がきわめて基礎的で単純な場合も、いいかえれば、複雑性の小さい場合でも高いのである（Zimmerli 1990a, 6-10）。

特に指摘すべきことは、自己実現的で自己破壊的な予言ないし自己否定的な予言が、つまり、自己実現したり、自己を破壊したりする予測が存在することである。このことは、もっぱら予測的言明が、それに対する人間の反応に影響を及ぼし、その結果、可能な帰結が予測により阻害されたり、喚起されたりする事態があることをはっきり示すものである。一般的にいえば、その場合、予測される結果が予測の影響を受けることが問題なのである。専門家は予測を許す多くの手続きに習熟しているが、その予測を説明する理論はない。加えて、予測には価値が入り込むことも強調されるべきである。そのかぎりでは、本来、予測が、枝分かれする将来をどうモデル化するかが問題になるが、全体として、その手助けとなるのが、予測学のシナリオと経路の技術である。極端に複雑なシナリオでは、ふつう、およそ三〇から三五もの変数が現れるが、将来に関する複雑なモデル化に対しては、そこから価値と情緒の次元がより強い意味を持って現れてくる。つまり、そこでの将来とは、現在の分析に希望をプラスし、恐怖をマイナスしたものなのである。したがって、将来にも、環境にも、また社会にも負担がないこと以外に、特に新しいテクノロジーが情緒的にも耐えうるものであることが、価値づけを行う予測学の基準には付け加えられるべきなのである（Zimmerli 1990a, 14-17）。

わたしたちは、将来を完全には知ることができないが、それでも将来について知ることができることが幾つかある。これは、物理学が相対性理論に転回して以来、時空連続体として特徴づけられるものに関連している。将来はこの文脈では、特に可能性として解釈できる。そのかぎりでコンピュータ・シミュレーションにより、将来に関するテストを行いたいという要求がますます差し迫ったものになる。将来の問題とテクノロジー・アセスメントのジレンマは、このように見れば、無知をマネジメントすること、つまり、人間と機械とタンデム（装置）の機能上のさまざまな選好に関するシミュレーション・トレーニングあるいはネット上のシミュレーションのようなものさえ発展させる。バーチャル・リアリティの技術が過去だけでなく、将来も再現させると主張するのは間違いだろうが、重要なことは、そのような技術が、自分たちの時間を概念的にいわば将来として把握することを、わたしたち人間に教えることができる点であり、また、たとえ世界と世界時間——それは人間が一緒に同時に生み出す——が引き継がれ、さらにテクノロジー化が進行する諸条件のもとにあっても、わたしたち自身がそれを作り上げている点にある。そのことが意味するのは、テクノロジー・アセスメントの言葉に翻訳すれば、技術的な行為からの可能な帰結を完全に予言できる、と主張するようなテクノロジー・アセスメントの構想と決別しなくてはならないこと、また同じようにテクノロジー・

アセスメントが予測的な知識と規範的な選好とを組み合わせたものである、という想定からも距離をとらなくてはならない、ということなのである。予測可能な知識と選好に関する規範的決定の双方が、技術的行為の帰結の査定に入ってくるというのはその通りである。しかし、神経ネットワークが新しい状況に備えるのは、それが操作する多くのものが科学に基礎を持つものに取り込まれることによってではなく、神経ネットワークの断続的トレーニングによってであるのと同じように、テクノロジー・アセスメントの場合も、その結果を価値判断とそれを生み出す過程そのものに取り入れながら、持続的にモニタリングを行うことが、その選択方法なのである。完全な予測を行うには、ラプラスのデーモンが必要だが、知識の置かれている諸条件のもとで、記述的なものと規範的なものとが入り交じった推論が行う概念把握は、少なくともつねに移り変わるひとつの過程なのである。それを進歩と呼ぼうと呼ぶまいとそのことは変わらない（Zimmerli 1999）。

予測が関わるのは将来ではなく、将来の構想とモデルである。その場合、予測学のうちにジレンマが存在する理由は、予測に対する要求が高まると、テクノロジーに影響される生活世界の領域では、より強いかたちで現れる予測困難な帰結に対する多くの洞察が得られるようになるからである。チンマリは、予測に関して、①説明、②記述、③モデル化、④シミュレーションの四つのタイプを区分している（Zimmerli 1990b）。そのうち、しばしば過小評価されてきたのが価値のレベルである。予測のモデル化やシミュレーションの場合には、その困難は極めて大きい。時間的に区別され、拡張された論理を自由に駆使して、現状や過去に基づいて、未来に関するテーゼを導き出すことはわたしたちにはできない。同じことは、自然、技術、精神、社会、それぞれの科学が把握する多様な連関の領域全体に関する予測をそれらの相互作用を含めて推論することを可能にするような、全体を包括する超理論など存在しないことにも当てはまる。進化論、生態学、進化論的認識論もそのような地位を占めることはできない。したがって、シナリオと経路の方法を用いることが推奨されるのである。この方法は、望ましい価値を持った将来の可能性の幾つかの要素を素描し、それを枝分かれして行く一本の木の枝と見なし、そこに向かう道筋を問題にするのである（Zimmerli 1990c）。

あるリスクを受容するかどうかはリスク認知に左右される。技術のリスク分析は、リスクをそれに対して確率計算が付与できる、所与のもの、あるいは構築されたものと見なす（Holzheu, Widemann 1993）。とはいえ、大多数の人々の直観的なリスク判断（質的なリスク認知）は、確率分布（量的なリスク認知）によって限定することはできない。個々人のリスク認知は、わたしたちの認知と動機の体系の持つ、属性関数であると同時に、社会的、政治的そして文化的環境などのさまざまな条件の関数でもある（Jungermann, Slovic 1993）。リスクがより容易に受け入れられるのは、それを自分の意志で引き受け、回避し、コントロールすることが可能であり、それが信頼でき、十分に理解されるものであって、脅威も与えないし、病気を引き起こす可能性もない場合、リスクがはるかに遠い場合である。通常、リスクが過大に評価される状況とは、脅威を感じさせる帰結を伴う劇的な事故の例や比較的まれな出来事の場合であり、（特に、それらが過去にすでに一度、起こったときには）蓋然性が高い出来事や、長いあいだ生じなかった偶発的な出来事の場合である。他方、それが過小評価されるのは、劇的ではない出来事の場合であるが、それらも深刻な規模の損害を示すことがありうる。比較的よく起こり、よく知られている出来事もそうである。また、確率論的に見れば、相乗的で大きく揺れる、シナジェティックな効果がある。簡潔にいえば、非常にありそうな出来事を過小評価し、非常になさそうな出来事を過大評価する傾向がひとにはある（Rescher 1983）。

科学技術の正統化

リスクは現代では科学的にも社会的にも構成される（Beck 1986）。すでに述べたように、そもそもリスクの比較を行うことができるためには、その限界画定のための（概観可能性、支配可能性、還元可能性の）要請を導入しなくてはならない。というのも、行為の帰結の広がりが限界画定されていない行為は、限界のない大きさを持つリスクによって特徴づけられるからであった。行為の帰結の広がりは、行為の帰結として何を認めるか、に関する決定により、制限するべきであるし、それによって解釈のための構築物となるのである。テクノロジー・アセスメントのうちにある根本的な対立は、リスクに関してではなく、むしろ社会的価値に関して存在するのであり、それはリスク・コミュニケーションを通してしか解消されない（Jungermann u. a. 1988）。特に「どの程度まで安全なら十分に安全か」という問題には経験科学の方法では答えが出せない。リスク・コミュニケーションは、すべてのコミュニケーションの過程に関係しているので、リスク・マネジメントと同様に、その同定、分析、評価に、また、そのために必要な参加者のあいだの交流にも関わるのである（Jungermann u. a. 1990）。

予防が含む原理的な二律背反により、先鋭になるのが技術の創成の問題である。予防については、二つのタイプを区別しなくてはならない。①一次的な予防は、社会政策上の問題の発生に組織的に関与することを志向し、制度の変更に帰着する。それは、長期的効果を持ち、個人の負担を取り除く。②二次的な予防は、ある制度内で行為者が問題志向的に、柔軟に適応することを目指す（Votruba 1983）。とはいえ、社会を道具的なものと見る枠組みのなかでは、自己をコントロールすることでシステムを安定化させることに危険が伴い続けるのは、自己をコントロールできなくなることがありうるからである。なぜなら、システムを支えるために、その根底にある利害関心を捨てることは、生産的なことでないし、システムに障害を引き起こすからである。個人が自己をコントロールすることによって、システムの連関を予防的に防御することは組織的な適応メカニズムを弱らせ、システムから学習の機会を奪う。その結果、さまざまな対立が長い潜在期間を経て爆発的に噴出することがありうる。自己のコントロールを通しての予防にもシステム上の安定性があるが、その代償として、行為者の拘りが強められ、システムがより脆弱になるのである。

技術の正統化を将来の肯定的な帰結により行うことは、技術が「想定すべき最悪のケース」[*8]や仮定されたリスクによって、それを正統化できないとするのと同じくらい問題である。今日、わたしたちが、自己決定しなくてはならないことは、それが受容可能であるということを理由に、わたしたちがどのような形式の技術を持ちたいと望むかである。このことは、技術の実践を一貫して反省的に解明することを必要とする。技術の実践は、始めから完全には予測できたり、見積もったり、モデル化できるものではない。それは、技術の実践を評価するための反省的検証を必要としているが、それが、テクノロジーの命法の問題でないのは、「技術的に可能なものをすべて実行に移すべきだ」とはいえないからである。たとえば、人類の原子爆弾による自殺がそうである。合法性と正統性とは同じレベルにはないが、一定のしかたで互いに依存しあう。したがって、そこで問題となるのは、政治、倫理、法律の手段により、技術発展を創成させうるかどうかである。特に革新的な技術は、しばしばその帰結も未知のものなので、このような形式の技術に対する正統性の問いは、一定の困難を抱えている。技術発展の多様なレベルが評価の多様な観点と多様な参照点とを基礎づけるのである。

技術の正統性に関する論争の主題は、長いあいだ、ほとんどリスク論に限定されていたが、その問題に適切な回答を得るためには、たとえその扱いが個々のテクノロジー・アセスメントにはどれほど重要であるとしても、個々の技術のリスクを科学的な狭隘なやり方で扱うことをやめる必要がある。論議し、解明しなくてはならないのは、根幹に関わるより根本的な仮定なのである。技術の進歩の支持者は、現在の産業国家で暮らす、多数派の効用と「善き生」、飢餓や一連の病気を免れること、富の増大、以前は妥当していた拘束的なさまざまの価値からの解放などを、その支持の根拠としてあげる。そうした支持者は、可能な行為の範囲の拡大を是認しているが、エーリッヒ・フロムがいう「自由に対する不安」が蔓延しているにもかかわらず、可能な行為の範囲を拡大することを、ティーンエイジャーや青年だけでなく、多くのひとが認知し、要求しもしているのである。技術の実践の成功も、全体がネットワーク化した構造体である技術圏では、ときには大惨事にいたる事故があるにしても、近代のテクノロジーを本質的に正統化するものと見なされる。技術の進歩を弁明する場合には、しばしば技術の成功した実践の何らかの形式に十分な助けが求められる。受容された技術は、それが危険でなくはない場合でも、信頼された技術である。しかし、導入され、ルーティンとなった技術も、技術のイノベーションによって疑問視される。その背景にあるのは、最初は、希望の原理、ユートピア的潜勢力、そして技術のイノベーションであり、また人間性と持続可能性を志向するときでさえも、新しい道を踏み出す冒険である。革新的な技術の実践の成否は、偶然的なものではない。技術、科学、経済、社会そして文化的な枠組みのさまざまな条件が、何を成功、失敗と見なすか、また見なしうるかにとっては重要なのである。

しかし、近代の技術のイノベーションだけにしかあてはまらない正統化の吟味は、伝統的な手工業的技術にも含まれていた冒険的な性格を無視しているが、そのような冒険的性格は、実は技術のルーティンによって緩和されている。イノベーションも、その冒険的性格に含まれるルーティン化によってそのもとに置くことができるのである。そしてテクノロジーの正統性を検証する際に、重要な関心を惹くのが、以下の二つのレベルである。

① ルーティン化による技術の正統化（安全性の向上とリスクの削減）と制度化された予防（法的規制）、組織的な課題の克服（政治や保険制度）。

② 人間性や正義あるいは現代の意味での持続可能性のような、倫理的観念による正統化、である。

したがって、技術の発展はユートピアの一部となり、世界観となる傾向がある。技術の正統化は、（技術のルーティンの失敗はどんな場合でも生じうる以上）伝統的であれ、先端的な形式であれ、ルーティンを作れば、完璧にできるというものではないので、上述の二つの正統化の様式は互いに結びつけられなくてはならないのである（Irrgang 2002c. 190）。

技術の正統性に関する価値判断は、生活を創成し、その困難を克服するという枠組みのなかで生じる。人間にふさわしい技術圏も変化する偶然的なものにさらされているのである。そのために、技術は、変化や偶然を克服することに関わらざるをえない。その場合、正統性の価値判断は一義的にはならないままに残る。技術発展を受容するかどうか、に関して考慮しなくてはならないことは、技術者支配的な夢を実現できる場合を除けば、技術が公正な社会を生み出せるわけではない、ということである。技術の正統性を評価する場合、わたしたちの期待はリアリスティックである必要がある。技術は、技術圏では、それが本質的な要因であるとしても、発展のための一要因であるに過ぎない。

技術的行為は、最終的にはテストして見なくてはならないのであり、その結果として、行為の可能性の妥当な表象を得ることができるのであるが、テストを完全に避けて通ることはできないのである。さらにまた、このようなテストが技術的行為の評価を本質的に構成するかどうかも、問題にできる。その問題が意味するのは、テストすることで大惨事を引き起こしかねない、幾つかの行為を恐れて、尻込みすることであるが、その場合には思考実験が必要だろう。技術の受容可能性は、さまざまなやり方で変化や偶然を克服することにその基礎を持ち、したがって、効用や損害に関わる基準と関係するが、「善き生」の理想は、技術的行為の正統性の評価に対してはあまりに高く設定されている。したがって、解釈学的倫理学が技術の発展の受容可能性を評価する場合、それは実現可能な人間性ないし正義の表象に関係するのである（Irrgang 1998）。

責任を帰属させる意味で、行為の実行能力を養成することは、自己を組織する過程に基づいており、それはさまざまな社会的組織のなかで行為することができる個人が［重要な要因として］回帰することを強調する。とはいえ、組織と制度の枠組み条件もそのような性質を持っているので、その条件の内部でこそ個人の倫理的行為は可能となり、効果的であり続ける。自己を組織する過程も一定の枠組み条件を前提としているが、その条件は道徳に調和し、また、道徳を促すように、作ることができなくてはならないのである。行為する個人の回帰、つまり、責任倫理の枠組みでの良心の範疇の回帰とともに、行為を余計なものとしてではなく、真に必要とされるものとして行う構造に関する反省が生じる。その文脈のなかでわたしたちが行為している、その構造を作り直すことを求めることも、応用倫理学の差し迫った要求なのである。そのような構造改革は、行為の構造を改善することと、有能な行為能力を高めることとを関連づけるように努めなくてはならない。行為の構造をなす、これら二つの要素ないしその構成要因は、さらにそれを養成することを必要としているのである。

最少倫理と応用志向の解釈学的倫理学

ここに応用志向の倫理学の課題があるが、それは職業からくるエートスだけにとどまらないものである。この倫理学は近世の、規則と原則の倫理学に結びついているが、それは、規則に関する知識の発展のために道徳的人格性ないしは集団的エートスを養成するまでにはいたらなかった。近世では倫理学は科学的認識と合理的な価値判断を目指していたのである。そのことにより、エートスは、アイデンティティを介した道徳的影響力として、二つの形式の合理化を通してしだいに解体されていった。その二つとは、超越論哲学と結びついた普遍化の手続きと功利主義の影響のもとにある帰結評価である。これら二つの手続きは、ある人物の具体的な行為の現実から普遍性へと視線を向け変えるものである。その種の普遍性は、確かに具体的な行為の現実を記述するものではないが、その行為を他者に対して正当化することはできる。この形の合理化は、わたしたちを導き、自己の直接体験としての自分の行為に対する異なる接近方法、つまり解釈的に構成されたものを教えるのである。

経験を志向する実践的倫理学には事例を強調する傾向がある。だが、処女地に足を踏み入れるときには、その領域のどこから価値判断の基準は生じるのだろうか。批判的で論争的に議論される、多くの事例はそのような領域に由来する。ここでサポートを提供するのが、プロの倫理学者の議論である。それは、その種の事例に固有の諸基準を解明して見せ、根拠のあるしかたで競合する基準から距離が取れるようにしてくれる。多くのひとは、「そんなことはできない」と述べて、倫理学の概念の多元性を指摘するが、その多元性は、応用倫理学が専門化した今でも克服できていない。しかし、解釈学的に構成された、応用倫理学はまさにこの多元性とうまく折り合いをつけることができるようになる。なぜなら、もし実質的な価値規範の意味での倫理が解消されてしまうことがありうるとすれば、それは、この意味の倫理が単数、つまり偽善的な指図の独裁として現れる場合だからである。それは、どんな場合でも、他人のために何が倫理的義務であるかを、自分は他人よりもよく知っているという立場なのである。

応用を目指す解釈学的倫理学は、論議と論証、特に新しい模範を立てるものである。倫理的な論証は、個々人に向かい、人々がそれに人格的に同意するように努力するが、その際、論議が行われるコミュニティはさまざまに異なるので、倫理的判断の構造上の特殊性や実践的三段論法の形式的な特殊性を、それを詳細に論じる論証により、説得的にすることはできていない。したがって、倫理的な論証が特殊であるとすれば、それは、倫理的論証が少なくともある倫理学的に資格を認められた前提を適用する点にある。この前提は、このような文脈から、最終的な正当化の原則、基準ないし道徳の規則あるいはコミュニティのエートスに関連して、倫理的な範例、ビジョン、模範との関連で解釈学的倫理学に対して生じるものなのである。倫理的論証は、学ぶことができるものであり、繰り返し現れてくる倫理的な対立状況に対応する規則や基準を苦労して作り出すものなのである。それが、責任を認識することを支えるが、テクノロジー文明では責任逃れは、釈明できないことなのである。

解釈学的倫理学がその上に築かれるのは、自己反省、自己意識そして人格性に基礎を持つ近世の倫理的自律ではない。それは、本来、そこでは意欲、行為、当為がひとつの過程全体を形作り、相互に構成的であるような実践概念を基礎にしている。この過程は、内に向かっても、外に向かっても、自己実現への道を進むものでなくてはならない。ある応答可能な、ないしは責任ある自己実現こそが、近代以後の自律の形式なのである。重要なのは、共同の自律を実現する実践のための正しい協議の規則であるが、そこでは倫理的な範例の使用を通して科学技術の実践とテクノロジーの構造上の複雑性を縮減させることができる。本書の目標は、「あれもこれも」を理想に、ある種の解釈技法を、その程度はともかくとして、体系的にトレーニングする機会を提供することである。公共の福祉や自己決定権に関しては、すでに非常に多くのことが書かれてきたので、本書は、この「あれもこれも」の方法的なパースペクティブに捧げられている。

「あれもこれも」という性格は、技術のリスクの倫理学とは何であり、どの範囲に及ぶのかという問題にも妥当する。それは、最少倫理の諸概念と理想およびビジョンの倫理学とを議論し、解釈する。本書のような入門書のなかでは、最少倫理に関してはわずかなことを述べるにとどめたい。解釈学的倫理学が動いているのは、ひとをいわば「倫理的なダイエット」に導き、「善き生を営む」ための智慧の教えとメタ倫理的で理論的な構築物としての学問的倫理学とのあいだに生まれる緊張を帯びた場所である。それらのあいだに位置するのが技法論としての解釈学的倫理学なのである。その中心にあるのは、最少主義の倫理学の思想であるが、そこで複数の限定された観点のもとで妥当する道徳の再構築を行うのである。そのようなシステムのなかで、特に道徳の核心が再構築されるが、そのようなコアはほとんど誰でも承認するようなものである。そのかぎりでいえば、そのような最少倫理は、社会的な規則のシステムであるが、それはダイナミックに発展するシステムに対しても開かれているべきものである。倫理学の最少主義は、倫理の基本方針に限られたものであり（Birnbacher 2003, 77-84）、その問題は、道徳の大まかな輪郭の限界画定にある。解釈学的倫理学は、そのために、粗い切り口と細かい切り口とを区別しつつ、相互に結びつけるのである。その「ハード・コア」は道徳の体系から切り出された、小さな断片であるが、この切り出しが、理論的にも実践的にも重要な作業となるのは、人間の行為を導くために倫理学を具体的に方向づけなくてはならない場合である。その諸原則は、そのような倫理学概念の場合は、無条件に妥当するものではなく、例外も許容するようなものである。最少倫理で重要なのは、一般的に価値判断に関わる着眼点なのである。

近年、基本的なものとなり、また、本書が提案するタイプの解釈学的倫理学の出発点となっているのは、ビーチャムとチルドレスの「生命倫理学」である。それは、倫理的な方向づけの明白な原則として、以下のような基本方針を提示する。

① 他者に対する無危害
② 自己決定（自律）の尊重
③ ケアと慈善

これがわたしたちの持っている個人志向の最少倫理であるが、それらは特に影響力を強めており、そのことは近代の歴史概念の枠組みから見てもまったく説得的なことなのである。演繹的な倫理学ではなく、再構成により行われる倫理学が重要であり、最上位の原則は存在せず、また倫理的価値判断には多様な論拠があり、解釈学的倫理学は、倫理的なタイプの解釈のさまざまな地平について語るのである。これに対して申し立てられる異議は、道徳ないし最少倫理の意味の倫理のどれもがそれぞれ弱い諸形式に対して妥協しやすい点である。そのような最少倫理は、一般に認められた明白な原則を再構成したものであるが、その正しさは、誰が見ても無条件に明らかであり、そのような倫理学は、明白な原則と道徳の規則を基盤にするのである。

それ以上の最少倫理は、十戒をお手本にしたガートによる道徳の規則である。ガートは、社会を方向づける最少倫理を与えるが、それは最終的には小集団の道徳に基づいている。最少倫理は、さらに合意可能な道徳の「ハード・コア」をさまざまな段階で再構築することにも携わる。それは、例外を許容し、柔軟である。また、内容を固定しない、手続き的な倫理も存在するが、解釈学的倫理学は、解釈の地平、範例と模範を指示することで、一定のきっちりとした基準を作り出すので、それはけっして手続き的な倫理ではない。解釈学的倫理学は、手続き的倫理学と同様に、その着想は反省的な規範的倫理学であり、最少倫理で問題となるのは、「価値の」実在主義と相対主義のあいだにある倫理学なのである。

バーナード・ガートの最少倫理の規則は十戒に似ている。ガートの最少倫理ないし最少道徳は、次のような根本仮定から始める。つまり、ひとは誰もが万人に関わる規則――筆者はそれに関心がある――に従うべきであるが、ただし、その規則は、その根拠として、たとえば、筆者が承認するような、正当な例外が存在するという仮定を含む。そのような根本仮定は、「何人のものであれ、その自由や機会を奪ってはならない」というような文脈で書かれているが、そこから五つの規則が帰結する。

① 死の原因となるな
② 痛みの原因となるな
③ 無能力の原因となるな
④ 自由と機会の喪失の原因となるな
⑤ 快楽の喪失の原因となるな

合理的なひとであれば、こうしたことはすべて避けたいと思うだろうが、それでも、そのすべての善行を望むわけではなく、誰もが以上の規則を同じように評価することはないだろう（Gert 1983, 119-133）。

道徳の規則には正当化される侵犯が存在するだけでなく、このような規則の正当化されない維持も存在する。あらゆるひとが全知の存在であり、その行為のあらゆる帰結を知るならば、そもそも道徳的な規則など必要ないだろう。義務は、一般に一定の公務、職業、役割と結びついているが、それは規則と同じものではない。そして同情が道徳的でない行為を導くこともありうるし、義務に直面しても盲目的な服従が存在するわけではない。ガートは、その最少倫理の残りの五つの規則を定式化しているが、そこに含まれるのは、

⑥ 欺いてはならない
⑦ 約束に背いてはならない
⑧（特に配偶者を）裏切ってはならない
⑨ 法に背いてはならない

⑩　自分の義務は行わなくてはならない（Gert 1983, 175-179）、である。

二番目の五つの道徳の規則は、どれも美徳と結びついている。「なぜ私は道徳的でなくてはならないのか」という問いには、直接、普遍的に最初の五つの道徳の規則が関連する。美しくよい性格をもとうとするなら、ひとは美徳をもって、つまり道徳の規則に従い、行為しなくてはならない。理性は道徳的に行為することを要求せず、むしろそれを許容する。理性は、非道徳的な行為をすることが、非合理的であるという結論を導くことができるだけである（Gert 1983, 266-268）。道徳的な答えを与えることが意味するのは、道徳の規則を人生で成功するためのゲームの規則として受け入れることである。したがって、プライドと尊厳とが密接に関係するのである。保守派がふつうは道徳の規則により重きをおくのに対して、リベラル派は道徳的理想を重視するが、当然ながら、最少倫理とその根底にある道徳の規則の解釈のためには、解釈技法の意味での倫理的解釈学が必要である。そのような解釈学がそうした道徳の規則を状況に応じて、適用し、定式化するのである。

代替技術と解釈学的倫理学

解釈学的倫理学の第二のバージョンは、ビジョンと理想の倫理学である。産業革命以来、技術の将来展望が、技術的な行為にとってますます主要な関心をひくものとなっているが、それとともに、わたしたちが望むテクノロジーの将来の構想に関する問いも提起される。テクノロジーのユートピア、おそらくは技術に関するひとつの世界観が求められているのである。技術の発展が二律背反のなかにあることを反省することと技術の発展の将来性とが、テクノロジーの進歩の範例を変える。啓蒙以来の技術発展のなかで広く宣伝されたが、余りに短絡的に把握されてしまった人類の将来も、変更を加えざるをえず、それは持続可能な発展のコンセプトと統合されなくてはならない。血肉を持った人間を身体性から把握し、テクノロジーの進歩の評価の中心におかなくてはならないのである。産業革命以来、加速度的に進む偶然的なテクノロジーの進化から、より計画的な技術創成のモデルへと移行しなくてはならない。テクノロジーを作り上げる際、たいていの理論は、テクノロジーを限界画定しようと望むが、それを作り変えようとはしない。よく見られるのは、道徳的限界を定式化することであるが、それは、新しい単純性に立ち戻るようにと、訴えるものである。とはいえ、道徳的で政治的な限界画定の持つ狭さは指摘しなくてはならない。西洋の理論は、テクノロジー化に関しては別の形式（異なる文化や社会で）は不可能であると主張する（Irrgang 2006）。背景にある文化主義的理論とともに、代替的《オルタナティブ》なテクノロジーの理念を、発展させることができるが、規制のための経済的費用を考慮しなくてはならないし、そのような支配的な経済的文化の諸前提の背景も問題にしなくてはならないのである。テクノロジーは、それ自体が変化する諸条件につねに適応していくので、代替的なテクノロジーは可能なのである。

まとめていえば、以下のような構想が生じる。
「最少倫理」　損害の回避、人間の自己保存
「模範倫理」　公共の福祉、普遍主義的倫理学、将来への責任、人間の自己発展

すでに導入されている技術の実践の根強さと惰性とを見逃すこともできない。イデオロギー批判が、支配の問題を技術の実践とその文化を考察する際、それを前景に置いた一方、本書が実行しようとするかたちの解釈学的な技術哲学と倫理学は、技術的な行為の根強さを承認することに賛成する。ここでは、権力問題が、導入されている技術に対して、それを変更することが潜在的に可能かどうかという問いとして提起される。権力との関連では、まず外部からの圧力について考えなくてはならないが、それは、天然資源の減少であり、生態系の劣化としての環境の悪化である。しかし、生態系の本当の困窮は、工業国にはまだほとんど現れていないが、それは、そうした国々が、ほとんどあらゆる種類の資源を貧しい国々から買い入れ、環境の劣化をその国々に負わせることができているからである。さらに、

行動を変える可能性としての政治的圧力は、ようやくゆっくりと始まっているが、国際的な分野ではその速度はあまりにも遅い。そのかぎりでいえば、わたしたちは、消費者と産業国家の領域で、信念と説得を、つまり、技術の実践と文化の市場構造の変更を押し進めなくてはならない。つまり、倫理学を技術の実践に埋め込む、ないしは実装しなくてはならないし、たとえば、広報活動の助けを借りて、実践を変えるようなコンセプトを発展させなくてはならない。技術の実践のための他の可能な《オルタナティブ》生活設計やコンセプトのための広報活動を導入しなくてはならない。その際、環境正義に適った行為や行動のためのロビー活動の問題も提起される。ここで実践を変える教育や反省とその制度化に対して困難が幾つか生じる（Irrgang 2003c）。

技術の創成のための数多くの決定は、抵抗なく、効果的に、気づかれずに行われ、その創成に関する問いのうち比較的少数のものが、その創成をやっかいな対立を含む仕事として現象させる。そこに専門的知識としての解釈学的倫理学の需要がある。技術を創成する人々の大きな、しかし一様ではない集団を構造化し、倫理的な問題を提出するために重要な、原理的区別を認識できるようにしなくてはならないのである。技術を創成する人々は、ふつう個人的には倫理学に関する専門的教育を受けていない。工業国では経済倫理をはじめ、経営上の実務にそれを取り入れることがしだいに多くなっているが、経営の分野で倫理的反省を技術の創成に向けることは、比較すれば、まだまだ始まったばかりである。技術の創成に関わる実務家は、大学のシステムの外で、具体的個別の事例でも、あるいは継続的にも、倫理的なサポートを得続けたい、という欲求を失っていない。技術の創成に関与する大多数の人々には、そのつどそれによって、すでにその手前で倫理的助言の可能性が阻まれている、他の側面に関する情報が欠けているが、他方でその面での接触の可能性を図ろうとすると、びっくりするほど、かなりの高額な費用が伴うのである。一方では、現にある供給ないし需要の概観が欠けており、他方では、需要と供給とをひとつにするメカニズムが欠けている。倫理の観点は、新しい近代化の議論を統合する、本質的な部分なのである。

技術創成の模範とビジョンのための倫理学

技術のビジョンを予測と混同してはならない。ビジョンは、将来何が起こりそうかを示すものではなく、個別のテクノロジー分野の構造化を図り、テクノロジーとそのネットワークを守ろうとするものであり、それは成功した技術とテクノロジーの遂行だけに影響を受けるものではない。しかし、［技術の］実践は、その枠組み条件とその背景の正当化をめぐる知識をもとにしてこそ生きてくるものであるが、富と効用とが長いあいだ、技術とテクノロジーの遂行のための正統性を与える地平であった。現代では、少なくともその手がかりとしては、成功した生活と実践とは、それらが道徳的であれ、プラグマティックであれ、戦略的であれ、道具的・技術的であれ、ただたんに有効な成功の観点に従ってではなく、それ以外の観点からも価値判断される。そのことが、より優れた倫理的実践の着想となるのであり、また、しかし、同時に技術的機能はすでに十分に充実している、と信じる技術にとっては挑発ともなるのである。したがって、筆者も、ここでは技術の実践の成功、不成功が技術とテクノロジーの遂行の評価のための主要な指標に属することを、否定したいのではない。とはいえ、技術の観点だけでは不十分である。文化や文明の模範が将来を担いうること、そのことが、長期的責任のような道徳的要素を伴うかたちで、テクノロジーを反省する構造の一部となること、また、こうしたことが、受容の問題を喚起し、一方の、関連技術者、エンジニアや経済に携わる人々と他方の、専門家のあいだでテクノロジーの受容可能性を反省させることになるのである。情報の観点からのコミュニケーション、流動性、知識と意欲とを、環境に埋め込み、文明とコミュニケーションの埋め込みの範例と統合しなくてはならない。その結果として、テクノロジーの遂行の受容可能性の問題も解明できる。これらのことを、専門領域を越えて行い、探究しなくてはならないのである。

こうした模範の定式化に関連する、あるユートピア的な誘惑について語ることができる（Grin/Grunwald 2000）。そこで問題となるのは、テクノロジー・アセスメント（ＴＡ）が、どの程度まで、そしてどのような経路で、現にあるビジョンと試行を批判的かつ建設的に用いながら、テクノロジーの将来を創成することができるかであり、また、同様にどの程度までそれを哲学的かつ倫理学的に基礎づけることできる状況にあるかである。このビジョンは、その文脈と根本仮定から理解しなくてはならないものである。現代社会は、テクノロジー、環境そして科学それぞれの政策に対して責任を持つことができる長期的な方向づけをますます必要としてきているが、技術の発展を評価する場合の本来の問題は、受容可能性であって、受容ではない。というのも、社会が実際に受容するかどうかは、多くの限定された現象に左右されるからである。たとえば、大事故の前と後でリスク認知は瞬く間に変わってしまうが、その場合、そうして生じた損害の例が、ある技術本来のリスクを高めるわけではないからである。むしろ、深刻な事故の後、技術の安全性は、確かに改善を通して水準を高めるといえる。技術を受け入れたという事実を考慮することは、原理的にはむしろイノベーションに反するものである。

受容可能性はプラグマティックな合理性を基盤に評価することができる（Grin/Grunwald 2000）が、技術的行為を創成する新しい方法の合理性は、技術の発展の基礎として、すべを把握するとか、安全性を産み出すというような、いずれにしても実現不可能な主張に従って測られるのではなく、それが、反省の能力を通してそのような問題に開かれている点にある。わたしたちが、技術発展の将来について反省を伴うかたちでテストしなくてはならないのは、ふつうのやり方ではそれを詳細に記述し、事前に確実に計算できるような状況にないからである。徹底して開放的であるという条件のもとで技術を創成することが、あらゆる決定的な要因にもかかわらず、技術発展のモデルなのである。技術発展の冒険的性格は変わらず、ここで技術の解釈学の正しさを実証することができる。

技術の発展を創成するためのビジョンは、将来を熟考することを意味するが、重要なのは、科学的基礎を持ち、建設的で批判的かつ反省されたビジョンである。技術発展のための将来設計を検証することに技術の哲学が貢献するときも、それはSFにはならないだろう。つまり、技術的に制作可能なものに関するユートピア主義の一撃により、現在、技術的に可能なことを無批判に予想し、将来に読み込むことではないのである。技術が含む二律背反は、多くの場合、技術の本質的な属性ではなく、技術を（多少とも成功したしかたで）社会と文化の状況に埋め込んだことのひとつの帰結なのである。技術の地位（とその維持）、つまり、技術のそのようにしてしか保証できない「安全性」と倫理的責任を負うことができる範例とにより、技術を人間的にすることやそのような人間的な技術を創成することには、一定の犠牲が伴うので、社会に対して誇張したかたちで安全性の警告をするならば、鍵となる新しいテクノロジーの一部分が妨げられることになるだろう。ドイツの場合、原子力工学と「エコな」遺伝子工学がその例である。テクノロジーと文化的特徴を持つ社会の適用領域とが互いに適応しあうことが、技術創成の中心課題のひとつなのである。これに成功することはありうるが、多くの場合、それは副次的に生じたものである。

グローバル化のなかでは、現実に正統化されている、技術の創成者はもはや存在しないように見える。では、どのような場所でなら、グローバルな場で技術に関する正統な決定を下し、それを貫徹することができるのだろうか。その事例は、インターネット規制の問題であり、そのセキュリティーの確保が現状では国内で取り決められている著作権の問題である。これに加え、グローバル化による加速がある。技術発展の速度が増すと、それが、技術の創成可能性を制約する効果が生じる。いわゆる「客観情勢」が時間の圧力に押され、より大きな重要性を獲得するのである（それは、たとえば、幹細胞の研究をめぐる論議からも見て取ることができる）が、多様な選択肢と（たとえば、倫理的）反省のあいだで注意深く考察するためにはわずかな時間しか与えられない。グローバル化のなかの多元化が意味することは、異質な要素からなり、しだいに多元化する国際社会では、公益のようなものを定めることがますます困難なことである。社会が機能分化し、道徳的にも多様化すると、技術に関する合意がほとんど成立しなくなる。技術を本当に創成する必要はあるが、問題は、誰がそれを行うか、という問いが残ることである（Grunwald 2003）。

以上のような枠組み条件のもとでは、競争的でも官僚的でもない法律を基盤に、技術を創成することが今でも最も説得的であるように見える。そのような法律は、同時に技術のイノベーションを可能にし、それを創成させる。とはいえ、その際に、限界を画定する法と責任道徳を重要視してはならない。むしろ根底に置かれるべき法と倫理は、生活が成功するように促す、実験に対して定められた余地と技術イノベーションのための模範やビジョンをはっきり表現するものでなくてはならない。技術の実践における実践的なもののさまざまな限界に関していえば、わたしたちが必要としているのは、限界画定の倫理ではなく、積極的な目標設定、技術の模範であり、それらが可能なかぎり多数の人々に善き生を可能にし、テクノロジーの浸透した日常世界におけるわたしたち自身の生活に対するビジョンを与えるものなのである。求められているのは、模範とビジョンの倫理学なのである。

技術の実践は解釈を通して構築されるものである。それは、事例、状況、行為の複合体として多様な形式で現象する。それは、システムの強制力と事象の強制力を伴う事象のシステムとしても、また、対応する強制力を持った伝統や制度としても現象するが、そもそも自分自身で決定を下すことができるためには、自己決定する個人はこれらの強制力に対抗し、自分自身の身を守らなくてはならないのである。また第二に、それは、実行力を兼ね備えた国家の存在を前提としているが、市民の多数派の意味での国家は技術の発展に対し、長期的責任に対する要求を充たし、修正も許容する実現可能な長期的な目標を与える。こうして、解釈学的倫理学は、反省された実践のための啓蒙と方向づけの道具となり、テクノロジーを反省し、それを評価する文化の本質的な部分となるのである。

解釈学的倫理学は事象に関する反省とメタ倫理学的反省とを一歩ずつ行う必要がある。

① 問題の特徴づけ、つまり、対象の状態および関連する経験的問題の特徴づけ（科学的かつ技術的な問題の記述と、その問題の歴史の記述）。
② メディア、道徳、法などで社会がその問題とどう折り合いをつけているか。
③ 取り組まれる問題に対しどのような倫理的に基本的な立場があるかの特徴づけ（分類）。
④ 関連する倫理的な評価の基礎に関する特徴づけ。
⑤ 有効な評価と解釈のモデルの組み込み。

解釈学的倫理学は、以下の基盤に立って、柔軟で修正を許容する、技術関連の法律を基礎づける。

① 公益志向と長期的責任を兼ね備えた科学技術のビジョン。
② 持続可能な発展とテクノロジーを環境に配慮したしかたで方向づける将来の模範。
③ 法的な目標設定を定式化するにあたり、修正を許容し、柔軟であること。
④ イノベーションと折り合いをつけるための責任帰属とそれを保証する規則。
⑤ イノベーションが待望されているテクノロジー分野での社会的な共同責任（保証）。

解釈学的倫理学は、人間の（そして技術の）実践の基礎にある課題や問題を取り上げ、特徴づけ、問題解決のためのビジョンや目標を見いだすように導く。解釈学的倫理学は、そのために特に模範的なものとして取り出された実践と善き生の模範との繋がりを作る。その際には技術の実践や日常的行為を善き生に関係させるものとして、物と直接に関わる知識のほうが、理論的説明よりも重要である（Higgs u. a. 2000）が、価値は、規範的解釈の場合、実践に近いものであり、解釈を通して特別に構築されたものである。かつて価値認識や価値直観は、独立の能力として重要視され、それは、哲学、解釈学、現象学の対象であった。しかし、解釈学的倫理学の観点では価値はむしろ規約なのである。価値は、行為を合理化し、評価の対象に対する肯定的態度を生み出すために役立つものなのである。したがって、価値は、イデオロギーの機能を引き受けることができ、行為の正当化のために引き合いに出すこともできる（Lenk 1994）。とはいえ、解釈学的倫理学にとっての価値は、行為や評価のコンセプトに関する規範的かつ記述的な諸解釈の結果である。社会的な価値は、選好を生み出すために、社会のうちに生起し、制度がそれを指名し、賞罰を加える、解釈を通して構築されたものなのであり、そのほうが、規範よりも強く行為を社会的に規制するものなのである。また、価値は、行為の説明のためにも持ち出すことができる。さまざまな社会的形式でルーティン化され、少なくとも誘導される行為は、価値によって導かれ、舵取りされるのである。価値の概念を規範的にも記述的にも無差別に使用することは問題であるが、それは、その場合、義務的な価値と自己実現的な価値とをあるべきしかたで必ずしも判明に区別していないからである。

こうしてひとつの解釈学的認識論が基礎づけられるが、それは、道徳的合意が道徳的議論の広い領域ではほとんど目標を達成できておらず、応用倫理学がそうした多元主義の条件下で設定されているからである。ここでは今、原則に関する反省と倫理の原則の基礎づけに関する議論をするだけでは不十分である。倫理学を根本原則の領域だけに制限すると、信念のあいだの果てしない戦争に突入してしまうが、信念上の争いは、原則の次元では解消不可能であり、せいぜい具体的な問題設定に関して問題解決できるに過ぎない。しかし、また倫理的な義務も一定の状況では、現状はそれを説得的にするのはとても難しい。特に、決定が行われる状況で経験的な事態に曖昧さが残るときはそうである。ライフスタイルや価値のシステム、世界観やユートピアが複数あることは、その場合、たとえば、契約理論や討議理論が提供する合意の思想を指示するように思われるが、道徳的な合意はあくまで小集団の道徳の要素にとどまるのである。

そこで二つの出口が提示されているように見える。そのひとつは、合意がもはや得られない場合は、合意を多数に還元することである。つまり、倫理を政治に置き換えることである。もうひとつは、問題を手続きのレベルに置くこと、つまり、合意を可能にするために、倫理の問題を、どのように道徳的討議を構造化しなくてはならないか、という問題に転換することである。そうすると、問題は、規範と価値の多様性に折り合いをつけようとして、そのやり方を確立することになる（Bayertz 1996）。したがって、合意もまた、その上に道徳を築き上げることのできるアルキメデスの点ではないのである。だからこそ、倫理学上のアルキメデスの点の不可能性を確信することから始める、解釈学的倫理学の着想が説得力を持つ。合意形成は、決定能力のある関連する個人の道徳的自律を前提としているが、その場合、さまざまな社会倫理的義務の解釈および事実に関する意見のなかで、隔たりがある理解の異なる解釈を考慮しなくてはならない。事実についても、また具体的状況に該当する倫理的解釈についても、異なる解釈に直面すると、共同の行為に対する差し迫った問題が生じるが、それこそが、解釈学的倫理学が骨を折って得なくてはならない、その答えを要求するものなのである。その場合、価値や規範の形での倫理的義務のいわゆる「自然さ」に遡って助けを求めても、うまくはいかない。これが解釈学的に構成される倫理学の出発点である。解釈学的倫理学は、定言命法や正義に関する完全に限定された理論のように、アルキメデスの点から始めるのではなく、倫理的義務の解釈とその再構成を試みる際に、手がかりを与え、問題を限定された具体的状況から解釈させるようにするのである。

模範の研究は今日では特に技術の生成に関する研究で行われている。可能な望ましいシナリオのビジョンとして、技術と技術の生成により大きな影響を及ぼし、それを維持する主導的なコンセプトが模範と呼べるものなのである(Dierkes 1989)。模範は、一方では、規範的な規制の枠組みで下された決定や倫理的判断の正当化に役立ち、他方では行為を動機づける。すでにルートヴィヒ・ウィトゲンシュタインが、それによってひとが真偽を分ける継承された背景としての世界像について語っている(Wittgenstein 1970, 33, 邦訳三一頁)が、そのような理論的論証のための背景としての世界像の概念に対応するものとして、筆者が提案したいのが、エートス研究と同じように、特に倫理的論証に対する地平を性格づける、模範の概念なのである。ここで模範に含まれるのは、①ある集団ないしコミュニティの基本姿勢、②正当化の基礎づけの意味で正当化する理念と原則、③目標のイメージとユートピアである。

模範は、理想の概念の代わりになり、それを理想的なモデルに翻訳できるが、そのような模範ないし理想は、まずは人格の理想ないしそのような社会的模範として登場する。それが、さまざまな意図を束ねるために役立つのは、ひとが実現できることと望みうることとに価値判断を与えることによってである。実現できるものとして、今経験されるものは、さまざまなパースペクティブが集まる共通の消尽点である。模範は、なるほど創成できるが、実現できるものではないからである。それぞれ固有の知識の文化は、どれもその論議の規則の体系と合理性のタイプとを持っているが、しかしメタレベルの知識文化は存在しないので、論議が崩壊する危険がつねに存在する。その場合、模範がまだ存在しない規則の体系と決定の論理のために機能する等価物として働く（Dierkes u. a. 1992）。模範は、認識の活性剤であり、個人を動かし、人々のあいだを安定させる。そこではイメージによる表象形式と概念による表象形式とが互いに働き、変形しあう。模範が、人格全体を動かし、異なる知識文化を背景に持つ人々も含め、人々を互いに結びつけるが、そうでなければ、共同行為はありえないだろう。模範は、合意を通して構成されるので、個人の理念は模範ではないが、どの時点から模範を語ることができるかは、関係者の総数にも左右されるし、技術の生成に関与する人々の総数とも関係する集団の大きさや重要性にもよるのである。

テクノロジーの浸透した社会では、わたしたちひとりひとりが、ますますいっそう集団的なテクノロジーの遂行の一部分となり、ひとつの、あるいはより精確にいえば、複数のテクノロジーのシステムと大構造の部分となっている。その結果、変化するのが、自由主義の古典的なコンセプトである。それは、個人主義的で原子論的な意思決定の近代的モデルにより、生活や技術と折り合いをつけようとし、たとえば、リスクも冒すものであった。古典的自由主義の法律は、極端な自己実現、したがって超過激なスポーツのようなもの、しかし、またリスクを伴うライフスタイルに向けられたもので競技場がそのモデルであった。とはいえ、公益の方向づけに関する保守的な共同体主義のコンセプト（Irrgang 1999b）に同意したくない場合も、社会と環境に配慮する責任に関するリベラルなコンセプトが必要である。ポスト産業社会でリベラルである、新しいコンセプトは、創造的なリスクを愚かなリスクと区別し、後者を最終的には断念する。なぜ、何のためにリスクを冒すのか、どこでよりよくリスクを回避するべきなのかをわたしたちは知らなくてはならない。弱肉強食の自由主義の恐竜たちが作る「冗談社会」[*9]が、その正しい模範ではないのである。それは、誰にもある固有の課題を能動的に求め、生み出すこと、そして、他者が育つように促し、生きられる「諸関係」を向上させるよう試みるのである。特に、そこには人間と機械のインターフェースや、技術の配備の場合のように、社会技術のシステムと装置の人間にふさわしい構成が含まれる。

必要なのは、集団によるリスク評価であり、そのためには通常の解釈学的倫理学の場合と同じように、以下のような三つのパースペクティブを考慮しなくてはならない。

① 専門家の評価。客観性、中立性そして買収されることのない、厳しい態度のような新しい専門家のエートスを伴うもの（3PP）。
② リスクに対する、不安や中庸な態度、リスク志向などの主観的な態度の多様な可能性に関する反省（1PP）。
③ テクノロジーを反省する文化。素人と専門家の討議（1PPP）。

テクノロジーを反省する文化（Irrgang 2003b）は、共同で行うコミュニケーションの実践であり、あらゆる参加者が高い能力を持つことを前提としている。というのも、ひとつのコミュニティが有能であるといえるのは、そのメンバーの可能なかぎり多数が有能である場合だけだからである。自己実現の新しい自由は、利己主義や享楽主義のうちにも、またクールな自己防衛のうちにもなく、まさに能力を自己形成し、問題に口出しができるように発展させる創造性のうちにこそ顕在化するものなのである。

2 探究的倫理学――開放性、柔軟性、修正可能性――不安定性、価値および解釈の対立に直面して

探究的方法と無知と折り合いをつけること

わたしたちが知っていること、わたしたちにできることは、今ではあまりにも広範囲に及び、複雑なものとなってしまったので、自分の下した決定がもたらすさまざまな帰結を本質的なところで現実に評価できるひとはもうほとん

どいなくなってしまった。ひとが必要な経験的知識の十分な蓄えを自由に使用することができない場合、目的を達成することができないのは、正しい推論を行うための正しい諸前提を用いることができないからであるが、しかし、そのような状況にあるひとは、そもそも目的に適った行動をしていない、とまではいえない。ただ、うまくいっていない、といえるだけであるが、それは、ひとが目的に対する手段を意識の上では捉えてはいても、たいていの場合、その手段だけが間違っているからである。したがって、ある人物を目的に適った方法で行為する存在者として承認できるかぎりは、その人物は、そのような存在者が持つ、あらゆる権利（人間の尊厳と人権）をすべて所有する。とはいえ、ある制限を課すことができなくてはならない。これに該当するのは、一方では、精神障害のある人々であり、それは病気が十分な経験的知識を集約することを妨げる場合である。また、当然ながら、子どもは特に、まだその人生があまりに短いので、十分に経験を伝達することができない。これら二つのタイプの人々は、目的に適った行動をする存在として、すべて権利を有しはするが、かれらがそれを行使するままにしてはならない。このことを患者の自律の問題に適用するならば、そのことが意味するのは、精神障害のある人々や子どもは、自律の十全な権利を持つ一方で、その権利は後見人を通して行使されるということである（Hossenfelder 2000）。

無知に関していえば、無限定な無知、限定された無知そして一時的な無知を区別しなくてはならない。使用を目的とした無知からは新しい知識が生じる。さらに、自分の知識には盲点が存在する。不確実性と無知はそれ自体としては、行為しない理由にならないだけではなく、行為を差し控える理由にもならない。無知はしばしばリスクとして評価されるが、無知は、必ずしも危険を含むものではないので、それをリスクとして評価することは、単純にわたしたちの合理主義の根本的な仮定——そこでは無知は悪だが、知識は善である——を反映しているだけなのである。また、真の無知は、わたしたちには分からないことなので、それは、本書の倫理学的考察にはまったく入ってこない。無知を考慮できるようになるために、わたしたちは少なくとも自分の無知を予感できなくてはならない。とにかく、無知を評価できるように努力することが推奨される。無知を知ることは、知識の欠如を知ることを意味するが、原理的に取り除くことができない無知が存在する場合も、この欠如は取り除くことができるのである。前者については、無知を可能なかぎり取り除くように義務づけることが、そして後者については、無知に注意を払うことが勧められるのである。

さらに認識と倫理に関する考察を進めるための手がかりとなるのは、わたしたちの知識は不十分ではないか、と疑わせる契機である。ここには組織的観察、実験、テスト、試行が存在する。これらはすべて無知や不確実な知識を扱う形式である。このような無知や不確実な知識を扱う形式は、探究的方法の名称で括られているが、それは「探究する zetesis」というギリシア語が、求めること、研究すること、問うことを意味するからである。演繹、帰納、そしてまた、特にアブダクションを手助けに、仮説、モデルそして発見法《ヒューリスティクス》を作り、それらに磨きをかけることができる。最も大事なことは、不完全な知識を前にしても、ことがらに即して冷静であり、それに向き合う能力を持つことである。対応する構造を定義すること、また、構造のさまざまな要素を取り出してくることが重要なのである。

科学者は無知と折り合いをつけるのが難しい。端的にいって、無知はあるべきではない。しかし、倫理学を技法の問題として理解するならば、倫理学にとって、その困難は日常生活で本当によく現れてくる困難であるので、無知と折り合いをつけるのは、特に難しいことではない。無知、非知そして主観的な思いと関係するものと直観的に折り合いをつけることが、倫理的決定にとってさしあたりは問題とならないのは、それが、そのようにして求められる基本的態度が、結果が未決で、修正可能な場合という前提があるかぎりである。したがって、わたしたちが自分の無知や誤謬を認識することから、ある倫理的に重要な経験的事実が生じるならば、折り返し自分の倫理的判断を修正し、新しい認識に適合する心構えを持たなくてはならない。これが意味するのは、道徳が現代のさまざまな意見や時代の精神に適うとか、結びつくということではなく、ある意思決定のために必要な基礎が変わってしまえば、その決定を変えなくてはならない、という合理的な帰結である。このことが、偏狭な伝統主義や根拠薄弱な保守主義と、解釈学的倫理学に従い、開放的に理解しなくてはならない伝統の理解とを区別するのである。伝統がさらに妥当性を持つべきである、という諸条件が、根本から変わってしまうならば、伝統は、そもそも何に価値があるか、さらに何が伝承されなくてはならないか、という問いに対して開かれたものでなくてはならないのである。

価値の対立と解釈学的倫理学の課題

通常、わたしたちは無知や価値の対立を合理主義ないし意思決定論によって構成あるいは再構成しようとする。そして義務の対立を解消することは、価値の対立の場合よりも、優先順位が高く、より差し迫ったものとして重要である。しかし、だからといって、価値の対立が重要でなくなるのではない。解釈学的倫理学の課題は、この文脈で非常に重要なものとなるが、その課題は、本当の価値の対立あるいはそれどころか義務の対立をそれ自体として浮き彫りにすることにあり、その際、問題の発生には特別に注意を払うことが必要である。たいていの場合、この種の対立の多くは疑似問題であり、理論的に段階を踏んで解消できるが、万一、やっかいな倫理的問題が生じると、さらに解釈学的課題を解決してやる必要が出てくる。実際、解釈学的倫理学者が扱うのが難しい唯一の問題領域は、最上位の水準で事実として示される、対立する諸価値のあいだにある共約不可能性にある。そこでは解釈学的倫理学者もお手上げにならざるをえない。というのも、その領域では問題を、理論的に段階を踏んで解決できないし、そのような解決は、事実上、諸価値が同じレベルにあるので、別のしかたで意思決定を行う可能性も許さないからである。

しかし、こうした共約不可能性に基づく倫理的規範や価値に関する本当の対立のなかで、問題解決に頑強に抵抗するものの数は、非常にわずかなものだろう。他方でわたしたちが解釈学的倫理学の見方に傾けば、規範や価値に関するそうした対立も、何か無条件に回避すべきものではなくなる。この学問が興味深い営みであるのは、特に、その学問が、自己批判的であり、したがって修正可能な倫理学を用意するからである。しかし、日常的な合理性で問題となるレベルの下には、ありきたりの合理性と固定した世界に対する、実証主義的な信念が広く存在するが、日常の合理性が要求するのは、技法であって科学ではない。したがって、失敗から学ぶことは解釈学的倫理学にとって極めて重要なことなのである。リスクに直面する場合、わたしたちに求められるのは、ことがらに即した冷静な態度であり、自然科学的・技術的なものであれ、倫理的なものであれ、専門能力を身につける心構えを持つことなのである。自分の専門能力に慢心することがなければ、基本的に宿命論のような態度を取ることは問題外なのである。

作られた概念は精密な概念になるが、第二に問題となるのが、道徳の規則の曖昧さに同調したくないがために生じる仮定である。この仮定では、道徳的要請が無条件に妥当すると考えられる。倫理の問題にどうしようもない無力感がはっきり現れてくるのは、テレビ討論で優生学に反対する次のような論証がなされたときではないだろうか。その論証は、遺伝的疾患は根絶されてはならないと主張するが、その理由は、もしそれが根絶されれば、人々から同情が消えていくから、それは根絶されない必要がある、というものであった。そのような論証は明らかに窮地に陥っている点が物語られているし、わたしたちは、こんな主張をする人物の倫理的性質を訝しむこともできる。規範の普遍的妥当性を正当化することは本当に難しいし、無条件の義務を指示することも理解し難いことである。その点では、契約理論的立場には大きな利点がある。もし規範に込められた意志が結びつけられる、条件が分析的な真理を提示するものであるならば、規範はいつでも果たすことができなくてはならないし、それによって普遍性も確保できるのである（Hossenfelder 2000）。

行為と探究的倫理

行為はひとが目的を意識的に探究するものであるから、自然現象はその意味での行為ではない。では、行為はどのような条件を充たせば、自由な行為であると考えることができるのだろうか。これこそが問題である。行為者がどの時点でも行為を中断でき、また自分は自分がしようとしていることを本当にしたいのか、と問うことができると考えるならば、それが本質的な問題なのである。そして行為者が、自分の行為について自分で選ぶ選択肢のうちのどれかに決定することは、その行為が自由な行為である、というための根本的な前提なのである。重要なのは、意思決定をそれに従って行う、規範を承認することである。ある倫理を持っていることが、行為の可能性の条件制約なのである。誰もがみな自分自身の日常道徳と職業倫理に対する責任を持つ以上、最終的には自分の行動だけでなく、発言に関しても十分な責任をとらされることも起こりうる。ひとりひとりがある一定の道徳や倫理を受け入れ、それに対する責任を負っている。そのような規範を正当化できるかどうかではなく、その行為を遂行しようと望むかどうかが、重要なのである。そして決定した後で、何を望んでいるかを私たちは知るのである。

ピュロン主義者たちも、ここでは譲歩し、すべて行為することには価値づけが含まれ、私たちが行為をしないでおくことは不可能である点を認めるだろう。懐疑主義者もある生活形式のなかで生まれ育ったのであるから、それを放棄しようとすれば、自分で意思決定することが必要となる。しかし、それを正当化できるのは、わたしたちがもっとよい知識を持つ場合だけである（Hossenfelder 2000）。懐疑主義者が解明する判断が可能にする「心の平静さ」は、善き生のための基盤であり、その生活はイデオロギーや教条、思想体系のことを気にかけず、善き生が提起するさまざまな課題を認識するものなのである。自分自身や他者の傷つきやすさと自分も他者もそしてたいていの制度も、できることには限界があることを深く知ることで、さまざまな義務、理想、ビジョンと課題を現実化できるかどうか、が倫理学の主要な焦点になる範例となる。自分のアイデンティティを気にするように導くものは、利己主義やナルシズムのように、度過ぎた意味で個性を求めるのではなく、よい社会生活の意味での生活形式なのである。善き生を形作るものが何であるか、に関しては、多様なモデルや解釈があるので、善き生を可能にし、おそらくはそれを形作る範例に関してひとりひとりが解釈し、個人として選ぶことが必要となる。自分自身の存在を気遣う倫理は、自由の実践として理解されるのであり、それが倫理的自律を基礎づける。解釈する自由および実践と実践の文脈を自分で目標設定する自由があれば、自己自身に働きかけることができるし、そのような活動は、テクノロジーの文化のなかで自己を解放し、自己を見いだす過程と見なされるのである。

教条的［独断的］に哲学することを嫌悪することはあらゆる懐疑主義者に共通する傾向であるが、教条（ドグマ）は、ギリシア語では「定理」を意味する。したがって、懐疑主義者は、体系に強制されて哲学することには断固反対するが、これは、学派の哲学に対しても当てはまる。懐疑主義者が、確固とした、いつも正しい原理あるいは予め与えられている諸定理から始めることはない。実際、ある哲学的言明を完璧に基礎づけることは、不可能であるように思われる。同時に、懐疑主義者は、あらゆる客観的に妥当なものをすべて疑うような懐疑も疑い、真理の探究を完全にやめることはない。プラトンは、慎重な懐疑的方法を用いる対話編『カルミデス』(165 c1)のなかでピュロン主義的懐疑の萌芽的形態を記述している。ギリシア語の「疑う skeptomai」という概念は、文字通りには「私は自分のために疑う」とか「私は吟味する」にいいかえることができるものである。このように、注意して吟味し、懐疑的に探究し、教条的でないしかたで反省することに与えられた別の名称が、「探究的 zetetische 方法」なのである(プラトン『カルミデス』166 c7)。それを逐語訳すれば、「求めて研究する」である。しかし、プラトンも古代のアカデメイアもこの探究のうちに、組織的に進めなくてはならない哲学の第一歩しか見なかった。プラトンにとって、探究は発見に転換しなくてはならないものであった。正確にいえば、探究はそれが目標を見失ったり、盲目的になったりしないようにするため、いつもすでにある根底に前提されるべき(イデアをめぐる)知識によって導かれなくてはならなかった。だが、懐疑は、基礎づけられた発見が可能であるという主張を認めない。懐疑は、探究に固執し、保証された知識を発見したという主張がなされれば、それらがすべて根拠を持たないことを示すように努めるのである。

たとえば、アルケシラオス(紀元前三一五〜二四〇年)は、真理基準が存在する可能性を否定し、無知の教条主義の立場を代表した。アルケシラオスは、絶対的な懐疑を広めたとはいえ、不断の真理探究、探究的な方法を堅持した。また、カルネアデス(紀元前二一四〜一二九年)にとっては、判断が確実でないことは、その理由が対象自体にある以上は、弱点ではなく、自分の判断に反省を加え、意識的であることの徴であり、したがって、顕彰すべきことであり、哲学者にふさわしい。すでに古代ギリシアで以下の三つの立場が区別されていた。①アポリア主義者(真理に関する問題に向き合い、思考のアポリア、袋小路に固執する懐疑家)、②懐疑主義者(エポケー、判断中止を行い、吟味し、熟慮する者)、③探究者(真理を求める者)である。ソクラテスとプラトンがこれらすべてのやり方の父祖であった。したがって、このような探究的方法が解釈学的倫理学に近いことが明らかになるのは、その内的な構造からなのである。それは懐疑的でも教条主義的でもない方法である。しかし、懐疑と違い、ここでいう探究的方法には終わりがある。

ディオゲネス・ラエルティオスによれば、ピュロン主義の懐疑は、終わりのない不断の吟味、探究と判断中止そして一切の教条的な主張に対す不断の懐疑の過程によって特徴づけられる。というのも、ピュロンの注意深い懐疑的な立場では、なるほど根拠のある知識は、今のところ示されていないとしても、それは存在しうるからである。懐疑主義者は、教条主義者や哲学者の一派に、現代風にいえば、イデオロギーに反対するが、そのことによって、懐疑主義者は、プラトンが発見の瞬間のない不断の探究によって引き起こすアポリアを回避する。探究のためにはいつもすでに一定のしかたである先行的知識がなくてはならないが、それは誰が、そして何がこの探究に値するかに関わる。したがって、それはすでに見いだされていなくてはならず、また、ある具体的な知識を含意しなくてはならない。確かに、懐疑は、疑う過程のなかにひとつの先行理解、つまり、教条主義的なあらゆる哲学は挫折するという確信を持つが、この知識自体は内容的には否定的な性質のものだからである。このことを知っていたからといって、内容に関する確実性が基礎づけられるわけではないが、どんな場合も、教条主義的な主張がすでに存在しているのでなければ、この知識は存在しないのである。

倫理的啓蒙としての解釈学的倫理学

結局のところ、わたしたちは解釈学的倫理学を倫理的啓蒙として理解する。筆者がすでに別の箇所で述べたように(Irrgang 1983)、それはいわゆる「啓蒙の弁証法」の課題に適合するものでなくてはならない。ここですでに暗にではあるが、わたしたちは倫理学を懐疑へ方向づけることに同意しているのである。啓蒙が、啓蒙に対する攻撃に対して全面的に自己主張しようとするならば、啓蒙を啓蒙することは、啓蒙の運命であるだろう。そして寛容こそが、先入見を批判する過程と論争的な議論を行う際の、放棄することのできない、第一の前提条件なのである。事の本質からして、このように寛容を要請することのなかには、伝統に対するある寛容な態度も含まれる。その場合、伝統は、なるほど先入見を批判する過程でその妥当性を失うが、それでもわたしたちはそれを変化させるべきなのである。ここで懐疑的なしかたで反省を加えられたプラグマティズムと伝統とのあいだに橋を架けるべきなのである。なぜなら懐疑的態度が明らかにするように、わたしたちが先入見から完全に解放されることはないからである。また、その際、それは同時に歴史を指示するからでもある。しかし、先入見は、少なくとも訂正できるし、間違っている部分を捨てる意味で、それを否定し、改善できるということを、懐疑がその懐疑的性格をまったく失うことなしに、それを認めるかぎり、わたしたちは懐疑を啓蒙の探究的な自己理解とひとつのものとすることができる。探究的方法は、わたしたちを懐疑的な判断中止に導くものではなく、わたしたちが対立しあう価値や解釈に解釈学的に手を加える、方法的態度を取るように後押しするものなのである。

探究的方法がそこから始める洞察は、自分が行うあらゆる倫理的判断が間違うことがありうる、あるいは少なくともその判断には偽なるものが含まれるかもしれない、というものである。そこからわたしたちは、以下のことを導くことができる。

(a) 自分は注意深くて少し臆病なたちなので、倫理的判断を差し控える。

(b) 倫理的判断の根拠がどれほど薄弱なものでありうるかを、自分は知っているので、可能なかぎり、倫理的判断を差し控える。しかし、どうしてもある行為を選んで行わなくてはならない、そのような場面に立たされるとき、自分はすくなとも生活に関わることに決定を下すだろう。というのも、他人に自分自身の生活に関する決定を委ねることは、教条主義的だろうからである。他人もまたよりよい倫理的判断を下すことはできないので、他者の道徳的な態度をそのまま受け取るよりも、自分自身に関係することについては自分で判断する方がよい。この点では、やはり近世の倫理的な懐疑主義は、正当にもピュロン主義者の立場と根本的に区別される（Irrgang 1994a）。しかし、解釈学的・探究的な倫理学は、共同体の実践を徹底して考慮しなくてはならない。そこには懐疑義者も組み込まれなくてはならないし、懐疑主義者の行為を無意味なものとして貶めてはならないのである。

わたしたちは、近世の懐疑主義者を、ピュロン主義者とは異なり、ヘンリー・ニューマン枢機卿*10の倫理的判断に関する考え方と結びつけることができる。賛成と反対それぞれの論拠をまとめる際、ニューマンは、具体的なものの領域での推論的思考のための現実的な方法を「代数的な順序関係でプラスとマイナスの総和を取る」（Newman 1961, 204）のに似たやり方で具体例を把握することのなかに見いだす。絶えず相互に修正しあい、影響しあう、多くの多様な蓋然性が、論証を具体例に集中させることを可能にするのであるが、その基礎にあるのは、状況証拠のモデルである。首尾一貫しているからといって、それで真理が保証されるわけではないのであるが、ニューマンにとっては、証明にも程度――確実性の程度ではない――が存在する。その度合いは、確実性の場面にはあるが、確実性そのもののうちにはないのである。したがって、言明が真であることの開示、つまり真理は少しずつしか発見されないことは、真理が無条件の性格を持つことと両立可能なのである。わたしたちをひとつの倫理的判断――それは倫理的決定である――に導く論拠がすべて相対的で疑うことができるときでも、その判断は、その働きがいったん遂行されれば、無条件で、疑うことのできないものとなる。あらゆる決定を差し控えよう、と望む懐疑主義の決定にも同じことが当てはまるだろう。疑うことが可能なのは、自分自身の決定ではなく、むしろ倫理的な論証なのである。自己自身を反省する近世的な懐疑は、そのことによって、ある確実な理論的かつ倫理的・実践的な寛容を基礎づけるのである。

近世の懐疑は、懐疑主義的・実験的な倫理学の形式に近いが、それはちょうどこの懐疑が、たとえば、ロベルト・ムージルの小説『特性のない男』で文学的形態を獲得することに成功しているようなものである。ムージルは人類をさまざまな可能性を弄ぶ実験的共同体として把握する（Musil 1978, 490）。道徳は無限の全体を持つ生の可能性であり、ファンタジーであるが、まったく恣意的なものではない（Musil 1978, 1028）。今の時代には生きる上で、余りに多くの可能性がある（Musil 1978, 1038）ので、わたしたちは選択し、意思決定しなくてはならない。絶対に正しい規範的原理や命題が存在しない以上、この決定は、さまざまなモデルに従うことしかできないが、そこで反対のモデルをひとつに制限するならば、それは、ピュロン主義者に向けられた倫理学がそれを要求したように、無限の可能性を前にして教条主義になるだろう。ムージルの名は、「厳密さと魂との事務総局」[*11]（Musil 1978, 742）にとっては道徳科学に対するそのような［懐疑の］特徴を表すものとなり、それがさまざまな世界で生きるために、さまざまなモデルを調整するように、わたしたちを導くものでなくてはならない（Musil 1978, 787）。さまざまな規則の存在は道徳の内在的な本質に矛盾する（Musil 1978, 797）が、こうした形式の懐疑主義的な倫理学に従えば、他者に対してある倫理的な義務を特別に際立てることは、不可能になり、その結果、他者に規則を与えることもできなくなるだろう（Irrgang 1994a）。

解釈学的倫理学は、懐疑主義的倫理学から実験的な機能を引き継ぐが、最終的に懐疑主義者の独我論的立場までは共有しない。どのようなモデルにも、他に優る良い点があるとはいえ、それぞれが他に絶対的に優ることを示せるわけではないのである。したがって、他のモデルそしてそれに従ってひとが生活するモデルに対する寛容な態度が要請される。懐疑的な可能性の倫理学と実験的道徳が寛容を意味するのは、人間の行為の結果を調べる前には、自分が他に優先するに値することを理論で示せるようなモデルは存在しないからである。行為が結果として何をもたらすかを、わたしたちはまず見なくてはならない。近世の懐疑が含む洞察は、全面的懐疑主義は哲学的立場としては不可能である、ということであるが、決定的な真理基準や確実性の基準も発見できるわけではないという点にある。こう考えると、寛容なしには生活できない、とする思想と価値の多元主義に近づくのである（Irrgang 1994a）。

したがって、わたしたちに必要なのは、実行可能な形式を持つ倫理的反省なのである。懐疑的な問題の背景にあるのは、知識、無知そして信じなければならないこととどう関わるか、という問いであるが、その課題は、共同体の実践を組織することを目標にし、それを変えることにある。つまり、その目標は、知的な組織であり、ある組織の知識基盤なのである。その際、助けとなる手段にとって本質的なことは、組織的に学習段階を踏み、さまざまな学習の文化を持ち、異なる知識の諸形式を前にしたときも、その混乱状態が克服できるようになることである。複雑性を縮減し、モデルを作ることがそこでは重要な役割を果たす。また、同じように、問題の文脈を明らかにし、それを再構成することが、知識と無知の問題を徹底的に論じる際の本質的な要因となる。欠如、同一化、内挿法[*12]が、そして一定の価値を志向する知識のマネジメントがその全体をなすのである。パースペクティブを継承することが、一定の価値を志向する知識マネジメントとの関連では重要な意義を持つが、さまざまな意味づけと価値づけの判断のために、必要なさまざまな枠組み条件、地平と範例とを限定しなくてはならない。これが解釈のやり方である。その場合、明示的であれ、暗黙的であれ、解釈の知識基盤となるものの原型がどのようなものであるかを示さなくてはならない。解釈を行うためのはっきり定義されたコンセプトを基礎に置かなくてはならないのである。ここでは問題史と概念史の解釈も問題となるだろう。それに続く段階は、関連する知識の同一視と構造化を包括する。さらに、事実と価値評価の問題の同一視が続く。同じくテクノロジーの手段とこの手段の投入の帰結に関する分析も不可欠である。無知は「まだ知らないこと」として把握できるが、決定的なのは行為の文脈である。とはいえ原理的な無知もありうる。無知は、それを行為の文脈に合うように、そこにはめ込まなくてはならないが、そのためにわたしたちは、さまざまな知識基盤の再構成、ネットワーク化、修正のような方法を必要としている。そして最後に、知識と無知という見方を克服し、関連性の文脈の戦略を作り上げることができなくてはならない（Götz 1999）。

不確実性と無知に対する伝統の関わり方は学問的であった。そして倫理学も哲学と同じように学問でなければならなかった。解釈学的倫理学の信じるところでは、不確実性との関わりも、倫理的反省のように、それを技法として特徴づけ、記述できなくてはならない。社会的逸脱の場合は、明示的知識が支配的であるが、それは、コントロールや検証可能性、評価可能性と法的に実証可能な責任負担の可能性の問題が、ますます強調されている世界では、特にそうなのである。わたしたちの社会は、規則の範例に向かって、激しく動いている。しかし、他方で広く流布している考え方によれば、わたしたちは、知識生産の明示的メカニズムだけでは現実に対応できないし、そもそも現実の客観的模写のようなものは存在せず、むしろ、自己組織化の過程の形式で神経の諸構造が形作られ、それが生き延びるための生活実践のパフォーマンスを可能にするのである。明示的に記述可能なものの限界は、カリスマや指導能力、動機づけの力によって限定できるが、それらの力を特徴づけるのは、さまざまな困難を、規則の力によってではなく、それを規則に逆らってでも、克服する能力が存在することである。明示的でない知識は、たとえば、医学では伝統的に（診断と処置の技術論として）大きな役割を果たしてきたが、実生活では、医学のシステムは、規則の諸産物にますます強く適合させられるようになり、そのさまざまな経過は、測定可能で提訴可能なもの、法的あるいは法廷的となりうるものとなっている。したがって、医学の明示的でない知識の部分は、今では枯渇してきているのである（Radermacher u. a. 2001a）。

技法と明示的でない知識

まだ構造化されていない環境に由来する通常の多くの情報は、それを直接に観察したり、導出できたりするものではなく、わたしたちはそれをただ環境と関わる経験からしか学び取ることができない。明示的でない知識をさまざまな事実から適切な数の含意の規則を通して導出できることなど、証明できはしないし、また、わたしたちは、必要などんな情報でも獲得できるようにする、規則だけを認識すればよい、ということも証明できない。むしろ、現在、ますます支配的になっているのは、システム理論の身体化の発想であり、それは、最終的には（システムがそこに埋め込まれる）世界でうまく成功した行為を通して明示的な行動規則を創発させることを目指したものなのである。情報の上では不十分にしか限定されていない状況では信頼が必要とされるが、それは、わたしたちが技術や情報のシステムに安心して身を委ねられる場合であり、他の選択肢がないので、それらを信用せざるをえない場合である。信頼こそが、明示的ではあるが、不十分である確実性を補償するのである。わたしたちは、信頼を寄せることができれば、あたかも自分が安全な状況にあるかのように行為する。人類が歴史を刻む過程でも、個人が社会化する過程でも、わたしたちは、大部分が移行〔移転〕のメカニズムに基づく、信頼醸成の技術を学んでいる。安全性の問題は、ここで安全性を「原初的なもの」――これまで事実上、それと一緒に信頼醸成のメカニズムが働いてきた――といいたくはないのだが、わたしたちがそれを集中して信頼性研究の主題とすべきであることを示している（Radermacher u. a. 2001c）。

集団の持つ知識は、たえず断片化するかたちで存在する。したがって、知識マネジメントが目指すのは、個々人の知識を育て、広げ、個人のあいだでの知識の交換を拡大することである。コンピュータの技術を基盤にした、情報技術の進歩とともに、明示化の圧力は、これまで当事者たちの明示的でない知識により強く導かれたか、あるいは専門家たちの実践的な経験を頼りにしてきた領域でもいっそう強まっているが、通常、人間の労働のさまざまな機能を情報技術のシステムに移行させるためには、その基礎にある諸規則を明示化することや、コンピュータのプログラムのためにその規則を形式化し、モデル化することが求められる。では、明示的でない知識は、本来、明示化や形式化とともに消えてしまうのだろうか。あるいは再び新たに生成するのだろうか。うまく成功する知識マネジメントにとっては、明示的でない知識と適切に関わることは、戦略の重要な要因となる。たとえば、契約のような明示的な行為によって、社会的な秩序が生じるのだろうか。あるいはそれは互いを結びつけるしかたで、方向づける行為の明示的でないままにとどまる規則によって構成されるのだろうか（Irrgang 2004a; Radermacher u. a. 2001c）。

ありふれた日常的行為に見られる社会秩序に関する明示的でない知識を明らかに示すために、ハラルド・ガーフィンクルは、有名な社会人類学の諸実験を行った。つまり、この実験の被験者たちは、自明だと思われる言葉についての質問に基づいて、それに関連する回答を行う際に、次々と自明なことがらをはっきり述べるように強いられたのであるが、質問者が被験者たちの心をかき乱したり、怒らせたりするのは、まさにかれらが多くのことを語ることができないからであった。とはいえ、それはわたしたちが一般に知っていることであり、また一般的なこととして共有されていると見なしていることがらでもあった。明示的でない知識は、わたしたちが日常生活で自明のことがらと見なしているものであるが、語られうるものというより、示されうるものなのである。アーウイン・ゴフマンが主題化したような、さまざまな行為の「枠組み」は、ポランニがいう、意味を与えるゲシュタルト開示とある程度は類比的なものであると見なせるが、それは、さまざまな役割と言明に一義的な文脈を割り当てる、台本のように働くのではなく、所与の状況で行為するひとがそれをつねに実際にともに示し、解釈し、変更しているものなのである。ゴフマンは、表舞台と舞台裏とを区別し、後には明示的な計画と状況に依存する行為も区別した。実践的行為に関する社会理論や文化理論が関心を持つのは、そのようなフィクションの制作と影響なのである。合理的選択に関する諸理論は、そのさまざまな規則を明示化することを好み、それを理念型となったゲームの諸状況を取り出すために用いるが、そこではゲームの戦略と規則が予測可能なゲームの結果をもたらすのである。明示的でない知識が包括的にそこに含むもののなかには、さまざまな実験環境に関連する、書かれていない規則、試行錯誤によって加わるさまざまな経験、さまざまな問題の定式化のしかた、問題の展開にそれぞれふさわしい戦略の選択、一定の状況下で何が妥当で関連性を持つのかということに関する、一般的な基準の解釈などがある（Radermacher u. a. 2001c; Irrgang 2005a, 2007）。

明示的でない（技法）と明示的な（科学）の区別の表は以下の通りである。

暗黙的	暗に形式的

沈黙的	明言的
ゲシュタルト知識	細部の知識
身体的知識	認知的知識
閾値以下	意識的
直観的	反省的
実践的知識	理論的、議論的知識
技法	科学
ノウハウ	命題的知識
創発的水準	直接的水準

この図式には明示的なもののレベルが少なくとも四つ現れる。つまり、①認識論上の認知的なレベル、②身体論上の身体化されたレベル、③双方向的な社会的レベル、④創発理論的なレベルである。このうち最後のレベルをポランニは根本的であると考えたように思われる。というのも、そのレベルはポランニにとってあらゆる領域に適用可能なひとつの図式を含んでいるはずだからである。創発的なレベルで何か新しいものが生じるのは、より下位のレベルには見いだせないある過程を通してである。ある美しい文体は、たとえば、ある正しい文法の明示的な諸規則から生じるが、とはいえ、それは文法の諸規則から導出できるものではないのである（Radermacher u. a. 2001c, 130）。

明示的でない道徳的知覚と道徳的ジレンマ

道徳だけに特定される操作は存在しないし、したがって特に倫理的な推論形式のようなものも存在しない。とはいえ、特殊道徳的な知覚の形式とさまざまな役柄の引き受け方は存在する（Edelstein 1986, 92）。平等、適法性、相互性は、分配のために必要な観点であり、それらに従い、社会的組織のある形式の利点と負担とがさまざまな個人に配分されるのである（Edelstein 1986, 98）。正義論の問題設定は、相対主義的な立場に反対して普遍主義の欲求を強化する目的には最も向いていない。また、互いに競合する正義に関するさまざまな表象、つまり、収入、平等、必要、幸福の功利主義的な最大化などは、正義の立場の擁護をむしろ困難にする。しかし、それでもわたしたちは、暗黙のうちに正義を理解している。

たとえば、コールバークは、役柄を相互に引き受けることに関するかれの道徳的な方法に普遍妥当性を要求する。そのことでコールバークが主張するのは、道徳的な方法に関して合理的な一致が可能なことである。その際、合理的に基礎づけられた決定可能性を、道徳的な方法や道徳的規範に対して要求するだけでなく、道徳的な対立を具体的に解決することについてさえも要求するのである。このような要請は、いささか度を過ごしているので、制限された普遍主義に賛同する方が自然ではある（Edelstein 1986, 130-135）。しかし、そのかぎりで行為のさまざまな結果の費用を評価し、また同時にその帰結の評価を求めることはまったく正当なことなのである。したがって、コールバークの図式[*13]に関していえば、規範の妥当性についてだけでなく、道徳に関係する具体的な対立の個々の解決の正しさについても合意にいたることができるかどうか、という問題が存在する。これに対する反論として、ハーバーマス自身も認めたことであるが、倫理の原則に関する討議は、それに固有の適用の問題を規制できないという指摘が妥当するだろう。しかし、現実主義的な倫理学は、個人ごとに異なるライフヒストリーに関連するとき、合意にいたることのできない道徳的問題が存在するという事実を受け入れなくてはならないのである（Edelstein 1986, 139f.）。（自分の妻の命を救うために、夫が高価な薬を薬局から盗むべきかどうか、という問題に関する）いわゆる「ハインツのジレンマ」の場合、薬剤師や金貸しなど、あらゆる関係者が葛藤に陥る。しかし、この場合、その夫も幸福と正義が同時に実現できるかどうかを問わなくてはならない。この種のジレンマの構造に直面する場合、道徳の立場では、あらゆるひとにとって何が善いかを、同じしかたで評価しなくてはならない（Edelstein 1986, 213）。また、「救命ボートのジレンマ」も本当の道徳的な問題を示している。壊れて水漏れする救命ボートに航海術に長けたひとりの船長と屈強な漕ぎ手そしてひとりの弱々しい老人とが座っているが、この状況でひとりが他の二人のために船を降りなくてはならないと仮定する。この場合、どのようにすればこの決定を下すことができるだろうか。この思考実験では、関係者が互いにある理想的な役柄を引き受けることで、それぞれの利害を均衡させ、同時に共感を働かせるはずなのであるが、それは、ある認知的状況での普遍化に基礎を置いている。共感は、自己自身の理解にまで戻る、という意味で他者理解を含むのである。したがって、協力的な議論の場合は、解決の図式が作り出されるはずである。たとえば、救命ボートのジレンマからの脱出としては、くじ引きが選ばれるだろう。ある道徳的なジレンマを仮定することは、認知のさまざまな構造を捉えるための非常に有用な方法なのである。これらのジレンマは、現実の生活のさまざまなジレンマを凌駕しているが、わたしたちがそれに衝撃を受け、巻き込まれる以上は、たんなる思考実験ではない。そのため、ここでわたしたちは、責任感が思考と行為とを結びつける有意義な媒介である、と見なしてよいのである。こうして、ある目標は、思考と行為のあいだにある繋がりを一定程度、表象させることができる。しかし、偶然の諸条件によって激情が掻き立てられることもあるだろう。そこで責任感が、表象能力、有効性の確信、関与《アンガジュマン》の三つの構成要素から生まれる（Edelstein 1986, 383-385）。

解釈学的倫理学の四つのレベルに関係する研究方法

解釈学的倫理学が答えを与えなくてはならない根本的な問題は、わたしたちは倫理学を経験から（つまり、発生から）構想するか、それとも規範的倫理の水準から構想するか、という問題である。解釈学的で実践的な倫理学は、ここでも「あれもこれも」の道を進むが、それは、道徳的、社会倫理的そして倫理的知識の諸形式を区別し、互いに関係づけることによってである。こうして倫理的判断ないしは倫理的に検証される行為の格率に関して、倫理的な反省の以下の四つのレベルすべてに関係する研究方法が必要となる。

① 実践的な倫理的理解の意味での直観知ないし日常的知識。生活に帰せられるもの。
② 作り出される規約的知識。たとえば、立法手続きの意味で司法に調整されるもの。やはり良識の理解に帰せられるもの。
③ 因果的に再構成される知識。自然主義の倫理学、特に生物学や生理学、しかしまた、部分的には心理学に見いだすことができるもの。精神分析的方法でセラピーのかたちで産み出されるコミュニケーション的知識。
④ 哲学的・メタ倫理学的ないし解釈学的反省。特に、収束、一貫性、メタ倫理学的諸規則の考慮のような方法論的基準に向けられるもの。

この場合、解釈学的反省は社会倫理に関わる知識のあらゆる段階を取り上げるが、それは、経験を考慮したしかたでさまざまな義務を定式化し、具体化するためである。それをまずどの段階から始めるかはさして重要ではないように思われる。というのも、反省は段階を次々に追っていくからである（Irrgang 1998）。

【道徳と倫理の四段階図式】

直観的日常知	良識	道徳
構成的・規約的知識	良識	道徳、法学
因果的・再構成的知識	心理学、生物学	経験と関連する倫理
解明的・遡及的知識	哲学、倫理学	メタ倫理学

人間は、知識、思考、判断のさまざまな欠乏に苦しめられるものである。人間の持つ知識は、必然的に不完全であ

り、人間の思考力、注意力、集中力には限界があり、その判断はしばしば不安、偏見、私益によって曇らされる。これらの欠陥のなかには、道徳的誤謬、我欲そして無関心から生まれるものもあるが、しかし、欠陥の大部分は、人間の置かれている自然な状況を原因とするものである。つまり、人間は、多様な生活設計を持つばかりでなく、哲学的、宗教的、政治的そして社会的にまったく異質の多様な直観を持つものなのである。このような複合的条件を解釈学的に基礎づけられた応用倫理学は取り込む。

見解の不一致のマネジメント

見解の不一致に、またそのマネジメントに正当な基礎づけられたしかたで折り合いをつけようと最も精力的に関わってきたのが、クリストフ・フービッヒである（Hubig 1997）。見解の不一致をマネジメントするためのさまざまな戦略は、近代の価値倫理学を基盤にして、（技術の倫理学の優先的な受取り手であり、テクノロジーを反省する構造の代表としての）さまざまな制度と組織の枠内で発展させることができなくてはならない。「文化」が、あらゆる技術とその社会的状態の総体としての「文明」とならび、価値理念――それらは、制度が担い、組織が体現し、頭脳の内に碇を下ろすのであるが――の全体を形作るとするならば、問われるべきことは、これらの理念のうちどれが、技術の使用と誤用とを導くのか、という問題である。わたしたちは、技術の理想、技術像そして先入見を、技術を組織化するために必要な理想的で規範的な基盤として、それらがどのようなものであるか、を突き止めなくてはならない。また深層に位置する思考や価値評価の多様な構造もここで明言される。技術に合理的に向き合うことを妨げるような態度や模範の正体を曝露しなくてはならないのは、それらがまさにこうした過程に適合し、技術的で戦略的な思考を絶対化することから生じているからである。その場合、価値に関する見解の不一致のマネジメントは、収束を目指した観点によって導かれなくてはならない。見解の不一致の管理運営《マネジメント》に関する、制度と組織の課題は、技術の解釈のためにある共通の基盤を作り出すことにある。

見解の不一致のマネジメントは、見解の不一致を許容し、それに耐えるより高い段階での合意を形成するものとして、討議倫理学の基本的立場の幾つかを変更する。①合意と見解の不一致はもはや同じレベルで争うものとしては現れてこない。②コミュニケーション行為と戦略的行為ももはや対立するものではなくなるだろう。③戦略的行為の領域での見解の不一致は、それを開示することを通して、コミュニケーション的になるだろうし、それらを許容することについてより高い段階で合意することは、それ自体として排除する必要のない固有の戦略的正当化となるだろう。④普遍主義的に考えられた主観性、という疑わしい理想の代わりに、「主観性を超えるもの」という理想が立ち現れてくることもできるだろう。それが意味することは、制限のあるさまざまな道徳の基礎づけを承認しはするが、それらの基礎づけを受け入れる義務はないことである。⑤個々の生活世界との結びつきは、この領域主義の範例のもとでは、今までとは違い、討議倫理学がそうしていたように、普遍的規範に関する合意の付録のようなものとして追求しなくてはならないものではなくなり、それぞれの討議の努力の出発点となるだろう（Hubig 1997）。

見解の不一致のマネジメントの戦略には以下のようなものがある。①再度の個人化、②見解の不一致の領域化、③問題の差し戻し、④猶予と結びつけ、決定を先に伸ばすこと、⑤法的な処置の必要性に関する禁止ないし合意、⑥完璧に責任を負う者のいない妥協の戦略である。哲学が、ある見解の不一致を規範的に解消することをあくまで要求するならば、哲学は自分自身に過剰な要求を突きつけることになるが、それは、ある哲学の立場は、同時にそれを承認する必然性の根拠をもって明示することができないからである。とはいえ、もし利害の均衡とそれに対応する補償の許容範囲の限界が問題になるなら、討議は挫折の危機にさらされるだろう。なぜなら討議の参加者がそれらを許容することと自体が問題化されるからである。このような場面では、何か哲学的なアドバイスをすることが可能で、それが適切となるだろう――それが場違いになってしまうこともあるだろうが――し、それぞれそれに対応能力があれば、調停者を支えることもできるだろう（Hubig 1997）。

パースペクティブがインフレーションを起こし、紛糾が生じることは、見解の不一致のマネジメントを脅かし、挫折させようとする。とはいえ、わたしたちが、哲学的パースペクティブから示すことができるのは、理論に欠陥があると、パースペクティブの発展の場合は、そのパースペクティブと結びついている、関連領域での構造の欠陥と同じように、まさにその転換が阻害される点である。そこで、見解の不一致のマネジメントは、互いに対立する模範のあいだに立って、それらを架橋し、解釈し、比較するという課題を持つことになる。したがって、たとえば、循環型経済の要求することは、自然の保全要求や資源保護の要求と対立することもありうるが、しかし、また、それらと相互に補完しあうこともありうる（Hubig 1997）。持続可能な発展というコンセプトは、多様なレベルの価値を含んでいるので、持続可能な発展の模範も見解の不一致のマネジメントを必要としているのである。

価値観の不一致が最少倫理に問題を突きつける。道徳のコア領域を制限することにより、倫理学の理論が複数あるという事実は決定的にその重みを失うからである。また、対立を生み出す内在的な原因の問題も先鋭化していく。というのは、関連する価値の数が少なければ少ないほど、当然ながら、それに応じてさまざまな価値が対立しあう確率も小さくなるからである。技術に関する道徳的価値評価と関連する、この目標の帰結として、技術が新しい倫理学を必要としている、という主張も退けられる。技術に関する道徳的価値評価が説得的なものとなるのは、それが近代の技術を通して、技術の害毒を初めて顕在化させるさまざまな問題に答えることができる場合だけなのである。そうした問題のなかで最も重要なものは、「時間空間的に離れていることがもたらす影響」「潜在的なカタストロフィー」「技術的行為の帰結に関する不確実性」などの見出しで括れるものである（Mehl 2001）。

価値転換の過程の例としての生命倫理学

テクノロジーの進歩によって誘導された、価値転換の過程の一例として、ここでは生命倫理学の問題群を取り上げたい（Irrgang 2005b）。特に、一九六〇年代には生命科学分野で根本的な変化が生じた。二〇世紀に生物学と医学は敬服に値する進歩を遂げたが、それは生命に関する拡大する科学的理解と技術的イノベーションの新世界をもたらした。そのような新しい世界は、人間の身体と精神の自然本性の傷つきやすさに関して予言されたことがらについて、まったく新しい像《イメージ》を発展させたように思われる。それは人間の生命の治療可能性、救命、改良、延命に関するものである。しかし、それだけではない。別のパースペクティヴから見たとき、人間の能力の拡張は、人類史上ふつうに提起されてきた、非常に古くてかつ重要な問題と関わる一連の問題を提起している。それは、生と死の意義、痛みと苦悩に耐える問題、自分自身の生命をコントロールする権利と権力、自分の健康や幸福が著しく冒されるような状況で、他人と自然に対してわたしたちが持つさまざまな普遍的義務に関するものである。生命科学は、これらのパースペクティヴをすべて含むので、わたしたちは、人間の自然本性、行動そして人間の生活がそこに根ざしている場所をすべて包括する自然的世界を理解するように努力しなくてはならないのである（Callahan 2004）。

一九六〇年代は、テクノロジーの途方もない進歩の目立った時代である。それは、人工透析、臓器移植、医学的に安全な堕胎、ピル、出生前診断、集中医療医学や人工呼吸の広範な普及、そして死が劇的に人間の住居から病院や他の施設に移され、遺伝学の工学技術の最初の萌しによって特徴づけられていた。実際、そこにはさまざまなテクノロジーの発展の注目すべき輪舞があったが、それは生命科学的研究とその第二次世界大戦への応用の結果として生じたものであった。しかし、同じ時代にレイチェル・カーソンの『沈黙の春』がきっかけとなって、テクノロジーの発展がもたらす、環境への悪影響を従来以上に非常に強く注意し、考慮すべきである、という考えが生まれた。こうして技術と経済の進歩の否定的側面およびそれらと結びついている自然支配の問題が浮上したのである。このような展開の全体から新しい道徳的問題が生じた。生命倫理学は、単独もしくは独立の問題として生じたのではないし、哲学の内在的な発展の結果でもなかった。むしろ、それはある文化的環境から出てきたものであるが、そこでは対応する教育上の努力や社会と文化の改革が促されていたのである。ヨゼフ・フレッチャーは、近代医学の権力を称えたが、かれによれば、近代医学は人間を自然の強靱なかぎ爪から解放し、それに取って代わり、人間が自分自身の生命を選択し、生きることができる権力を与えるのである（Callahan 2004）。

生命観は、より長い寿命や子孫に対する見通しによって、また、人間の生命や思考が人間を変えるべきである、という薬学の強力な補助手段に対する見通しによっても変化した。その際、同時に明確になったのは、生命科学のさまざまな主題に対する学際的アプローチの重要な意義であった。この領域の中心には、やはり功利主義と義務論[*14]のあいだの闘争がある。生命倫理学の場合も、わたしたちが、他の場合の倫理学と同じように、原則志向の着想を持つとき、特に十分に考慮しなくてはならないのは、原則間で相互に対立が生じるときに、どのような問題が生じるかであり、優先度が互いに対立しあう場合に、優先順位をどのように確定するかである。こうして反省的均衡の方法と決疑論に考慮する試みも行われた。そこには現象学的分析、ナラティブ的戦略そして解釈学的な解釈のパースペクティブも含まれる。したがって、解釈学的倫理学は、範例の転換、価値の変化、テクノロジーの進歩と倫理学自体の複数性を考慮しなくてはならないし、その結果、それらを自己批判的かつ修正可能なもの、そして歴史へと方向づけられたかたちで構想しなくてはならないのである。

技術の場合も科学の場合も研究を行うなかで、自然なものと人工的なもの、ないし自然と技術の対立がますます希薄なものとなる一方で、逆に倫理学の議論の場合には、この対立がますます強調されるかたちで引き合いに出されている。本書で構想される生命倫理学が存在するのは、生命科学の孕むこの逆説のせいなのである。つまり、自然なものと生命的なものを最も効果的に研究し、理解させるのは、最も現代的なテクノサイエンスなのである。生命的なものや有機体、その組織に関する技術的に成功したアプローチが、生命的なものを認識し、それに関わるさまざまな倫理的レベルを分析する際にも、本質的な出発点になる（Irrgang 2005b）。

特に、［人工呼吸器などの］心肺の機械と死に関わる文化の変化が生命倫理学を産み出すきっかけとなった。その中心的な問題は、医師が患者の生死を決定してもよいか、というものであった。こうして、部外者が病院のベッドサイドに入り込んできたのである。つまり、法律家や神学者や倫理学者である。医師に対する信頼の喪失とその結果生じた社会の空白とを倫理学が埋めなくてはならなかった。こうして医療行為の正統性に関する根本的な変化が生じた。

いわゆる「患者の夜明け」[*15]が起こった。したがって、生命倫理学が、それ自体としては不安定な基礎しか持たないことは、特に驚くべきことではない。生命倫理学に関する論争は、ある倫理的な不安定化の兆候として評価することができる（Prüfer/Stollorz 2003, 6-10）。今では生命倫理学と生命医療の双方で新しい革命が起こっているが、それらが共有しているのは、人工生命、人工臓器、人工的な感覚器官、可能ならば、人間の脳の人工的な諸部分が自然の臓器、進化論的に発展してきた生物よりもほとんど優れている、という考えである。

実験科学あるいはテクノサイエンスはその権力を行使し、神経科学や関連する他の種類の生命科学もそこに含まれる。それらの科学は「身体的な精神」[*16]とその理解のために知識を用意するだけでなく、人間の脳の構造に介入し、それを必要があれば、技術的に変えるための対応する知識もわたしたちに与えるのである。そのために基準が必要となる。この目的のためには、カタストロフィーに備える堅固な原則を持つ倫理学が最も適しているように思われるが、行為のたえず変化していく諸可能性に直面するとき、必要とされるのは、解釈学的倫理学のような柔軟な倫理学なのである（Irrgang 2005b）。

生命倫理学の議論の三つの範例

生命倫理学の議論には三つの範例があることがしだいに明確になってきた。

① たいていは形而上学と存在志向の枠内に置かれる生命庇護の保守的倫理学。人間の現にある自然本性の保護、修復、再生の発想で現存する自然本性を一定のしかたで保存する。その意味の保全の倫理学（保守的なしかたの生命庇護の意味での人間の尊厳）。

② 人間の身体的行為を志向し、現代の生命技術の応用的イノベーションも含むプラグマティックな治療と改良の倫理学と効用の考察がある役割を果たすプラグマティズムの倫理学。ここで問題となるのは改良、構成そして治

療の範例である。さらにこれに加わるのが、さまざまな生命や有機体の形式が含む発展の潜在力を支持することであるが、そこでは創造性とバイオ・テクノロジーとが主要な役割を果たす。しかし、そうした新しい可能性とどう関わるのか、またそれが人間の日常生活（具体的ユートピアとしての人間の身体性）にどのような影響を及ぼすかを考える点で構成主義的反省に繰り返し立ち戻ることになるのである。

③ リベラルな優生学者の立場。ここで問題となるのは品種改良の範例、淘汰の範例、最適化と完全化であり、その立場は、技術的な発展や技術的な人工物の発展の根底にあるのと同じものである。技術的に制作可能であれば、それがまた制作されるべきなのである。それはテクノロジーの命法であり、技術者支配である（技術革新的なテクノロジー、抽象的なユートピアとしてのテクノビジョン）。

改良の範例はかならずしも優生学的ではない。また、修復と改良のあいだの境界も流動的である。重要なのは、そのような範例にとっての技術的手段の適切性の評価であるが、そこには、技術的な成功と社会倫理的な成功の二つの意味がある。わたしたちは、人間の実践に関してこの二つの視点双方を考慮しなくてはならない。そして最終的にこの着想は、文脈に関連し、文脈と一体の自律のモデルに帰着する。このモデルは、予防的、理論的、原状回復的、そしてときには改良的にも未来志向的にも理解される。人間の生命や生活の質の価値のコンセプトに関する、以下の諸基準を改良のオプションを備えた、治療の原則の根底に置くことができる。

① 人間の生命の期待すべき生存可能性と将来の可能性（生活能力）。
② ある生命の質と主観的価値（痛みを伴うこと、負担、損害とそれらの進行）。
③ 一定の道徳的な主観的権利は、利害に結びついているが、その場合、これらの利害は意識して合理的に正当化できるような選好でなくてはならない。

④　客観的な道徳的権利は生存能力と結びついている（そうでないならば、ある生きる義務が要請されなくてはならない）。

⑤　人格概念には、主体性、自我、合理性のような下位概念が伴うが、そこでは少なくともこれらのものが傾向性としては存在していなくてはならない。

②の立場は、人間的生命、身体化した魂、人間的で人格的に精神的なものの範例を志向し（Irrgang 2007）、③の立場は、技術的・医学的に制作可能なものを志向している。

最初の立場①は自然の秩序と安定性とに基づく。環境の安定性が存在するのは、わたしたちの基準、つまり、数十年の観点から見てのことに過ぎないが、自然の場合、それは全体としてもっとゆっくりと変化することがあるので、それが安定したものと捉えられるのである。しかし、全体として見れば、環境の歴史は、人間のさまざまな文化と自然環境とのあいだでの複雑な相互作用と見なすことができる（Sieferle 1997）。自然について語ることにより、一定の秩序と方向づけへの要求とが充たされるのである。自然は、基本的なもの、自立的なもの、自発的なもの、成長するもの、意のままに自由な使用に供されないもの、生産されないものと見なされている。その反対側にあるのが、人工性、技術、規約、制作物、強制されたもの、創成されるもの、陶冶されたものである。文化は、欠如の克服と見なされ、自然は理性に従えられる。これに取って代わろうとする解釈では、生命は、自然との調和、文明は堕落と理解される。このモデルは二つとも、文化を自然から離れること、技術を自然と対立するものとして捉えている。本源的な自然とそれを破壊する文化という互いに補いあう基本型は、特に（野蛮人ないし高貴な野生人としての）未開のものの姿のうちにはっきりと姿を現わすが、そこで問題となるのが、自然状態とは何か、なのである。文化の侵襲から自然を守るというコンセプトも、文化と自然との対立を前提にしている。この状況が逆説的なのは、文化が自然を脅かすと同時に、しかし文化が自然を守ることを要求している点である。したがって、自然それ自身のための自然保護は、非常に後発の、特に文化的なコンセプトであり、それは産業革命やそれと結びついた世界規模での自然の破壊を前提としている。同じく、風景の美学的範疇も構築されたものであり、そこでわたしたちは、風景が社会的に構成されることと風景の現実の変容とを区別しなくてはならない。現実の風景は、文化的な風景よりも重要であり、それは、人間が介入しなかったとしても、絶えず変化している。自然風景は過程の性格を持つのである。

治療の構築された範例、②の立場は、自律（当事者の自己決定権）を公正さに、つまり、特に、治療や救援のために可能なかぎり傷つけないこと、痛みを生じさせない、という規定と結びつける。したがって、ここで問題となるのは、文脈化された自律である。この文脈には、倫理的判断を下す際の、公平性ないし中立性の原則および保持されるべき生命の将来の可能性が含まれる。重病の胎児や新生児の将来の可能性は、その子どもたちが置かれた状況の技術水準に左右される。重病の新生児の両親には確かに苦悩と苦労が生じるが、当然ながら、それは両親の属する社会や家族の状況によっても変わる。

治療のための技術的手段も医学の場合、折々に改善されていくが、その組織的な改善がプログラムにまでなるとき、それは初めて危険なものとなり、優生学的な考えの基礎にある規律の範例に近づく（Irrgang 2002c）。わたしたちは、人間の身体を型に合わせて作り上げるのであるが、健康と病気のあいだでの、成功したこの試みを効用と倫理学の双方の意味で価値評価しなくてはならないのである。先取りし、構想された身体の意味で、自分自身の身体と賢明につきあうことが、ここでの基準なのである。健康こそがそのような身体の最高の価値であるというひともあれば、忘我、超越そしてリスクこそがそれであると述べるひともある。そして、人間の身体を健康に保つための相互の連帯という価値も存在する（Irrgang 2005b）。

人間の身体的実践の人間学は、それを遂行する際に、経験される自由と社会倫理的義務の両極のあいだにあって、超越論的に絶対不可侵である、と証明されるカント的メタ倫理学である。それは同時に、ひとつの特権と課題、権利と義務、そして権力付与と義務構造とを提示している。カント的メタ倫理学が基礎づけるのは、最終的には人間の普遍的で特別な位置である。この文脈で問題となるのは、患者の自律であり、その福祉である。伝統的には、患者の福祉は、その基礎として病気になった場合の生活の質に関するコンセプトを含んでいる。さまざまな病気の運命の比較がこの医学という活動の前提なのである。

治療者は、誰もがすべて功利主義者になる必要なしに、効用の議論を受け入れられるし、費用と尊厳、効用と道徳とを厳格に対立させるのを拒否する意味では、ポストカント主義者なのである。治療者にとっての効用の倫理的基準は、効用を善良の構成要素と見なしてきたように、これまで過小評価されてきたが、それは重大な位置を占める倫理的問題である。治療に関して反省的に構築された範例は、順調な人間生活のための前提を医学的技術的に可能なかぎり産み出すことと同じように、生命体の健康（生態系の場合はそれと比較可能なもの）の回復（修復の範例）を含む。これは、生活の質のコンセプトないし現に生きられている人間生活の価値と同じものではない。多少とも功利主義的なコンセプトの代わりに、ここではある人間学的なコンセプトが登場すべきである。つまり、それは、身体的かつ人格的に遂行される人間生活の価値の範例（そこには他のライフスタイルのための諸段階が伴う）である。この範例は効用と傷つきやすさや病気、障害にもかかわらず、成功する人間生活のために投入される手段の（倫理的）価値を強調するのである。治療に関連して立てられた基本的な態度は、その倫理的な資格を認められ、人間学的に評価可能な効用ないし成功を目指すものなのである。

エンハンスメントの問題と人間的な身体性の基準

わたしたちは、今、健康でないか、あるいはこれから健康ではなくなる人物を、もっと健康に、あるいは病気の症状を軽くすることを許されるだろうか。補償的な修復の発想とは異なり、治療的で技術的な観点では、この問いには肯定的な答えが与えられる。治療的・技術的な着想は、(a)補償的であり、(b)改良的である。(b)に対しては先鋭化された倫理の規則が妥当する。正しく順応させること［エンハンスメント］は、治療と救援そして人間の幸福のための医学の進歩の意味での改良の倫理である。それは、人間の健康とその可能なかぎりの速やかな回復、また人間の一般的条件ないし生活の質の向上のために実行される。達成能力の向上は、人間的なものと見なされてよいが、それはスポーツの場合にだけにあてはまるものではない（Irrgang 2004b）。（感覚能力、知能そして他の人間の諸能力の改良を含む）能力の向上は、同時に倫理的な反省を強く促し、この改良された人間の能力で何が達成されるべきかをわたしたちに考えさせる。とはいえ、ここでは人間的な身体性の基準を基礎に、まさにその着想としては包括的に練り上げられた実践的な倫理が見いだされる。感覚能力、知能や他の人間の能力の改良を含む、能力の向上は、根本的には等しく倫理的に受容可能であるが、そこで同時に要求されるのは、より強い倫理的反省であり、それは、改良された人間の能力で何が達成されるべきかを考察するのである。ここでその基礎として重要なのが、人間的な身体性に関する基準である（Irrgang 2005a, 2005b）。

治療と治療的改良の境界は流動的であるが、少なくとも理論的には治療、予防、エンハンスメント（改良）を互いに区別することはできる。医学的治療と医療技術は密接に関係しているが、それは始めからそうであったとはいえ、その関係はハイテクの導入によってますます強まった。ＩＱが低い場合は、知能の強化も治療になりうる。もし遺伝的な種類の知能の強化が技術的に十分安全にできるようになったとしたとき、それを法的に原則禁止するべきとすれば、その理由は何なのだろうか。この場合、その基礎にあるのは、正常に関するある神話であるが、それが治療と改良とを区別するものである。では正常な知能を改良することに根本的に反対する理由は何だろうか。通常以上の知能を持ったひとが幸福でないことがしばしばあるが、その理由は、無条件にそのような知能を持つためではなく、多くの場合、周囲の反応によるものである。通常より高い知能を持った子どもを持ちたいと望む親たちは、身体的な遺伝治療だけでなく、法外な教育投資を覚悟しなくてはならないが、それは子どもを守る対策として少なくともたえず投入し続けなくてはならないのである。

改良、完成、完璧化は技術的な目標である。これらの目標は、さしあたっては道具的な効用を表現している。③の立場はこの枠に縛られたままである。しかし、技術と科学の実践は、その社会倫理的な質を問うことができる。スポーツの競技の「より高く、より速く、より遠くに」の意味での原則は、スポーツに限定されるものではなく、現代社会では広い範囲で現実のものとなっている。業績と競争の原則は、技術的に可能な最善のものの探究の枠組み条件としては問題を含むものなのである。有益なもの（有用なもの）と社会倫理的なものとのあいだでそれを補完する考察が（改良とエンハンスメントのために）求められている。病人の治療は、その状態の改善を目指すものであるが、治療と改良の境界線は多くの点で明瞭ではない。治療はエンハンスメントになりうる。とはいえ、それは治療を禁止したいという理由にはならない。改良を含めて治療に対する手がかりを与える論拠は、①改善、健康、より高度な能力、②有用なもの、患者本人および両親の幸福、将来世代、重い遺伝病の阻止などのような、社会倫理的に望ましいさまざまな結果、③生活の質の向上義務（Harris 1995）などである。一方、これらに反対する論拠は、①ゲノムを変えない権利、②人間の尊厳、③自然さ、④神を気取ること（傲慢とカタストロフィーの創出）、⑤将来世代の同意、⑥優生学である。ここにあげた、反対のための論拠の大部分は、限定されたしかたでしか説得的ではなく、しばしば問題となるのは宗教的あるいは自然主義的に色づけられた意見である。倫理的な問題のひとつを提起するのは、妊娠中絶であるが、それは改善の試みが失敗し、またそのことに誕生前に気づく場合である。

人間の自然本性を意のままに技術的に扱うことに対する不安があるとすれば、そのような不安は生物学的・人間学的に見て間違ったモデルに基づくものだろう。生物学的な過程には、機械の場合のように、技術的に意のままに扱うことができるものはなく、人工的な微生物でも人造人間の場合でも、突然変異を回避できなくてはならない。したがって、今日、バイオ・テクノロジーの技術は、人工的な微生物に、そして将来は、人間にも特に注意を求め、技術的な安全性に独自の技術を要求している。とはいえ、それを正確に限定することが可能になるのは、人造人間の生成のための受容可能な手続きについて、したがって、胚の発生の治療[*17]に対応する安全な手続きが初めて与えられるようになった場合である。もしそうでないなら、当然、胚の発生の治療に対する倫理的評価も、これに呼応して正しく調整できなくてはならない。しかし、この目標を達成できるように思わせる方法を示せないあいだは、そのような評価は大ざっぱな輪郭でしか可能ではない。

限界を固定する生命倫理学は、つまるところ、フロムがいう「自由への根本的な不安」の表現なのである。人間をデザインすることが倫理的な嫌悪に値するかどうかを今、価値判断することができないのは、人造人間を作るための技術的手段がわたしたちには知られていないからである。プラスミドないし染色体を追加すればよいのか、あるいは一度は目標として可能であったトランスファー遺伝子であればよいのか、こうしたことは、今は決定できないのである。おそらく、知能の一定の構成要素の基礎をはっきり同定し、胚発生の治療の意味でトランスファー遺伝子を考えることが、事実、いつかは可能となるだろう。[*18] そうすれば、技術的手段の倫理的な評価もうまく行うことができるだろう。しかし、今はまだその段階ではない。そして人造人間に関する議論がホラー映画のシナリオのようなものにしかならないならば、そのような研究分野の全体を禁止することが正当化されるはずである。しかし、その場合、そうした技術の目標や手段に関する十分に正確な倫理的評価を企てられるようになる前に、それらが禁止されてしまうならば、筆者はこれを無責任なものと見なすだろう（Irrgang 2005a, 2005b）。治療のために鼓舞された医学的な改良は、したがって、それ自体としては必ずしも悪いものとしては現れない。とはいえ、倫理的に資格を与えなくてはならない改良もあるに違いない。そのためには基準と範例が必要である。おそらくは生活の質と生きられる生の価値というモデルがその任を担うことになるだろう。これに加えて、この主題に関して特に選好功利主義が与えてきた分析以上の詳しい分析が必要となるが、この問題については今後の公刊に委ねたい。操作、疎外、イデオロギー、道具化などの概念は、模写的な実在論の意味での素朴な認識論を前提としており、そのような場合だけ、わたしたちは何が正しいか知ることができるし、他のすべてに否定的な評価を下すことができる。とはいえ、現代の現実は自然についても社会についてもあるいは技術に関してすらも、それを単純に模写することなどできはしないのである。せいぜい最もうまくいった場合でも、幾つかの点からそれらをモデル化できるだけである。

探究的倫理学の主導的イメージと長期的責任

そして探究的倫理学は、それを主導する観点についていえば、まさにあるイメージを必要としているが、それは特に長期的責任のような特別の基準にある。長期的責任に関する考察がすべて仮定的であるのは、それらが、将来世代が存在するとし、その世代の権利やわたしたちの責任を熟考するためである。その場合、構成原理に従い、遠く離れた者への責任を近くにいる者へのよく知られた道徳的責任と類比的に見いだすことになるが、それは、この責任が将来の生存のチャンスにまで引き延ばされるかぎりのことである（Gethmann u. a. 1993）。長期的責任は集団の責任であるが、責任は道徳上の分業による義務から生じる。技術がもたらす問題の複雑性のために、わたしたちは、多くの場合、将来世代に対するあらゆる責任を個人の責任に委ねる以外のことはできない。たとえ将来に向かう、わたしたちの行為に対するあらゆる条件をまだ知ることができないとしても、わたしたちがすでに今、確定できることは、環境への負荷に関わる決定に際しては、将来世代への影響もよく考えなくてはならないことである（Irrgang 2002c）し、将来をまったく未決にしておくような手続きの形式は、疑いを持ちながら、選択すべきだということである（Gethmann u. a. 1993）。重要なのは、長期的責任を受け止める構造的で制度的なモデルである（Gethmann u. a. 1993）が、長期的責任のそのような制度のための一般的な基準は、①安定と恒常性（長期的現存）、②現在の利害関心ではないか、あるいはそれにには従属しない（長期的利害関心の優先）、③客観性、④受容（信頼による正統化）である。

対立する状況が現れてくるのは、今生きる人々に将来世代のための事前の配慮［予防原則］を義務づけることが事実上、促される場合である。だが、わたしたちがその性格やライフスタイル、欲求がどのようなものか知らないし、かれらがそもそも存在するかどうかも確信が持てない将来世代のために事前配慮するように義務づけられるかどうかは、大いに論争のあるところであり、それはちょうど、わたしたちがそれを受け入れるかぎり、この義務がどの範囲までに及ぶのか、現在の義務と比較してそれにどれほどの意味を与えるのかという問いの場合と同じである。他方では功利主義だけでなく、他の普遍主義的な道徳の諸原理も、純粋に時間だけを選好すること（将来それ自身のために将来の効用を低く評価すること）を拒否するが、そのような選好は、その義務の受け手に対して道徳的に過剰な要求をする傾向を持つからである（Stachowiak 1989）。後続する世代の観念の根底にあるのは、さまざまな世代を超える文化と自然を使用する共同体の観念であるが、それも解釈的な構築物なのである。将来生きる人間（次の三世代の場合でも）のあらゆる関心を等しく、公正に考慮することは、不可能であるから、将来世代のために、地球という惑星に居住する可能性の、今わたしたちを導いているのとは異なる、他の基準が必要とされる。そしてこの基準は、暫定的に自然の持つ資源としての性格に置かれるだろう。とはいえ、将来世代の法的共同体という観念はあらゆる世代を平等に扱うという意味での正義の観念を疑いの余地のないしかたで定義することはできないのである（Irrgang 2002c）。

　ゲートマンとカンプの長期的責任に関する考察の出発点にある前提は、義務と正当性は、道徳的議論の結果と行為とのあいだにある対立とその解消によってその基礎を与えられるというものである。テクノロジー社会の諸問題は、高度に複雑であり、ときにはわたしたちの能力を超えるほどである。そのために多くの場合、技術化された近代社会は、将来世代に対しては万人の義務を個々人の責任に委ねざるをえないが、それに対しては（専門家が）職業的にさまざまな義務を取り上げ、それを受け止めて、さまざまな懸案に努力を傾けるのである。その場合に、顕在化しうることは、現存する義務が持つ拘束力の程度は、（段階論のいうように）多少とも、他の義務との比較によって考量できることである。遠い将来の世代に対する義務（遠い将来の義務）は、なるほど自分の子どもや孫に対する義務（近い将来の義務）とは何か異なるが、しかし、近い人々に対する義務の事例から始めて、さまざまな規則を再構成すれば、そこから原則的には遠いものへの義務も作り上げることができるのである（Gethmann/Kamp 2000）。

　近いものへの義務と遠いものへの義務のあいだで、行為の文脈と行為の結果に関する知識の落差を理由に、拘束性の程度に区分を設けるように要求すること自体が、しばしば（義務の）「割引」の主張と見なされ、批判されているが、段階論的な議論はやはり重要である（Irrgang 2002c, 2005a）。この批判に対して「すべきである（当為）」に関する、義務倫理学的な枠で必要な考察を行うならば、将来の義務を「割り引く」スキャンダルに陥ることはないだろう(Gethmann/Kamp 2000)。〔将来に関する〕無知の論拠は、特に、今ここでの意思決定の必要に関して、今の社会それ自体に対する、あるいは近い将来の責任に対する一定の選好を基礎づけるのである。さらにそれを超え、将来世代の潜在的利害が考慮に値する、という場合の緊急性にも程度を認める基準は、同じく普遍的な義務のさまざまな格率をはっきりさせる際に緊急性に程度を認める基準と同様に説得的なのである(Irrgang 1997)。

長期的責任と持続可能な発展のコンセプト

長期的責任は、持続可能な発展のコンセプトにとっての鍵となる問題である。とはいえ、責任論が、あまりに遠い将来にまで投げかけられるべきではないのは、行為に対しては、行為を行う諸条件が必要であり、遠い将来になるほど、これらの諸条件が乏しくなるからである。したがって、長期的責任ははっきりと現在と結びついている。長期的責任は、将来の問題を解決するものではなく、現在のわたしたちの今日の行為を解放するための諸条件を含む。一定の資源を使用することは、エントロピーの問題と技術的な発展経路からすれば、ほとんど避けがたいが、資源の浪費に関しては事情が異なる以上、避けがたい資源使用を最小化するためのイノベーションや新しい知識が必要とされる。知識だけがエントロピー問題に対する助けとなり、わたしたちに長期的責任を可能にする。未来学が挫折した以上、将来に関して可能なかぎり正確な知識を得ること、そのような知識をわたしたちの今の行為の基礎にすることは、重要な問題ではありえない。むしろ、わたしたちが出発すべき前提は、種〔としての人類〕の将来、規範的な文化概念と未決の過程としての文化的伝統の意味での人類の将来が保存されるべきであるというものである。余暇や贅沢に対して、わたしたちがこれまで得てきた権利と見なしているものを批判的に吟味する必要がある。文化的な新しい価値をはっきりと示し、それを広めていかなくてはならないが、わたしたちの行為も価値も、それらが将来と矛盾しないかどうか吟味してみる必要がある(Irrgang 2002c)。

環境に関する意識と環境に対する行動のあいだにあるギャップは、認知を通しての学習と感情の籠もった学習のギャップの問題である。自分たちの過去の実践のなかで重点の置かれていたことが、将来の可能性、長期的責任を受け止めるさまざまな可能性を狭める。こうして、生きられている道徳が、自分自身の社会倫理的義務を洞察する能力の限界として示されることも生じうる。そのような道徳は、全体として個々の帰結の査定以上に融通が効かないものである。わたしたちは、道徳をもっと発展させなくてはならないし、そのためには、ある形式の自己規律も必要である。それがまた制度化にも繋がるに違いない。持続可能な発展の経路のモデルを仕上げる作業は、これに関心を持つ世論と活発に議論する科学者共同体のなかでこそ達成される。この文脈ではメディアの役割が非常に重要である。こうして、持続可能な発展の経路を指し示す法律が制定され、制度が作られる。しかし、この持続可能な発展の経路を市民の多数派の意思に逆らってでも押し通してよいだろうか。これが長期的責任と将来可能性の民主主義における正統化の問題である。

持続可能性の概念には多くの欠点があり、それは特に、多くの場合、この主導的イメージのプログラムを理論的に仕上げることに関わる。将来世代の欲求と選好の観念は、現代のわたしたちの行為の基準としては不満足なものであり、それは操作できない。そのような選好は発展の文化的状況に左右される。長期的責任は、意思決定の任を担う者に訴えかけるものであるが、意思決定者はつねに全体を見て活動するものでなくてはならない。長期的責任は、具体的な決定に関してはそのつど新しいものになり、また修正可能でもある。したがって、哲学的観点から見れば、より興味深く、より満足のできるモデルなのである。環境の安定性、生態系の循環や均衡あるいは自然の調和のコンセプトは、生物学的に見れば、十分に進化論的な考えではない。生態系は、そもそも動的なのであり、それは、特に生態系が相対的に自律的な文化の領域と相互関係にあると考えられるときにはそうである。枠組み条件と文化の個々の領域は、同じ状態にとどまる傾向を持つにもかかわらず、動的なネットワーク全体の構造が生じるが、そのような構造の創成は、保存のモデルとしての持続可能性のコンセプトを通して、普遍的で修正も可能な行為の原則により、よりよく実現することができるのである。

長期的責任の意味の持続可能性の実現のためには、さらに、個々の世代それぞれのため主導理念を以下のような三段階を分け、区別しなくてはならない。

①　短期的段階（向こう三〇年）。ここでは最上位の主導路線として、サバイバルに必要な安全性の意味で、危機管理とカタストロフィーの予防とを導入しなくてはならない。途上国では社会的な安全システムの構築が、世界規模では雇用創出と教育の確保が重要である。資源、廃棄物、気候に関する政策のためのさまざまな着想を産み出さなくてはならない。

②　中期的段階（次の六〇年のために）。再生可能エネルギーをより広い範囲で導入する、電源管理に近づくための構造改革。交通分野でのエネルギー消費の合理化や住居や住宅地などの構造の合理化。

③　長期的段階。おそらくそこまで行き着くことはないユートピアとして（次の九〇年）。環境を保全する、連帯的な世界市民《コスモポリタン》社会で理想にさらに近づいていく循環経済の実現。そこでは資源保護と気候保全の問題に関しても制度的な予防が行われる。

3 グローバル化、近代化と経済の支配——文化横断的《トランスカルチュアル》な反省、連帯そして寛容

消費とイノベーション、産業社会の発展に関する信念の動揺

近年の脱工業化、工業人口の急速な収縮現象は、産業社会の発展に関するこれまで信頼されてきた確信の幾つかに疑問を抱かせるようになった。人的資源もますます生産から離れるようになっている。これに対応して、消費はある規模の事実として、はっきり技術的に実現された進歩として現れる。技術変化に関するより無害な概念の場合には、積極的に評価された進歩を伴う技術発展の概念に代わり、それと同時に、これまでは疑われることのなかった成長の現象と経験的に見いだされてきた不可逆性とが捨てられることになる。工業生産における技術発展の実現は、自動的なメカニズムによるのではなく、消費の文化的機能を仲立ちとしている。したがって、消費は従属変数ではなく、技術の歴史的発展の少なくとも同等の価値を持つ、独立変数のひとつである。そこで技術圏の複雑性が増し、拡張がさらに生じる。西ヨーロッパで産業に携わる者の割合は、二〇年前から止めようのないかたちで急速に減っている(Wengenroth 1997, 1-3)。したがって、需要自体をつねに産み出すよう、価格を下げていくという生産の公理は解体されたのである。さらにこの楽観主義は生産循環の理論によって支えられており、一連のイノベーションを続けることで、工業製品の提供をたえず安価に増大させるように図っていた。ともに技術発展に帰せられる成長の現象を産み出すのは、二つのこと、つまり生産工程のイノベーションによる価格の低下と、商品のイノベーションによる多様性なのである(Wengenroth 1997, 7)。工業化は、技術発展の自動的メカニズムの結果ではなく、工業生産物の売り上げが、全体として産業における労働生産性よりも速く上昇する場合にだけ現れる。

消費と生産性とを等しく認めて、それらを単純にどちらか一方から導出できるような、社会的、経済的そして文化

的機能と見なさないとき、そこから帰結するのは、雇用の確保消費に必要な、大量生産から大量消費への転換は、消費に必要な購買力を度外視したとしても、必然的に生じるわけではないことである。一方では、消費行動は産業の生産性の範例から外れていく。つまり、単位時間あたりの生産を増加させる目標を掲げ、あらゆる労働行為をたえず時間的に濃密にしていくという要請から逸脱していっている。他方では、新しい、特に技術的製品の消費から初めて学び取られなくてはならないものもある。したがって、消費資本の理論を発展させて、それに従い、消費者がいっそう合理的に消費し、消費に際しては、その技術的補助手段に対してまったく道具的に振る舞うような行動を発展させることを学べるようにしなくてはならない。家事の機械化に関する研究が示しているのは、それが結局、全体として家事労働を減らすことにはならないとしても、個々の活動を短期的に見れば、明らかに時間は短縮されることである（Wengenroth 1997, 8f.）。

第二次世界大戦後の量的に見て最も重要な二大工業製品である自動車とテレビは、その大部分が生産とは無関係に文化的に余暇に順応したことによって、これに続く商品に対して人々が時間を費やすことを妨げる効果を発揮した。技術製品の消費は、そのために、たとえば、自動車教習所のような制度化された手続きがないときにも、わたしたちはそれを一から習得しなくてはならないが、消費を拒否することや消費の能力を持たないことは、失業の理由のひとつになるのである。したがって、雇用を刺激するために、新しい商品を求める呼び声は、同時にかつてのように生産をイノベーションするかたちの技術発展が、雇用政策的に見て、望ましいほどには生じない理由を明確にするのである。ドイツの場合、世界経済危機による長期の消費低迷、大不況、戦争準備、産業の自律政策は、結局、戦争と同じように、たんに膨大な繰り延べ需要を堰き止めただけではなく、生産の分野で戦時中に戦後の工業的な大量生産の先駆となるものへの信頼をそもそも初めて産み出し、その信頼をしだいに高めたのであった（Wengenroth 1997, 11f.）。

技術史研究では、しばしば生産が支配的である、と主張されるが、生産に比較すれば、消費にはより一般的で包括的な現象を見ることができる。人類の歴史でも、技術の消費は生産よりも古い。わたしたちは、技術決定論に反対し、技術の柔軟性と解釈能力とを強調したい。技術が市場に現れるとき、それは何かできあがったもの、完結したものであるわけではない。さらに、技術による大衆操作の主張に反論して、発明者も産業側も、イノベーションの使用可能性や市場でのポテンシャルを十分に知らなかったり、過小評価していたりすることも少なくない点を指摘できる。この点では電話の歴史が多くのことを語ってくれる。逆に、企業は、市場にポテンシャルがない場合も、しばしばそれが十分にあると見誤ったのである。こうして、さらに流行の場合には、商品の経済的競争と、文化、教育そして所有という、互いに非常に異なる多様な世界に基づき趣味を作り出す、社会の諸階層の社会的競争とが、互いに独立に存在している。そのような競争のモデルは、より経済的なものになりうるし、需要と供給に技術の進歩を取り込む市場にも関心を集中する。それらのモデルが文化論的モデルであることで、世界像や主導的イメージ、そしてそれらから技術発展のために生じる精神構造の変化の意義を強調することができるし、社会学的モデルであれば、技術的行為と社会の分化との連関にも集中できるのである。以上のすべての観点は、互いに排他的なものではなく、技術発展に関するさまざまな複雑な理論のうちに統合できる（König 1998, 35-37）。

生産の理論は欠乏した社会というパースペクティブから発展したものであった。しかし、人口増加と輸出だけでは産業革命期の生産の増加を説明することはできない。これに加え、実際に一八世紀に生じたことだが、洋服市場と服装習慣の変化とがあった。ソースタイン・ベブレンとゲオルグ・ジンメルは消費の変化を社会的競争によって説明した。産業革命に関する支配的解釈では、この競争が生産のシステムを破壊したと見なされているが、この破壊の結果、消費の分野である補完が必要となったのである。なぜなら、一八世紀にいわゆる商業社会が出現したからである（Irrgang 2002c）。

人工物の生産に関する文化論的アプローチ

文化論的な観点からいえば、商品は、さまざまな関係と意味が織りなす複雑系の部分、現実やその意味を文化的社会的に構築する契機である。物質文化は、それをシンボル構造と社会構造の相互関係の内で探究しなくてはならないが、その場合、その文化概念は、さまざまな行為の分野で用いられる。クリフォード・ギアーツに依拠して、「文化」を、意味とシンボルの社会的相互作用に媒介された、秩序あるシステムとして理解するならば、商品は、文化の物質的に客観化された部分として捉えることができるだろう。商品の文化は、同時代の商品の総和であり、組織の文化の部分でもあるから、技術的な人工物の意味はその効用に尽きるものではない。物質的な人工物は、文化的に産出される現実の客観化された表現であるだけではなく、そのような現実を作り上げることにも貢献するが、そのような人工物は、文化のモデルであり、文化のために存在する。集団の価値を顕示するものとして、まさにそれらの人工物は、社会統合のシンボルとしても、また差異化と区分のシンボルとしても働くのである。商品の効用や使用機能を固定することは、社会的にも文化的にも許容されないのであり、商品の社会的使用はその使用手引きから簡単に読み取れる諸性質だけからは導くことができない。有用なものと余計なもの、自然なものと人工的なものとの区別は、文化的に生じた選択の結果なのである。

このように考えると、人工物の生産も消費行為も文化の活動であり、その活動のなかで、意味は生まれ、再生し、変容するといえる。こうして、流行の変化がそれに対応する消費のダイナミズムが生まれる。商品は、人々を交流させ、そのアイデンティティを創出し、個性を促し、社会的に積極的にする機能を持っているが、それらの機能をわたしたちは正確に考察しなくてはならない。さまざまな商品文化にはライフスタイルのコンセプト自体を技術化することが対応しているので、文化的なアイデンティティに関する問いが重要となる。商品が文化にもたらす影響を分析することと流通戦略とは区別しなくてはならない。これまで消費は、労働と資本との関係のなかで、その内に隠された「排除された第三項」[*19]として扱われてきたが、このように［生産の］派生的な下流に位置するものが、実は、近代社会とその変遷とに関係する特に重要な分野であることを示すことができたはずである。商品生産は同時にシンボル生産なのであるが、個人主義こそがわたしたちの時代に属する人格に関連するフェティッシュであり、自分を人にどのように見せるかに関するさまざまな戦略は、それが選ばれた人々の趣味と集団のライフスタイルに属することを示している。個人の自己理解はますます美的で感性的になり、その創造性が強調される。

好みのデザインの追求を通してわたしたちは、自分自身の輪郭を描く。技術主義、美的で感性的な機能主義あるいは明瞭な美学主義が「ポストモダン」を特徴づけるが、商品文化は、あるターゲットグループに向かう。それが企業を方向づけ、デザインのマネジメントを動かすのである。これをライフスタイルに関連する時代の精神を基礎においた理論が補完しなくてはならない。ジンメルは、近代の趣味が移り気であると述べ、「属性付与的な文化」と「特徴識別的な文化」とを区別した[20]が、文化のさまざまな価値と規範とが消費者の動機もその行為の目標もともに限定するのである。価値は、望ましい価値の概念として、何らかの文化的な特徴が刻まれたものなのである（Eisendle/Miklanz 1992, 237）。したがって、市場の過程を究明するためには、どのような価値がある一定の時点で意味を持つのか、どのような価値がどのような社会集団と生産分野を通して意味を持つのか、を理解することが重要である。

「文化的転回」と消費社会

西欧の近代社会には数世紀にわたる根本的な文化変容の跡が刻まれているが、それは本質的に増大する大量消費と余暇のダイナミズムがもたらしたものである。仕事と業績を美徳として重んじるようになったのは、快楽主義の道徳と都会的なライフスタイルが広がったためである。これら二つの分野は今、再び接近しつつあるように見える。そこでは仕事の場合は、そこにその好みにより多くの意味とアイデンティティを見いだし、より大きな自由度と柔軟性を認めることができるように、余暇を過ごす際も、そこにより多くの業績をもたらすという基準と目的の合理的計算が働いているのを確認できる。その結果、文化の脱中心化と消費財市場の進化が生じる（Eisendle/Miklanz 1992, 135-137）。そのライフスタイルが特徴づけるのは、（さまざまな運命のような）社会状況の受動的で適応的な側面とは異なる社会的不平等の積極的で表出的そして消費的な諸側面なのである。ひとつのライフスタイルは、個人のライフヒストリーのかなり長い過程の結果であり、主体的な経験を選択し、見直し、累積したものなのである。その文脈の構造、知覚モデルそしてメンタリティは、互いに絡みあっているので、そのライフスタイルの記述、説明そして解釈も互に関連するものでなくてはならない。それは、家計や住まいを整えること、余暇の過ごし方、自分で文化やメディアを作り出すこと、食事の取り方や食習慣、衣装や外見、個人のネットワークや公共への参加、集団帰属などである。

産業が産み出す商品を個人が買い揃えることは、長いあいだ、衣装を揃えるのと同じ性格を持っていた。生活を美的で感性的にすることに成功することが、この間に社会の安全のための非常に決定的な前提のひとつとなったし、それは発熱量や炭水化物を蓄え、風水害に備えるよりも大きな生きる喜びとなった。経済の第三次産業化や商品の記号化とともに、技術のイノベーションが成功するさまざまな条件が「文化的転回」によって明らかに捉えられるようになり、その結果、その条件をイノベーションのシステムだけに還元することは、たんに認め難いだけでなく、イノベーションに内在するものを完全に見誤ることになったのである。技術が文化に順応し、非常に多様な意味と使用の文脈に適応することは今や常識に属することである。技術は、ユーザーが完璧な「経済人」として効用を最大化するために、それを当たり前のように合理的に投入することができる不活性で価値中立的な機能をもたらすものではなく、シンボリックなさまざまな含意を持つのであり、文化的なコードでもあるが、ユーザーがそのような使用の特定の諸価値や能力を前提とし、またそれらを産み出しもするのである。消費により、価値は構成されるが、その価値に従って技術の成功も測られる。意味や体験はときにはそのような正確な測定から逃れてしまうが、それは、それらの含む質が多様性や差異のうちで初めて生じる場合である（Wengenroth 2001, 29-32）。技術的な行為も、より広範囲なサービス業の供給に組み入れられ、技術的行為のコンセプト自体がすっかり変わってしまった。その結果、日常生活での技術使用と技術との関わりを新たに定式化する課題が生じる。ライフスタイルの問題とさまざまなテクノロジーの統合が、ある新しいテクノロジーに関するさらなる課題となる。

産業社会は消費社会へと変貌した。もはや商品の製造ではなく、むしろその使用ないし消費が新しい基準となったのである。消費とその過剰は幻想的といえるほどの規模になっている。わたしたちを取り巻く環境は、物、サービス業、物質的な商品の多様化によって構成されているが、この環境で数えきれない数の技術の奴隷が働いている。その結果、物は、様式化され、集められ、組織化される。デパートは多様な消費活動の総合を現実にしたが、いわば、そこではひとがものと情事に耽っているのである。そんな事態が出現した（Baudrillard 1970, 17-21, 邦訳一一頁以下）。消費が生活となった、そのような地点にわたしたちは来てしまった。消費により日常性が組織化されている事実が顕著なものとなり、日常生活を過ごす場合、消費の恩恵に浴することは、仕事や生産の過程の結果として体験されることはなく、その恵みは奇蹟のようなかたちで現れるのである（Baudrillard 1970, 25-28, 邦訳二〇頁以下）。現代社会は、生産の秩序にではなく、消費の秩序に従うので、消費に関する理論が存在しないことは、驚くべきことである。消費はまさに生き方であり、また消費が何であるかは、一九五〇年から一九六五年のあいだに食料の供給のしかたが変わった点に明白に現れている。消費が生活水準を高めるべきなのであるが、食料品の消費は他の要因以上に高まった。これに続いたのが、医薬品と麻薬の消費である。消費社会は、消費の対象を必要とし、それを強く求めるが、それは、それを所有するためではなく、正確にいえば、それを破壊ないし使用するために必要としているのである（Baudrillard 1970, 83, 邦訳七一頁）。

消費社会と結びついているのが、平等の神話と幸福は測定可能であるという神話である。しかし、個人主義の考え方が支配的であるのも事実である。消費が始めから社会の本体を同質にすることはなく、文化を供給するための何かを教えてくれるわけでもない。問題は、消費のイデオロギーであり、フェティシズム〔物神崇拝〕の論理が本来の意味の消費のイデオロギーなのである。この物神は、救済を騙るが、そこで重要なのは、商品を通した救済である。わたしたちが本来の意味で事実上、使用しているのは対象ではなくて、むしろ対象の使用価値なのであるが、対象はそのつど記号として操作され、それにより人々は区別されたり、あるいはその購入規模で固有の集団になったりするのである。消費は、社会的な場所であり、構造化され、それは産業の集中にも関連している。その場合、社会が同質化している、というイデオロギーの染み込んだ主張は、現実にはそれをほとんど基礎づけることができないが、それは事実、社会にはかなり大きな差異化の動きが存在するからである（Baudrillard 1970, 109, 邦訳九六頁）。

ボードリヤールの消費の理論

消費の理論は「経済人」の解剖を前提に始めなくてはならない。ボードリヤールにとっての現代資本主義の根本問題は、技術の構造的レベルの潜在的には無際限の生産性であり、商品消費の必然性である（Baudrillard 1970, 115, 邦訳一〇一頁）。近代社会は、個人主義、連帯からの離脱そして歴史離れに基づく（Baudrillard 1970, 132, 邦訳一一九頁）。文化、医療、身体と物のリサイクルがその消費の特徴である。大量消費は、文化や知識を排除し、磁気テープ、映画、レコード、蓄音機、つまり、ただひたすらに収集することである。こうしてキッチュが生み出されることが促され、シミュレーションの美学が問題となる。ポップアートは、本来の意味では芸術ではなく、その違いは繰り返しのなかにあるが、ボードリヤールによれば、そこでは日常的なものの本質、つまり陳腐なものが重要なのである。テクノロジーによって大量消費が進むと、それはある決まった情報を非常に命令的な暴力を伴うかたちでわたしたちに与えることになるが、そのメッセージもまた消費される。バーチャル・リアリティには仮想的な出来事が伴い、現代の日常生活は、途方もないシミュレーション、仮想の出来事の過程となる。消費されるもののうち最も美しいものは身体であるが、ドイツのユンゲント・シュティールの文化はドイツ人をナルシズムへと引き込む。アスリートの身体も健康神話と同じように機能美を示している。そのため性愛も機能的になり、性的欲求が持つ、ある個人的な構造を明らかにするのである。そのような記号のうちでは性愛はけっして願望としては現れてこない。このことが特によく読み取れるのは広告のファッションモデルの場合である。そこでは見かけの上では身体を解放することが問題になっているが、本当は女性が身体に還元されてしまっている。その結果、しばしば「すらりとした体」という理想が生じ、絶食や消費のためのセクシュアリティが用意されることになる。したがって、ここでは消費されるセクシュアリティ、シンボル消費、セクシュアリティの幻影が重要なのである。「時は金なり」であり、時間は価値と見なされる。特に、バカンスのような長期休暇を支配しているのは、娯楽を楽しむ自由のフィクションである。余暇は、疎外された労働という神話を糧にしているが、疎外は避けられず、消費の主体も、実は記号の秩序なのである。ここでは消費を弄ぶことが問題なのであるが、アイデンティティに関する新しい種類の悲劇性がそれを埋め合わせする。消費社会はこの悲劇特有の神話なのである。

こうした状況を生み出すさまざまな原因のひとつが、自動化と増大する生産である。商品を買うことは不況を克服するための国民の義務とされる。大量消費と商品生産力が消費を促進することとは互いにその一部となっている。流行も発明されるのであるが、それは、同じ商品を少しでも多く売ることができるようにするためである。物質的豊かさが全体に高まるようにするために「どの家庭にも二台目の冷蔵庫を」とか、突き詰めれば「どのご家族にもセカンドハウスを」などということは、贅沢のための広告戦略に属する。広告が目指すのは、それをうまくやり遂げる姿勢を養成することである。新しい欲求を産み出す技術的な進歩が存在し、相変わらずの同じことの繰り返しを克服しなくてはならない。その手段は、物質的欠乏と疲労とをうまく挟み込むこと。そして流行や装飾であり、それが使用外の用途を促す。化粧品や衣料の産業はこのことをよく知っている。また、自動車業界もスタイリングやデザインを基礎にそのような使用外の用途を促す。こうしたすべての手段を用い、商品をわざと時代遅れにし、代わりのものを買いたい衝動を産み出すのである。その結果、自動車部品の値段は以前より高くなり、壊れやすい部分はだんだんと入手しにくくなる。バーゲンセールも車の販売を促す。過度につりあげられた高い価格のリストもその価値を隠すことに役立つが、クレジットカードが活発な販売の道具として導入されている。その目標は、新しい快楽主義のために、アメリカ社会がかつて持っていた清教徒の禁欲的特徴を克服することにある。

消費社会の倫理的問題点

狂乱した消費は、物質を欠乏させ、最後には天然資源を枯渇させる。これに関連して、アメリカ社会が海外のエネルギー供給に依存している点を強調しておかなくてはならない。天然資源の枯渇は、資源の開発費用を増大させ、資源の消失を進行させる。最終的には、近代のアメリカ人の浪費が、おそらく石油を除くあらゆる天然資源が安価になったという、広く流布している考えとともに、天然資源をめぐる戦争を引き起こすのである。こうして「天然資源をめぐる戦争」はおそらく他のさまざまな原因からも生じるが、しかし、それは、天然資源そのもののためだけに生じるわけではない。販売努力とコマーシャル化が広告の費用を増大させる。近代アメリカ人は、消費者の役割に自己満足を見いだす結果として、最後には物質主義者になるが、無責任な経済と貿易がそれをさらに推し進めるのである。「お客様は神様です」という考えは経済が発明したものであるが、顧客は、商品がだんだん少なくなってきている、と評価できる。しかし、顧客の商品評価の観点は表面的である。このような問題点の指摘を支持するのは、消費者保護の欠陥と消費者が生産者に限られた関心しか持たない事実である。商品のテストはもっと広範に行わなくてはならないし、その結果も公表しなくてはならないだろう。そのためのひとつの道筋は、商品の品質を表示することや商標の使用であるだろう。

多くの商品には、ドラスティックにその地位を失った流通の歴史があるが、このことは、たとえば、香辛料、リキュール、コーヒーなどからも明らかである。しかし、また羽布団、整理ダンス、郵便箱などは贅沢品が日用品になったものである。五〇年代以降の消費の拡大が普遍的なのものであることを確認できる。そこで始まったのが、ステイタス・シンボルとしての使用の、より洗練されたかたちの自己顕示としての消費なのである。衣服は、それを着る行為によって初めて現実に衣服になるが、衣料の生産、消費、配送、流通は、社会に埋め込まれている。ライフスタイルは消費にかたちを与えるものであり、またその舵取りをするプログラムなのである。わたしたちは、さまざまなライフスタイルを順次、行為のモデルとするが、ライフヒストリーや生き方に制約を与える形式や集団の規則が多様になる一方で、わたしたちを取り巻く生活環境やライフスタイルも一様ではなくなっていることを確かめることもできる。

ライフスタイルが相対的にしだいに自律化する傾向が存在する。そのなかには、たとえば、都会のライフスタイルやハイカルチャーと大衆文化の混淆も含まれる。内面化される生き方のモデルとしてこれまで実現してきたライフスタイルとこれから追究されるライフスタイルとが同じものである必要はない。またライフスタイルはローカルにもなりうる。境遇、生活環境、サブカルチャーとライフスタイルのような軸にそって、経験のパースペクティブの主体性と同時に行為者の活動可能な空間の主体性とが高まるのである。ライフスタイルに関する考え方、技術的手段を用いる個人の家計の経済的備え、そしてその使用は互いに相関させることができる。個人消費の発展は、人口統計学的に見た、家族的要因と強く結びついているが、その場合、消費は行動様式として特徴づけることができる。特に、ここではある特定の趣味を発展させることが問題なのであり、たとえば、特定の社会集団の生計のモデルをこの文脈に順応させることもできる。それがはっきりと姿を現すのは、名誉ある地位と社会的名声とを求める場合である。この場合、部分的には想像される消費と快楽主義的消費とが問題となる。近代の快楽主義を特徴づけるのは、幻想的なもの、享楽的白昼夢そして情緒への傾きであるが、消費のシンボル体系は、社会的かつ文化的なシンボル体系なのである。ほとんどの社会ではさまざまな対象が個人の能力、財産あるいは社会的地位を示すメディアとして機能するが、それが商品のシンボル体系なのである（Rosenkranz/Schneider 2000, 173-177）。

満たされない心を埋め合わせることはしばしば消費のかたちで行われる。享楽し、快感を覚えることが、近代社会ではまさに社会的な義務となった。したがって、消費は欲求充足に役立つだけでなく、十分にシンボリックな意味を持つのである（Rosenkranz/Schneider 2000, 183）。消費にどの程度支出するかは、会計を担う家族の構造しだいであるが、欲望が満ち足りることを知らない、とする理論は現実を反映してはいない。消費者が、たえず新しい物質的な商品に魅力を感じるようになっているとしても、それでもそれは無制限ではない。また、コマーシャル化が消費のもうひとつの側面であり、消費財は社会の進歩のシンボルになったが、このことが明瞭に示しているのが、ある価値と意識の変化である。そこで問題となるのは、消費もまた持続可能な消費へと価値転換させることができるかどうかである。今までは豊かな商品が消費の本質的表現であった。問題は、余暇そのものが、その消費構造によって認識可能であるかどうかを問うことであるが、その場合、消極的な消費と能動的な消費とを区別しなくてはならない。自分で働くことと余暇をクリエイティブに過ごすこととを新しい消費財として発見できなくてはならないのである。また、過剰と無駄も区別しなくてはならない。人口統計学的なデータと顧客の欲求とが人口統計学的なマーケティングを可能にする。またこれらに対応する供給体制も持続可能な消費を準備することができるのである。

もし今、西欧に暮らす人々に「あなたは何のために努力しますか」とたずねたならば、たいていの場合、その答えには自己実現、生活の質、ライフスタイルのような概念が含まれるだろう。幸福や幸福感は金で手に入れることはできない。しかし、健康、生活の質、ライフスタイルのようなものはどうだろうか。わたしたちは実際、ライフスタイルを買うことができるだろうか。あるいはむしろ現実には買うことができないが、それを通して、市場の戦略により商品に「付加される後光《オーラ》」のようなものが問題なのだろうか。わたしたちのライフスタイルは、ローカルにもグローバルにも持続可能であるようには思われない。限られた資源を、それらがあたかも無際限に存在するかのように、わたしたちは浪費してしまっている（Meinhold 2001, 7f）以上、わたしたちは若い世代に、なぜ消費を行うかを説明するために、消費のモデルを説明できなくてはならない。消費の幾つかの背景を取り出して見せる試みをあえて行うことが重要なのである（Meinhold 2001, 11f）。

ライフスタイルは消費、特に自己顕示のための消費と相関している。したがって、衣服の機能のひとつとして、支払い能力があることを人前で証明することがあり、それは権力の誇示とも見なせる（Meinhold 2001, 11f）。ジーンズは、丈夫なトラッパーやカウボーイ服の神話、そして二〇世紀の若者モードの神話のおかげで生きているのである。携帯電話の事例が示しているのも、ビジネスマンのライフスタイルの一部が今や若者のお手本として役立ち、あるいはその逆もまた真だということである（Meinhold 2001, 16）。自己実現と個人を超える願望は矛盾しあう（Meinhold 2001, 23）が、あるライフスタイルが別のライフスタイルと比較されるのは、それをさらに変化させて、表面的にするためなのである。それらのライフスタイルが示すものは、二律背反的で互い反対の方向を向いてはいるが、排他的なものではなく、補完しあうさまざまな機能である。つまり、それは第一に、社会集団を区分し、第二に社会集団への帰属を暗示したり、証明したりするのである。これら二つの要因は、特にライフスタイルによく当てはまる。消費財がありありと示しているものは、人々が衣服、ボディケア、食事、住居、余暇、長期休暇、メディアの使用そして文化を実践するなかでの使用価値と消費価値なのである。物質的価値の消費により、アイデンティティの媒介、帰属、境界づけや日常の克服の機能が示される。ライフスタイルは、自己実現を志向するが、それは、消費のひとつの（表面的な）物質的で顕示的なスタイルであり、ある瞬間や状況から生活の区分全体までを「スタイリングすること」ないし創成することなのである（Meinhold 2001, 25-27）。

消費と消費主義の解釈学

ドイツ語の Konsum は、一般的な言葉遣いでは、消費、飲食、享楽を意味し、それはラテン語の consumere という概念に由来するが、このラテン語は、それを翻訳すれば、極めて広範囲な様相を含んでいる。それは「取る」「つかむ」「（衣服を）着る」「買う」「借りる」、（詩的表現として）「性を楽しむ」「浪費する」「お金を支出する」「我がものとする」「獲得する」から「選択する」や「選び出す」ことに及ぶ。それは、世俗的な消費と聖化された儀式までを包括するが、経済学者は、消費を最後のユーザーによる物質的および非物質的な財の消費と使用と定義する（Meinhold 2001, 25-28）。清教徒的に動機づけられ（規範化された）生き方、つまり、この世での禁欲は、ある職業倫理を含意したが、それに従えば、一貫した不断の労働と経済的成功とを、神の望む人生の決定された自己目的として理解しなくてはならない。また、それは、そのことを通して、社会の承認と社会的名誉とを手に入れる。そこから推定できることは、この禁欲的な消費の倫理が、まず資本の蓄積に貢献したことであるが、それに続く第二の部分として、より快楽主義的な消費の倫理が経済を加速させたことがある。産業労働には心を満ち足りさせてくれるものがないので、仕事はもっぱら目的を達成するための手段、したがって購買力により商品を手に入れるための手段となった。労働はいぜんとして消費に役立ってはいるが、消費が労働の唯一の目的となったのである（Meinhold 2001, 38）。

エーリッヒ・フロムは、消費を志向する所有の実存様式を記述したが、そのような様式こそが最終的には現代の環境問題全体に責任を持つように思われる（Meinhold 2001, 66）。古典的な消費教育は、食事、よそ行きの服装、住居、技術、余暇などの消費の分野での啓蒙に手をつけたが、それは若者の消費行動に対して直接の影響を与えようとするものであった（Meinhold 2001, 73）。若者の消費行動のさまざまな背景からの帰結として、三つの可能な教育学的で教授法的な観点が現れてくるが、それらは、この状況では互いに両立可能なものとして、さらに議論をするための基礎と考えることができる。

① コマーシャルや短期的な消費に対抗する批判の能力や知識を改善すること。
② 通常の教育学の観点にある、基本的態度や人間学的心理学の統合。
③ 生きる力を高めることとして、実際に使える哲学・倫理学の基礎的素養を伝えること（Meinhold 2001, 81）。

スティーブン・マイルズは消費主義を社会、経済、文化の変容の文脈で宗教として捉える。消費は商品の消費であり、使用であるが、消費主義はわたしたちの日常生活の構造なのであるから、消費者の経験を捉え、それを理解できなくてはならない。消費主義の前提は、大衆社会、フォーディズムそして大量生産であるが、それらはまた、標準化や安価な大量消費、また労働者階級による消費の前提でもある。消費主義は、消費による疎外もその前提として出発しなくてはならないが、まずその手がかりとなったのは、「成金たち」の消費行動である。しかし、消費に関する本来の社会学はようやく八〇年代に始まったばかりである。ポストモダンの文化と消費のイデオロギーは一定のしかたで一体化しているが、人類学が文化と経済の二つの接近方法を消費の主題に与えた。そこではしばしばはっきりとしたかたちになりにくい消費者たちが取り上げられている。消費は、本質的に文化的なモデルとして重要であるが、そこで消費者の経験が含むパラドクスを幾つか考慮しなくてはならないのである。

デザインこそ消費のイデオロギーが存続するパラドクスを解く鍵の役割を果たすものである。ライフスタイルを特徴づけるものは社会的地位を指示するものであるが、この文脈ではコーラによる植民地化を語ることができる。重要なのは、自覚と自律の価値である。また、そのような社会経済的な雰囲気のなかで生じたのが、一定のタイプの生き方としての消費のイデオロギーである（マイルズの『生き方』(Miles 1998, 39)）。そこにウォークマン、ジーンズ、ポップ・カルチャーそしてデザイナーによるモードの文化的価値が属する。このような商品の価値や、商品にデザインによって込められた意図が問題となる。この文脈では、デザイナーの責任から議論を始めることが必要であるが、それは、デザインを社会的でなおかつ効用を持つようにと行わなくてはならないからである。エコなデザインすら存在しなくてはならない。そのようなデザインは消費の持つ創造的な力を際立てなくてはならないだろう。他方で現実は、ひとつのライフスタイルとしての消費のイデオロギーが、イデオロギーによって構成されていることを証言している(Miles 1998, 49)。文化産業も含め、消費が表面的に使用される事実は、都会生活で増大する消費の役割と同様に、それを否定することはできない。したがって、現代都市の発展を消費の中心として記述できる。この消費を総括するのが、ショッピングモールであり、それを支配しているのは、コントロールされた環境であり、またそれを安全装置が保証している。モールは、社会生活と、コミュニケーション的であるように見える擬似的な公共性の中心なのである。それはディズニーワールドのスタイルでも演出できるようなものである。

消費主義と文化の問題、スポーツ、広告、流行

インターネットも消費を促進するし、衣服、流行そして大量消費も消費者のあいだに流行を生み出す。ポップ・カルチャーの産業とビデオも現代の文化産業の問題を大きくする。さらに大衆音楽と資本主義の生産様式の関係について議論することがますます増えている。ダンス音楽やＤＪの歴史が示しているのは、日常生活のノンポリ的で現実逃避的なさまざまな形式も消費主義の意味では、それらを互いに結びつけて使用できることである。部分的には、コマーシャリズムに反対するような革新的な内容も消費主義的に用いることができるが、その場合、その創造性が市場の要求に応じて飼い慣らされてしまうことは避けられない。女性の主体性やセクシュアリティの尊厳が損なわれることもしばしばである。また、スポーツの商業化も消費のイデオロギーのひとつの形式である。オリンピック競技にあった、アマチュアの理想と資本主義的な疎外の形式は今では一体化し、相互に重なりあっている。その結果、オリンピックの競技のスポンサー化とコマーシャル化とが生じる。スポーツを放送するテレビの市場化も消費のイデオロギーのひとつの形である。投資されたものは償還しなくてはならず、商業的価値がスポーツに入り込んでくる（Irrgang 2004b）。テレビがスポーツの商業化を招いた。こうして、スポーツを取り巻く金銭的な雰囲気が生まれ、そのようなスポーツの金銭的背景が競技には「いつも勝たなくてはならない」という強迫観念を作り出す。

消費のパラドクスが示しているのは、消費が中流階層のビジョンだということである。消費を強制することと消費は自由であるというイデオロギーとは両立しないが、消費の表象は、消費そのものよりも重要である。そのかぎりで消費のイデオロギー上の機能を語ることができる。消費のイデオロギーは、消費者の心を操り、文化を陳腐なものにしてしまう。イデオロギーは、わたしたちがそれを生きているものでなくてはならず、たんに詳細に検討しなくてはならないだけの対象ではないが、それは集合的な無意識を地盤に働くものである。こうして資本主義のイデオロギーが何を命じるかが明らかになるが、その場合、消費主義はいわば、コンフリクトの競技場なのである。ひとは何を消

費するかを通して、自分の社会的意味を示すが、消費こそが文化のモデルであり、そのモデルは周囲のものが絶えず新しくなり、変化することに基づいている。消費者教育が困難なのは、まさに使い捨てのメンタリティがそこに基礎を持つ新しいもの探しに原因がある。しかし、教育が保存や保全に向けられれば、それで本当に望ましいものになるだろうか。他方では、そのような教育路線も、極端に古くなったものの広告やその流行、まだ使うことができる商品の使い捨てに導くのではないか。このような疑問に対する答えがあるとすれば、それは、使い古されたものの市場を新しく組織することになる。しかし、そのためには、使い古されたものの価値をもう一度、新しく理解しなくてはならないのである。

消費のイデオロギーはある程度は、PRや広告に関する否定的なイメージをもたらした。広告は操作と間違った情報として捉えられたのである。環境問題関連のスキャンダルに現れる、引き延ばし戦術やすり替え策が、このような状況を生み出した可能な原因のひとつである。PRは、多くのひとがそれを間違って経済的道徳の一部と見なしている。しかし、倫理学の論拠や道徳的に妥当なさまざまな事例を広告の枠を使って用いるならば、それに反対するものはいないだろう。したがって、PRは生産されたものの広告であるだけでなく、消費にふさわしい雰囲気を生み出すためのものでもある。PRと企業や人物の信頼性に関する言説は道徳のレベルを動き、ときには偽善的なものに陥ってしまうが、わたしたちはそれを技術の創成に関する技術倫理の議論と区別できなくてはならない。そのような条件下でだけ、持続可能性の意味での意識的な消費行動に対する教育は望ましいものとなり、最終的に実現可能なものとなる。

消費主義とライフスタイル、廃棄物

流行や流行のスタイルが人類学的に見て何を意味するかを反省するならば、流行に関する理解がより狭くもより広くもなることを指摘するように促されるだろう。人類学の見方を基盤にしたより広い流行理解は、まさに流行が、資

本主義的な経済体制が登場して初めて存在するようになったのではなく、より古いさまざまな社会にすでに現れていたこと、しかし、それはまだあるしかたで豊かさに結びついたままであったという前提から議論を始めることになる。現象的には、スタイルや流行が変化するなかで、不易のものがあることが注目に値する。つまり、そこには流行をライフスタイルの意味での神話として売ろうとする努力がある。ライフスタイルが消費のスタイルを特徴づける一方、ドイツ語のライフスタイルにあたる語、Lebensstil は生き方の規格をはっきりと示している。したがって、わたしたちは、流行の背後に何が潜んでいるのかを問わなくてはならないのである。

流行のうちで示されるものは、意味探し、自己実現、演出の意味で自分自身の自我を美的で感性的にすることである。日常生活では流行による美化が非常にしばしば起こる。このことは、衣服、身体の豊満さ、身体、心や精神にも当てはまるが、心や精神にもそうした流行の自己演出を施すことは確かに疑いを招くかもしれない。たとえば、「ダンディー」は若さと不死性を表象し、現代では広く流布した理想である。そのような条件があるので、持続可能性に対する消費教育的なさまざまな着想を取り上げることが重要なのである。問題になるのは、消費による疎外を克服すること、そして消費により自己の価値を高めることである。しかし、その場合に革新を要求することは、しばしば近視眼的であるということができる。流行は売られるものとして特徴づけることができるからである。廃棄物が遺物として残存することやそれが望まれないかたちで有する物質性により、自然的なものが人工的なものに変形され、再び、白日にさらされ、それは自らに対して当然支払うべき敬意をわたしたちに要求する。持続可能な消費は、廃棄物を排出することを避け、浪費を使用に変えるように創成しなくてはならないが、経済の過程のなかにあるさまざまな原材料も循環の流れに戻さなくてはならないのである。

消費の人類学によれば、わたしたちは突き詰めれば三つの理由で、つまり物質的幸福、心の安寧そして商品の享受のために商品を買うという前提から出発しなくてはならない。消費に関するさまざまな神話は、「経済人」、合理的な選択そして個人主義的なモデルから出発している。しかし、消費の人類学が議論の前提とするのは、商品があるライフスタイルの一部であるという点である。消費を方向づけるテクノロジーは、全体として変化し、それに応じて、ライフスタイルも変わってきた。消費はそれがそこから生じてきた社会過程のうちに置き戻してみなくてはならない。需要が本質的に社会的性格を持つことを明らかにすることが重要である。そこには消費儀礼が存在するが、それは合理的な消費者とは何の関係もない。総括すれば、消費の方向づけに関する方法的個人主義を批判しなくてはならないことになるだろう。需要の理論は、欲求、願望、技術的な期待と衛生に関する諸表象を需要の原因として仮定しているが、この理論ではさまざまな商品を個人が蓄積する可能性を考慮しなくてはならない。ここでも厳密な個人主義は空回りする。まったく無用なさまざまな商品が存在し、「消費せよ」という、文化に媒介される抑圧もあるからである。

消費行動はそのテクノロジー上の基盤へと引き戻すことができるので、特に家計の生産にとって規範となる消費が存在することは否定できない。消費の人類学的な定義が仮定しているのは、消費者の選択が少なくとも原理的には自由であり、また消費が私事に属する点である。とはいえ、消費をしないでおくことは、けっしてたんなる私的なことではない。消費に関するさまざまな決定は現代の文化を基盤に生じるし、価値の変化によっても特徴づけられるからである。その決定は、家族の収入と家族の資源配分に左右される。さらに消費は市場にも依存する（Douglas/Isherwood 1996, 36ff. 邦訳四二頁以下）。特に、食品に関してはその文化的な評価が意味を持ち、消費の状況を定義する。仕事についても、支払われる労働と支払われない労働とを、また市場での業績と市場に乗らない業績も区別しなくてはならない。料理や訪問客も消費の人類学にとって重要である。昨日まで贅沢品だったものが、今日は必需品になることがあるが、それは、特にテクノロジーの拡大を考慮する場合そうなのである。社会人類学的な観点から指摘されるのは、ひとは友人も持っている商品を自分でも持つことができる、ということである。

個人主義の浸透は消費者の人生を複雑なものにしてしまった。そのひとつの帰結は、家計が経済の過程に組み込まれたことである。都会の生活は全体として技術的により多くのお金がかかるものとなった。したがって、消費を効果的に組織化するという課題が生じる。このことが意味するのは、商品を順序よく組織的に入手することである。生活水準を左右するのは、ひとがどの程度まで個人として商品を自由に使用できるかであり、またそれは、使用される商品の質にもよるのである。新しいテクノロジーを助けにすれば、たとえば、自宅でパーティをする場合、新しい社会的行動が生じるし、それが、訪問客の数やそのもてなし方も決定する。訪問がある頻度や客の数もひとの社会的な地位、消費の習慣そしてテクノロジーの補助による。日常生活では消費に関する出来事が評価される。自宅のパーティで出せる料理の食品を通して自分を社会的に差異化することが非常に重要となる。また、技術的な商品が作る生活環境もひとの社会的地位に関して何かを表明するのである。

技術的な商品に対して目配りできるかどうかも、家族の裕福さに左右される。そして、自分たちの収入を一定の市場サービスにどう割り振るかが問題となる。全体として消費の社会人類学的な記述は重要であるが、問題は、さまざまな社会的活動の量の記述にある。その場合、中心となる問題は、お金と所有権の行使にある。ここでは誰もが使う日用品と高い社会的地位を示す商品とを区別しなくてはならない。否定することができないのは、消費者が技術的な商品を通して社会ともテクノロジーとも繋がっている点である。ここで、社会人類学の考察が展開しているのが、消費、収入、職業に基礎をおく一般的なライフスタイルのコンセプトである。そして最後に明言すべきことは、人類学はなるほど問題を記述しはするが、それを解決するわけではないことである。それは商品の使用を全面に押し出すにとどまるからである。

消費の倫理学と消費社会の神話、ジェンダー

消費者は商品をどのように賢明に選ぶべきかを知っている。また、資源の効果的配分の問題にもその価値にも詳しい。ここでは消費者の資本も探し求めなくてはならない。その使用を組織的にするために、使用のルーティンの意味で一定の運用能力が必要とされる。ルーティンが必要なのは、使用のためであり、消費を構造的に組織化するためであるが、この場合、特に興味深いのは、生産者とユーザーの関係の基礎にあるさまざまな規則である。ユーザーは、

自分で自身の消費を組織するが、消費者がその新しい魅力的な状況を経験する能力を持たないと、消費者が目標を達成できない経験がそこで生じることがありうる。これは欲求不満を感じさせるものである。この点でわたしたちは富裕層と貧困層のライフスタイルを区別しなくてはならない。状況がふつうとは違うことを感じ取れるセンスを発展させることがここでは重要なのである。わたしたちが新しい企業を始めるべきか、あるいは競合関係にあるさまざまな活動から何かを選ばなくてはならないか、いずれかが問題になる場合、消費者は、自分たちの選択肢をどこに求めるかを決定しなくてはならない。その場合、基礎になるのは、一定の行動モデルであり、行動の範例である(Bianchi 1998, 128-133)。

消費社会の文脈では、その背景を批判的に問わなくてはならない神話が幾つかあるが、その第一の神話は、大量消費が、たとえば世界に拡大するアメリカ主義の意味で、グローバルな同質化ないし異質化をもたらすというものである。しかし、消費文化は世界に拡大する文化の浸食そのもののひとつの面でしかない。第二の神話は、消費を社交性と対立するものと捉えることである。しかし、消費主義は勢力を増す物質主義や非人間性と同じものではない。第三の神話は、消費が「[人間の]本来性」と対立すると述べ、消費主義が自律の喪失を招く、というものである。確かに消費文化や大量消費には自律を喪失させる一定のリスクがあるが、他方では、正しい消費は、固有のアイデンティティと自律を強化することができる。第四の神話によれば、消費は特定の種類の社会的な存在を要求する。しかし、消費は個人主義、快楽主義そしてエリート意識を必ずしももたらすものではないのである(Miller 1995, 21-27)。

今後は、主婦の役割は消費と同じと見なされるだろうが、その役割は、消費から生じる力を考慮することである。したがって、わたしたちは、消費ないし消費の増加が一定程度、政治化することを確認しなくてはならない。消費は、文化が自己を産出する、相対的に自立した多元的な過程である(Miller 1995, 41)。一般に緑の党の運動は、消費に反対する運動と見なされているが、緑の党の運動の多くの点で現実主義的な見方のなかには、消費の新しい諸形式を促すこと、消費の探求が必要であるというものがある。全体としては家庭に関わる道徳の力を大きくすることは諦めなくてはならない。グローバル化する世界で消費の意味が大きくなっていることやさまざまな価値が領域化し、ローカル化するなかで消費の意味が大きくなることも否定できないが、主題としての消費に生活世界から始めて人類学的にアプローチすることが推奨されるのである（Miller 1995, 51）。

六〇年代の初めに大衆操作の心理学が表舞台に登場してきたが、八〇年代には消費行動に関する社会人類学が発展し、新しい消費行動に関する学際的な会議が続いた。そこでは、特に、消費のシンボリズムの問題が財と所有の観点で取り上げられた。クリスマスのような消費儀礼や祝祭に焦点が当てられたのである。また、たとえば、アルコール飲料の誤用のような、機能的に逸脱した消費行動も取り上げられた。他方、プレゼントや贈り物も重要な問題である。商品を購入する場合のショッピングやその選択も考慮しなくてはならない。食料品や嗜好品を消費する観点や物質的な商品の多様な使用を導く、文化のイメージが消費行動を変えるのである。したがって、若者儀礼は、現代のツーリズムのようなしかたで描くことができる一定の消費主義の形式を取る。この儀礼が消費主義の活動なのである（Miller 1995, 118）。

生産と消費は互いに切り離すことはできない。生産も消費も、特に社会的なものとして特徴づけられるし、ジェンダーの違いも工場での生産や産業の観点で建築にも生産にも影響を与えてきたが、同じことは販売にも購買にもいえる。特にジェンダー的に異なるのは、ひとが何かを生産し、配分し、ものを使用する方法である。男らしさと女らしさの背後にあるのは文化的なコンセプトなのである。ものを買うことは女性の領分に属するという思い込みが、女性と消費が固く結びついているという考え方を招いた（Horowitz/Mohun 1998, 7-9）が、上流階級が買い物をするようになったのは、一七世紀、一八世紀の消費革命に由来する、と考えなくてはならない。それ以来、二つの文化が生じたのだった。［禁欲的な］清教徒的特徴を持った消費文化と浪費的な消費文化である。生産は男性によるものである、と歪めて描くようになったのは、特に産業革命以来のことである。また同じように、生産と消費を社会的に分離し、技術が男性に属するとする考えも産業革命とともに生じたものである。食料品の用意は、伝統的に女性に属するものとなり、家事のテクノロジーも生まれた。こうして女性はテクノロジーを受け取るだけの犠牲者と見なされ、女性の領分とその科学技術によるデザインとが存在するようになった。産業革命のなかでは、家事に関する義務も新しく配分し直され、機械の大部分は、男性に属するテクノロジーであったが、消費社会を作り出すことはさらに進歩していく過程なのである（Horowitz/Mohun 1998, 32）。

家屋の価値は他の多くのものに比べ減り方が遅い。家屋はより維持しやすいとされる。しかし、この維持しやすさは副産物に過ぎない。加えて家屋は維持費用がかかり、それは、たとえば大聖堂の維持費のような場合と明らかに区別できる。そしてその維持費は、合理的に考えた費用全体と居住者に対して期待される寿命に左右される。したがって、老朽化も、建設時に先を見据えて決定された建物の形態と、時間とともに変化する他の二つの影響要因との相互作用の結果なのである。この要因のひとつがテクノロジー、他のものが流行である。テクノロジーの発展は不可逆的で直線的であると考えられているが、それは、流行と一緒になって、程度はまったく異なるものの、老朽化の過程に関与する（Thompson 1981, 64f.）。家屋が持続するものの範疇に属するのは、地位の高い中間層のうちの豊かな人々と上流階級の小集団に属する人々にとってのことであると思われる。もし今、家屋の外側を見て、その住人がどのような人か、当てようとしても、もう一〇年前のように、その住人の社会的アイデンティティを確実に予言することはできないだろう。またいうまでもないが都市の再開発も問題となる。それも、ものに持続性を与える力なのである。こうして、だんだんはっきりしてくることがあるが、それは、廃棄物は社会の革命的変化がなければ、もうなくすことができないということである（Thompson 1981, 87）。

物の使用とは別に、物のシンボルとしての使用価値にも経済的な摩耗が生じる。廃棄物は、商品生産の否定的な意味で過剰であり、それは、これまで要望に対応することで背負うはめになったさまざまな外部効果の部分なのである（Faßler 1991, 186）。したがって、使用は、それをありきたりのものになった自己目的、過去を作り上げるメディアそして濫用や浪費としても構成することができる。つまり、使用には文化が染み込んでいる。宝石や貴金属もそのように社会的に構築された。それがなくならないように、社会的規制を多くの分野で作らなくてはならないのである。廃棄物は目立つようになり、何も言わずに、わたしたちに迫ってくるだろう。また、テクノロジーがどんどんと世代交代していくことも、廃棄物を産み出す速度を早める。何が廃棄物であるかは、社会の内部で定義されるが、それは、非常に流動性の大きいものに関する秩序を定める、社会が定義するモデルなのである。廃棄物は状態としては不安定なものであり、不適当な使用場所にある物質なのである。廃棄物がわたしたちを脅かし、わたしたちは自律しているという想像を蝕むようになると、それは、わたしたちを日常生活のなかに潜む、欺瞞に満ちた陳腐さへ押し戻してしまう。包装を減らす、という公共の理想も、変質しやすさや廃棄物の階層序列と組み合わさると、ある問題を生じさせる。廃棄物の問題は汚染や汚染を回避することに還元できない。それは知覚の範疇に属するのである（Faßler 1991, 198-201）。

消費を反省する文化の提唱と近代の科学技術

意味のある消費と意味のない消費とのあいだに境界線を客観的に定めることはほとんどできない。自分の意志で消費を諦めることなど、ひとつのユートピアに過ぎないように見える。加えて、今の生活設計はほとんど変わらないし、それは無条件に魅力的なのである。こうした背景から見て、確かにそれを問う権利がある問題は、第二世界［旧共産圏］や第三世界の非常に多くの人々がこのような生活設計をわたしたちと同じように魅力的であると思うことに、なぜわたしたちがそんなに驚くかという理由である（Schenkel 1993, 29f.）。ここで解釈学的倫理学にとって問題となるのが、何か新しい視点を説くことではなく、消費を反省する文化を提唱することなのである。自分の生活を消費に限定しないほうがよいだろうし、物質的に価値のあるものを集めることが自己形成の目標ではない。自分にふさわしいスタイルを探究するとき、わたしたちは流行に従わないほうがよいし、外に目を向けるのではなく、文化に埋め込まれた固有のモデルに従うほうが望ましいだろう。消費それ自体は、それが生活全体を支配し、構造的に中毒になる場合を除けば、社会倫理的に非難すべきものではない。特に、消費は社会的で持続可能なしかたで方向づけるべきなのである。かつては科学と技術には飢餓、労苦そして病気からの解放という希望が伴っていたが、希望は必ずしも実現されていない。テクノロジーの進歩は、変化と進歩のための具体的で容易に測定可能な指標を与えるが、それは、技術が産み出す人工物のさまざまな機能の能力が、観念やそれに類するものの価値に比べて、その達成基準でより簡単に評価することができるからである。テクノロジーのイノベーションは、人間と物質、規範と実践、制度と模範、それらをひとつにし、そこからものを産み出すことができるようにするが、それは単純にローカルな地域に限定されるのではなく、それを超えて広く大きな影響を与えるのである。「近代とは何か」というコンセプトのなかには、過去の発展段階を方向づけてきたさまざまな発展の公約が含まれていた。しかし、結果が示していることは、わたしたちの目標は、もっと多くの、あるいはより正確な計画を立てることではありえないという事実である。包括的な計画の立ち上げや対応する計画の方法は、それが物質的であれ、経済的あるいは社会的であれ、どれも注意深く行われたほうがよいだろうし、それは、現実が孕む偶然性に敬意を抱きながら、実施されるべきだろう。つまり、近代に関するまったく新しいモデルが必要である。技術の進歩に関しては、世界規模の合意が存在しないことが、近代化を実現しようとする場合に進歩の妨げになっていることにわたしたちは気づくが、世界規模で見たとき、二つの文化が存在するのではないし、人間科学が技術の近代化が内包する文化的な意味の欠如を埋め合わせることもないので、「技術を反省する文化」がテクノロジーの発展の民主主義的な統制と創成のための戦略的部分として制度化されるべきなのである（Irrgang 2006）。

文化と社会の発展の枠組みから見たとき、技術発展に関する進化論的で文化的な考察の方法（Irrgang 2002a）に従えば、イノベーションは適応と受容の問題を産み出す。適応戦略と受容とは規則的な循環のなかで相互に結びつくのである（Irrgang 2006）。技術進歩に関する知識のコンセプトは、技術発展をその外部に原因を求める知識に関係づけるが、これに関連して、近年、技術発展に関する「身体化《エンボディメント》」のコンセプトが作られ、そこにさまざまな要因を結びつける技術発展のコンセプトも導入された。このコンセプトは、投資がもたらす技術発展とは異なり、技術のダイナミズムと技術の知識に関係している。投資は、たえず知識と経験を増加させ、研究がもたらす技術の進歩を通してそれらを補完できるが、これに付け加わるのが、新しい欲求を充足させることによる需要がもたらす進歩なのである。これをさらに補足したければ、供給がもたらす進歩も加わるに違いないだろう。このモデルによれば、技術的知識が技術の発展を喚起する。イノベーションにリスクがあるのは、収益の期待が高い場合だけである。この場合、技術革新的な小企業が、技術変化のもたらす探究、模倣、投資マネジメント、市場への参入可能性を通して市場の構造を変えるが、技術発展と経済成長の関連に関する問いがここで解明されるだろう。わたしたちは需要に関する、経済学の狭すぎる理解から離れるべきなのである（Huisinga 1996）。

文化を作り上げる力として、技術は、神話の創成やイデオロギーに対する潜勢力を持つ。近代の生産性が持つ効力が消費主義にイデオロギーに準じるものを提供する。イデオロギーは終焉したが、技術を完成させるという、世界全体を包む新しいイデオロギーが技術の効力の神話として登場し、それに取って代わったのである。正統化問題のなかで最も大きな一群の問題が指示することは、テクノロジーが、科学とテクノロジーの絡みあったものである、という事実である。なぜなら、この問題が最大かつ最も包括的な形式の技術者支配を基礎づけることができるからである。それが民主主義に反するものであることも示すことができるだろう。科学と技術それ自身を民主主義的に作ることはできないが、民主主義が正統化できるのは、科学と技術が実現するべき行為のさまざまな目標なのである。技術者支配は、科学政策として述べられ、特に権威的なやり方で貫徹される。しかし、科学が基礎づける政策のあらゆる形式が権威的なしかたで貫徹されなくてはならない必然性はない。技術がリスクを冒す、と述べることは、技術者支配の終わりを主張することであり、技術を責任あるしかたで発展させ始めることなのである。しかし、技術発展の過程ではしばしば技術的行為そのものから行為の目標が立てられることがある。技術的行為と技術の目標のそのような構成を「人間的に」達成できるような社会は存在しない。そのために、技術発展に対して多様なかたちで不信が生まれる。

したがって、技術の発展を正統化することは、人々が果たす役割や責任の帰属に影響を及ぼすような手続きを通して試みられるのである。

テクノロジーの創成を議論する人々の多くは、技術の境界確定を行おうとし、テクノロジー自体を変えようとはしない。よくあるのは、道徳的な境界確定を明らかにすることであり、それは新しい単純性へと立ち戻ることを宣伝するものである。とはいえ、道徳的な境界確定と政治的な境界確定にも限界があることを指摘しなくてはならない。これに関する西欧の理論に従えば、(他のさまざまな文化や社会により) テクノロジー化を行う対案となるような別の形式はありえない。フィーンバークの批判的な社会理論がそれを前提にし、そこから議論を出発させている、より自由な社会は、新しいテクノロジーによって人類と自然とを解放しようとする (Feenberg 1991)。専門家が支配するものとしてのテクノロジー文明の後に、責任ある文化が登場し、そのことで大衆参加の問いに答えを与えることができるという。テクノロジーは、産業社会の発展の駆動力であり続け、そこでは政治と技術のさまざまな要因が互いに混じりあう。テクノロジーの実質に即した理論に従えば、道具と機械とがさまざまな価値を体現するが、それは、正確に理解するならば、道具や機械との関わりなのである。

社会の断片化とともにテクノロジー化が進み、そこに近代化と文化発展の問題が生じる。ひとは自分の文化は自然なものである、と感じるものであるが、他の文化に属するひとはそうではない。テクノロジーの決定論は、社会システムの多様性の大きさを考慮しておらず、テクノロジーの決定論では文化は大きな役割を果たさない。そのような決定論が主張するのが「テクノロジック」であるが、その背景に文化主義的な理論があれば、対案となる別のテクノロジーの理念を展開させることができるだろう。他方では、テクノロジーに関するイデオロギーの要請も存在するので、結果として、社会的文化的なさまざまな事実のなかで価値は変貌する。価値観の対立の背後には社会的対立が隠されているが、テクノロジーの決定論は、技術発展を事実以上に技術と社会の基準を通して定義しすぎるといえる。それは、テクノロジーの移転が経済的な交換以上のものだからである。事実、ソ連の社会システムはテクノロジーの移転ともに西欧の文化的価値の多くを受容した（Feenberg 1991）。消費主義は、技術発展に対する政治的なものの影響を強調し、資本主義のモデルは、経済の影響を強調するが、多元的なモデルは政治、技術、経済発展の諸要因から始めるのである。

近代を擁護する場合、解放を継続することの道徳的な意味にその基礎が求められるが、解放は、啓蒙の時代に始まり、地上の複数の場所で今も進行中である（Toulmin 1994）。しかし、近代合理性に対する信仰は終わろうとしている。問題は「白紙《タブラ・ラサ》」から新しく始める思想にあるが、それはヨーロッパの思想家が確実性の探究と同じように、繰り返し行ってきたものである。フランス革命とともに政治の方法に対する根本的な新しい端緒が与えられたが、さまざまな革命はゼロから始まったのではなく、それぞれに固有の弁証法もそこでは繰り広げられた。特にアメリカの人々にとって「白紙」の夢が魅惑的であったのは、それが、新大陸に伝統的なヨーロッパ社会の専制君主や腐敗を退けるものとして、立ち現れてきたからである。

エコロジーの要求に対応できる自然哲学と反省的な近代

わたしたちは、近代を歴史的形式の括弧に入れることも、また完全に拒否することもできない。課題は、むしろ遺産として継承された近代を再編し、あえていえば、正しく再興することであるが、それは近代的なものを人間的なものにし、エコロジーの要求にも正当に対応できる自然哲学を発展させることによってである。そのために広まっていかなくてはならない洞察は、自然は単純に、わたしたちがそれを自分の使用のために収奪できるような、中立的な資源からなるのではないこと、そして自然はひとの地上の住処でもあることである。理論的観点でいえば、近代には三つの基礎があった。確実性、形式的合理性そして「白紙」から新しく始める努力である（Toulmin 1994）。そこで問題となるのは実践哲学の再興である。環境問題は、功利主義だけでなく、宇宙論にも、しかし特に文化哲学にも問題を投げかける。エコロジカルなコスモポリスでは人間のさまざまな欲求を充たすための適応可能な道を求めることが問題となる。そしてそこではルネサンスの人文主義に含まれていた懐疑主義の寛容を再興することになる。環境志向の社会を実現するためには多様な道筋が可能であり、ローカルな文脈に配慮すべきなのである。

一六世紀の懐疑主義的人文主義が求めた、主要なことのなかには、あらゆる思考と行為を理性的にすることがあった。このことは、一方では自分自身を記述する場合、自分の能力と自己規律に関する謙虚さを意味した。わたしたちは、近代の新しい歴史的局面に入り込み、科学と技術を人間らしいものにするように努めなくてはならないし、実践哲学の諸目標を再度、妥当なものとしなくてはならない。最盛期の近代が持っていた誘惑は、その抽象的な純粋性と理論的な単純さにあったが、この二つの特性がデカルトの後継者の目には、人間の具体的行為に含まれる、避けがたい複雑性を見えないようにしたのである。しかし、今、近代は第二段階から第三段階へと移行し、将来のさまざまな現実の可能性を定義することを課題として与えられている（Toulmin 1994）。

ウルリッヒ・ベックも、同様に反省的な近代化のプログラムを掲げた。ベックによれば、一九世紀には「あれかこれか」が支配していたが、二〇世紀の特徴は、「そして」という語が支配的な点である。[*21] バスチーユ牢獄の襲撃から二〇〇年後にチェルノブイリ原子炉の事故、ベルリンの壁崩壊、一九八九年の平和的革命が生じたが、これらの出来事は無から生じ、いまだに説明できていない。多くの人を不安にしているのが、グローバルなもの、拡散するもの、輪郭のないもの、そして「そして」なのである。それが政治的なものの発明を必然的にする（Beck 1993）。冷戦の終結後、社会学もまた新たに発明し直さなくてはならなかった。産業近代は解体し、近代化が社会史を駆動するものになる。そしてこのこともまた反省的な近代化として新しく概念化すべきであるだろう。

反省的な近代化の課題のなかには環境に配慮した技術の発明が含まれる。そのためには、技術発展が経済と軍事介入する国家の専制支配から離れなくてはならない。代替的なものと懐疑とが環境に配慮した技術の根本原則となる。現代にはもはや技術の自律はなくなり、計画性以前の未成熟な状態が存在する。程度の差はあるが、危険で影響も大きい、生産や社会基盤《インフラストラクチャー》の対策への措置の便益と負担とはけっして正しく配分できてはいないのである。したがって、政策的な助言と専門家が報告する従来のモデルは失敗している。問われているのは、産業政策、科学、市民のあいだの共同の合意形成の諸形式である（Beck 1993）。わたしたちは、単純な（規則に導かれた）政治と反省的な（規則を変更する）政治とを区別しなくてはならない。反省的な近代化は、後者を要求するが、自らを方向づけうる、新しい模範を前提としている。とはいえ、だからといって、技術について哲学することが、社会学や政治学の課題を達成するための補助になることはない。現象学的・認識論的なタイプの考察が示すのは、技術的行為の生活世界的な把握の重要性であるが、それは、技術的行為ではその技術を伝達する者との関わりが根本的役割を果たしていることを際立てることを通してであり、そこから技術的行為に関する文化哲学的で反省的なコンセプトが生じる。そのようなコンセプトは、生活世界を志向する道徳的なコンセプトを必要とするが、それは文化的な模範の倫理的構成要素を問題にすることができるようにするためである。

産業社会の消費の可能性は途上国や中進国にも模範的に働く。途上国の多くの政府が期待しているのは、経済成長の過程がうまく働き、その結果、絶対的貧困がなくなり、社会の構成員全員の福祉が持続的に増進することである。そのかぎりでは途上国の多くが成長に高い優先順位を与えることは驚くべきことではない。しかし、最も不満の残る場合として、国民の少数派だけが成長を条件とする収入増加の利益を得る一方、大多数の国民は、貧困化したり、貧困なままであったりすることがある。消費の裏には廃棄物があるが、それは使用によって非常に変化した物質であり、人間社会ではもう使用ができなくなったものである。とはいえ、それは地球上に別のかたちで残っている。近代の産業システムを特徴づけるのは、それが価値ある原材料を無用の廃棄物に変えることである。廃棄物の概念をそのように広げること、つまり、それを人間の過程が引き起こす避けがたい物質とエネルギーの副産物として解釈するならば、人間の生産システムでは、生産されるものすべてが多かれ少なかれ廃棄物となる、という命題にわたしたちは辿り着くのである。

技術発展とグローバル化した世界

技術の発展は倫理学にとっても本質的なさらに注目に値する一歩を踏み出した。それは［ひとつのグローバル化した］世界社会が生じたことである。しかもそれは国民国家的社会にとっての基盤である伝統的な政治的で規範的な統合なしに、また固有のアイデンティティなしにそうなったのである（Reimann 1992）。ドイツ人は、一九八九年秋の東ヨーロッパ諸国の歴史的革命の証人となったが、それはすべての人をその軌道上に乗せた。テレビによるグローバルな報道がわたしたちを、息をのむような出来事の目撃者にしたのだが、それ以前は、世界全体の大衆とローカルな出来事とをそれほど緊密に結ぶネットワークはなかった。そしてそれは、遠距離通信によるグローバルなネットワーク化でもあったが、それによりわたしたちは、観客となっただけではなく、歴史的革命を演じるものともなったのである。

今や、より高度な経済生産性とさまざまな高度な要求に応えなくてはならないレベルの経済とが要求されているが、それは、世界の人々が物質的な福祉を要求しているだけでなく、同時に最も豊かな国の人々が空気や水、土地が汚染されていないことを要求することに関わる。その鍵は、特に経済的技術的な進歩にあるが、それもまた新しいリスクを産み出す。この発展は、危険を予期しながら、同時にそれを取り除くという、ジレンマから逃れられない。言語、文学、芸術、科学の普遍的な結びつきによって捉えられる、社会の諸階層はしだいにより広くなっている。そのように教養レベルが上がることで人々の道徳的な判断力も向上する。伝統的社会集団は個人への影響力を失い、代わって文化の審級が登場し、ひとは文化の普遍主義的な推進力のなかで生きるようになる。英語を母語としない諸国民が英語を母語とする諸国民に対して劣位にあることが示され、中心にある文化的普遍主義と周縁の文化的な個別主義とのあいだに対立も生じる。文化的普遍主義の勝利の動きは、文化の発展を同じテンポではできない、遅れを取ったさまざまな文化のなかに固有の対抗文化を産み出すのである（Reimann 1992）。

世界市民的なグローバル社会の枠組みを与える途上で、世界規模の連帯共同体が目に見えるようになり、同じかたちをした日常性の構造が地球を取り囲んでいる、という主張は的をえてはいない。情報テクノロジーや遠距離通信メディアは確かに遠いものとエキゾティックなものとを身近なものにした。海外旅行は異質で疎遠なものとの出会いをうまく調和させた安全な冒険にし、環境破壊のカタストロフィーが世界規模で生じると指摘されることで、進歩と近代化を弁護する言説がその信憑性を失ったときにも、なお共同性とコミュニケーションとが確保されるのである。グローバル社会でコミュニケーションの社会的多様性が失われ、その淘汰が行われると、ある空白が生じ、そこに新旧さまざまな形式の社会の多様化が入り込んでくることになる（Reimann 1992）。

途上国から商品、生産財や消費財を輸入することは、たとえそれが「自助を助けすること」を目的としているとしても、罪がないではない。というのも、こうして商品に初めて意味を与える西洋の考え方とライフスタイルも輸出されるからである。その結果、自国固有の文化的伝統が押しのけられる。「文化」で考えられているものは、あらゆる行為に対してアイデンティティと一貫性とを与え、それらを規定する、根本的な方向づけの模範である。重要なのは、典型となる文化的儀礼や実践を確立することではない（Reimann 1992）。グローバル社会の生成にとって枢要なことは、組織が互いに知的に交流することであるので、組織レベルの文化的多様性のマネジメントの戦略もはっきりとした考察を必要としている。文化は時間的には相対的に長く持続する解釈や行動の模範として理解されるが、そのような模範はまずは社会化の過程に媒介されるものなのである。

世界規模で構想される商品のキャンペーンは、けっして新しい発明ではない。コマーシャルの国際化を強化することは、たとえば、大衆のツーリズム、文化交流プログラム、国際分業などと並んで、文化横断的なコミュニケーションや文化の交換の促進に寄与する。ケーブル化が進み、外国のテレビ局やラジオ放送の提供番組が増え、衛星放送が始まる状況は、情報の流れが国境を簡単に越えていくのに好都合であるが、このことは近年では特にインターネットについていえることである。多様な文化領域を区別する最も明白なものは言語であるが、文化に属する行動規則のさまざまな区別が、文化的なコミュニケーションに関して今後問題となる領域なのである（Reimann 1992）。ここで重要なこと、しかし、またひとの心を疑心暗鬼にもさせることは、メディアのシステムの商業化がしだいにいっそう進行していることである。そのため各国のメディアの体制が空洞化する結果が生じている。国際化の流れは、視聴覚メディアの場合に現れるだけでなく、活字メディアにも及ぶ。コマーシャルは若者向きになり、消費志向のライフスタイルに方向づけられる。海外旅行も、文化的なコミュニケーションの場としては、今日にいたるまで問題視され、批判されている現象である。また、途上国支援のプロジェクトも、啓蒙活動のキャンペーン内容に関して、メディアを投入するならば、それをそれぞれの文化の価値規範や世界観とマッチさせなくてはならないだろうし、いわゆる第三世界に関するメディアの報道も全体としては同じように疑問視しなくてはならない。しばしば、ステレオタイプが現れてくるが、それは解体しなくてはならないものなのである。

文化相互の結びつきには多様な側面があるが、それはほとんど際限なく過去に遡ることができる。たいてい見逃されている多義性にもかかわらず、文化の概念は、理論的でもあり、実践的でもある、方向づけの枠組みのために存在する。文化に本質的に属するものは、一定の持続する生活形式であり、それは自然や他の文化を持った人間と対立するが、文化間の対話には解釈学的な弁証法の四つのレベルが伴うのである。①ヨーロッパによるヨーロッパの自己理解が問題になるレベル。内部にある、あらゆる不協和にもかかわらず、ヨーロッパは、その大部分は哲学には関係のない要因の影響の結果、ヨーロッパに属さない人々に何か統一性のあるものとして立ち現れてきた。②非ヨーロッパ的な文化、宗教、哲学をヨーロッパ的に理解するレベル。オリエント学や民族学のような制度化された専門分野がこれを裏づけている。③非ヨーロッパ的な文化圏のレベル。かれらの自己理解は、今日でも自己自身で行われており、他者には委ねられない。④ヨーロッパ以外の諸文化がヨーロッパを理解するレベル。この状況で問われるのは、誰が誰を理解し、その理解をどのように、そして何のために行うのが最善かである。ヨーロッパが今日、解釈可能となったことはヨーロッパの人々を驚かせることかもしれない（Mall/Schneider 1996）。

科学と技術が普遍的に拡大し、交通とコミュニケーションとが一体化することにより、グローバル化の過程が推し進められ、多様な異なる文化的起源を持つ人々がひとつの人類へと繫ぎ合わされている。わたしたちは世界史の過渡期の、そしてつねに部分的でしかなかった歴史が変容していくのを目撃する証人なのである。人類のグローバルな一体性について語ることは、もちろん文明のレベル、特に科学、経済、交通とコミュニケーションの領域では妥当なことであるが、しかし、その文化的な一体性について語るのはまだ論外である。逆に、グローバルな交通が外面的な一体性を導いてきた、その連続的過程が、今日では非常に異なる価値体系、信仰形式そして意味づけを互いに衝突させせるが、その場合、そのような状況下で人間を「人間であること」によって互いに結びつけ、ひとつにすることがどうすれば実現可能か、という点には何も見通しが与えられていないのである。現在の状況が差し迫って求めているのは、文化を越えるコミュニケーションであり、それが文明共存のレベルを踏み出し、文化間のコミュニケーションを導くのである。もちろん、そのような努力には文化的に制約された規範的で宗教的な多元主義が立ちはだかっている。文化間のコミュニケーションは、それが成功する場合は、まさにアイデンティティを脅かして、文化の方向づけを見失わせる結果を導くこともありえたのである。文化的なアイデンティティは、それが自己を主張し、自己を不可侵のものとして守ろうとすると、文化間のコミュニケーションや相互的な理解を根本的に制限し、妨げることになるだろう。必要とされているのは、「あくまで仮定の話だが」互いに共約不可能なものの比較を可能にしてくれるような基準なのである（Mall/Schneider 1996）。

近代の文化概念――脱中心化と反省性、文化横断的な哲学と文化比較

価値体系相互の全体的な違いも考慮しなくてはならないが、価値体系は、それがどれほど反省された場合でも、抽象的に基礎づけられたシステムではなく、生活形式に基底を持つ。近代の文化概念は、構造的には二つの契機によって限定されるが、それが脱中心化と反省性である。脱中心化が意味するのは、近代の構造がそれに先立つ前近代的な体制に対して、その固定的な統一根拠としての中心性を奪い、その閉じた状態を終わらせたことである。また、反省

性が意味するのは、文化がそれ自身に関する概念を発展させ、文化が文化としてそれ自身を意識するようになったことである。文化的多元主義の事実とそれに関連する文化のうちに基礎を持つ方向づけのシステムに根拠を与えよ、という要請があるが、それは、文化的アイデンティティに無条件の敬意を払わなくてはならないこと、そして文化的に自己でありたい、という要求も無制約に保証しなくてはならないということである。世俗の戦い方としての塹壕と礼拝行為としての穴[*22]とが比較できないのは、それら二つを関係させる共通の枠組みが欠けているからである。したがって、たとえば、動物の倫理の観点から、外面的には区別ができないが、ある行為は非難され、他の行為は大目に見られる。その場合も、正義の原則が破られているとはいえない。ここで示唆されている問題解決は、妥協も比較の可能性を前提としている以上、それは、妥協を示すものではなく、二つの互いに共約不可能な行為の形式が並存することを正当化するものなのである。文化を横断する哲学への期待は大きいが、それはさまざまな文化が対話することにより、時代に適った新しい方向づけの可能性が示されることへの期待である。このような期待が無害でないのは、それが現在の混迷状況から脱して、文化を横断し、わたしたちを拘束する新しい道を発見する可能性を示唆しているからである（Mall/Schneider 1996）。

文化横断的な哲学は過去と現在の文化のあいだの対話の意味での、そして伝統、文化、記憶を再測量するコースの意味でのプロジェクトとして提示される（Salas 2003）。それは探究的な実践であり、学際的に構成され、互いに対立しあう文化の文脈での倫理学である。この倫理学は、道徳の危機、道徳における相対主義や個人主義を前提にそこから始める。グローバル化の文脈で問題となるのは、普遍化、文化の差異と潜在的対立である。その際、対立は、そのような文化横断的な倫理学がそこから出発する文化と道徳の中心的な要因と見なさなくてはならない。近代化の現象は、特に文化横断的な倫理学に関する論争を呼び起こしてきたが、その中心問題として本質的に重要なのは、特に発展しながらも、後に残されている諸国民のアイデンティティと近代性の主題である（Irrgang 2006）。文化横断的な倫理学は、対立を背負い、対立を伴う文脈の倫理学なのである。この倫理学の方法は、解明し、問題化し、探究するというものである。そのような倫理学は、植民地の変容過程やその結果生じる、優れていると見なされる、他文化の非本来的な、模倣の桎梏から自由になり、それを変化させる課題も有するが、その媒介の範疇は、多様なかたちで問題となるだろう（Salas 2003）。この場面ではアーペルとハーバーマスの討議モデルが妥当なものとしてそのまま認められる。

さまざまな行為の状況で、見方や理解のしかたがぶつかりあう際には双方が、自分を他方に接近させ、自分が定義する力を他者の力に対抗して押し通そうと努めるものである。その場合、そのつど他方に対して認識が課せられる見方や理解のしかたはすでに自分の文化に照らして、対立的あるいは類似的なものとして、少なくとも双方の要素が混じりあい、模写され、このかたちで自分の文化を妥当なものとしようとするための手がかりとされる。そのための前提は、さまざまな文化をそれぞれひとつの文化に時間的にも空間的にも固定することである。こうして、共通の経験が生じ、比較の努力を一歩一歩、積み重ねることで、わたしたちは、自分や他者の知覚、反省のさまざまな文化の舞台裏にある諸背景へと入り込み、鋭敏さと起爆力とを手に入れる（Matthes 1992）。

社会史や一般的な近代化、発展理論の多くのコンセプトの妥当性はその文化比較に依拠している。一九世紀と二〇世紀には国家間の競争と緊張関係とが生じた。学問による文化比較は、まさに自己を拡大するナショナリズムに対する反動であったし、それは帝国主義とともに強まったのである。一直線の進歩主義から離れて、干渉しあう多様な変数を発見し、特殊事例を考慮するようになっても、わたしたちの関心は近代化に集中し、他者の助けをもあてにしながら、社会史のそのようなコンセプトにとらわれたままだったのだが、それは、社会学の概念装置が国内の社会構造に完全に切り詰められていたからである。また、そうしたことがまったくない場合でも、さまざまな他の文化は、何か手を加えなくてはならないように、内的な挑発を行うものなのである。したがって、文化の運動こそがすべての歴史の真の場所であり、また大きな駆動力なのである。ここでは要約的記述で満足せざるをえないが、空間を超えていく出来事があらゆる社会発展の様相と駆動力なのであった。つまり、それは姻戚関係を結ぶこと、同盟関係になること、協約を取り交わすこと、移住すること、亡命者としてアジュールを求めること、混血により異邦人と結婚すること、交換や交易、あるいは朝貢関係、戦争、併合、征服、さらには植民地化や宣教活動であった。こうしたすべてからより大きな統一性が生じたのである（Matthes 1992）。

文化比較は多様な活動を総称するものであるが、それは異なる文化が出会うとき、双方に生じ、社会に広まる実践となる（Matthes 1992）。植民地の状況では、二つの文化が日常生活で交わり、空間的にも相互に入り込みあうが、文化比較が、そこでは双方の側に投げかけられるものとして、持続する課題であり続けることが、他のどんな場合に比べてもはっきり現れる。重要なのは文化に関する相対主義的でない理論の要素である。文化構造が含む要素には以下のようなものがある。つまり、文化は、暗黙のうちに知覚、思考、行為に深く根を下ろしている、非常に一般的な反省の眼差しを免れる、さまざまな模範から成り立っているが、そのような模範に基づき、ある文化の担い手は類比を通して現実と折り合いをつけるのである。文化の担い手たちは、このようなコードを直接にではなく、自分たちが帰属する社会のさまざまな下位の単位を通して、プリズムで分光するようにして実践に置き換える（現実化する）。そして文化のこうした解明がばらばらになるのを防ぐことができるのは、それを意識的レベルに高め、もう一度、文化が含む権威ある多くの営みをアーチ状の天蓋を通してまとめ上げる場合なのである。このようにして高度な文化、つまり明瞭な輪郭を持った代表的な文化が生まれる。

啓蒙期以来、歴史分野や文化・社会的分野では、人類のあらゆる文化を、それが過去のものであれ、まだ生きているものであれ、組織的に研究し、記録し、解釈することに努めてきた。したがって、こうした学問が人類の文化横断的な記憶を産み出してきたのだが、それは、集団の利己主義やそのために生じる限界をはるかに超えて、人類最高の芸術的、道徳的そして実践的な成果を確保してきたのである（Matthes 1992）。文化の受容は同化や拡散とは区別するべきである。文化の伝達は個人の、可能であれば、集団に組織された個人の、平和的で社会的に正当化された営みとして、ある社会から別の社会へと目標に従い移行する文化の傑出した要素と見なされ、それは公私のあらゆる生活分野で進歩の発展を推進する。そのような改革の努力を導くべき関心にはさまざまなものがあった。貧困撲滅、労働市場や食料供給の改善、職業教育の向上、公衆衛生の改善や疾病の削減、人間関係をより誠実にし、正義をもたらすこと、科学とテクノロジーの導入と科学的で合理的な態度の促進、迷信と身分階層的な思考の伝統の排斥、公共分野と私的分野の双方での汚職や非効率の追放などであるが、これらはみな啓蒙時代の人間性のスタンダードでは問題があると思われていたものばかりである。

近代化と文明の衝突

西洋の知識と科学とを受容する動きは一九世紀に著しく広がっていった。日本はアジアで近代化に成功した最善の事例である（Matthes 1992）。軍の改革のために、日本では西洋の武器を受け入れただけでなく、徴兵制度も階級組織も変えた。本当の近代化の運動は、文化を横断するエリートが主導して初めて可能になるが、かれらの考え方は古代の模範から解放され、科学の力を手に入れることを目指したのである。アジアの国々の状況は、目下のところ三つの発展段階によって特徴づけられる。最初の段階は、イノベーションを伝達する潮流を表現しているが、これは脆弱である。第二は、あまり本気ではない伝達の潮流であり、これが今は一番強いといえるだろう。第三は、西洋文明に対して敵対的態度を取るルサンチマンの段階である。特にこのような態度を表しているのが、教養半ばの若者たちである。かなりの長期間、西洋文明に反対する宣伝の文書が出版されていた。そこで問題となるのが、西洋人は唯物論的であり、性的放縦や腐敗した精神と性格をもたらすものであり、利己的個人主義を助長するというイメージである。ムスリムの世界を取り上げて、かれらが西洋文明に反対する宣伝を何十年間も妨害されずに繰り広げていたマレーシア、シンガポール、インドネシアの状況を考察してみよう。そこにはアンチ西洋的な要因があり、倦むことなく西洋に反対するキャンペーンがなされているが、かれらがムスリム社会の問題分析にもっと取り組むことはないのである。その見方に従えば、純粋科学と応用科学が唯一、ムスリムが西洋から学ぶことのできるものなのである。

総体としていえば、基礎におくべきなのは規範と価値に関する相対主義ではなく、地域的にも文化的にも限界のあるしかたで普遍的に妥当する価値のコンセプト、ある種の地域的普遍主義、社会と地域の形成に際して社会を描き、解釈する体系の意味での文化の相互依存なのである。文化は、背景を正当化するものであり、行為を導き、社会の諸分野の目標となるものなのであるが、人間のさまざまな実践が暗に含む文化とはっきりと現れる文化とを区別しておかなくてはならない。異質性、文化の相互的影響関係、文化的な多様性は、部分的には近代社会の自覚的なアイデンティティとなっている。また、そこでは、一定の集団が文化を奪われる過程も進行した。文化を横断する変化や他の社会集団との社会化の交換を通してある一定の遅れも生じたが、植民地化をする者と植民地化をされる者とを二元的に区分することは、文化の剥奪の複雑な過程を理解する上で妥当ではない。そこには実は、あまり注意が向けられていないメカニズムと過程があったからである。それは、文化接触のより微視的な過程であり、事実、そこで新しい考え方が文化に流入し、文化の融合や対立を引き起こす過程が伴うのである。雑種《ハイブリッド》であることが文化に関する論争の鍵となる要因なのである（Young 1995）。

雑種性、それは「あれもこれも」の活動様式であるが、それがだんだんと文化的な差異の形式そのものになり始めている。イギリスではそのような新しい文化的雑種性が生まれている。雑種性は人種理論から文化批判のコンセプトへと移り変わったが、そこで雑種性は、現代の理論のなかにある対立を引き起こす構造を取り上げ直すように働いた。一連の差異がそこにはある。自然に反対する文化、文明に反対する文化あるいは無政府状態に反対する文化、もしくは低い文化である技術者支配や対抗文化に反対する高い文化、そして最後に、サブカルチャーに反対する文化、日常文化、物質文化ないし生産やシンボル体系に反対する文化などである。さらに加えて、シチズンシップと文明も区別することができる。物質文明と精神的ないし道徳的な価値との分裂もさらに明らかになった。こうして文化と近代主義とが区別されたのである（Young 1995）。

文化間の衝突というテーゼでわたしたちの関心を喚起したのは、学者としてのハンチントンというよりも、かれの疑わしいテーゼが広く世間に受け入れられた、そのしかたのほうである。かれの主要なテーゼは、アメリカ合衆国は、その世界規模の覇権への要求をより多くの、もっと危険でないが、同じ程度に強力なブロックのために、放棄するべきであるというものである。ハンチントンは、世界を文化圏に分割することを提案したが、かれにとって重要なのは、グローバル化ではなく、それぞれ固有の伝統とその差異とを省察することであった。文明とは産業技術の進歩がもたらした文化であり、文化圏は一定のしかたでもともとの伝統と結びついている。ポストモダンになってから文化主義が復活する一方、文化の定義はほとんど存在しないが、変わらないと主張されるものも多くある。その場合は、しばしば動的でない文化理解が支配的である。共同体主義は、伝統の文化的価値の意味で西洋社会を革新することを弁護しているが、共同体主義者たちは、そこに立ち戻り、伝統を熟考しなければ、西洋は道徳的に没落するだろう、と述べているのである（Mokre 2000）。

ハンチントンが強く訴えるのは、かれの読者の感情生活と感情のレベルであって、そこに一貫した秩序の原則を認識することはできない。ハンチントンは一九世紀に対しては、国家間の闘争を、二〇世紀に対しては、イデオロギー間の闘争を、二一世紀に対しては、文化圏間の闘争を仮定している。ハンチントンは、七つの文化圏[*23]、つまり、西洋、ラテンアメリカ、ギリシア正教、イスラム、儒教そしてたぶんアフリカから議論を始める。ハンチントンにとってはこれらの定義を区別する特徴が宗教への帰属である。しかし、政治的な活動を行う者はいぜん国民国家を志向したままである。ハンチントンは国境対立による戦争、大国間の対立そして文化間の対立を同一視してしまう。イスラム化のなかでヨーロッパが脅威にさらされたことは歴史的な現象であったし、ヨーロッパの没落は、キリスト教の没落と結びついているが、それを挑発する文化がアジアとイスラムであった。イスラムの歴史を特徴づけるのは、他の文化圏との暴力的対立であるが、特に宗教としてイスラムとキリスト教とが近いことがさまざまな対立を引き起こしたのである。とはいえ、近い将来の西洋に反対する大同盟が何になるかは分からない。ハンチントンによれば、アメリカ合衆国、ヨーロッパ、ラテンアメリカが一体化し、ロシアとよい関係を持てるようになるのは、特に儒教とイスラムの同盟が生まれたときである。他の文化圏に介入することは、本来は思いとどまるべきことであるが、西洋の影響が大きくなると同時に反西洋の力も強まるという弁証法的関係に関するテーゼもまた有用なものと見なせるだろう（Mokre 2000）。

しかし、異なる文化と宗教に帰属していることは、さまざまな対立の原因ではなく、戦争煽動者たちがしばしばそれを利用し尽くした潜在的なものである。不安を煽り、新しい敵のイメージを作り出すことがそのために有効なのである。東アジアは、伝統的な価値観の徹底した変化をくぐり抜け、アジアと西洋の世界とを総合することを試みている。また、［ハンチントンの］文化の没落という主張も批判的に考察しなくてはならない。ハンチントンの場合、文化は生物のように現象し、生物のように活動する。この見方は方法的に見て、極めて疑わしい。世界地図はつねに構築されたものであり、ハンチントンの自前の社会学は説得的ではない。近代化を必ずしもアメリカ化や西洋化と同じものと見なすことはできないのである。近代化に関する命題は、ハンチントンの場合、十分徹底しているとはいえないが、問わなくてはならないのは、構造の近代化が文化的にも行われるのはどのようにしてかであり、したがって、ライフスタイル、交通形式、価値などの同化もそのように作用するのはどのようにしてかである。さまざまな歴史的政治的な文脈のなかで構造の変化を文化的に実現することにどのようにすれば成功するのだろうか。近代の官僚制、テクノロジー、都市性、学校教育への参加が、伝統に敵対するさまざまな機能を発展させるが、重要なのは、社会の変化に関する文化的な実現のモデルである。それは特にこの変化がテクノロジーを通してもたらされる場合である。しかし、ハンチントンの方法論的全体論では社会の変化を説得的に説明することはできない。また、そこでは一定の文化的決定論も主張されているが、社会が文化的な価値システムだけで統合されるというようなことはけっしてない。伝統が強力であれば、それは安定した選好や実践の硬いコアを作るだろうし、伝統の連続性は、正統性という目的のためにも促進されるのである。文化の実践と文化的な意味づけの過程を価値づけるとき、それは意味を作り出し、それを手渡すことに基づくだろう。そこでは妥協を作り出し、境界を記すことがある特別な役割を果たすが、危機や崩壊のシナリオは、しばしば戦略的に投入されるものなのである（Mokre 2000, 33-44）。

ハンチントンがよく用いるのは、気前よく普遍化された「グローバル」な諸理論であるが、それは世界政治の状況を普遍化する仮説を介して説明しようとするものである。特にドイツではそのような単純化で世界を総括することに対して一定の懐疑が繰り広げられたが、そのやり方が広範囲の世論には学問的な印象を引き起こした。文化圏は、文化の一致によって定義されるべきであるし、しばしば宗教と一致するからである。しかし、これではあまりに還元主義的な文化の定義となるだろう。戦略的あるいは経済的な対立が文化的な解釈にこっそりすり替えられる可能性を、ハンチントンはほとんど考慮していないように思われる。新しい権利は、文化や人種のコンセプトに関係しており、多文化的な文化概念に反対する方向にある。新しい権利が関係するのは、いわゆる自然な文化共同体と文化空間なのである。総じてハンチントンが要請するのは文化圏の分離なのであるが、ハンチントンは東洋のうちに新しい敵のイメージを作り出し、世界規模のカオスの存在を主張する。その主張は、フランシス・フクヤマのいう「歴史の終わり」のコンセプトやヘンリー・キッシンジャーとブレジンスキーの「勢力均衡」の主張にも繋がるものであるが、そこにあるのはリアリズムである。これらに対抗するのは、リベラルな普遍主義者たちであり、かれらは自由市場経済のような普遍的価値を代表する。とはいえここで確定しておかなくてはならないのは、対立の軸と協調行動とが文化と交差していることである。特に対立は文化内部にも存在するし、加えて文化圏が反西洋的な諸ブロックというわけでもないのである（Mokre 2000）。

多文化主義の表裏、承認をめぐる闘争

ハンチントンが見ているのは多文化主義の裏面であり、かれが展開するのはグローバル化に関する二つの対立する評価の模範である。文化を横断することと文化主義のひそかな魅力を前にして生じるのが、異質なものを限界づける強い要求なのである。グローバル化の効果が現実のものとなると、グローバル経済の新古典派的な範例にも揺さぶりがかけられるようになったが、西洋にも集団で行為するものはいないのである（Mokre 2000）。グローバル化の観点

でも文明の科学と技術の構成要素が存在し、それは三つの分野で働く。①科学技術の思考スタイルの伝統的な思考方法への影響、②空間的に拡がり、世界規模になる文化モデルのネットワーク拡大のための交通とコミュニケーションの技術的なネットワークの意味、③グローバルな準拠枠の設立である。以上のことは、交通、コミュニケーション、生産それぞれのシステムの結果のひとつなのである（Mokre 2000, 105-107）。イスラム文化は、一枚岩のブロックのコンパクトな単位として受け止められているが、それでもトルコ、アラブ、ペルシアなどは相互にはっきりと区別されるし、しばしば互いに分離もされる。イスラム原理主義はひとつの政治運動なのである。古典的な権力相互の対立は文化的局面を持つが、南スラブ国家としてのユーゴスラビアにこれが認められる。この場合、ボスニアのムスリムは世俗的で西洋的であったし、ほとんどといってよいくらい拡張主義的でなかったが、西洋のイデオロギーとしての普遍主義は挫折した。最終的に、ハンチントンが説き勧めるのは、脱政治化、つまり世界の他の諸文化に自分自身の価値を押しつけようと望まないことであるが、そうすることは二律背反的である。

互いに相容れない考え方があるなかで、承認を求めて闘争すると、それは、蜂起や反乱を引き起こすことになるかもしれないが、このような承認を求めた闘争が文化間にも存在する。文化間に対立があるとき、この承認のための闘争が哲学の中心的な次元になるのである。この闘争は、哲学の意味で合理的手段によって行われるべきであるが、達成された成果が示す文化こそが、承認要求を基礎づけるのである。承認は所与のものを創造すること、行為と言明なのであるが、ここで問題となる承認は、その基礎づけを問う以上、失敗することもありうる。承認は、承認されるべきもののアイデンティティと一体性とを証明するものであり、また同時にそれらを創設するものなのである。最終的には、承認は文化の歴史的成果であり、ある種の創設、外的な徴と結びついたものである（Düttmann 1997）。

承認はいつもすでに承認のための闘争、ある種の論争に巻き込まれているが、普遍主義には二つの種類があり、ひとつはすべてを包括する類のものであり、もうひとつは反復的な類のものである。文化間の差異との関係や文化の多様性に関連して、普遍と特殊とは何かが問題になり、社会的な先入観に関連して、社会的承認とは何かが、また、安定化する効果と不安定化する効果とが互いに作用しあう場合には、何が反復されているかが問題となるのである。多文化主義のイデオロギーは不十分であるが、それは、「間」からもう一度文化を創ることができないからである。「間」を、諸文化を現す交点として客観化することはできない。したがって、ひとつの文化のなかにある交換不可能なものを一定のしかたで立てなくてはならない。承認はある反復強迫を内に含み、相互理解にいたることができないような対話も存在するが、反復可能性を考えることによって相対的に安定した文脈と背景を作り出す可能性はある。他方でしかし、承認には限界があることも明確に述べておかなくてはならない。承認はある「存在させること」と結びついていて、多文化主義はある対象化の結果だということである（Düttmann 1997）。

承認することと慣れるように求めることとは何か違うものである。慣れたものはもはや承認を必要としない。慣れることもある受容関係を作り出しはするが、しかし、それは、自覚された承認と同程度、反省されているとは限らない。習慣はいわば、承認の記念碑であり、廃墟なのである。ひとがそれを求めるとき、本来もはやそれは必要とされていない。したがって、慣れることは一定のしかたで受容することを前提とするが、承認はけっして階層関係ではない。多数派と少数派とが承認をめぐって闘争するが、承認の場合に問題となるのは同定なのである。ただし文化に関する信念は簡単にイデオロギーに成り変わってしまう。また他方では、承認の過程には緊張が存在し、それはまったく肯定的なもの、つまり生産的なものでもありうる。「主人と奴隷」に関するヘーゲルのエピソードでは、承認はつねに闘争に結びついているが、そこにあるパラドクスは、正確にいえば、そこには承認が存在しないことである（Düttmann 1997）。承認も解体したり、硬化したりすることがありうるのである。

文化横断的な価値マネジメントとステレオタイプと折り合いをつけること

新しい課題は文化横断的な価値マネジメントである。文化的なものはすべて、自発的に生起する自然とは異なり、持続的な労働や注意を必要とする。それは何かに秩序をもたらし、それを維持する。文化的なものの創造性は、正常化する労働により可能となるが、文化的なものは社会的に学習され、それはすべて歴史的である。文化的なもののなかにある統合への傾向をわたしたちは見逃してはならない（Koslowski/Röttgers 2002）。福祉を追求することは本質的なことではあるが、福祉についてはそれを西洋の手段でシンボル化しなくてはならない必然性はない。加えて、福祉のシンボル化については環境の保全と矛盾しない形式が必要とされる。文化は、もともとシンボル化の能力と理解や解釈の能力の形成、訓練そして運用能力の問題なのであるが、文化横断性の概念は、文化を総括する理解を前提としている。必要とされているのは、一方では世界規模の、他方では地域の持続可能な文化の発展である。文化的なものは、言語的であれ、言語以前的であれ、あらゆる実践や実務の総体から生じるものであり、言語以前的な実践のほうが言語的実践よりも文化の基層にある。文化のこの特徴の中心にあるのが、それぞれの運用能力のルーティン化である（Irrgang 2006）。

ある集団が他の集団よりも何か大きな期待を抱くこともあれば、逆の場合もあるように、期待にはさまざまなものがあるが、このことが文化横断的な営みを非常に難しくするかもしれない。時間と約束の期限も評価のしかたはさまざまであるが、時間に関係する行動も文化の刻印を帯びている。時間に関する一色のマネジメントを特徴づけるものが、合理性と計画的で方法的なやり方である一方、時間に関係する多彩な行動は、同時に数多くのものに手をつけ、文脈を志向し、人格にその関心を集中する。この関連に関する洞察のなかで最も重要なのは、わたしたちが先入観やステレオタイプと闘うことができなくてはならないということではないし、また、それは共通の経験によるものでもないことである。ステレオタイプ研究が示しているのは、ステレオタイプとのつきあい方を学ぶほうが重要だということである。ステレオタイプには対立に対する責任はなく、また、ひとは自分の行為を他人のステレオタイプと思われるものに合わせてはならないのである。ステレオタイプは若者のあいだにも存在する。本来、こうしたさまざまなステレオタイプと闘うべき、共通の経験を通して、ステレオタイプはもっぱら制限されるか、新たに産み出されるかするものなのである。このようなステレオタイプがどのようなものであるかは、他のエスニックなものと比較すると、はっきりするが、後者は非常に自民族中心的な性質を持つのであり、それは、たとえば、他の集団に判断を下す場合に分かれる意見の隔たりによっても気づかれる。

文化を横断する出会いが生じる場合、文化のスタイルの演出とその相互的な創出とが生じる。文化のスタイルは戦略的に導入できるが、それに対して情緒を演出することはとても難しい。情緒は文化により定義されるので、自然な情緒と演出された情緒の区別は本来存在しない。しかし、特にドイツ人のあいだでは、この区別は他の文化と関わる場合、情緒を外に表す、つまり演出しなくてはならないことにある。そこで問題となるのは、理解してもらうために、演出しなくてはならないものは何か、という点である。文化のスタイルが異なる場合、わたしたちはどのように振舞えばよいのだろうか。最終的にアドバイスする価値があるのは、誤解されないためには、自分たち固有の文化的模範にとどまることである。また、その際、自分たち固有の文化スタイルを反省し、自覚してそれを提示し、自分固有の文化的模範を意識して行い、ステレオタイプが双方向で主題化されるように、努めて努力することもする価値のあることである。そのためには、他の文化のステレオタイプについても知らなくてはならない。自分たちの文化に関するネガティブなイメージのほうが、ポジティブなイメージよりも簡単に折り合いをつけられるのは、そのほうがより簡単に壊すことができるからである。他者のステレオタイプを用いようとすると、わたしたちはしばしば窮地に陥るが、自分のステレオタイプを反省し、それを表明するというもうひとつの道のほうがやはりよりよいからである。ステレオタイプは、それを基礎づけることができるとしても、回帰的にでしかなく、したがって、それはある固有の解釈学を前提としている。そしてもし回帰的に基礎づけできない場合は、残るのは、承認、したがって一種の合意しかないのである。しかしこのようなステレオタイプの多くは認識できない。ステレオタイプの意味を過大に評価するべきではないが、ステレオタイプと折り合いをつけるためには、自分自身に対してあるアイロニーを持ち、それをはっきりと外に出すのが最善なのである。そこでステレオタイプを定義できるのは、それをまだ時間をかけて反省していなかったときだけなのである。

文化比較のための但し書きとテクノロジーの移転

文化の比較のために、幾つかの但し書きがあることに注意しておかなくてはならないが、それは、異質な他者との出会いを安全にするように方法的に手を加え、実りあるものとするためである。異質な他者との出会いは、自己自身を疑わせ、自己を不安にするが、それは、自分自身の属する文化の圏内でも影響を及ぼす。自分自身を探究するために用いることのできる模範は、他の文化的文脈にもそれを投げかけることができるが、それは限定的なものにとどまる。これは心を揺るがす経験であるが、それは文化横断的な分野で働く人々にしばしば襲いかかる経験である。そこで生じるのが、ある二重の間接性のジレンマである。ひとが自分自身の文化的アイデンティティを脅かされる経験は、ヨーロッパの社会ではあまり伝えられていないが、それは異質な他者を見る眼差しに含まれる限界に関する学問的経験や自分自身の探究行為の模範が、実は投射的な性格を持つ可能性を述べていないのと同様である。社会人類学や民族学は異質なものをそのやり方で再度、自分自身の文化的発展の契機として取り上げ直したが、社会学は、この間接性のジレンマを逃れて、文化比較の困難を現在にいたるまで避けてきた。しばしば、文化の比較は、西洋文化とそうでない文化との一組の比較としてしか生じていないのである。しかし、比較されるものは、けっして同質的ではない。したがって、特に差し迫った問題となるのは、文化比較のために研究対象をどのように限定するかを計画することである。なぜならば、もともとこのようなプランには問題があったからである（Irrgang 2006）。

とはいえ、文化比較の問題と文化横断的な哲学は、これまであまり関心をもたれることがなかった。この問題は過去五世紀のあいだ、根本的意義を持つと主張されてきたものなのである。それは、テクノロジーの移転とそれが達成した多様なレベルでの現象の問題であるが、技術発展が近世以降のヨーロッパでは世界のどの地域より著しく速く進んだので、それによって以前から存在していた文化発展と環境面での発展の傾向が強まり、加速された。それだけではないが、技術史に関する予備作業が望まれているほどには数が多くないので、予備作業に続く比較はなお断片的にとどまっている。より正確にいえば、比較が試みるのは、解明を必要とする幾つかの枠組み条件を明らかにすることであるが、それは、この非常に重要な分野でより多くの持続可能性を実現するためであり、結果として、テクノロジーの移転、途上国支援そして途上国でのテクノロジー創成のためのより明晰なコンセプトを獲得するためなのである。

文化は世界を包括的に解釈するものである。学者の解釈は行為者の解釈の対極にある。解釈学的な議論がさらに発展し、文化の理論もその表象とともに検討されたが、この意味での文化は、最終的には外部に立つ観察者にしか開示されない。文化の安定した模範の構造を解消してしまうこのジレンマは、文化の適切な記述とは何かという問題と文化のコンセプトの問題である（Brocker/Nau 1997）。構造の近代化の目標は、テクノロジーの移転の文化的な実現であり、またそのことを通して社会を変えるように働くことである。植民地化もこのようなテクノロジーの移転と構造の近代化の一例である。そこで問題となるのは、文化的アイデンティティの確証と変形である。そしてテクノロジーの移転、文化の移転、倫理の移転を区別しなくてはならない。植民地主義は、交易の利害をもとにして文化の領域を考慮しないで、政治的な支配の道具を発展させたが、しかし、それが文化の交換も可能にした。ここでテクノロジーと文化の移転に際して、区別しなくてはならないのは、①帝国的で植民地的な利害、②プラグマティックで功利的な利害、③解放的な利害である。しばしば西洋のテクノロジーの優位が仮定されていたが、新しいテクノロジーと古い文化とがどのように出会うかを観察するのは興味深い。テクノロジー移転のさまざまな背景が重要となるが、物質的な文化は、人工物や一組の人工物を包括する（Ihde 1993, 32）。ここでは人間とテクノロジーのあいだに生じる本質的に予測不可能で二律背反なタイプの関係と、この関係はわたしたちがコントロールすることができない事実とを考慮しなくてはならないのである。テクノロジーは、全体としておそらく道具以上により文化的なものなのである（Ihde 1993, 32）。

工業国や科学技術文明では、日常文化も、またそれとともに宗教と道徳も広く技術化し、生産と消費に関する大衆社会が生じている。ヨーロッパ人の移住は、植民地化が始まって以後、地上のほとんどあらゆる場所に及び、たとえ工業国での人口増加が終わったように思われるとしても、今でもけっして終わっていない。ここでは需要の増加が人口増加に代わって現れ、さまざまな環境問題を激化させた。途上国と中進国では人口増加はさらに伝統的な道徳と近代の技術的医学的な手段のあいだでの介入の問題となっている。この問題は、技術的経済的な手段だけで解決できるようなものではなく、テクノロジーの反省、教養、文化を必要としている。

実際、技術の伝統的近代化だけに賭けることはもうできないが、産業技術も一連の社会的・環境的な諸問題に導かれてきた。なるほど産業社会は、人口増加に関わる諸問題を植民地化、産業化、大量生産、大量消費によって解消してきたが、しかし、その結果、大規模な環境問題に直面することにもなったのである。多くの途上国もそちらの方に舵を切っている。したがって、多くの途上国が「後を追う産業化」の模範に結びついているとしても、完全には後追いすることはできない。産業社会の環境的な枠組み条件は、途上国にとってもそのようなやり方を一般的には許さないからである。技術的な文化は、地球全体に広がったが、その発展のダイナミズムは供給、需要、受容と効用であり、それらはみな環境的な枠組み条件に左右されるのである。ざっくりいえば、二つの種類のテクノロジーが存在する。環境の危機を招く産業技術と環境に適合するテクノロジーであり、後者は、しかしこれまでのような、個人の効用を最大化する消費モデルには矛盾する。このかぎりでいえば、社会的・環境的な近代化を反省する文化と技術的な人工物の所有に対する新しい意味構造とが必要なのである。

一方の側に文化と社会の土着的で伝統的そして真正の諸契機を立て、他方の側に近代的、輸入的でしたがって真正でない諸契機を立てて、対立させるようなことは、ヨーロッパ中心主義的なフィクションであることが証明されてきた。ヨーロッパは、文化の異質性に対する眼を開いてくれたポスト構造主義的転回のうちに概念把握されるのである。疎外論を反駁することに平行して、部分的にはそれと結びつきながら、権力と支配の定義も変化した。第一に、どんな文化もうち消すことができない差異を孕みながら、終わることのない過程を利するように働くが、その過程のなかで総合、つぎはぎ細工そして混合種が作られるのである。第二に、この（メアリー・ダグラスのいう）「生きたディベート」のすべての参加者が、より弱い者も含めて、完成のない総合の交渉過程のなかで有効な役割を果たす。たとえば、アフリカの人々が強制されて西洋の人工物や考え方を持つようになるとき、このような輸入品が自分のものとなるのは、それらのものがその制度的な文脈に翻訳されることを通してのことなのである（Irrgang 2006）。

寛容

寛容とは、道徳的あるいは他の理由で、拒否されるようなひとや行為あるいは考えを耐え忍ぶことであるが、それはたいてい個人や集団がそれを公に行うか、要請するかして、議論によって基礎づけるものである。宗教上の少数派を他の宗教的共同体や国家が耐え忍ぶかどうかという議論が、宗教上の自由の権利や信仰と良心の自由の要求を導いたのだが、政治的状況での寛容は、政治的な見解の自由によって実現した。その概念のもともとの意味を超えて、寛容は、他者、異質な人々の受容とそうした者への尊敬の意味でも用いられる。Tolerantia というラテン語はもともと個人の持つ勇気の美徳と関係する。ラテン語ではそれは、痛みのような自然の悪、拷問、運命の仕打ちあるいは軍事的敗北を忍耐強く受け止めることを意味する。聖書と教父たちは、その概念を信仰者の受難の能力の意味でも用いた。そこで議論された問題は、強制による改宗の文脈でも認められる寛容であったが、アウグスティヌスはそれを救済目的の観点で正当化したのである（Schülter/Grötker 1998）。

ルネサンスとその時代に生まれた人文主義では特にさまざまな宗教間の協調が重要となったが、そこで寛容の思想は宗教の自由と結びつく。その批判者が非難したのは、寛容は無関心を導くことにもなりうるので、たんなる寛容以上のものが要求されるという点であった。宗教的基盤に立つ理性は、宗教上の多様性から出発し、とにかく寛容を求める。一六八九年の寛容に関する勅令[*24]の年に、ジョン・ロックはラテン語で起草された『寛容に関する書簡』で国家が承認すべき思想の自由のための合理的な論証を提示した。いずれにしてもいつも繰り返し論じられるのは、不寛容な行為のしかたに対してそれを耐え忍ばないことが要請されるべきかどうかである。人格に対する無条件の尊敬というカントが仕上げた命法が広がるとともに、人格に対する寛容もその背後に遡って問われることのない共有財産となった。さらに自律の権利の承認は意見と行為についての寛容の根拠も提供する。寛容の原則にもともと対応させられている事態に対してはとにかく受容が求められる。耐え忍ぶことは屈辱を意味するのである。こうして寛容の思想は先鋭化し、能動的なものに変わった。別の観点からフリードリッヒ・ニーチェは寛容の態度を批判し、誰かが寛容の原則に従って生活するとして、それでもなお十分に強力な自分の確信をどうすれば持てるのか、という問いを投げかけている。寛容のパラドクスは、寛容の根拠とその限界の問いのように、特に二〇世紀には政治哲学で議論された。この文脈の中心的な問題は、不寛容なものに対して寛容にすることであった（Schülter/Grötker 1998）。

文化横断的に開かれていることが要求するのは、遠い東洋の宗教性を捉えるために、自分の文化を離れることではない。しかし、それは自分の文化も他者の文化も同じように批判的に反省することを要求する。そうすれば、このような反省は、自分の生活を創成する際の手助けになるだろう。ポスト現象学的でプラグマティックな「あれもこれも」が、最後には自分の生活を創成する上での模範的イメージを与えてくれるが、そうすることこそ、近代生活の多様な分野の解釈学的倫理学が推奨することなのである。しかし、ここでも問題は、我がことに固執する自己実現ではなく、文化が世界規模で提供しているものに直面しながら自分の自己を創成する際に必要な運用能力と一定の職業的専門性を発展させることなのである。自分が選択する自然な単純性は、職業的専門性や有用な能力と対応しないが、それはハイテク社会が、そのような要求に応える能力を持つ人々に要求するものである。ハイテク社会は、このような要求を充たせない、あるいはもはや充たすことのできない人々にもそれを一緒に行うように要求する。こうしたテクノロジーと正しく折り合いをつけることなしには環境問題も解決できないのである（Irrgang 2002c）。

第4章　結論――公共的討議の場での日常道徳と専門家の倫理的能力

専門家の危機

近代化はさまざまな専門的知識の協働とその双方向的な交換により成立するように思われる。専門的知識が関係的な範疇であるのは、それが専門的でない知識を参照することで定義できるからである。そこには専門家と専門家でないひとの対立があるが、専門家でない人々も法律家であったり、ある製品の消費者や何らかの職責を果たす公務員であったり、政治家などでありうる。専門家とはそれを委託する者と関係のあるひとのことなのである。この文脈で重要なのは、専門家の下す判断に特徴的な役割を解明することであるが、そのような判断は、まず「暗黙知」、つまり専門的知識の対象に関わる長いあいだの実務経験と対象に関する信頼に基づくものである。これが、体系的に組織化された科学的知識の上に成立する高度に発展した大部分の専門的知識のより高いレベルへと専門家を導くのである。つまり、科学の研究とは反対に、科学の専門的知識は、さまざまな主観的要素から独立ではない（Bechmann/Hronszky 2003, 7-9）。

専門家文化の誕生と社会が多様に分化する一般的な過程とは密接に関連している。ある科学が産業化する過程は、官僚的な労働とその意思決定が集中的に科学化する過程に対応しているのである。専門家の果たすべき古典的な役割のなかでは認知、道徳、カリスマ的権威の三つが、特にその基礎的機能に基準を与えるものとして際だっているが、「専門家」の地位は、科学の組織のなかでこれらの役割を果たすことに成功した人々に認められる。専門家も、突然、社会の対立のなかに投げ込まれてしまえば、その対立は、専門家の行使できる能力を凌駕し、ときにはかれらに認識できるものを越えてしまう。その結果、科学と政治の境界線がなくなる。専門家は、その中立的な立ち位置を失い、何らかの利害をめぐる公共の論争のなかではひとつの党派にさえなるだろう。科学の産業化とともに科学の組織では、誰を専門家として承認すべきであり、誰はそうでないか、という問題を決定するための基準が何であるかを律することができなくなるのである。技術的な専門的知識は、しだいにますます共同作業のなかでしか成立しなくなっている（Bechmann/Hronszky 2003, 17-21）。

専門家に生じている危機を説明するためには、専門家が抱えるジレンマについて述べなくてはならない。このジレンマは、個人的問題や道徳的問題にはないもので、専門的知識に関する新しい倫理学が解消できるものではない。むしろそれは、社会問題であり、社会の多様な分化から直接に生じたものなのである。政治的決定は、価値のあいだの相克や利害の対立の解消だけに関わるのではなく、それらと同様、社会の分裂を防ぎ、また、（社会のなかに別の）社会過程を作る危険の防止にも関わる（Bechmann/Hronszky 2003, 25-28）。政治の舞台で科学的知識を政治化してしまえば、科学の専門家の権威はなくなるが、政治を科学化することと科学を政治化することは、それぞれにとって重要な過程なのである。もし科学的知識が異なる政治的立場や政治的決定を正統化できるならば、科学はいわば、一次元的であり、科学こそ唯一の解決をもたらすことができる強固で客観的な真理を持つ、と仮定することは難しくなるだろう（Bechmann/Hronszky 2003, 56-65）。

しかし、科学の専門的知識を政治の場でより集中的に使用するとしても、専門的知識に関して官僚や政治家がその価値判断に対して期待してきたほど、大きく十分な広がりのある確実性を得ることはできないだろう。そうした期待が、科学の専門的知識のインフレーションをもたらしたが、そのようにして専門的知識の位階《ヒエラルキー》を求め、またそれに伴い、科学の専門知識をなんとかして削減してきたのである。これが科学の上級審が発展するための前提であった（Bechmann/Hronszky 2003, 79ff）。専門家の抱えるジレンマは、確かに覇権を握る知識を持つような、排他的な専門家文化は存在しないことを正統なこととするが、他方でこのジレンマは、専門的知識をおしなべて均質化することも許さない。専門家は、技術アセスメントの場合も技術倫理の場合も、ある訓練された暗黙知を持つが、それだけで客観的な価値評価を下せる知識が存在しないとしても、それでもふつう多くの技術的専門家が持っている、ごくあたりまえの素人の道徳以上のものが存在する。そうだとすれば、わたしたちが必要とするのは「科学技術を反省する文化」と「科学技術を価値評価する文化」なのである。またそれを職業にする意味では、このような反省的文化を学問にすることも必要である。それが「科学技術を価値評価し、創成する文化」を可能とする。このような反省的文化は、確かに純粋な専門家の文化ではないが、良識の文化にとどまるものでもないのである。

ジェームズは、良識こそ人間的経験の解釈学の決定的な意味地平であると見なしたが、良識の観点からすれば、多様な先入見に関わることを真理の放棄と見なすべきではない。人間の健全な知性が「道徳主義」に取って代わるべきであるので、重要となるのが、プラグマティズムの考え方なのである。それが対立を引き起こす事態に適切な価値判断を行うようにわたしたちを導く。個別事例に役立つもののもとに善そのものを置くことが、プラグマティズムの本領なのである。人間の健全な知性は、いつもすでに倫理的であることを前提としているので、実践的判断力を科学に置き換えることはできない。（「アルキメデスの点」のような）始まりがなくても、経験は存在するので、プラグマティズムは、意識が（悪霊のようなものに）自分が欺かれているのではないか、という不安からわたしたちを解放してくれる。良識は経験というそのような柔軟な媒体を許容するが、そこで重要となるのがさまざまな行為の遂行をルーティン化し、技術化することなのである。こうして良識の内包する豊かな二義性について語ることができる。つまり、良識の正常性［規範性］は、過激な解決を避ける、いいかえれば、古いものを維持しながら、同時に新しいものも基本的に閉め出すことはない、という二律背反を内に秘めた運動に身を委ねることのなかにある（Rolf 1999, 49-84）。

良識のこのような正常性［規範性］を考慮するならば、専門性も良識も、つまり日常的な知性の態度も、どちらにも考慮する立場を認めることができるだろう。それと同時に学際性のある形式にも基礎を与えることができる。その結果、科学と公共性とを互いに媒介する能力を持つ、科学に習熟し、かつ経験を積んだ良識の立場を中心に据えることもできる。正常なものは、精神病理学、民族学、社会学、生活世界の対象であるが、正常性をたんに平均的なものとして理解するべきではない。「ノルマ」はもともと建築用語に由来するものであり、正しいバランスを保つ、尺度を意味する。またそれは、均整と平均も意味する。正常でないものを正常化する動きがあるが、健康に関する表象もこのような正常性の領域に属している。正常性と主観性とは正常なもののなかの異なるレベルに属するが、ここで必要とされるのは、個別事例を超えた類型だろう。また自己に関する正常な経験も重要な役割を果たすが、これに関連する先験主義《アプリオリズム》は、正常性に関するひとつの構築された形式なのである。習性を正常化する働きが存在するが、正常性をどの程度まで、個々人の生活の営みの多様な形式のなかに繰り返し現れてくる構造、つまり、形式的観点で見れば、経験の幅広い不変の構造として記述でき、しかもそのような構造から、もっぱら極端に経験的な習性の一貫性にも、また純粋な自己意識の抽象的な観念性にも立ち戻らないで済ませられるのかに関しては、なお議論の余地が残っている。正常なものは意識を持った世界内存在が考えうるあらゆる形式を代表しているが、そのような形式が現に有ることを根本的ないし永続的なものとして正当化する必要はない。そこで問題となるのは、人間の実存のひとつの遂行形式なのである（Rolf 1999, 9-14）。

ギュンター・ローポールは、ひとが技術と技術を進歩させることで世界を支配しようとする際、まさにその技術のさまざまな欠陥とそれが含む見方を取り除かなくてはならない、という技術に内在する亀裂から議論を始める。しかし、テクノロジーには何か命法のようなものが、また、個々の技術――それらはある種の脅威として受け止められる――をそれぞれ特徴づけるさまざまな記述に対してもそれらを疑う根源的な懐疑が存在する。そして現実に、意味のない技術は存在するし、テクノロジーを使用する際に足りないものがある（Ropohl 2003, 10-28）。使いにくい、安心して使えない、技術面での障害がある、時間が足りない、必要なエネルギーが供給不足である、などの物の逼迫や他のシステム上の欠陥が一緒になると、それらの欠陥は、いくら懸命にそれらを改善しようとしても、改善に必要な措置がないか、措置に限界がある場合、その措置能力の技術を誰に向けるべきか、という問題が集中して現れる。さらに加え、技術倫理の受け手側にも問題が存在するが、それは、特に行為の実行力に限界があるためである。技術とそのニーズの分析により、新しい技術に対して、それを導入する際の結果の分析とそのための費用の問題とを関連づけ、その上で技術開発をしなくてはならない。そしてその場合、技術の持つ、競争力がその分析方法の中心的な基準となるが、技術化に対して国家が具体的な影響を及ぼせる範囲は限られたものである。また、全体を見渡すことが困難な、多様な道徳観や世界観が存在することが、判断を下すことを難しくする。なかでも最も重要なものは、健康、福祉、環境の質、社会の質と人格の発展である。

第二の近代化

技術倫理は個人の問題であるが、技術アセスメントは国家の問題である。技術発展は、非常に複雑な社会的過程である。また、技術はたえず改善できる点も重要である。民主的な方法による技術開発は、具体的に構想された技術の舵取りとして役立つのであり、それはひとつの新しい方法的手引きでもある。革新された技術アセスメントは、ごく初期段階から行うことができなくてはならないし、さらに技術アセスメントは、技術革新の過程に連続して伴うものとして構想しなくてはならない。それは、継続的な検査と技術革新の結果の評価として、特に連帯の観点から構想されるのである。そこで重要なのは、最少倫理の意味での「最少の数の最小の受苦」なのである。

この二、三〇年のあいだにわたしたちが経験したことは、テクノロジーの浸透した日常世界がデジタル化し始めたことである。それに伴い激的な変化が生じ、その体験が伝統の喪失と価値の変質を生じさせた。テクノロジーの浸透する日常世界でどのようにわたしたちが生きる方向を定めていけばよいかが分からなくなる事態に直面したとき、哲学は生活にとって新しい意義を持つようになる。その場合、特に重要なのは、象牙の塔の外に出て、公共の場で哲学を営むことである。わたしたちの世界にテクノロジーが浸透することが不可避であることを、結局、哲学は承認せざるをえないし、そのことが哲学を別のかたちで組織することに導くだろう。このような第二の近代化を特徴づけるのは、「啓蒙は挫折した」という神話（いわゆる「啓蒙の弁証法」）こそが、今度はひとつの啓蒙の出発点となりうるという点である。啓蒙が約束したのは、幸福に等しいものを獲得し、自由を手に入れることであったが、技術と科学が解決しなくてはならない、しだいに増加する問題自身が、技術と科学が引き起こしたものなのである（Zimmerli 1997b, 15-18）。

第二の近代化が意味するのは、技術の創成に対する反省的な転回を基盤にした第二段階の進歩の構想である。文化の概念は、最初は手作業の農業の環境から生じたものであるが、文化は特に、市民の観点では、貴族階級のヨーロッパ的な態度の文明化過程から、自己を解放する運動として理解された。したがって、貴族的な文明化との対比で理解される、第二の近代化の意味の文化は、過去の科学と技術の発展がもたらした望ましくない副作用を取り除くことを意味する。第四の文化技術としての情報技術は、文字の導入に似たものとして評価しなくてはならないだろう。人の思考と行為の構造に影響を及ぼす、文化横断的な文化技術が重要なのである。この新しい文化技術によって問題となるのは、無知と折り合いをつける技能である。その結果、技術的な行為の持つ文化的な観点が特に主題化されることになるとはいえ、この観点を取ることは、新しい文化的な介入技術[*1]としての情報技術だけに限定してはおれないのである（Irrgang 2005a）。

この第二の近代化を喚起したのは本質的には新しいプラグマティズムである。アメリカのプラグマティズムの創設者たちは知らなかったことだが、「プラグマティズム」という表現は、ドイツの精神科学の方法論争の枠組みでは、一九世紀初期に遡る前史を持つ。W・T・クルークは、プラグマティックに進められる歴史記述の目標設定と方法を「プラグマティズム」というスローガンでまとめていた。通常は、Ch・S・パースが、かれ自身の告示したところにより、一八七〇年代半ばに「プラグマティズム」について語ったことから、この用語の唯一最初の創始者となっているが、その「プラグマティズム」は、意味解明のためのひとつの方法、しかし、知的な概念の解明方法に過ぎない（Elling 1989, 1246）。ただ、その場合も、暗黙知の概念とある一定の繋がりがあることは否定できない。

テクノロジー文化は、あるテクノロジーに対し、たえず社会が態度決定を行うひとつの過程である。つまり、あるテクノロジーが、ある文明の文化に対して持つ、社会的意味を解釈し、評価する過程なのである（Irrgang 2002c, 2003b, 2006）。人工食品やオーダーメード・チャイルドが社会を刺激するのは、たんに表面的なことではない。技術的な文化は、それが多様ではあるが、萌芽的にしか具体化していないときでも、ひとりでに進行・流通していくので、それらに対する態度決定を免れるようにしてしまうものなのである。文化は、自明となった環境が持つ自立的性格をどんな点でも持つことはない。しかし、技術的な文化から生じる規律化の力はこの力が喚起するタイプの生き方に関係するが、文化の生活領域のすべてにまったく同じように妥当するものなどは存在しない。技術と科学とは、ヨーロッパの文化的近代を代表するが、技術的文化としての文化は実際、人間らしい文化の高まりであり、その洗練なのである。進歩が獲得してきたものは、文化の多元性であり、技術的文化は、多様な文化をその内で区別し、多様に分化させることを承認する能力を要求している。文化は、それが生きている文化であるかぎりは、たえずそこに別の選択肢《オルタナティブ》が存在するものである（Redndorff 1982, 11-14）。

他の選択肢に開かれた態度を持つことは、かりにそれが具体的には個々の事例で非常に問題があるとしても、技術的な文化の持つひとつの必然的な構造的特徴である。しかし、このような文化から脱出することとして、技術的文化自体を拒否することになれば、それはもはや別の選択肢とはいえない。その結果、生じることは、やはり制作可能なものだけが望まれているということである。手段を使いこなせるかどうかという問題が、技術的に責任を取るべき措置の課題として差し迫ってくるが、実験と現実のあいだにある障壁を取り去ることができるか、という問いには、簡単に「そうだ」と答えることができないのは、明らかである。文化は、まさに技術的な文化として、唯一の壮大な実験なのである。その実験の基準は、見直しの可能性ないし措置の修正可能性である（Redndorff 1982, 16-19）。

技術と科学が文化に投げかける課題が重要である。とはいえ、一方にある技術と科学の公共的有効性と、他方にある技術と科学に関する公共の啓蒙との関係がうまくいっていない理由をどこに見いだすべきか、をめぐっては激しい意見の対立がある。わたしたちが生きている文化は、そこでは、誰も直接の文化的責任を自分で直に引き受け、現実のものとすることはなく、その方法として自分の代理を出す、ひとつの代理的な技術的文化なのである。しかし、自己を代理させることは、その責任を委譲することを意味するが、それは、他者を無制限に支配することや意のままにすることは意味しない（Redndorff 1982, 20f.）。

近年ではテクノロジーが社会発展の駆動力となっているが、技術は以前からつねに人間の生活形式の支配的要因であった。そのかぎりでは科学とテクノロジーが求める諸問題を解決すること、あるいはその解決に近づくことが、技術的文化の課題なのである。テクノロジーと技術の発展は、しばしば科学が進歩するための前提であるだけでなく、むしろテクノロジーと技術が発展することこそが、科学が何を探究するか、という主題の設定に関するパースペクティブを全体的に変えることができるのである。したがって、ここで技術の正当化問題が生じる。確実にいえることは、将来のエンジニアや技術者は、自分が何を行っているかをより明確に説明し、反省できなくてはならないこと、また、より幅広い視点から自分が考えることを社会的文脈に繋げることができなくてはならないことである。というのも、社会が受容しないテクノロジーは新技術の創設を妨げ、結果として技術の社会的受容に障害が起こることにより、工学にも障害が生じうることは否定できないからである（Brandenburger Tor 2002, 39）。しかし、技術もまた社会発展の駆動力となった。技術とその使用は、それが有用であることを経験する機会が増えるとともに、習慣になっていく。技術はわたしたちの生活の自明ともに思われる構成要素になる。技術が長く存在すればするほど、その広がりが大きくなればなるほど、技術はよりいっそうその背景を問うことができないものになり、わたしたちが技術を何らかの動きを産み出す、人工物として経験することは少なくなる（Brandenburger Tor 2002, 51）。したがって、技術とその使用は、文化的な構成要素として生活に入り込み、社会の文化的な遺産ともなる。技術は、それがわたしたちにとって自明なものとなるかぎりで、わたしたちの文化の一部なのである。技術的な文化は、イノベーションが文化になっていく途上で、工学が発展するために必要なより問題的な部分に努めて関わろうとするのである。

テクノロジー文化の岐路

しかし、わたしたちのテクノロジー文化はひとつの岐路に立たされている。伝統的な技術的文化の多くの要因が自明なものでなくなり、倫理的問題になってしまった。ダービンのように、テクノロジー文化の危機について語る者もいるほどである。原子力技術や遺伝子工学を拒絶する態度は、近代のテクノロジーの受容問題に関するひとつの指標である。安全性信仰、不安症候群、将来への指針喪失は、技術者支配的で官僚主義的な文化に対する間違った答えである。テクノロジーの進歩に関する「改良」の範例は、今や悪評ぷんぷんであり、非常に多くの分野で「フランケンシュタイン症候群」[*2]に取って代わられた。そして確かに、何が長期的に見た場合、最終的に「改良」をそれぞれ特徴づけるのかという問題は、簡単には限定できないものである。技術的失敗を阻止する技術的能力に対する懐疑が高まり、物質的豊かさが幸福、つまり成功した人生とそのまま同じものとされることはもうない。いたるところで倫理的な問題が発生してしまい、倫理的な方向づけが求められているのである。

たとえば、生命倫理学には新しい興味深い現象があるが、それは、倫理学をめぐる公共の場での議論であり、哲学的倫理学と公共の議論とが結びついたことである。これは、ある特定の問題に即して、テクノロジーを反省する文化と解釈学的倫理学が一般に答えようとするものが何であるかを特徴づけている。つまり、生命倫理学は、専門論文、メディアの報道内容、専門委員会などの公式の態度表明などを包括するのである。このことは倫理学者にとってはひとつの成功であるが、その理由は、ようやく倫理学者が象牙の塔の壁を壊すことができた点にある。制度化されたひとつの生命倫理学が創設されたのである。しかし、それはまた、道徳、倫理そして倫理学にとっての成功でもある。こというのも、倫理学と道徳への関心が喚起され、社会が倫理に敏感になり、倫理へと動機づけられるからである。このような気分あるいは雰囲気が、その状態をある年齢層では動物愛護が示している可能性があるが、新しいヒステリックな道徳に変質しないようにすることも、解釈学的倫理学の本質的課題のひとつである。解釈学的倫理学は、素人をプロにすることを課題としてきたが、哲学のこの一分野が社会に影響を及ぼすならば、そのことは、伝統的に哲学史に強い関係を持つ哲学に機会を与え、哲学が近代社会の科学と技術とを対象により立ち入った自己反省と自己啓蒙を行うように促すはずである。専門委員会の作業および反省の過程と科学的な検討結果とは無条件に対応するわけではない。専門委員会の反省過程の結果の所産は、最終的には評価書、報告書、推薦ないし指導要綱などとなるが、これらはいずれも、特に、実際的な意味と実行の可能性とを視野に入れ、科学的作業の基準とは異なる基準に従わなくてはならないからである。専門委員会の作業にとって決定的なことは、その付託された内容をどうまとめるかであるが、その結果を受け取るのは、専門を同じくする同僚《ピア》ではないのである（Ach/Runtenberg 2002, 9-12）。

倫理学のセンター、技術の帰結評価の研究所、倫理委員会やアドバイスグループなどを政治の多様なレベルに設けることが社会のなかで道徳に関する対立への対応であった。医療分野の倫理委員会の場合、それがしばしばさらに制度化を進める十分な手がかりとなったが、これらの組織にはまったく異なる課題が課せられている。そこには特殊な問題と潜在的な対立が存在したので、それぞれの文脈を特定することが必要になった。全体として、このような制度化の結果、道徳哲学者の根本的な役割や機能が倫理学者の役割と機能に変わった。生命倫理学の専門的知識が求められたのである（Ach/Runtenberg 2002, 138-141）。

医療全体の技術化にしばしば伴うのが、医療の法律化、官僚組織化、経済化であり、また自分自身の生命や健康が計画可能であり、その舵取りができるという信念であり、そのような健康政策の全体である。そのような表象を支えるのは、技術の安全性に関して社会的に構築されたものである。しかし、運命の仕打ちや病気の幾つかをそれで阻止したり、弱めたりすることができるとしても、また老化を先延ばしすることができるとしても、人間はやはり死すべき者のままである。いずれにしても、ここで考察を閉じるにあたって、はっきりさせたいことは、すでに序論で示唆したことである。つまり、人間の身体の価値とその生命の生活の質というコンセプトがなければ、生命倫理学に将来はない点である。一方の功利主義、快楽主義そしてプラグマティズム、他方の、人間の自律、尊厳そして連帯のあいだで人間学的に裏打ちされた「生活の質」のコンセプトへの手かがりとなるさまざまな視点を拙著『生命倫理学入門』（Irrgang 2005b）は示している。治療の原則の人間学的で倫理的な反省が意味するのは、それが確実に技術的で医療的に実現できるものであるかぎり、注意深く反省的に実行されるさまざまな改良なのである。

応用倫理学あるいはより正確には、倫理学は他の多くの学問分野の文脈と切り離すことができないので、応用哲学一般の制度化も、人間の改良に関する問いも、それ独自の考察と視点とを要請している。スポーツの場合を除いて、人間学の現状に対して不安で偏狭なしかたで言質を与えるならば（Irrgang 2004）、それは創造性、イノベーション、連帯し互いに結びつきあう（文脈のなかでの自律の）なかでの好奇心を人間存在の基点として考察を行うような人間像にはふさわしくないだろう。ポストヒューマンな人間存在の歪んだ像をキャンバスに描き（Irrgang 2004）、極端に保守的な人間像を普及させるのは、無責任なことである。スポーツの場合、新しい生命医療の技術的可能性に危険性が幾つか示されるのは、社会倫理的なものと無関係にもっぱらスポーツの成功だけが問題になる場合である。「何のために」ということを問わないエンハンスメントは、テクノロジーの命法に陥ってしまう。できることが行われるのである。しかし、技術的に制作可能なものを反省する文化は、実現の可能性と実現に値するかどうかをより強く熟考しなくてはならない。特に生命医療の研究が採算可能か、社会的に矛盾がないように創成される応用を持つかどうかを考慮するのである。生命医療が科学になり、テクノロジーとなるかたちがどんなものであれ、その中心には人間的になされる医学と治療の実務がなくてはならず、特に人間らしいものを実現することには限界があることを十分に自覚しなくてはならないのは、まさに人間の生死が問題となる場合である。個々の事例、個人の運命を、当事者に向けられた意味で問題解決の可能性だけに教条的に狭めることがないようにし、連帯的な責任感をもって探究しなくてはならないだろう。カタストロフィーのシナリオを描いてしまうと、より大きな共通善とされるもののために、個別事例を犠牲にしがちであるが、生命医療の措置の場合は、支払い能力と実行可能性とをより強く考慮しなくてはならない。したがって、議論しなくてはならないのは、何かしばしば「最上位の価値」として置かれているもののことである。それは健康の価値、健康な生活の価値とその質であるが、ここではそれは他の価値と並ぶひとつの価値として問題になる（Irrgang 2005a, 2005b）。

倫理委員会では、哲学の議論は、たいていあるいはそもそも従属的な役割しか果たすことはない。哲学的な問題を一貫させることができないことには、構造的な理由があるが、それは、対応する諸制度がはじめから別の社会的機能を果たすからである。倫理委員会での倫理的な問いが、しばしばしかるべき注目を受けない理由は、制度化を実際に行うこと、大学の研究分野の理論的な整備のような異なる要求によってそれを説明することができる。あらゆる制度的文脈で一貫して重要な役割を果たしている主導的な差異が存在するのである。委員会の作業のなかでは問題を再構成し、分析することが非常に重要な観点になり、道徳の専門的知識、道徳的な略図の作成と道徳的な地図が委員会には求められている。制度が決定に近いところで作業をすればするほど、答えを求める要求も大きくなる。問題の全体的な構図に知的に手を加えるだけでは不十分なのである。問われているのは、生命倫理学の専門的知識を透明にし、開かれたものにすることであり、真理や客観性ではない。むしろ信頼できる道徳的な方向づけなのである（Ach/Runtenberg 2002, 143-152）。

倫理委員会に対して多くのひとが期待しているのは、実質的な問題、社会倫理的な問題に対して基礎づけられたしかたで党派的なコミットを行うことである。しかし、党派性は、倫理的規範的な理論の基礎としての学問的な無党派性とは相容れない。委員会、学問的な制度ではその機能が異なるし、そこから生じる目標にも対立が存在する。倫理学者は、ある程度までは、自分自身で自分の利害を代表することのできない、さまざまな集団や当事者たちの「ロビイスト」として活動しなくてはならないと考える生命倫理学者もいる。したがって、そこで批判と解釈のあいだで対立に関して、ある全体的な構図が生じるのである。委員会のメンバーたちがその内部で政争をすると、それも委員会の作業に影響を及ぼさずにはいない。しかし、研究の最大限の自由と批判の可能性はさまざまな制度のなかにある生命倫理学者も是認しなくてはならないだろう。研究分野としての生命倫理学と委員会の対象とのあいだにはさらに別の対立も生じるが、それは理論と妥協とのあいだで生じる。事例が具体的になるほど、一般的な理論を作り上げることができなくなっていくのである（Ach/Runtenberg 2002, 155-161）。

委員会の内部にひとつの道徳理論、あるいはもっといえば倫理的な理論を見つけることはできない。しばしばあげられる課題は、当事者たちの身になって考えてみることであるが、委員会で倫理学の専門的知識が有用であることを示さなくてはならないのは、それが説得と確信に関するさまざまな戦略を立てなくてはならないからである。したがって、アカデミックな哲学的反省と生命倫理委員会のさまざまな課題のあいだにある、目標の対立は最後の最後までなくならない。具体的な作業に必要なのは、それぞれの戦略の意味するものを理性的にコントロールすることである（Ach/Runtenberg 2002, 162-169）が、生命倫理学がしばしば受ける非難のなかに、それが適応の倫理学だというものがある。これに対しては、生命倫理学の専門的知識は、透明性、一貫性、差異化を積み重ねることしかできない。肝心なことは、重要で正当な問題を産み出すことである、と応じることになるだろう。委員会が問題ないとしたものに向き合い、ソクラテス的な懐疑を持つことが、倫理学者と哲学者の役目なのである。さらに倫理学者は合意形成の手助けも行う（Ach/Runtenberg 2002, 171-177）。哲学の素養は生命倫理学者にはどうしても必要というわけではない。しかし、善き生命倫理学者になるためには哲学の専門的な素養だけで十分なのだろうか。その資格を認められた、生命倫理学者が必要だろうか。すべてこのように問うたとしても、生命倫理学が哲学という専門に起源を持つことから離れてしまうということはないだろう（Ach/Runtenberg 2002, 178-180）。

応用哲学とテクノロジーの反省文化

応用哲学はおそらく［テクノロジーの］受容を生み出す道具立てには向いていないが、この場合、人間の尊厳に関して学問的な概念と論争的な概念とを区別しなくてはならない。自然さがなくなり、自然が道徳的でなくなることを嘆くものもあるかもしれないが、そのように嘆いても、おそらく医療技術の進歩が止まることはないだろう。生命倫理学を批判することの裏にあるのはしばしばテクノロジー文明への批判なのである。道徳的な直観が合理的な分析に反することは珍しくはないが、帰結評価の倫理学のプロジェクトも全体として生命倫理学との関連で推進するべきだろう（Ach/Runtenberg 2002, 203-21）。生命倫理学の公共的な役割をめぐる対立が専門分野としての生命倫理学を変化させるし、応用哲学の自己理解をめぐる議論もさらに変化させるはずである。

技術と経済の発展は新しい商品の供給、需要、受容と効用ないし経済性に左右される。技術と経済の発展に関して倫理的な反省を行う文化は、テクノロジーが社会と文化に埋め込まれることを示さなくてはならない。というのも、需要、受容、効用そして最後に消費が実験科学——実はそれも文化の刻印を帯びているのである——の意味を構成する上でますます大きな役割を果たすようになってきているからである。技術の応用を行うものが、ますます生産の基準としてものをいうようになっているのである。テクノロジーの反省を行う文化にとってもうひとつ重要な点は、産業が行う研究と国家が行う研究を結びつけて、実験科学がテクノロジーとなる枠内で応用志向の基礎研究を行うことである。こうして自然科学のやり方とテクノロジーのやり方とが結びつく。科学とテクノロジーの応用哲学のために、認識論上の諸問題を倫理的、社会的、政治的そして法律的な問題設定と結合しなくてはならないし、テクノロジー研究の制度的側面も考慮しなくてはならない。たとえば、遺伝子工学の認識論の場合は、三つのレベルを区別し、それを互いに結合しなくてはならない。

①自然科学のレベル。ここには自然法則、規則性、生物学の発展を必要なかぎりで構造化したもの、また最後に、実験科学の制度化に関する諸問題が含まれる。②テクノサイエンスのレベル（それは暗黙知の、科学以前の反省された形式とコンセプトを地盤にしている）。ここでは（遺伝子や人工生命も含む）技術の対象の構造と機能そして生物学の発展の構造化の機能が問題になる。そのかぎりで、最終的には人工生命を維持するために、人工的要素を取り入れたり、

付け加えたりする。このレベルではそれが産業の行う研究と結びつき、制作可能なものの分析をやり遂げなくてはならない。最後に、このレベルでは、実験室のテクノロジー化が貫徹される。③技術ないしテクノロジー研究の実践に関する反省を行う文化のレベル。ここで問題となるのは、社会と文化に埋め込まれた技術的制作ないし能力の反省である。この分野で大学、教育方針、「パブリック・リレーション」[*3]の活動、研究指針、産業の諸制度について、プロフェッショナルの哲学の倫理をより日常生活に近い分野に移行させる意味での方法論と倫理の反省とを確立しなくてはならないが、そのために、テクノロジーと科学を反省する文化の分野では学際的な作業方法を捨てることができないのである。

科学者が自分を十分に解釈できるわけではない。このことをテクノロジーの反省文化に対する反論として評価できるかもしれない。したがって、科学者は反省の専門家の助けも必要としているし、広告業者の助けも必要としている。こうして解釈学的倫理学は、さまざまな分野と制度の公共的論争の推進者として理解されるが、それは、日常の論争ないしある解明された良識と専門家の文化とのあいだに、解釈の共同体を作り出すことを通してなのである。さまざまな市民フォーラムと専門家の文化とを互いに結合しなくてはならない。そのために必要とされるのが、一般的な意味の応用倫理学ないし応用哲学のための出版組織である。テクノロジーの反省文化が必要とするのが倫理と哲学の討議能力の向上なのである。反省文化それ自体は、当然ながら、論証と議論の文化であり、そこでは（たとえば、広告の場合のように）レトリックも少なからず役割を果たす。ここで決定的なのは、それぞれの実際の研究とうまく結びつくことなのである。

テクノロジーの反省文化が考慮する事実は、さまざまなテクノロジーは自律的、自足的ないしは自己決定的ではなく、多元的に決定されていることである。というのも、それらのテクノロジーは、その使用、文化そして政治的な過程に埋め込まれているので、解釈の過程に多様なかたちで左右されるからである。テクノロジーは構成された諸機能や構築するものの立てる諸課題に左右されるだけではない。むしろテクノロジーの反省文化の枠内でさまざまなリスクと意図しなかった帰結に関する問題も立てなくてはならないだろう。テクノロジーの反省文化が失敗するのは、他の選択肢とコントロールの可能性がないとされる場合である。研究の科学的能力は研究に内在的に高度なレベルでコントロールされるが、それでも偶発的な詐欺事件を排除することはできない。しかし、人間のクローンを作るような、余りに性急なあるいは狂気に陥ったかもしれない研究者がいたとした場合と同様に、それで科学の全体的なコンセプトが危険にさらされることはない。反省的学問としての倫理学は、ある程度、外からコントロールできるが、そのかぎりで倫理学は他の選択肢を熟考する。しかし、そのために倫理学は、自分の行為を反省する研究者に依存したままであり、このために研究者は方法上の指示を必要としている。それが認識論的な諸研究が必要な理由である。受容、外部からの社会的なコントロールは社会的な現象であり、たとえば政治的あるいは法学的な規制の道具立てなのである。認識論的研究はテクノロジー文化のさまざまな成果を利用することができ、理想的な場合には、それは、テクノロジーを反省する文化ないしはそれを比較考量する文化の一部となる（Rendorff 1982）。

テクノロジーの反省と比較考量の文化（Irrgang 2002c, 2003b, 2006）は、研究者を自己反省に導くように努める。それが、バイオ・テクノロジーを反省する文化のために寄与するべきであるとすれば、それが自己反省的で質的に豊かなPR政策や学際的なプロジェクトと議論の場面で主導権を握ることによってである。そのための前提となるのは、注意深い方法論的な反省であり、その反省が、実験科学であり、かつ技術と科学の実践としてのバイオ・テクノロジーに向けられる場合である。この文脈では、倫理学の貢献が同様に内部的でも外部的でもある反省とコントロールの意味で必要となる。

技術的行為の成功と失敗

とはいえ、科学技術の進歩に関する倫理的論証の試みには許されないことがある。それは、技術的行為の外部にアルキメデスの点を立て、そこから技術的行為の正統性を判断しようとすることである。正統性の論証には演繹的な推論も帰納的な推論も使用できるが、推論の確実性についていえば、その結果は異なる。これはアブダクションに関するパースのコンセプトの本質的な構成要素である。しかし、特にパースの場合、この二つの論証の形式は互いに交差している。正当化は論証の関連、論証の収斂の問題である。技術的行為の実践は、自然資源を部分的には意のままに使用することを意味するが、それは文化と制度の地平に結びついたものであり、行為の目標に影響を受けることのできるもの、そして固有の目的のために技術的に可能なかぎり、安全な社会基盤を利用するものである（Irrgang 2000 2c）。専門家が代表するものは、もはや客観的真理ではなく、かれら固有の解釈なのである。しかし、これはテクノロジーの反省文化にだけではなく、どんな科学的な議論にも妥当する。専門家に対する期待は、科学のモデルに基づくが、それが近代以後の時代には余りに高い要求であることがますますはっきりとしてきた。

技術的行為の実践は、創成の問題であり、その基準は成功するか、失敗するかである。たとえば、特に正義に関してメタレベルの討議を行う際のたんなる考察には、たとえ正義に関する反省が、実践が成功するかしないかの評価のために、取るに足りないものではない場合も、実践に関する反省を一貫させるものが欠けている。技術の創成には技術的な構築、技術的な生産そして技術的な人工物の消費が含まれ、実践の構造化や創成は認識を前提としている。しかし、認識はある創成の過程の結果でもあり、創成と認識も相互に交差している。そのような創成のうちでは主観と客観の共同作用も生じるが、創成の場合、その対象に注意することが重要である。成功の基準が現れてくるのは、何らかの究極の基準に代わってなのであるが、成功はかなり曖昧な概念なので、この概念にはそれに対応する曖昧な現実がある。技術的な行為が成功するかしないかは、行為の文脈、したがって動機、周囲の状況、行為の含む技術的な試み、技術的な行為の目的、手段そして帰結に関係している。成功するのは、行為の図式に習熟しているときであるが、それは、行為のあらゆる面が互いに手を取り合っている場合である。

成功は科学とテクノロジーを遂行する行為の文脈の問題であるが、この文脈自体が成功したり、失敗したりする行為により変化する。そのことで行為は日常世界に取り込まれる。また道徳的に正しいことや美的に正当であることも技術の実践に属する。成功の基準は、状況に適っていること、調和ないし整合性、全体的適合ないし収斂、特に行為のプラグマティックな整合性である。技術の進歩をこの意味で全体として技術的手段の多様な分化と見なすことに異論を挟むことはほとんどできないだろう。もっと問題になるのは、技術の進歩が多くの事故や故障、環境への悪影響や軍事転用などに直面する場合である。成功するかどうかは、状況全体に対応できるかどうかによるし、豊かな帰結をもたらす構造化の意味で全体が共鳴するかどうかにかかっている。とはいえ、技術的行為が成功する形式が存在し、その形式は行為が実現する場合に初めて構成されるものなのである。成功するかどうかは、制作者や技術的行為者によるのではなく、むしろ状況ないし文脈による。その場合、成功の判断は、技術的行為とその成功に関わる暗黙知を指示しているが、成功する場合には、①論理的で論証的な整合性、②プラグマティックな行為の整合性、そして③文脈適合性のレベルが一定の役割を果たしている。

ここではっきりするのは、明らかに何か成功のようなものがしばしば前提とされていても、本来それが何によるのか、を誰も正確には問題にしていないことである。ペーター・ヤニッヒは認識を行為として概念把握し、行為の成功と特に失敗の六つのタイプを分類している。ヤニッヒは、行為概念を用語的により正確にすることを提案して説明するのであるが、それは特に技術的行為の評価のために持ち出すことができるものである。行為を要求されることがありうるが、行為は成功することもあれば、失敗することもある。不作為もそれ自体は行為であるが、それは行為を要求できるからである。自分に要求する意味で、わたしたちは自分で行為するよう意思決定できる（Janich 1993, 7)。行為の成功失敗について語ることは、行為者が追求する目的や目標に到達したかしないかによって決まる。行為の対立概念は、身に降りかかるという概念であるが、実際に個々に行われた行為が意味するのは、行為の図式を現実化することである。これに対して、経験は身に降りかかることとして限定できる。実験の流れを技術的に生み出すことがうまくいった結果も、この経験の特徴を持つ。①行為が失敗しうるのは、行為の図式に行為者が（十分に）習熟していないからであるし、②状況が妨害し、不適切であるからである。また、③それがもっぱら共同体的な行為でしかありえず、だれも行為者が加わらない場合であり、④その目的がプラグマティックに矛盾を含んでいるからである。さらに、⑤その行為が論理的・プラグマティックな意味でその目的にあわない場合もある。最後に、⑥行為の失敗の理由としてあげられるのは、それが経験的な意味でその目的にあわない、つまり経験的に不適切な行為だからというものである。行為が成功する、しないに関する以上の六タイプには、それに続く幾つかの枝分かれがあるが、ヤニッヒによれば、科学に現れる真理と妥当性のタイプを定義するには、これで十分なのである（Janich 1993, 8-11）。

行為の失敗に関するヤニッヒの類型学は、はっきりと技術的行為に向けられているが、そこで行為が成功するかどうかは、目標や目的が達成されるかどうかにかかっている。それらは明らかにそこで前提とされているものである。一般的にいえば、成功が規範的概念であることは明白であり、それは一定の善を、それが美的な善であれ、論理的真理あるいは道徳的な正しさであれ、前提としている。成功が何であるかは、いわば正確には定義不可能ないし不限定であるとしても、成功と失敗の多くの事例や模範あるいは見本を持ち出すことができるし、これらの事例をもとに、「成功」で何が考えられているかも示すことができる。問題は、成功が曖昧な概念であるだけでなく、この概念が特徴づけるものが現実に曖昧なことなのである。ある作品が成功するために決定的なことは、それが芸術作品、技術的解決、自然科学的認識、法律的決定であれ、全体が共鳴することである。最後の瞬間に成功にいたった後でようやく、正統な満足の感情が沸いてくるのである。この意味では、成功とは何らかの、充足、完成、幸運などが伴うもの、そしておそらく成果を伴う行為であり、調和、適合性、完全性そしてたぶん無時間性もそこには伴う。成功は、状況全体（ないし事象自体）に正当なものなのである。成功に潜んでいるより高いレベルの秩序は、つねに作品を産み出したものの影響が及ぶ可能性のない場所にある何かを指示する。このように形式にも実質にもともに調和が現れてこなくてはならない。

応用倫理学者のジレンマは、原則のレベルと適用のレベルのあいだで橋渡しをするために、決疑論が要求するもののなかにある。同じように要求されるのが、実践の複雑な内部構造を見て取ることである。そのようなことに正当に対応できるのは、生活の実践的な知恵だけである。こうして前景に生じてくるのは経験であって、原則、特に道具的理性の原則ではない。古典的な職業倫理学は、エンジニア個人を正当化するための諸原則を提起するが、それらの原則は、反論のしようがないかたちで存在する、エンジニアと科学者の合理性に基づいていた。第二に、エンジニアは人間の福祉の理念を目指したが、技術は、しだいに独立した欲求充足と自律的な世界創成の手段となった。自然認識と自己認識が、技術的に実現される人工物のうちに集約される（Hubig 1993, 19）。

技術文明のなかでなされる行為の複雑性と不確実性のために、情報や知識の多くが伝達を介したものになり、素人に求められる能力も高度になり、専門家に求められる能力も、複雑性と不確実性を克服する特殊な形式としてより高度になる。しかし、ここで忘れてはならないのは、最善の場合でも、専門家もこの目標を限定することとこの目標に通じる道を決定するための論証を提供できるにとどまることである。この目標そのもの、目標に通じる道筋の決定を専門家は与えない（Feldhaus 1996, 97）。評価を行う者に関する倫理の枠内で決定的な問題は、専門家のあいだで意見対立が存在することであり、かれらの意見も、意識するしないにかかわらず、ミスリーディングなことを仮定している点である。専門家のあいだの意見の対立のために、結果として科学は特権性を失い、一般に不確実性が生じることとなった（Feldhaus 1996, 99）。ここで倫理学への期待が生じ、倫理学は人間が行う決定の不確実性の重荷を取り除くべきものとなる（Feldhaus 1996, 100）。とはいえ、政治的過程で決定を下すのは個々の政治家でなくてはならず、そのための予備作業を学際的な作業は与えるのである。つまり、さまざまな学問分野の評価者が発言しなくてはならないのである。これが政治に対する科学の助言の立場である。

ここで重要となるのが、決定に関係するさまざまな事態に関する専門分野による説明である（Feldhaus 1996, 100）が、この場合、不偏不党であることと裁判官の位置を混同してはならない。たとえば、技術の状況は技術者に限定させることで初めて意味を持つ。ここでの指摘のうち、中心に来るのは、評価者は証人であり、裁判官ではない点である（Feldhaus 1996, 103）。証人は決定能力を持たないので、たとえば限界値を確定できない。また倫理学も決定する能力ではなく、価値判断の能力しか持たない（Feldhaus 1996, 105）。つまり、倫理学は、専門能力の限界がどこにあるかを明確にしなくてはならないのである（Feldhaus 1996, 107）。評価者への信頼性を支えている真理に対する主体的な責任とならび、それが誤用されると、信頼性に対するいらだちを生み出すような、評価者の責任が存在する。

ヴァルター・チンマリが語るのは専門性のなかにある根本的な弁証法である。事実としては、技術と科学の発展には問題なく、望ましい価値があるが、それは回避すべき帰結も伴っている。科学と技術の発展が確実に伴う結果には、素人がこの発展に伴い、自分がそれにより多く依存するようになっているものについて、理解が実はより乏しくなることがある。素人の能力が高まると、今度は専門家の見解に対する要求の水準も高まり、当然ながら、専門家がある問題について予測や結果そして副作用の評価で間違うようなことも起こる。専門家の技術と科学の評価能力を素人に委譲する望ましい効果ではなく、その代わりに、専門性をより大規模に導入すると、正反対のことが生じるのである。専門家を信用するものはいなくなり、その結果、誰もが自分自身で擬似的な専門家になるか、専門家を叩くことになってしまう。専門性はそれが本来奉仕すべきものとは正反対のものに逆転するのである。こうして専門家への信頼性がすっかり失われるはめに陥る。科学の観点では互いに対立する専門家の二つの見解は両方とも真であることはありえない。こうして科学者と専門家の社会はいわば自然状態に戻ってしまい、万人に対する万人の戦いとなる。

しかし、実際には純然たる技術と科学の情報の枠内では矛盾は存在しない。とはいえ、専門家の発言にもつねに評価が入っている。専門家は見たところ、あるいはおそらくたいていはそのことに気づいていないとしても、その付託者の側から来る多様な圧力にさらされている。テクノロジーの知識と呼ばれる、新しいタイプの知識の領域では、純粋に技術的で科学的な問題が現れることは少なくなってきていて、むしろ議論のなかでのほとんどすべての論争点は、技術、科学、生活世界、社会、経済などの要因の混淆状態から結果するものなのである。したがって、科学的で技術的な情報を準備しなくてはならない人々が、通常、実に過剰な要求をされている状態にあるのは、科学的で技術側面だけでは提起された問題に解答するには不十分だからである。その結果、専門家の弁証法の事例が増え続けるのである（Zimmerli 1990b, 2-6）。

専門家を記述するために、ドレィファス兄弟は運用能力を獲得する五つの段階を記述している。ここで問題となる段階は、①初心者、②中級者、③有資格者、④熟練者、⑤専門家である。したがって、コンピュータモデルはその規則に関する知識によって専門家でないひとに優る。とはいえそれは専門家には従属する。というのは、専門家は規則に従わなくても、何千もの事例を認識するからである（Dreyfus/Dreyfus 1987, 151, 邦訳二四五頁）。さらにヒューバート・ドレィファスは最近、身体的学習のコンセプトの枠内でこうした能力の第六、第七段階を導入した。教育に対する新しいアクセスが可能になったように思われる。ここで問題となるのは、一定の行為を実行するためのトレーニングである。そのためには文脈化された情報が必要であるが、そのおかげで所与の素材を組織することができるようになるのである。有資格者は不確実性とも折り合いをつけることができるが、文脈化された情報が、これらの行為を組織するための基盤であり、正確にいえば、必要な素材を用意する基盤なのである。身体化された情緒的な人間が新しい認識の理想である。専門家はより多くの職人から学習することができるし、第六、第七段階、つまり、職人芸と実践的知識は、知識のこのような形式によって完全に働くものなのである（Dreyfus 2001）。テクノロジーの発展のためには、ある普遍的な文化的なスタイルを確立しなくてはならないが、運用能力と技能にはさまざまなレベルが存在するのである。

専門家の地位が付与されるのは、職業的な主催者であるようなひとたちだけであるが、そうした人々は、有資格者が活動する世界に入って、自分が何をしなくてはならないかを見て取り、何をなすべきかを決定する。数多くの状況に関連する十分な経験を積み、すべてを同じパースペクティブから見ることができるが、さまざまな戦略的決定を要求される、ベテランの芸術家であれば、ひとつのクラスの状況を一歩一歩、下位区分することができるだろう――そこではどの部分も、個々の行為や戦術の同じ決定に関わる（Dreyfus/Dreyfus 2004, 253）。哲学の場合、正確な手続きを求める長い伝統があり、たとえば、理解のためには意味論的な規則が求められた。そこで問題となったのは、規則の解釈を体系化し、計算する思考のうちで整理し、秩序づけることであった。したがって、複雑な過程のための発見法《ヒューリスティクス》が作られたし、特定の目標を設定することにより、人工知能の研究には意味が与えられた。しかし、最終的には人工知能は失敗し、その結果、機械論的な人間像は放棄された。知能の限界について学べるコンピュータは、人間の知能の固有性とその妥当な領域について何かを語っているのである（Dreyfus 1985, 17-33, 邦訳一七七—一八九頁）。

ひとが互いに理解しあうようになるのは、しばしば話し手が文法的な間違いや意味論的な間違いをするときである（Dreyfus 1985, 138-152, 邦訳三四一—三五四頁）。ドレィファスのいう専門家の運用能力獲得のモデルが哲学的に見て有意義なのは、その専門家解釈のためであるが、それは、専門家のもっぱら社会的で技術的な道具化を批判し、STS（科学技術研究）の解釈の枠内にある制度を分析することを提案しているからである。そのために、専門性は、科学的認識の発見と議論の歴史学的かつ心理学的な文脈に埋め込まれるが、その認識は専門性を生活世界の文脈に再び結びつけるのである。このようにしてドレィファスが説明し、記述するのは、なぜ専門家は、自分がイデオローグと見なされているときに、最善の場合でも、そのことを捉えられないのかであり、また、なぜ専門家の権威は社会的ネットワークの観点だけでは定義できないのかである。さらにこれにとどまらず、ドレィファスの専門性に関する一人称のパースペクティブからの現象学的分析は、三人称のパースペクティブに基づく記述から生じる専門性に関するこれまでの人工的な扱いの限界をはっきり浮き彫りにしている。しかし、ドレィファスの立場の特徴は解釈学的な感受性が欠けている点にある。わたしたちは、専門家が持つ文化的な埋め込みの他のさまざまな要因も考察しなくてはならないからである。専門家をめぐる現在の論争の歴史は、専門性を理解するためにドレィファスが要求するやり方だけでなく、そのコンセプトの欠陥も示しているのであり、それは専門性に関する拡張されたモデルを必要としている。

専門性は本質的な問題であり、それは哲学的に説明することが適切であると思われる。専門性の分析は現象学と科学の結び目に刺激を与えるものであり、そこで問題となるのが、科学に関する古典的な哲学とSTSの発想との関係である。伝統の科学哲学の目標は、科学の有効性と客観性の組織的レベルと根拠とを合理的に再構成することであるが、STSの発想は、専門性をさまざまな制度的な観点に切り分けることであり、それは、テクノロジーのうちにスタンダード化された実験室、社会的ネットワーク、そして科学である基準、評価報告、味方を増やすための証明や修辞的手段である。伝統の科学哲学と、専門性の神話を解体しようとするＳＴＳとでは、その動機は異なるが、結果は類似している。伝統の現象学的な研究方法が示しているのは、科学者や専門家が埋め込まれている事実を看過している点であるが、その方法が十分な程度に考慮していないのは、どんな形式の知識も、それがそこから発生してきた、その世界に埋め込まれている点である。ドレィファスは、専門家を埋め込まれ、状況づけられた主体として分析するのである（Selinger/Crease 2003, 246-248）。

ドレィファスの視点は、専門性に関する一種の形而上学を提供しており、伝統の科学哲学とＳＴＳの視点と鋭く対立する。ドレィファスが最初に非難するのは、専門家を情報の源泉として特徴づける人口に膾炙した傾向である。専門家の能力は根本的には実践理性の問題であり、命題的知識である以上に、ノウハウなのである。この場合、ポランニの「暗黙知」のコンセプトとドレィファスのこのコンセプトとを混同してはならない。専門家に関するドレィファスの記述的モデルは、現象学的な正当化を含んでいるように思われる。ドレィファスが要求するのは、専門家に関する自分のモデルを不変の性質ないし特徴のうちに基礎づけることなのである。ドレィファスは、そのような不変のものをパイロット、チェスの指し手、ドライバー、第二言語を学ぶ際の大人の学習者の、一人称の言明を根拠にした、運用能力の獲得の記述に見いだした。それが論究するのは、構造化されていないさまざまな状況で決定を下すことを、かれらがどのように習得したかである。ドレィファスのモデルに対するもうひとつの鍵は、五段階の運用能力の発展と獲得である。ドレィファスが再構成しようと努めているのは、世界に対する共通の認知的で感情的な関わりであり、それはすべての専門家が分け持つべきものなのである。そのような関わりをドレィファスは、専門家の記述の正当化の地盤として要求する。ドレィファスは専門家に関する中立的な記述から直接に、規範的な義務を導出させたいようである。その立場が含む規範的内容を生じさせる要求は、初心者が規則に従うやり方を、専門家が別の分野でしているようには、その発展した直観によって克服することはできないというものである。したがって、ドレィファスによれば、専門家が自分の決定にいたる過程を発話される命題として記述できるようになるのを期待することは、間違いである（Selinger/Crease 2003, 249-256）。

とはいえ、ドレィファスのような方法的なアプローチを取るならば、専門家集団に属していないひとも専門家と見なしてよいことになるだろう。また、ドレィファスは、専門家集団に属する多くの人にこの地位を認めない。たとえば、音楽の専門家も下手な音楽家でありうる。ドレィファスがこの地位を認めない、別の種類の専門家は監督である。サッカー選手とその監督はまったく異なる種類の専門家なのである（Selinger/Crease 2003, 258-260）。解釈学的感受性が欠けているために、ドレィファスは規範的アプローチにこだわっているように思われるが、これは、専門家の訓練の自律性に関するドレィファスの根本的仮定——それがある素朴さを許して専門家の助言に対する信頼性を生むのであるが——のせいばかりでない。ドレィファスの観点から社会的な問題が生じるのは、社会の行為者が、ドレィファスならば、それらを現象学的な研究により本質的に把握する、専門家の本質的な諸性質を承認する能力を持たない場合である。専門家が巻き込まれる現実のどんな論争も、専門的知識を手渡すことを要求されているものごとと、専門的知識に対する正当な権威に従ってさらに求められるものごととのあいだで、困難や対立を抱えているものである。こうして解釈学的な感受性が欠けているために、間主観性の問題が生じ、そこでハイデガーよりもフッサールを遡って参照することが求められるのである（Selinger/Crease 2003, 262-270）。

専門家のジレンマ

近代の産業社会はその自己理解と発展に関しては本質的に科学的知識に基礎をおくが、それは、専門家が特別なしかたで伝達するものなので、専門家の判断に対する信頼に応じて科学の信頼性も、公共が受け止めるものとしては、同じように維持されもすれば、失墜もする。専門家の評価が分かれ、対立することがあるが、その対立のうちでしばしば暗に示されている仮説は、科学のなかの変わり者が、真理だけを目指す闘いの厳格な規範を超え、自分や他人の利害を促すように図っているのではないかというものである。第一の種類の専門家のジレンマが語られるのは、さまざまな矛盾が科学に内在的なしかたで登場する場合であり、それに対して、このジレンマが示されるのは、科学と公共性ないしは科学と政治のあいだにある継ぎ目の場所である。一方では専門的知識は、実際の政治の場面ではしばしば選択の道具として用いられ、すでに下された決定を跡づけ正統化するのであり、それに基づいてそこにある決定を支持するわけではない。他方では、実際の政治がそのように行われてきたので、政治家は、事実に関するどんな問題にも科学的と名づけられるような、望ましい評価を手に入れることを計算に入れることができるのである。この第二の種類の専門家のジレンマが基づいているのも、専門家が、正確でないと認めている知識と適切に折り合いをつけることができないことである。そのかぎりでは、第二のジレンマがそれほど専門家のジレンマではないのは、専門家ではなくて、そのクライアント、つまり意思決定者が可能な多くの選択肢のなかから選び、自分で決定しなくてはならないからである。しかし、技術の専門的知識が多義的であることは決定者にとっては必ずしも問題ではない。むしろ逆である。それは、さらに基準と価値の観点とを決定に持ち込むようにさせる可能性としても把握することができるからである (Nennen/Garbe 1996, Vf.)。

科学、政治、経済には互いにかなり距離があるが、それらは、社会の現実の部分システムであり、それぞれに固有の目標設定と行為のコードを持つ。そのような部分システムが互いに接触する箇所には摩擦も観察されるが、科学は扶養される必要があり、政治と経済には科学の知識が割り当てられる。知的財産の所有に対する研究者の責任が、科学のエートスに規則を与えるが、直接に科学的認識が何かを実践できるわけではない。認識は伝達を必要としているのである。このような状況で世論が安易にもってしまう印象が、科学的合理性は非常に疑わしい審級である、というものである。これが評価者ないし専門家のジレンマの第一段階である (Nennen/Garbe 1996, 3-7)。

このような評価者ないし専門家のジレンマを克服することができるのは、専門家による世論形成のさまざまな限界を反省し、また、その限界を広範囲に考慮する、さまざまなメタ分析[*4]を伴う学際的研究と専門家による助言の新しい方法である。もちろん、不正確な知識については、世論のために、そこで一定の言明が書かれるような定式化を行うことが決定的に重要である。加えて、科学的な評価と法的評価の違いを世論に解明して見せることも求められるだろう。現実に起こる専門家のジレンマが、第二の種類の専門家のジレンマであるが、それは科学と世論ないし科学と政治との継ぎ目に生じる。その出発点を形作るのは非常に深刻な二つの弊害である。そのひとつは、実際の政治では、専門的知識がしばしば選択の道具として用いられ、すでに下された決定を跡づけ、正統なものとすることである。また、第二に、利害団体や政治家が、事実に関わるどんな問題に対しても、科学的と名づけられるような、望ましい評価を入手することを計算に入れることができることが実際に行われてきたことである。科学も呼び出され、科学のそのつどの認識状況を、公共の対話と政治への助言に合意形成可能で説得的なしかたでもたらすための方法を発展させなくてはならないのである。またその際に、科学が計算に入れなくてはならないのは、世論の情報処理能力が弱まっていることであり、科学は世論からの期待の圧力のなかでも、現状の科学のスタンダードで可能なこと以上のものを与えないように、自戒しなくてはならないのである。専門家ができることは、原則的には所与の目的のために手段が適切かどうかを判断することだけであり、その目標の適切さについては判断できないのである（Nennen/Garbe 1996, 9-13）。

専門家のジレンマは、社会のさまざまな部分システムが機能的に限定されたことへのリアクションの結果として理解することもできる。そのように理解する利点は、まずはその問題を近代社会の構造的問題と見なして、それを行動の問題に限定しないことだろう（Nennen/Garbe 1996, 33）。その場合、考慮しなくてはならないことは、熟考の形にはさまざまなものがある点である。技術の帰結評価は多様なシナリオを展開させるだけではなく、さまざまな社会的な立場を議論のうちに組み込まなくてはならないだろう。また、技術の帰結評価それ自身は、多様性と合理的に折り合いをつけることを可能にする点にも関心を持たなくてはならない。専門家のジレンマを考察できる三つの観点がある。①専門家という職業は危機に陥っているが、この危機を指示するのが、科学内部での解明の代わりに行われる、評価と対抗評価の実践である。つまり、そこでは科学内部の対立と政治の対立とが混じりあっている（第一のジレンマ）。それは実践と実践に影響された科学の腐敗による専門家の誤用であり（第二のジレンマ）、固有の基準に従い、専門家を承認する職業上、論争の余地のなかった権威が喪失したのである。②政治と世論に対する科学の関係はいぜんうまく組織されていないままである。その結果、明らかに専門家の職業上のシステムの境界はぼやけてしまったし、職業上の行為の規範が科学以外の規範に汚染されてしまった。③世論が対立している場合に、専門家と専門家の知識と折り合いをつけることも、そこで専門家が公共の場に登場することもやはり相変わらず嘆かわしい状況にある（Nennen/Garbe 1996, 58-63）。

そこでまず専門家が公共のコミュニケーションに参加する際の基本となるモデルを検証しなくてはならない。①求められている公共性のコンセプトは、世論に決定のため社会教育を受けさせる機能を持たせ、世論がまずは合理的決定を見いだすための障害と見なされないようにするものである。②専門家の公共的コミュニケーションの表象として、それが討議の双方向的ではない参加、ただ科学的認識を伝えるだけにならないように気をつける。③科学に内在する討議と境界を越える討議のあいだの厳密な区別に対して、モールが固執して求めるような、厳格さは批判しなくてはならない（Nennen/Garbe 1996, 67）。ハンス・モールが参照している科学のエートスは、科学的知識の生成のためには生産的であることが立証されているが、実践の分野で知識を移行させるためにはむしろ妨げとなるのである（Nennen/Garbe 1996, 72）。科学者個人も科学者共同体も、その責任は今日では、信頼できる知識を作り出すことに限られるのではなく、先端の研究が明らかにしているように、科学的知識を使用可能な知識に変形しなくてはならないことであるが、それは科学の原則に従い、行われるべき技術の帰結評価とその価値づけを含むのである（Nennen/Garbe 1996, 75）。

今日では科学の専門家の社会的責任が加わる。技術を革新し、価値づける、そのダイナミズムは著しく高まっているが、同時にそれを舵取りし、支配し、創成させるための道具立ての発展のほうは、同じテンポで進んではいない

(Nennen/Garbe 1996, 77)。全体として、世論により科学と技術の研究結果のコミュニケーションをもっと緊密にすることは意味があるだろう (Nennen/Garbe 1996, 82)。しかし、専門家のジレンマが生じるのは、政治や世論あるいは法曹で専門家の意見を必要としている人々が正しい専門家の意見に必ずしも従わないからである。特に世論は、問題の性質からすれば、根拠のない基準に従い、専門家を選んでいる。こうして今ではたとえば、リスクを大げさに語る者がもてはやされるのである。こう総括すれば、メディアによる科学と技術に関する描き方に関する、ドイツの科学者コミュニティのひとりひとりの不満と一致することだろう。専門家は、そのコミュニティの内部にあるときも、同時にもっと世論のための専門家であるようにと努め、公共の責務を推進するよう努力できるのではないだろうか (Nennen/Garbe 1996, 85)。

したがって、科学を推進する組織で何かもっと多くのことがあれこれと語られるとき、現代では国民こそ主権者であることで何も問題が生じるわけではないが、この主権者はしばしば気まぐれで予測がつかない。こうして現代では非常に退屈な認識や信念の研究および一定の形式の公共的研究が必要となる (Nennen/Garbe 1996, 86)。そこで指摘すべきことは、細かい認識論的懐疑には世論も政治も関心を持たない点である。科学に期待されているのは、信頼できる知識であり、身近な市民がまず関心を持つのも、科学が信頼でき、有用なのはどの程度かという点なのである (Nennen/Garbe 1996, 122)。科学に関する世論の受け止め方はすでにかなり以前から変化しているのである (Nennen/Garbe 1996, 144)。とはいえ、証明力を持つ科学は、明確に語られる多くの前提を持った概念であり、それは世論が簡単に説明できるようなものではない (Nennen/Garbe 1996, 150)。専門家のジレンマの核心は、この問題を捉えていないのである。ジレンマに囚われているのは、専門家ではなく、専門的知識を応用する者である。また、この専門家のジレンマの概念が示唆するのは、ここで問題となるのが、特に科学の問題、ほとんどはまったく科学に内在する問題だということであり、その大部分は専門家のあいだで決定しなくてはならないのである。しかし、実際にはここで重要なのは、科学技術、政治、社会のあいだの相互作用の関係のなかにある問題である。それは、特に下すべき決定を前にし、何を行うべきかという問題であるが、この決定を特徴づけるのは非常にハイレベルの不確実性、予見不可能性そして科学的な操作の不可能性なのである。専門家相互の対立は、その技法にとっての特殊な専門規則が損なわれているると仮定する十分な理由にはならない。今世紀になって、科学理論に関する反省が発展したが、それは、知識基盤の一義的で矛盾のない完成が求められている、という仮定からわたしたちが離れるように強く促しているのである(Nennen/Garbe 1996, 170)。

科学の言明の射程自体は、再度、学問性を理由にしてしか制限されないので、科学者が、社会やその一部の領域に対して行為の選択に正統性を与える役を引き受ける専門家として登場することは、科学者の課題ではありえない。そうではなく、科学者の課題は、可能な選択肢自体を示し、またそれぞれに付随して生じる潜在的な帰結を可能なかぎり包括的かつ具体的に取り上げることなのである(Nennen/Garbe 1996, 177)。専門家もその判断力を引き合いに出さなければならなくなると、原理的には(しかし程度の問題であるが)素人に勝るものではなくなる。また専門家がしばしば自分の専門的知識について特に個人的な経験に支持を求めなくてはならないときには、専門的知識の応用をする側も、適切な問題意識を展開することができるような権限を持たなくてはならない。専門家のジレンマが専門家の持つジレンマではなく、矛盾する評価を持つ専門的知識の応用者のジレンマであるとするならば、問題解消のために、評価を行う者を改善するだけでは済まなくなるだろう。もっと集中的で成果の期待できる新しい形式の熟考の方法を発見することが重要なのである(Nennen/Garbe 1996, 178)。

専門家の典型的な属性として妥当するのは、問題に関する実証された知識、ある専門分野での経験、仕事が注意深くて説得的であること、客観性への努力、批判と自己批判を通して学習する能力、プロとしての自覚、問題解決能力、体系的な知識、社会と公共の福祉の志向、党派的な中立性、独立性、客観的基準の志向、専門の知識の現状に対する見識と方法意識、バイアスがないこと、節操があること、問題に即し個人的でない言葉で話せること、問題と真理の探究のために解釈の独占を使いこなせることである。専門家の役割があてがわれることは、社会が行う帰属の結果であるが、専門家の定義は職業自体を通して生じる。しかし、専門家の定義はクライアントの期待からも生じる。そして第三に、専門家はメディアによっても定義される。さらに、自分で自分を専門家という場合もある。専門家はその知識を社会のさまざまな問題の解決のために提供するが、さしあたり根本的なのは、専門家の情報および助言の機能である（Nennen/Garbe 1996, 187-190）。

専門家による支配への警告はいたるところにあり、まさに専門的知識の普遍化を理由に、専門家による支配ははっきりとした批判にさらされている。多くの場合、専門的知識それ自体が意図しないしかたで生じさせる問題提起の事例がこの状況を先鋭化させるのである。ある種の科学的な討議は、専門家の持つ形式的により高度な理性に対して正統な懐疑を持つことに模範的な貢献をしたが、それは特に社会構成主義的な志向を持った討議であった。専門家研究のための重要なインパクトは、最後に不確実性と無知に関する知識社会学的な論争から汲み取られる（Bogner/Torgensen 2005, 6-11）。加えて今日ではもっと強い公共的な透明性が要求されている。それは専門的知識の民主化に帰着するはずのものである。さらに、道徳的な専門的知識といわゆるエキスパートシステムによる専門家の知識の機械による客観化の試みも問題になっている（Bogner/Torgensen 2005, 38ff.）。

多くの専門的知識では想像の世界の素人がある中心的な役割を演じるが、そのことで、社会が持つ大雑把な知識の問題群が主題化されている。専門家と素人は異なる世界に生活していて、専門家の側から見れば、この世界は認知的なひとつの不均衡として特徴づけられる。この見方が意味するのは、専門家には知識の位階《ヒエラルキー》のなかで一定の地位が帰属しており、この秩序に対して素人は不均衡な関係にあることである。素人は素人として受け止められる。専門家が抱く、自分が素人に対して誠実でないことを示してしまうのではないかという不安や論争、対立そして逃げ道を選択することへの不安が、興味深いしかたで示されるのは、事例研究のミクロなレベルだけではなく、さまざまな制度の中間的なレベルの場合でもある。つまり、科学と世論の対話が広まり、それが提起され、推奨もされる場所である。科学の領域では素人と専門家のあいだに認知的な不均衡が存在する一方、政治の場合は、逆に規範的な不均衡がある。

政治家は一定の枠内で布告あるいは一般に規制により、科学が何をしてよくて、何をしてはならないか、に影響を与えることができる。このかぎりでは、社会が持っているおおざっぱな知識の概念を、科学と政治のあいだに発見しなくてはならない制度的調整にまで拡張することができる。科学が世論と実際に折り合いをつけることができても、それは非常に限られたものであるが、想像のなかでは十分に大きな場所を占めているのである（Bogner/Torgensen 2005, 40-42）。

倫理委員会

科学に関して政治に助言を行うことは、一九八〇年代の半ばまでは、科学と専門家を中心に理解することが支配的であったが、この考えは環境破壊と健康リスクの原因をめぐる対決の動きのなかで持ちこたえられなくなった。特にリスクを伴うテクノロジー、つまり原子力や遺伝子工学による生物の改変から生じうる帰結に関する問いかけが激しい論争を生み出した。典型的問題は、そうした帰結に関しては、不確実性が大きく、想定される損害が甚大であり、利害関係も現実的なさまざまな問題であった。予防原則が求めたのは、少なくとも潜在的にこの要求に対応することであった。とはいえ、そのような対立のなかでは予防原則は「政治的な」、つまり科学的でない論証をカモフラージュするものとして、したがって、またリスクに対して合理的につきあうことに対する危険性を示すものとして提示されたのであった。ある活動とその損害とのあいだの関連が一義的ではないとき、不確実性が支配する（Bogner/Torgensen 2005, 67-69）。また、ここで問題となるのが、ある決定の科学による正統化と（広い意味での）政治による正統化のあいだの相互作用である。その場合、専門的知識の占める位置はさまざまに構想される。それは、「第一に来る」か「すぐに役立つ」かであるが、いずれの場合でも、政治のさまざまな目標に従うのである（Bogner/Torgensen 2005, 80）。

多くの国で国の倫理委員会が発足したのは、生命科学と医療の発展によるものである。政治ないし国家の組織が直面していたのは、まさにこのような問題について求められている事実の理解と価値判断のための専門能力が部分的に過ぎないか、不十分にとどまる事態であった。このような展開、つまり自然科学が結果としてそこにいたる状況や個人と集団に対する帰結に関する問題は、明らかに絶えず動いていて多様で複雑なものである。健康、社会、経済、文化や倫理、法そして環境問題のようなタイプのさまざまな活動分野の相互作用は容易に見通すことができるものではないし、そこには意図しなかった副作用が伴うものである（Bogner/Torgensen 2005, 134）。あらゆる国の倫理委員会に共通しているのは、政治への助言であり、情報や社会の議論の促進である。その課題を構成しているのは、

① 状況の確定。
② 多くの場合は議会が行うイニシアチブと任命。
③ 多くの国では多元性に価値が置かれているが、ここで問題となるのは地域と言語共同体を代表させることである。
④ このようにして代表を実現するとしても、その構成員を民主的なかたちで選ぼうとする組織はないが、多くのモデルは素人が参加するように注意している。
⑤ 各国は、明確な権限と課題の制限に関して程度の違いはあるにせよ、そのような複数の組織を持っている（Bogner/Torgensen 2005, 137）。

国の倫理委員会が政治への助言としてできること、ないしは国の倫理委員会に期待できることに関してはさまざまな評価がある。倫理委員会の存在と政治に対する、その仕事の結果、あるいは政治、科学、世論との関係についてはよく考える必要がある。さしあたり政治ないし政治への助言の変容に関するテーゼを議論しなくてはならない。合意と一致を目指す協力的な政治モデルに対してははっきりと対立する傾向が存在する。さまざまな期待に反して、生命倫理委員会は専門家委員会として構成されたが、そこで問題となるのは、生命医療の問題について国や社会が意思を

形成する際に、社会もそのことに影響を及ぼしたいという必要が強まった、はっきりとした徴候である。いわゆる科学と技術に留保条件（「技術の状態」）を与えることを通しての立法的な問題解決を行っても、その解決は、見る見るうちに問題に対して不適切になる。国が提起しなくてはならなかった問題は、近代のバイオ・テクノロジーと生命医療を発展させるために、国家がどのような行為の可能性を持つのか、このようなチャレンジに呼応するために、国家がその決定（の発見）を社会的にどのようにすれば拡大できるか、であった。

したがって、倫理委員会は、国家が調整する、より大きく、幅広いものとなった社会的な反省過程の一契機となりうる。道徳を制度化するという文脈で倫理委員会は特に目立った政治的な機能を実現しなくてはならない。倫理委員会は、社会に内在する不確実性に対するリアクションとして、多くの人々がそれを断言する政治不信の時代に、政治のために、ひとつの可能性とチャンスとを、つまり問題に対する感受性と必要な場合には、行為と決定の能力とを提供することができる。対話と交渉の手続きを確立し、制度化すること、また可能なかぎり多くの参加者を引き込みながら、論証を正確にし、評価することが、過小評価してはならない政治の要因となる（Bogner/Torgensen 2005, 145f.）。

そこで問題となるのが、専門的知識の私有化の問題、特に私有化と制度化とが緊張関係にある分野での道徳的な専門的知識の問題である。道徳の専門的知識も科学に関する政治への助言の枠内でより大きな部分を占めるようになったが、道徳の専門的知識が生み出される方法は、討議倫理学の色あいを帯びた範疇や規則モデルでは捉えられないのである。論証だけが道徳の専門性の根元になるわけではない（Bogner/Torgensen 2005, 173f.）。求められているのは、生物学や医学の内容に関わる実際的な知識である。最後に、倫理学が表に出てくるようにするためには、問題に関する一定の知識は論争の対象外としなくてはならない。自分自身の意見に重みを与えようとするなら、専門家に求められるのは、その意見を論証の作法と関係させることであるが、それが、建設的対話とさまざまな立場を概観するパッケージを可能にするのである。推奨されるパースペクティブは、制度化した生命倫理学を政治的な道具に還元することではないし、また、権力の過程を覆い隠すことでもない（Bogner/Torgensen 2005, 179-182）。参加が近年、科学と政治の関係の意思決定主義のモデルと技術者支配のモデルが持つ正統性の欠如が含む、スキュラとカリブディスの［ジレンマのあいだで進むべき］中道となったように見えるが、意思決定論の決定方法は合理性の欠如を示し、技術者支配の決定方法は公共的な同意を欠くのである（Bogner/Torgensen 2005, 222）。

専門家の倫理

コリンズが語るのは、専門家が価値判断しなくてはならない領域に関係し、それを提示する実践上の空白のようなものである。セリンジャーは、双方向的な専門家だけ、つまり、自分の専門分野に閉じているのではなく、他の分野の問題設定にもオープンな専門家だけが、対応する専門家委員会を構成することができると考える。専門家は現象学の意味で埋め込まれなくてはならないし、それによって実践の文脈に立たなくてはならない（Selinger/Mix 2004）。倫理学をそのように移しおくことは、比較考量する文化の一部であり、それは、専門家の知識を日常生活のなかで決定する人々に向け、倫理的普遍性に移すことを記述する。この移転を解釈学的倫理学はテクノロジーを比較考量する文化の核心として、注意深く手渡すべきなのである。このような反省文化は、まずエンジニアと科学者が現実に学際的になるように、つまり倫理学の専門家を加えながら、組織し、推進するべきだろう。さらに対応する分野の倫理学者も事態を反映する体制で受け入れなくてはならない。一般にも理解できるような性質の応用倫理学の出版物の数を増やすように努めなくてはならないが、求められているのは、概説であり、細部の問題を仕上げたものではない。応用倫理学の問題は、教養の拡充と統合されなくてはならないが、その際、Eラーニングや（テレビも含む）新旧のメディアの使用、倫理学を巻き込むことで科学ジャーナリズムを改良することも考えなくてはならないだろう。倫理学の専門家はその専門家文化や専門家のサークルのなかではなく、より広い公共の場での働きを強化するべきなのである。そしてまた政治も、最終的にはテクノロジーに関する啓蒙された公共性を実現するべきである。

したがって、テクノロジーの反省文化の鍵となる要因は、運用能力を育てて伝達し、生涯にわたって学習することである。ここで考えられるのは、テクノロジーに関する運用能力であるが、それは、善き生を送ることができ、それが何に存するかを認識する能力でもある。専門家の善き生とは、可能なかぎり優れた専門的知識であるが、素人も日分量ながら、ある判断に対してはそのようにできる状況にあり、少なくとも雑ではあっても、ある程度は適切な判断を可能にする規則を使いこなせなくてはならない。わたしたちの世界がこれほど複雑になってしまったことを嘆くだけでは、また、この複雑性を単純に組み立てた解決策で捉えたいと望むだけでは、善き生をもたらすことはできず、わたしたちは、幻想に陥ってしまうだろう。テクノロジーの反省文化の教育と科学と技術に関する啓蒙が欠けていることは明々白々な事実であり、日常生活ではテクノロジー文明のさまざまな倫理的問題をめぐる議論が切り詰められているのである。なかには、危なっかしい道を進んでいるハイテクに警告を発して、単純な解決を述べるひともいるが、絶えず不安を抱いているような生活はけっして善き生ではない。

したがって、専門家文化としての応用倫理学と哲学のどちらにも実践が欠けている点を考慮しなくてはならない。なぜなら哲学の実践は理論であって実践そのものではないからである。哲学の実践は価値判断すべき実践の一部に過ぎず、この部分は正統化の問題に携わる。ある実践に関する解釈の共同体が実践することは、議論や解釈に対比される実践そのものではない。それは科学や技術そのものではなく、人間が行う他のあらゆる形式の実践と同じようにこの分野を理解する技法なのである。したがって、この技法は、確かに理解の先駆的な形式を示している日常性にも、また日常的ではあるが、卓越した能力のある専門家のけっして適切とはいえない解釈——それは、解釈と評価を助けるものとして実践にも実践に関する日常の見解にも提供される——にも向けられる。したがって、解釈を実践することと実践自体を混同してはならないが、それは、それらが絶えず相互に参照しあい、フィードバック・ループのなかで互いに結びついているときも変わらない。こうして専門家の解釈共同体を構成する者は、専門分野を横断する役割あるいは少なくとも二倍の能力を持つ何人かのメンバーを必要とするのである。

伝統的な徳倫理学は、幸福、運そして人生をどのようにして幸福にすることができるかを問題にする。この倫理学と解釈学的倫理学とが結びつくのは、それが傾向性、能力、暗黙知とその能力の概念を固有の出発点にするかぎりである。職業や役割の倫理学はおおよそ徳倫理学の伝統の上にある。他方で解釈学的倫理学の意味でのビジョンの倫理学は実践のために内容の整った倫理学である。ビジョンの倫理学が問題にするのは、人間の実践をどのように順序正しく整えることができるかである。ここでは工学倫理の建設的な側面がある役割を果たす。ここで問題となるのが共通善の具体化とその実現可能性である（Moriarty 2001）。

スペースシャトルの発展の場合も、それに先立つ過程で深刻な事故が生じ、人命が失われた。不幸なかたちでこのプロジェクトはリスクが大きい点が理解され、予言され、計算された（Pinkus u. a. 1997, 9）。ビッグ・サイエンスは、従来の形式の技術よりも技術的にまったく異次元のレベルのリスクを生み出したのである。スペースシャトルの発展の時間的な枠組みは、それを作る決定が下された一九六九年の時点からチャレンジャー号が爆発した一九八六年までに及ぶ。この文脈でカタストロフィーの倫理学のようなものが必要となった（Pinkus u. a. 1997, 17-19）。チャレンジャー号や宇宙船の事故はその典型例と見なされる。専門家は技術的な制作とその専門的知識の権限がある分野でのさまざまなテクノロジーの決定的な特徴をテストし、検査する特別なトレーニングを積んだ知識と能力を持つ専門家なのである。エンジニアの能力が関わるのは、①経験的にテストされた知識、②理論的に導出された知識、③既知の知識の欠如、④未知の知識の欠如である（Pinkus u. a. 1997, 33f）。専門家の文化は他人のために決定を行うことによって特徴づけられ、二〇世紀に技術的実践を特徴づけるものの全体的な構図がしだいに変化したが、その変化は劇的であった。こうして、医師は医学の実務で船の船長であることがもうできなくなったのである（Pinkus u. a. 1997, 44f）。

技術の安全性の問題にとってのもうひとつの典型的な事例は、ＤＣ10の貨物のドアである。その内部の脆弱性と安全性の問題がすでに一九七〇年六月にはテストで現れていたのに、安全性の状態を劇的に向上させる、対応する変更は費用がかかるという理由で、すぐには行われなかった（Pinkus u. a. 1997, 60f）。その修正を行うと、破損の費用ないし乗客を満載した飛行機全体を失うよりも費用がかかるだろうとされていたのである（Pinkus u. a. 1997, 63f）。警告は、一九七二年にカナダでもう少しで事故が起こりかけたときにも実は強化されていた（Pinkus u. a. 1997, 57f）。一九七二年六月にＤＣ10がデトロイト上空を飛行中に貨物のドアが開いたが、飛行機が完全に破壊されなかったのはまったくの偶然だったのである。安全性の追究のためのこうした事例研究は、技術的に困難できわめて複雑であることが示されているが、そのような研究から誤謬を認識することができるし、後に続く事例で間違った制作を行うことを避けることができるのである。

テクノロジーが進歩すると、それは、予見可能な、また計算可能で、ときには比較的正確に限定できるかたちで、人間の生命を犠牲にし、人間を傷つけ、損害などを与えるだろう。それらは予見可能であって、最少倫理に従うことで避けることができる。しかし、戦争のような出来事も、最少倫理には対立しているし、戦争が倫理的に正当化できるのは、少なくともその結果が、つまり戦争の結果が全体として、技術や科学の進歩の場合と同じように、はっきりと肯定的である場合に限るだろう。とはいえ、技術的な人工物の安全性は、その脆弱な構成部分に左右される。ではいったいどのような状況では最少倫理でも、それを破ることが倫理的に許容されるように思われるのだろうか。最少倫理と倫理的に柔軟に折り合いをつけることが解釈学的倫理学の目標である。したがって、解釈学的倫理学はビジョンのように最少倫理の内容を正確にするという課題を持つ。宇宙船、スペースシャトル、原子力技術などのような巨大プロジェクトは、そのような研究のための範例ないしは問題に焦点を当てる技術の例として取り上げることができる。しかし、同時にそれらの技術は文化的な対象としても考察できる。責任の観点から個人の能力と社会的な組織の能力を限定しなくてはならないのである。他者のために決定を行うことがますます多くなっているが、これがわたしたちの文化を特徴づけ、また、専門家の決定ないし専門家の文化を表現している。

最近、ドイツエンジニア連盟（ＶＤＩ）が、エンジニアの職業倫理に関する学際的共同作業の成果のひとつを公表したが、ＶＤＩの『指針、エンジニアの職業倫理原則』（VDI 2002）によれば、エンジニアは、国の法的規則に敬意を表し、有能な専門的能力に基づき、法的そして政治的なハンディキャップが存在したり、それが継続したりする場合は、助言し、批判するように働きかける。エンジニアは、有意義な技術的発明をもたらす義務があると公言し、技術的商品のユーザーに対して、商品を規定通りに使用すること、また明白な誤用から生じる危険については十分に情報提供する責任があると『指針』は述べる」。エンジニアは、自分が社会、経済そして環境の繋がりのなかで、技術のシステムに埋め込まれていることを意識し、対応する技術の創成の基準を考慮するが、行為のさまざまな条件、つまり、機能性、経済性、福祉、安全性、健康、環境の質、人格の発展、社会の質にも注意を払うのである。ここで問題となる技術の創成は、現在と将来の行為に対する自分の責任が果たせる諸条件を維持するためのものなのである。エンジニアに固有の責任は、そのつどの行為に帰せられるような、一般道徳の責任の諸原則を志向するが、価値が互いに対立する場合、エンジニアが敬意を払うのは、人間的正義が自然に固有の権利に優先することであり、また人権やユーザーへの配慮の優位、私利よりも公益を優先すること、機能性や経済性よりも十分な安全性を優先することである。技術を実践に転換（実装）する場合、エンジニアは、工学倫理の原則と指針の法的な意味を意識するが、緊急時には世論に警告を発すること、あるいは共同作業を拒否することも考慮しなくてはならない。

結語

締めくくりとして、第三章一節の図式を繰り返しておきたい。それが解釈学的倫理学に関するこの著作の主要な動機であり、専門家の倫理学と素人の運用能力の関係に関する言説を構造化できるからである。求められているのは、集団としてリスクを評価することであるが、それは、解釈学的倫理学の場合によくあるように、以下のような三つのパースペクティブを考慮すべきものなのである。

① 専門家の評価。客観性、中立性そして買収されることのない、厳しい態度のような、新しい専門家のエートスを伴う（3ＰＰ）。

② リスクに対する、不安や中庸な態度、リスク好み、などの主観的な態度の多様な可能性に関する反省（1PP）。
③ テクノロジーを反省する文化。素人と専門家の討議（1PPP）。

テクノロジーを反省する文化は、コミュニティの相互理解を実践するものであり（Irrgang 2003b）、それはあらゆる参加者の非常に高い運用能力を前提としている。というのも、ある共同体が有能でありうるのは、そのメンバーの可能なかぎり多くのひとが有能である場合に限られるからである。自己実現の新しい自由は、自己愛や快楽主義にではなく、またクールな自己防衛にでもなく、自己を創成し、介入する能力を発展させる、創造性のうちに姿を現すものなのである。

インターネットや新しい情報とコミュニケーションのテクノロジーの領域、生命医療、脳研究などでの個人化の過程は、その受け手と繋がる倫理学をはっきり示す際には、「個人の回帰」を考慮し、したがって、さしあたりは個人を志向する。とはいえ、個人を方向づける新しいものは、世界観とイデオロギーの基礎的秩序のうちにはもうなくなり、運用能力の獲得のさまざまな形式に向かって整えられているが、そのような形式が、テクノロジーが染みわたった生活世界の全体的構造を前にしても、自己を維持し、自己を限定し、自己を創成する、という固い意志を支えることができるのである。

専門的知識も倫理学も同じように技法である。研究もそうである。これら三つのものは科学ではない。そしてそれらのすべては、それを善き生と共有する。技法は、それが日常生活ではハイパーテクノロジーの過程に埋め込まれ、この間にますます職業的になっているとしても、第一義的には人格の持つ運用能力の問題なのである。

あとがき

本書は Bernhard Irrgang の著作、*Hermeneutische Ethik: Pragmatisch-ethische Orientierung in technologischen Gesellschaften*, Wissenschaftliche Buchgesellschaft, Darmstadt 2007 の邦訳である。日本語としてのなじみやすさと本書の目指す実践的態度とを考え、『解釈学的倫理学——科学技術社会を生きるために』とした。

日本語で出版された本書に関して、監訳者がまず何より強調しなくてはならないのは、一見したところ、解釈学と科学技術倫理の組み合わせが、読者に多少とも違和感を抱かせるとしても、この二つを結合する着想が、今、わたしたちに求められているものを考える上で手がかりになるのではないかという点である。なぜならば、本文中でも縷々説かれているように、そして我が国の歴史的現在において、わたしたちと将来世代の「自己保存」のために、つまり、素人であれ消費者であれ、市民が、よりよく生き抜くために、科学技術に対する十分な判断力と意思決定に必要な倫理を使いこなす能力を高めることが求められているからである。このために、本書で打ち出される解釈学的倫理学の構想——つまり、実存的な意味での投企——は、身につけ、使いこなすことのできなくてはならない生き方を「技法（アート）」として提示しているのではないだろうか。

この点に絞って見るとき、本書『解釈学的倫理学』の放つメッセージとその規範的内容はけっして複雑ではない。確かに、イルガング氏が日本語版に寄せて記しているように、本書の扱い、論じる内容は、歴史的にも学問分野的にも非常に広範囲に及び、きわめて学際的である。その理由のひとつは本書が原著者の仕事の集大成の意味を持つからである。そのトピックは、ハイデガーにいたる解釈学的存在論の伝統はもちろん、古代から現代まで、ヘラクレイトスからプラグマティズムやポスト現象学までの西洋哲学と倫理学、社会学や文化人類学、脳科学と文学そして科学技術社会論などの多領域に及ぶが、「最少倫理」や「探究的倫理学」の構想あるいは「倫理的ダイエット」の提案に含まれる規範的なものは、倫理に関するある単純化を提案しているからである。それは、イルガング氏が、これまで軽んじられてきた決疑論の歴史に触れながら、解釈学的倫理学の位置づけを述べていることからもうかがえるように、グローバル経済とテクノロジー社会の二つの条件によって根本から制約され、限定されている、現代の日常生活を、わたしたちが消費者としてあるいは職業人としてよりよく生きるために、そこで発生する具体的な問題解決に迫られるときに、身につけておくべき作法ないし指針あるいは態度を提案するものだからである。

そして、これに関連し、本書の含意する規範のイメージを印象的にアピールするのが、「あれもこれも」である。このスローガンは、いうまでもなく、キェルケゴールのよく知られた「あれかこれか」を意識したものであるが、イルガング氏の本来意図するところは、解決すべき問題をどう解釈し、意味づけるかに関しても、また、その倫理的、規範的な価値づけに関しても、「あれかこれか」の二元論に代わり、多元主義的なアプローチをよしとすることが、問題の打開につながるというものである。イルガング氏の見立てでは、基本的に近世以降のヨーロッパの哲学、倫理学そして社会は、認識と行為の確実な諸原則の存在を想定し、そこからそれと対立する他の意味解釈、価値規範そして文化的なものを把握し、また排除してきたのであった。しかし、本書でも生命医療倫理学のジレンマや専門家のジレンマに即して触れられているように、応用倫理学の多くの問題事例が示していることは、意見の不一致が争いを産み出しているどのような問題の場合も、無条件の義務と自律を説くカント的な（動機主義的な）義務倫理学を適用するか、あるいは「最大多数の最大幸福」の帰結主義を説く功利主義に従うか、というような二者択一ではもはや対応不可能だということである。そこで提案されるのが、良識や伝統宗教の信条にも適う最少倫理のビジョンと「あれもこれも」の技法であり、状況の変化に応じて、規範の内容をたえず修正していくことができる、「懐疑主義」の態度を堅持することである。

現代社会では、特に産業分野での絶えざるイノベーションとその猛烈な勢いでの普及を一因として、消費や生産の変容あるいは生活環境の変化による、雇用や生活基盤に関わる、先行きの不透明感や複雑性・不確実性に対する困惑や諦めが多様な場面に出現しやすい。いわゆる「リスク社会」は、このような状況で人々が抱く不安によって色づけられているといっても過言ではない。グローバル経済の波に洗われ続け、環境劣化のリスクを伴う、テクノロジー社会を生き抜くために必要な、道徳と社会倫理の原則は、医療倫理に限らず、工学倫理や環境倫理も含む、科学技術倫理の分野で喫緊の課題となっている、専門家と素人の望ましい関係についても、この意味の「あれもこれも」を志向することになるだろう。

ここでイルガング氏が強調するのは、文化横断的な反省、連帯そして寛容である。そこで哲学者や倫理学者には、ある種のコーディネーターとして働く役割が期待されている。いいかえれば、必要なのは、専門家と素人の歩み寄りであり、そのあいだで哲学者や倫理学者がある仕事をすることである。それは、一方では、問題の解釈、たとえば、焦眉の問題である、原子力発電あるいは代替エネルギーのリスクに関していえば、自然科学の知の独占を誡め、専門家が、素人のパースペクティブ、たとえば、主観的なリスク認知にもある意味や価値を読み取ることができるようになること。そのために、解釈学的倫理学の使い手は、専門家がユーザーないし素人の表象や価値観を理解できるようにアシストすることが課題となる。また、他方では、解釈学的倫理学者は、素人が、媒介者の手助けを得ながらでも、問題を理解し、自分たちの力で意思決定できるように、その倫理的な能力を高めていくように支援することが求められるのである。

監訳者もまた、そうした解釈学的な倫理的態度と能力の醸成が必要であると考える者のひとりであり、そのようなパースペクティブが必要とされる哲学的意味を深く考えてみることに賛成したい。これが本書を訳出する第一の動機であるが、以下では、本書と著者について簡潔に紹介するとともに、この著作が持つ意義について監訳者なりの意見をもう少し述べてあとがきとしたい。

本書は、具体的な倫理学としての解釈学的倫理学の構想を述べる序論に始まり、前半が、倫理学と解釈学の結合とその基本的範例などを論じる第一章、および解釈学的倫理学の基礎をハイデガーとウィトゲンシュタインという二〇世紀を代表した二大哲学者と関連づけて論じる第二章からなる。ここでもこのような原理的考察にとどまらず、「クール」のエートスと「イノベーション」という近代の社会と技術を特徴づける現象が生彩に富むかたちで具体的に解釈されている。

後半の二章は、経済のグローバル化と「世界リスク社会」の抗しがたい趨勢のなかで、わたしたちが、テクノロジーの権力と技術のリスクとどのように倫理的に折り合いをつけるかが論じられる。すでに述べたように、市民がそのために求められる能力を向上させると同時に、技術の専門家もまた倫理的な能力を伸ばしていく上で、象牙の塔を出た倫理学者にも重要な役割があることが説かれる。ここでもよく知られたボードリヤールなどを援用しながらも、消費の心理と倫理、廃棄物の倫理的問題、日本も含めたアジアの近代化などの具体的問題も論じられている。

原著者のベルンハルト・イルガング氏は、一九五三年生まれ、現在、ドイツ連邦共和国のドレスデン工科大学教授であり、現代ドイツの科学技術の哲学および倫理学の代表的研究者のひとりである。また、この分野でドレスデン工科大学はヨーロッパにおける教育研究の中心のひとつである、といってもよい多くの活動を行っている。

イルガング氏は、哲学者としての経歴を、近世の懐疑主義の研究から出発させ、身体論や暗黙知などを基盤にした現象学――フッサールの超越論的現象学以後の、いわゆる「ポスト現象学」――の立場から、独自の身体の哲学を発展させるとともに、生命医療、工学、環境などの応用倫理学と科学技術の哲学について幅広い研究をきわめて精力的に展開してきた。これらの諸分野についての成果は、多くの学術論文と二〇冊を超える著作として公刊され、多くの他言語に翻訳されている。日本語訳では昭和堂から二〇〇三年に著作として『医の倫理』(飛田就一・河村克俊監訳、二〇〇二年)がすでに出版されているが、特に、二〇〇八年にはドイツの同じWissenschaftliche Buchgesellschaft 社から、それまでのこの分野の研究の集大成ともいえる大著『技術の哲学(*Philosophie der Techink*)』が公刊された。

また、それに先立ち、二〇〇七年に同じ出版社から公刊されたのが、本書である。

イルガング氏の科学技術の哲学・倫理学の特徴は、簡潔にいえば、技術の本質をいわゆる「挑発 Gestell」として捉えた後期ハイデガーや「啓蒙の弁証法」を告発するフランクフルト学派の技術の哲学が、ともすれば、近代の科学技術全般の否定的な一面――本文中にあるように、科学技術が権力として人間を支配、隷属させる面――を強調しがちであったこととの対比で理解できる。つまり、かれらの哲学が、人間存在の内的および外的な自然に対する、特に近世の産業革命以降の科学技術の暴力的ともいえる圧倒的支配力に対する、恐れや警戒心によって導かれているとすれば、イルガング氏の場合、むしろ科学技術が、第一義的には人間の生存に求められる多様な必要に応じるしかたで、プリミティブな身体行動あるいは人間が有する道具を意のままに扱う運用能力に込められた「暗黙知」の延長として捉えられること、また、それが現代文明と人間生活を可能にし、社会生活に埋め込まれることで実用的側面を発揮しながら、ひとつの文化にまで高まっていること。これらの点をまずは肯定的に評価する点にある。

特に、重要な指摘は、道具が技術的な行為によって意のままに用いられ、その目的を成功裏に達成すること、技術的行為が日常のルーティンになることが技術受容の正統性の条件であるという着眼である。イルガング氏は、これをハイデガーの『存在と時間』のあまりにもよく知られている道具の分析を援用しながら、説明しているが、問題は、このことが日常化する技術使用の含む「合理的ではない側面」を照射している点である。それは、一方ではわたしたち、素人だけでなく専門家も含め、問題に気づかないまま使い続ける場合に生じうる、テクノロジー使用の落とし穴である。そして他方では、技術はそうでなければ、技術とはいえないという意味で、同時に技術受容の必要条件でもあるという二面性がここにはある。技術は批判的な討議によって合理的な正当化を経ることで実装されたり、廃棄されたりするわけでは必ずしもないという注意深い観察がそこにはある。

このような指摘にもちろん反対意見があるだろう。歴史的に見れば、新しい科学技術の創成や実装そして古い技術の廃棄は、事実そのように経過したかもしれないが、しかし、幾多の悲惨な事故や失敗の積み重ねの後で、わたしたちは、今度こそは理性の導きに従い、正しくリスクを査定・評価し、合理的な意思決定を下すべきである。場合によっては、いわゆる「予防原則」を行使し、安全性の証明されていないものは使うべきではない、と判断しなくてはならないという答えが返ってくるに違いない。確かにその通りである。しかし、それだけでは十分ではない。監訳者は、ここで予防原則が代表する、環境倫理や科学技術倫理の個々の問題の検討に立ち入ることはできないが、本書も強調しているように、科学技術に関する別の選択肢の投企（プロジェクト）とその成功、実現こそが技術とライフスタイルの転換の鍵を握っていることは間違いない。少なくとも、一方的な議論や偏った政策によってそのようなチャンスが封じ込められるべきではないだろう。

本書『解釈学的倫理学』を貫く、テクノロジーの哲学は、さまざまな領域で起こる科学技術の不断のイノベーションを可能なかぎり、現代の市民社会の良識に基づく倫理的価値と規範に適うものとして理解し、方向づけることを目指すものである。このような方向づけは、ある意味で「現実主義的」ともいえる。このリアリズムは、解釈学的倫理学では功利主義や義務倫理学のように根本原則（教条）を立てた上で、天下り的に考察を行うのではなく、個別の問題に対して個々の事例や制度に歴史的社会的にすでに埋め込まれ、現に機能している諸価値や規範に関する社会学や人類学、経済学などの観点からの分析を行い、「あれもこれも」の態度で、できるだけ多様な倫理的な価値が両立するような解決策を求めるという指針にも現れている。この意味で解釈学的倫理学の構想は、現代の現象学、プラグマティズム、解釈学的哲学と医療、工学、環境に関連する科学技術倫理・応用倫理学の現実的諸問題への取り組みとを融合させる可能性を含んだひとつの応用哲学の可能性を示唆しているのである。

以上のような解釈学的倫理学の構想は、カントやヘーゲルあるいはフッサールやハイデガーなどの、大規模な、しかしときにはいかめしく感じられるドイツの伝統哲学のイメージからすれば、拍子抜けするほど、控えめで現実的、地に足をつけたものであるように映るに違いない。この傾向は、実はイルガング氏に限らない。本書で重要性を認められている、アメリカのプラグマティズムと言語行為論の幾つかのバージョンは、すでに一九六〇年代後半には、ハーバーマスやアーペルによって積極的に導入され始めていた。イルガング氏が、レンチュによって敷衍している、ハイデガーとウィトゲンシュタインのプラグマティズム的解釈もアーペルが先鞭をつけたものであった（「ウィトゲンとハイデガー」磯江景孜他訳『哲学の変換』二玄社、一九八六年）。この点では応用志向の倫理学の潮流についても、ほぼ同じことがあてはまるだろう。イルガング氏が「個人の回帰」の主張をそこに帰しているチンマリやレンク、ポーザーなどは、科学技術倫理学の仕事にいち早く手をつけた哲学者たちであった。多少のタイムラグはあるにしても、これは、我が国も含む世界同時的な出来事なのである。

我が国の場合も、生命医療倫理、工学倫理などの応用倫理学は、この間、学会や研究組織が作られ、大学の授業科目としても、定着してきている。環境倫理や科学技術倫理の場合も、多少の程度の違いはあっても同様の状況がある。他方で、応用倫理学を哲学・倫理学のなかにどう位置づけるかという問題については、一部の例外（最近では奥田太郎氏の著作など）を除けば、かならずしも徹底した議論が行われているようには見えない。この意味では、本書が提示している、解釈学的倫理学の基礎となる哲学・倫理学上の主張や議論は、我が国の現状に一石を投じるものであると期待される。

他方、監訳者は、ささやかながら、環境倫理学関連分野での自身の教育研究上の諸経験（神戸大学「倫理創成プロジェクト」の活動）から、実際に解釈学的倫理学をさまざまな具体事例で実践することに、より強い関心を惹かれる。しばしば深刻な意見対立や不一致があるなかで個別の問題ごとに、どのようにすれば「一人称複数のパースペクティブ」の収斂を産み出すことができるか、という問題にぶつかることが現実に多いからである。そこには感情に彩られた一人称単数の観点を考慮しなくてはならない当事者性と三人称的な（科学的客観性ないし専門知の）観点を強調する専門家の間をどう繋ぐかという（構想・設計・投企の意味の）「プロジェクト」の課題がたえずつきまとうからである。

この点では、イルガング氏の構想を自分たちなりに引き受けながら、さまざまな緊張を孕んだ東アジアに位置する我が国の（グローバル＋ローカルの意味での）「グローカル」な状況と文脈のただなかで、解釈学的倫理学を実践し、その成果を国内外に発信・表現していくことは、第二世界大戦以後に限っても、近代の産業化が生み出すさまざまなハザードを経験せざるをえなかった、わたしたち日本人の使命ともいえる。したがって、この作業を通して、わたしたちの社会にふさわしいしかたで科学技術と折り合いをつけるための実践哲学を投企することにも積極的な意義があるのではないかと考えられる。そしてそのような活動を通して、まさに「文化横断的な」反省とエートスが形作られるのである。

本書の企画は、イルガング氏が二〇〇九年三月に神戸大学の招聘で「解釈学的倫理学」に関する講演をした折に、今回の翻訳に参加した若い研究者とも議論する機会があったことに始まる。その後、休暇期間中を利用して、訳出を進めたが、通常の学期期間中は時間が取れず、松田の作業が遅れることになってしまった。ようやくここまで来られたのは、若い研究者やその卵である院生諸君の協力のお陰である――なお訳語と訳文の文体および訳注などについては、最初に各章の担当者が作った原稿を松田の責任で統一した。ただ、細心の注意を払ったつもりではあるが、扱われている学問分野が学際的で広範囲に及ぶこともあり、翻訳上、思わぬ誤解や誤りなどあるかもしれない。読者諸兄姉の指摘、叱責をいただければ、ありがたい。

出版までに時間がかかったことについては、特に原著者のイルガング氏にこの場を借りてお詫びしたい。

最後に、シュレーダー＝フレチェット『環境リスクと合理的意思決定――市民参加の哲学』に続き、今回も出版をお引き受け下さった昭和堂、特に、辛抱強く待ち続けて下さった編集部の松井久見子さんに心より御礼を申し上げたい。

二〇一三年一二月

訳者を代表して　松田　毅

訳注

まえがき

＊1〔社会倫理〕原語は Sittlichkeit。本書では倫理 Ethik、道徳 Moral とほぼ一貫して使い分けられている。ヘーゲルなどの場合、慣習やエートスも含む「人倫」と訳され、個人の内面的道徳と区別される。現代の言葉遣いを考慮し、この訳語を用いる。

序論

＊1〔心情倫理と責任倫理〕マックス・ヴェーバーによって導入された人間の行為の二つの類型概念。特に、政治家の行為を念頭においている。心情倫理は、自分の行為の価値を純粋に信じ、その結果を省みない態度であり、責任倫理は予測できるかぎりで行為の結果を考慮し、その責任を引き受けなければならないとする態度であるとされる。

＊2〔マニ教〕三世紀のペルシアに始まる善悪二元論の立場に立つ宗教。ユダヤ・キリスト教的な伝統の世界創造論とギリシア哲学の二元論（魂と肉体との対立）とを統合しようとしたとされる。特に、悪をサタン、物質によるものとし、物質や肉体を嫌悪した。若いアウグスティヌスが影響を受けたことで知られる。

＊3〔名誉法 Ius Honorarium と永久告示録 Edictum Perpetuum〕前者は公職者（特に法務官 praetor）の告示による一種の裁判習慣法を意味する。ローマ法のなかで市民法に対して、法務官その他の政務官の訴訟指揮に基づく法体系を総称する。後者はローマ時代の訴訟の規範集成。法務官は、自己の有する命令権に基づき、古くからのローマ市民法を援助、補充、改廃するために必要に応じ告示を発し、新たな法的保護を与えた。毎年就任する法務官はその前任者のものを踏襲するという慣行から共和政後期以来これらの告示がしだいに集積していった。

＊4〔贖罪規定書 Bußbücher〕中世のキリスト教会では、聖書に基づく生活モデルに従い、性行為の様態をはじめとして、民衆の日常生活の細部にいたるまでを「自発的な告解」に基づき、点検し、個々の行動を裁き、罰を与えた（阿部謹也『西洋中世の罪と罰――亡霊の社会史』講談社学術文庫、二〇一二年）。

＊5〔カントの著作『理論においては正しいかもしれないが、実践においては役に立たない』〕原題は *Über den Gemeinspruch: das mag in der Theorie richtig sein, taugt aber nicht für die Praxis*（一七九三年）。邦訳（カント全集一四巻『歴史哲学論集』岩波書店、二〇〇〇年）では、「理論と実践」（北尾宏之訳）と題されている。

＊6〔Epikie〕アリストテレスの用語 epieikeia。実際の行為の場面で、ふさわしく、適切に、適正に、公正に品位をもって振る舞えることの意味。文脈に応じて「適正さ」「適切さ」「品位」「公正」などの訳語が当てられている（『ニコマコス倫理学』第五巻第一〇章参照）。

＊7（Quante. 2003, 103）は、原著文献表にはないが、Michael Quante の著書 *Einführung in die Ethik*; Darmstadt 2003 である。

＊8〔結合主義《コネクショニズム》〕「コネクショニズム」は一般には人工知能ないし認知科学の哲学において、「連合主義」を表す用語であるが、ここでは、クヴァンテの述べている、メタ倫理学的相対主義と、方法論上の整合性主義との結合を意味する。

＊9〔絶対的義務〕カントの道徳哲学では、よく知られているように、たとえば「嘘をついてはならない」は、どのような状況でも絶対に守らなくてはならない規範である。このような「完全義務」は絶対的な義務とされ、不完全義務と対比、区別される。また、いわゆる「永久平和」の議論では、戦争をしてはならないことも、このような絶対的義務に数えられる。

＊10〔観察の技術負荷性と能力負荷性〕『科学的発見のパターン』のN・ハンソンが述べた「観察の理論負荷性」に準えていわれている。観察の理論負荷性は、量子力学のようなミクロの世界に関わる現象の観測については、それを把握する理論があって初めて観測器具を用いた知覚が成立すると述べるものである。特に、アイディーは、人間の知覚が道具を介して行われる場合、技術の負荷を受けていること、したがって、道具を使いこなせるかどうかに左右される点を強調している（Ihde, D. 1991. *Instrumental Realism: The Interface between Philosophy of Science and Philosophy of Technology*. Indiana University press）。

第一章

＊1〔指針〕原語は Faustregel。大まかな基準を意味し、英語の guide とほぼ同義である。

＊2〔ブルッカー〕Johann Jakob Brucker（一六九六〜一七七〇年）はドイツの哲学史家。ベルリン科学アカデミーの会員であった。その主要著作『批判的哲学史（*Historia Critica Philosophiae*）』（一七四二〜四四年）は、哲学史に初めて時代区分を導入した著作として後の哲学史家に大きな影響を与えた。

＊3〔概観〕原語はSynopsis。カントの用語。一般には「共観」ないし「共視」と訳される。カント（『純粋理性批判』A九五）は、経験を可能にする条件のひとつとしてあげている。つまり、感官によるアプリオリな多様の「共観」、構想力によるこの多様の「総合」、根源的統覚によるこの総合の「統一」である。「共観」は、「総合」や「統一」が能動的であるのに対して、感官がもっぱら受動的であることから、受動的な意味しか持たない、という点が本書でこの語が用いられている理由である。ここでは、日本語としての通りやすさを考え、概観とした。

＊4〔事前同意取り付け〕ドイツでは臓器移植法の規定により「拡大承諾意思表示方式」が採られている。これは、脳死による死亡者から臓器を摘出するためには、本人の同意が必要であり、本人が書面による意思表示をしていなかった場合には、近親者に対して本人の意思を尋ね、本人の意思を近親者が知らない場合には、近親者が同意すれば臓器の摘出が許されるというもの。二〇一二年七月に意思表示に関する規則が改正された。

＊5　ウィナーの原語は“the things bite back”。高度な技術が大災害においては人間に逆襲する様を言う。

＊6〔オーストリアで実践されている、矛盾のない解決〕オーストリアでは、拒否の意思を表明していなければ、自動的にドナーと見なされるという推定同意の制度が採用されている。臓器を提供したくない場合は、臓器提供を拒否するというカード（「アンチ・ドナーカード」）を持っていなければならない。このため、オーストリアの臓器提供度はきわめて高い。

＊7〔アリストテレスの善の比較考量〕本書のドイツ語はGüterabwägung。『ニコマコス倫理学』第五巻では、狭義と広義の正義が区別された後で、幾何学的比例に基づく「配分的正義」と算術的比例に基づく「整正的正義」が論じられる。これらの場合、共同体内の名誉や財貨などの相応しい配分、そして訴訟や交渉での利害関係者のそれぞれの利得や損害の正しい計量を行い、不均等を正すことが問題となる。そのような場合に、善の比較考量がなされる。Epikieの項目も参照。

＊8〔何人モ自カラニ能ウ限リヲ超エテ義務ヲ持タズ〕原文はラテン語の“Ultra posse nemo obligatur”。ローマ法に由来し、ユスティニアヌス一世によって編纂された『ローマ法大全』に登場する。

＊9〔女神シータラー〕シータラー（Shitala）はインド神話に登場する天然痘を司る女神。彼女を敬うことで、天然痘から守られると信じられていた。

＊10〔職業［使命］〕よく知られているように、社会学者マックス・ヴェーバーの『プロテスタンティズムの倫理と資本主義の精神』によれば、宗教改革の創始者で知られるマルチン・ルターは、労働に神から与えられた「使命 Beruf」の意味を与えた。これは、

一般に「職業召命観」と呼ばれる。ルターは、すべてのキリスト者が自らの職業を神の「召し vocatio」として生きることが重要であるとしたが、ルター以前は、この意味の職業は聖職に対してだけいわれることであった。

＊11〔「ブレードランナー」〕一九八二年公開のアメリカ映画。監督はリドリー・スコット。主演はハリソン・フォード。原作はフィリップ・K・ディック『アンドロイドは電気羊の夢を見るか？』。

＊12〔「お熱いのがお好き」〕一九五九年公開のアメリカ映画。監督はビリー・ワイルダー。主演はマリリン・モンロー。

＊13〔正義の情況〕本書のドイツ語 Anwendungsverhältnisse は、英語の The circumstances of justice の訳。ロールズ『正義論』の著名な「原初状態」を論じる第三章（二二節、*A theory of justice*, John Rawls, Cambridge, Belknap Press of Harvard University Press 1971, p.127. 邦訳『正義論』川本隆史・福間聡・神島裕子訳、紀伊國屋書店、二〇一〇年、一七〇頁以下）では、正義の情況が人間の協働を可能かつ必要なものとする通常の状態として描き出されている。これは、協働する人々が置かれている主体的（たとえば、利害関心の衝突）および客観的（たとえば、資源の適度な希少性の）情況であり、「正義の情況が存在しないならば、正義という徳目を必要とする直接の理由は存在しない」とされている。

第二章

＊1〔タイム・オン〔時間持続〕の条件〕リベットの『マインド・タイム』（邦訳一一七頁以下）では、アウェアネス（意識的気づき）を伴う感覚経験を生み出すには、（その感覚事象が閾値に近い場合、）適切な脳活動が約五〇〇ミリ秒間以上は持続していなければならないこと。したがって、同じ脳の活動の時間持続が気づきに必要な時間持続より短い場合も、この脳活動には気づきのない無意識の精神機能を生み出す働きがあることが実験に基づいて主張されている。そこからは、無意識の機能の適切な活動（実験的には刺激）の時間持続（タイム・オン）を長くしさえすれば、それが、いわば突然、意識機能に変わることが導かれる。このことは連続的な意識流のイメージに反する。

＊2〔神学的教義 Theologumenon〕ギリシア語の theologoúmena を語源とし、「神によって語られたこと」を意味する。キリスト教神学の内部における神学的言明のこと。特定の宗派に結びついた信仰言明あるいは信仰真理を意味するものではなく、信仰教義の重要な内容に関する部分と見なされるものを指す。

＊3〔ホムンクルス Homunculus〕小さい人を意味する。生殖細胞のなかに生まれてくる生物の構造が存在しており、これに基づい

て生物は発生すると考える、中世の前成説による。この説によれば、人間の精子細胞のなかに完全に形成された人間が存在するとされており、これをホムンクルスと呼んだ。一六世紀ヨーロッパでは錬金術によって産み出された、小さな人造人間を指した。ゲーテの『ファウスト』にも登場することで知られる。

＊4〔ソマティック・マーカー somatic marker〕脳神経学者ダマシオが提唱したソマティック・マーカー仮説の用語。「身体表象」とも訳される。ダマシオによれば、個体の利害や適応に関係する経験は、脳内に限定されている表象だけでなく、その経験時の特定の身体状態のイメージとともに記憶のなかに記される。この記憶が、過去の出来事と類似した出来事に出会った際に、特定の身体状態・直感的感覚（gut feeling）とともに経験され、瞬間的に情報処理や判断に一定の影響を及ぼす。ダマシオは、前頭葉損傷患者はソマティック・マーカーがうまく活用できないため、過去の出来事と同じ失敗を繰り返すことを実験で示した（邦訳『デカルトの誤り――情動、理性、人間の脳』田中三彦訳、ちくま学芸文庫、二〇一〇年）。

＊5〔ヘラクレイトスの言葉「性格は人間の運命である」〕ストバイオス『精華集』、第四章、四〇章。

＊6〔物象化〕マルクスが『資本論』で提示した概念。いわゆる初期マルクスの疎外論から後期の立場への移行を示すものとされ、現代のマルクス主義哲学の重要な鍵概念。もともとは、たとえば、工場の生産物が、商品となって市場に出される場合、過剰な生産物の供給が経済的恐慌を引き起こし、労働者を失業させ、その生存を苦しめるような事態を指す。このような事態から、資本家と労働者の生産関係や労働者の生産力が、一般に商品のような物あるいは物に備わる性質であるかのように立ち現れることをいう。結果として、労働者の人格の「疎外」が生じる。

＊7〔最少の数の最小の苦痛〕功利主義の「最大多数の最大幸福」の原則を消極的な禁止のかたちで述べているもの。

＊8〔分別 Klugheit〕ギリシア語 phronesis。思慮分別または知慮、実践知。アリストテレスが『ニコマコス倫理学』のなかで定義している。アリストテレスによれば、真理を認識させる魂の状態は五つある。つまり、技術、学問認識、分別、知恵、知性である。また、人間の活動は観想・実践・制作の三つに分けられ、これらを司る知として、知恵・分別・技術がある。分別は「よく生きること」を目的とした実践知・実践的能力である。分別は知性的卓越性であるが、必然的なことがらにではなく、人間的なことや将来に関わる。さらに一般的なことだけでなく、個別的なことにも関与するので、目的を達成するための適切な手段を判断する能力であり、命令的に働く。分別は正しい目的を見定めることにより、正しい目的と手段を考慮することができると考えられた（『ニコマコス倫理学』第六巻）。

＊9〔各自性〕原語はJemeinigkeit。ハイデガーの『存在と時間』では、解釈学的現象学の分析の課題となる、現存在の存在のしかたをいう。われわれが「各自それであるところの有るもの」として現存在は、自分自身に関わるとされる。このことは、『存在と時間』の場合、よく知られているように、現存在が「死への存在」であるかぎり、死が各自の存在を全体として問題化することに関連している。

＊10〔ローマクラブの未来研究〕ローマクラブはイタリアのペッチェイの提唱で一九六八年に結成され、一九七〇年に正式に発足した民間研究団体であり、この名称は初会合をローマで開催したことに由来する。ローマクラブの目的は、未来に起こりうる諸問題、たとえば天然資源や環境汚染、人口増加に伴う諸問題ついて研究することにある。ローマクラブの活動については、とりわけ「成長の限界」の提言を含む報告書がよく知られている。

第三章

＊1〔司祭的な福祉国家のモデル〕『監獄の誕生――監視と処罰』などで、フーコーは、キリスト教会の司祭と信者の関係をモデルに、国家が国民を導く近代国家を「司牧者」の権力による統治として捉えた。このモデルでは、国民の生活の物質的な福祉を確保する日常的目標を達成することが、国家による統治の第一の目標となる一方、その結果、教会あるいは国家の支配の原理が貫かれる。

＊2〔ジェット噴射機〕第二次世界大戦頃までは飛行機の推進装置の主流は、レシプロエンジンとプロペラの組み合わせであったが、飛行機の軍事的価値が高まるにしたがい、より高速で上昇性能も優れた機体が追究されるようになった。一九三〇年代にはイギリスやナチス・ドイツを中心にジェット噴射機の研究開発が始まったが、実用化には多くの困難が伴った。タービン出力から圧縮機を回転させること、ガスタービンの実用化に際しての耐熱合金の開発、熱膨張によるタービンブレードの亀裂の問題などがあったとされる。

＊3〔合意ある共同体　Einversäntnisgemeinschaft〕一般には「諒解ゲマインシャフト」（折原浩の訳語）。支配の社会学の基本概念（マックス・ウェーバー『支配の諸類型』世良晃志郎訳、創文社、一九七〇年、一〇頁以下参照）であり、「社会関係」にある者どうしが他者の期待を妥当なものと見なして、通常は裏切らずに対応するので、あたかも定められた秩序があるかのように推移する社会関係を意味する。ウェーバーは、行為ないし社会秩序の合理化の尺度に基づき、支配の社会学のカテゴリーとして多

様な類型を区分している。

＊4〔先進国が、その使用を望まなかったチャンスを中進国が利用していることを示している〕遺伝子組み換え技術、遺伝子組み換え食品をめぐっては、幾つかの倫理学的問題が指摘されているが、一般に、飢餓の問題を抱えた途上国や食物メジャーを有するアメリカなどでは、食料生産の増進や販売のために、遺伝子組み換え食品の導入に積極的である一方、ドイツや日本では、そのリスクに対する警戒心が強く、より厳しい安全性基準が導入されている。

＊5〔ヘンペルとオッペンハイムの図式〕論理実証主義者のヘンペルが『科学的説明の諸問題』などで唱えた、科学的説明の「被覆法則モデル」ないし「演繹的法則論理モデル」。ヘンペルはそれを歴史的説明に適用したことで知られる。この図式では、科学的説明は、一定の普遍法則と初期条件から、説明されるべき現象を演繹するものとされる。一般に、ある事象が「なぜ起こったのか」という問いに対しては、他の諸事象と一般法則をあげることによって答えることができ、その両者から問題の事象が論理的に帰結すれば、それが説明されとする考え方。現在では、説明の非対称性、関連性などの難点が指摘されている。わかりやすい説明が戸田山和久『科学哲学の冒険』（ＮＨＫブックス、二〇〇五年）にある。

＊6〔不確定性原理〕ハイゼンベルクは、量子力学ではある物理量として粒子の位置と運動量に対して、位置の値の測定誤差とその測定プロセスが生ずる運動量の測定値への擾乱との両方をゼロにすることはできない、と主張した。かつては量子力学の基礎原理のひとつとされていたが、現在では他のより基礎的な原理から導かれる「定理」となっている。問題は、粒子の位置をより正確に観測するために必要な波長の短い光は、エネルギーが大きく観測対象に与える影響が大きくなるため、観測対象の運動量へ影響を与えてしまう点にある。粒子の位置を正確に測ろうとするほど対象の運動量が正確に測れなくなり、運動量を正確に測ろうとすれば逆に位置があいまいになってしまい、両者の値を同時に完全に正確に測る事は絶対にできないことをいう。

＊7〔ロバート・マートンがいうところの自己実現の予言〕「予言の自己成就」とも訳される。誤った状況認識によってその後の行動が左右され、当初の誤認が現実のものとなる事態を「予言の自己達成」と呼ぶ。風説に端を発した銀行取り付け騒ぎなどがその例とされる（ロバート・Ｋ・マートン『社会理論と社会構造』森東吾他訳、みすず書房、一九六一年参照）。問題は、世間の人々の状況規定（予言または予測）が、その状況の構成部分となり、その後の状況発展に影響を与えることである。マートンによれば、これは、人間世界に特有のことで、人間の手の加わらない自然界では見られない。

＊8〔誤植を訂正した。正しくはGau〕GAUは、ドイツ語 den Größten Anzunehmenden Unfall。想定すべき最悪のケースで、原

子力発電所の「メルトダウン」のような事態を指している。

＊9〔「冗談社会」〕うわべだけの楽しい交際を意味する。一九九〇年代以降の投資ブームの時期に、ドイツの文芸欄に登場した批判的な概念。「ニューエコノミー・ハイプ（空騒ぎ）」に影響された快楽主義や消費主義のライフスタイルを多少軽蔑的な意味を込めて表す用語。特に、ケーブルテレビの普及と並行して顕著になったコメディーの番組の放送の著しい増加に関連していわれる。

＊10〔ヘンリー・ニューマン枢機卿（一八〇一〜一八九〇年）〕イングランドの神学者でイングランド国教会の司祭からカトリックに改宗して枢機卿となった。「現代のアウグスティヌス」と呼ばれることもある。ニューマンは、「教会は聖職者と信徒との共同体である」との信念から、信徒に対する尊敬と理解を示し、教育のある信徒の重要性をことあるごとに説いた。本書で言及されているのは、*An Essay in Aid of a Grammar of Assent*（一八七〇年）の独語訳。

＊11〔「厳密さと魂との事務総局」〕ムージルの未完の大作『特性のない男』の主人公、「特性のない男」、ウルリヒは、絶対的な理念や理想を軽蔑する。第二巻第三部「千年王国へ（犯罪者たち）」第一〇章でウルリヒは次のように述べている。「教会に行かない人でも、彼らが何をなすべきかを知るために、厳密さと魂との事務総局を設けるべきだと言ったんだ。むろん冗談にそう言っただけさ」（『特性のない男Ⅲ』加藤二郎訳、松籟社、一九九三年、二二八頁下段）。なおムージルの原著にしたがって、引用を訂正した。また、他の引用箇所と邦訳の対応は不要なものとして略してある。

＊12〔内挿法 Interpolation〕「補間」ともいう。ある既知の数値データ列を基にして、そのデータ列の各区間の範囲内を埋める数値を求める操作またはそのような関数を与えることをいう。この手法を内挿法（補間法）という。内挿には、各区間の範囲内で成り立つと期待される関数と境界での振る舞い（境界条件）を決めることが必要である。最も一般的で容易に適用できるものは、一次関数（直線）による内挿（直線内挿）である。内挿は、ある区間の間に成り立つ関数モデルや境界条件を仮定し、その関数のパラメータのうちの幾つかまたは全てを決定するため、入力数値データ列には誤差が含まれないか、無視できると仮定している。

＊13〔コールバークの図式〕『道徳性の発達と道徳教育』などの著作で知られる、アメリカの心理学者ローレンス・コールバークが唱えた道徳性の発達理論では、人間の道徳判断の発達が、三つのレベルと六つの段階を持つとされた。具体的には、慣習以前のレベルでの第一段階＝罰と服従への志向、第二段階＝道具主義的相対主義への志向、慣習的レベルの第三段階＝対人的同調への志向、第四段階＝「法と秩序」の維持への志向、脱慣習的レベルの第五段階＝社会契約的遵法への志向、そして第六段階＝普遍

的な倫理的原理への志向である。第五段階では、規則は変更可能なものとして理解され、正しいことは、社会のさまざまな価値観や見解が存在することを認めた上で、社会契約的合意にしたがって行為することになる。また、第六段階では、正しい行為は「良心」にしたがう行為であるとされる。この場合、良心は、論理的包括性、普遍性ある立場の互換性といった視点から構成される「倫理的原理」にしたがって、何が正しいかを判断する。原理に則って法を超えて行為することができる段階である。

＊14〔義務論〕誤植を訂正した。

＊15〔「患者の夜明け」〕従来は知識においても、意思決定においても医師に対して、受け身であった患者が治療の場面で、自らの知る権利や意思決定の行使に目覚めていった動きを指す言葉。

＊16〔「身体的な精神」〕著者のイルガングは、文献表にもあるように、二〇〇七年に『脳と身体的精神』という著作を刊行している。この著作では、マービン・ミンスキーの、多くの専門家がそこで働く、入れ子型の組織をモデルにした脳の概念を土台に、人間の身体的精神を、精密機械のような能力、言語能力そして意識的な記憶によって、社会的・文化的な文脈で、人間的なものへと変化する、自然に発展した傾向性を基盤にした多様な能力の一系列として捉えている。著者は、そこで自然主義と解釈学の統合により、人間の精神に関する哲学を作ろうとしている。

＊17〔胚の発生の治療〕ここでは、ヒト・クローンの作製や不妊治療の生殖医療が念頭に置かれているが、同じことは、いわゆるＥＳ細胞、胚の発生胚性幹細胞（Embryonic stem cells）や京都大学の山中伸弥教授らによるiPS細胞、人工多能性幹細胞（induced pluripotent stem cells）についても問題になりうる。ヒトの場合には、受精卵を材料として用いることで、生命の萌芽を滅失してしまうために倫理的な論議を呼んでいるＥＳ細胞がまず問題となった。また、その問題のないとされる、ｉＰＳ細胞は、理論上すべての組織に分化する分化多能性を保ちながら、ほぼ無限に増殖させることができるため、再生医療への応用が注目されている。それぞれが実際に応用された場合のリスクは完全には知られていない。

＊18〔トランスファー遺伝子〕一般に遺伝子組換えをおこなう能力を持つ遺伝子のこと（トランスファーDNA、ｔＤＮＡ）。植物細胞の核に送り込み、植物のゲノムに潜り込ませて植物を操る、すなわちこの細菌のｔＤＮＡから植物に害を及ぼす遺伝子を取り去り、他の有用な遺伝子とすりかえることで、遺伝子組換え作物を開発することができる。

＊19〔「排除された第三項」〕社会学者、ルーマンの用語。一般には、排除された第三項とは、伝統論理学以来の二値論理学の排中律に関連して、命題の真理値が真か偽かのいずれかしかなく、第三の値が存在しないことをいう。ルーマンの『社会の芸術』（馬

場靖雄訳、法政大学出版局、二〇〇四年）では、近代の芸術に関連して、絶えず生じてくる新しいものが第三項排除のこの禁則を犯すものであるとされている。世界を観察し、記述するために導入される区別――本書では、労働と資本――によって排除されたもの、ここでは消費が、そのような観察の外部にある第三項の身分には圧縮しきれないものとして観察者とその区別の自己言及を動かすことをいう。そのようなダイナミズムを社会システムの機能として捉えることが説かれる。

＊20〔ジンメルの「属性付与的な attributive 文化」と「特徴識別的な distinktive 文化」の区別〕ジンメルは、近代の個人主義の問題を念頭に、『社会的分化論』（石川晃弘・鈴木春男訳、中央公論社、一九六八年、四五二頁以下）や「流行」を論じる諸考察のなかで、人類の文化史の原理、社会が分化する力の原理として、二つの原理を対比させている。ひとつは、より古く広く存在する、自己と他者の類似性の原理、もうひとつは、自己と他者の差異化の原理である。自己と他者を同じ属性により、同質的なものとしようとする傾向の強い文化と、自己と他者の特徴の違いを強調しようとする文化である。移ろいゆく流行は、類似の摸倣と時代とともに移り変わる流行の差異により、双方の要素が混じりあったものである。

＊21〔ベックの「そして」〕「政治の再創造」（ウルリッヒ・ベック／アンソニー・ギデンズ／スコット・ラッシュ著『再帰的近代化――近現代における政治、伝統、美的原理』松尾精文・小幡正敏・叶堂隆三訳、而立書房、一九九七年、二三頁参照）のなかで、ベックは、一九八九年の東欧革命から話を始め、「再帰的近代化」（再帰的は、反省ではなく「自己との対決」であること）について論じていく。生態系の環境劣化に関連する「リスク社会」では、リスクが際限なく増殖し、多元的社会で人々が行う意思決定を評価する際に必要な条件と観点の数に応じて、リスクがリスクを再生産すること、またこれに応じて、かえって、不確実性が増し、自分たちの立ち位置、地平線が見えなくなっていくことを指摘している。このような際限のなさを「そして」は表現している。

＊22〔塹壕と礼拝行為としての穴〕自然宗教に限らず、キリスト教、仏教、イスラム教などの世界宗教でも大地に穴をあるいは岩場に洞窟を掘り、そこで行を行うことは多く見られる。

＊23〔七つの文化圏〕本書では、六つの文化圏があがっているが、数え方によっては、八ともいわれている。そこには、ここにあげられていないものとして、ヒンドゥー文明、ラテンアメリカ文明そして日本文明などが入る（サミュエル・ハンチントン著『文明の衝突』鈴木主税訳、集英社、一九九八年参照）。

＊24〔一六八九年の寛容に関する勅令〕イギリスで出された信教自由令のこと。

第四章

＊1〔文化的介入技術 Querrtechnologie〕英語ではクロステクノロジー。クロステクノロジーは、複数のサーバーの間を横断する論理サーバー構築の技術を指すようであるが、一般には、インターネットリテラシーの文脈で用いられる概念。これに類似する「クロスメディア」という概念では、インターネットなどのデジタル媒体を活用して、消費者と双方向コミュニケーションを行う手法や考え方を指す。この双方向性によってユーザーが受けるさまざまな影響が倫理学の問題となることが指摘されている。

＊2〔フランケンシュタイン症候群〕フランケンシュタイン・コンプレックスともいう。小説『フランケンシュタイン』に由来する言葉で、人間が造物主に代わって人造人間やロボットを創造することへの憧れと同時に逆に人間が滅ぼされるのではないかという恐れが入り混じった複雑な感情・心理をいう。

＊3〔「パブリック・リレーション」〕一般にPRないし広報活動のことを指す。個人や国家、企業など組織が、持続的・長期的な基礎に立って公的な信頼と理解を獲得しようとする活動を幅広く指す。その対象は、一般の消費者、従業員、関係業者、株主、債権者、金融関係、政府諸機関、教育機関などあらゆる利害関係者となりうる。「組織体とその存続を左右するパブリックとの間に、相互に利益をもたらす関係性を構築し、維持をするマネジメント機能」という定義もある。

＊4〔メタ分析〕ここでは近年開発されているアセスメント方法が問題になっている。メタ分析（メタ解析、メタアナリシスともいう）は、一般には医学分野で、複数のランダム化比較試験の結果を統合し、それをより高い見地から分析すること、またはそのための手法や統計解析のことをいう。この意味のメタ分析は、根拠に基づいた医療において、最も質の高い根拠とされる。また、この語は、情報の収集から解析までのシステマティック・レビューと同様に用いられることもある。原文では関連する方法として、複数の観点、分野からひとつの問題についての解析・評価を行う重ね合わせ評価の手法、社会政策として共通の目標実現に向かって資源や投資、情報などをより効率的、効果的に集中させていく収斂の戦略などもあげられていた。訳者の質問に対して、筆者から訳文のように簡略化する旨が伝えられた。

■訳者紹介（五十音順）

松田　毅（まつだ つよし）

1956年生まれ。神戸大学大学院人文学研究科教授。『ライプニッツの認識論』（創文社、2003年）、『哲学の歴史』第5巻『デカルト革命——神・人間・自然』（共著、中央公論新社、2007年）、『応用哲学を学ぶ人のために』（共著、世界思想社、2011年）、シュレーダー＝フレチェット『環境リスクと合理的意思決定——市民参加の哲学』（監訳、昭和堂、2007年）。　担当：序論、第3章

稲岡大志（いなおか ひろゆき）

1977年生まれ。神戸大学大学院人文学研究科研究員。『ライプニッツ読本』（共著、法政大学出版局）。　担当：第1章

信田尚久（しのだ なおひさ）

1979年生まれ。神戸大学大学院人文学研究科研究員。「カントの『自然モナド論』におけるニュートン的力学観の所在——カントによる『力』概念の転換の意義」（『アルケー』関西哲学会年報、第18号、2010年）。　担当：第2章

早坂真一（はやさか しんいち）

1982年生まれ。神戸大学大学院人文学研究科在学。「フッサールにおける『事態』概念の存在論的位置づけ——命題の名辞化の議論を通して」（『アルケー』関西哲学会年報、第20号、2012年）。　担当：第1章

八幡さくら（やはた さくら）

1986年生まれ。日本学術振興会特別研究員PD（東京大学大学院人文社会系研究科）。「シェリング芸術哲学における構想力——カントとの差異」（『アルケー』関西哲学会年報、第21号、2013年）。　担当：第2章

事項索引

関連する項目は可能な限りまとめて表記し，頁数の重複を避けた。項目が頻出する主要な章節を３章-3のように最初に挙げてある。また，日本語訳語の理解のためにドイツ語の原語を入れた場合がある。

ア行

（ア）

（イ）

（ウ）

サ行

(サ)

(シ)

（ソ）

タ行

（タ）

マ行

（マ）

（ミ）

(ル)

(レ)

(ロ)

ワ行

人名索引

ア行

(ア)

アーサー（Arthur, B.）　184, 185
アーベル（Abel, G.）　56, 57
アーペル（Apel, K.-O.）　317, 379
アイディー（Ihde, D.）　30, 31, 163, 382
アウグスティヌス（Augustinus, A.）　100, 107, 331, 381, 388
アリストテレス（Aristoteles）　16, 36, 39, 64, 66, 92, 98, 119, 149, 170, 171, 189-191, 382, 383, 385
アルケシラオス（Arcesilaus）　251

(イ)

イエス　69

(ウ)

ヴァルター（Walther, H.）　3, 134, 135, 142, 144, 353
ウィトゲンシュタイン（Wittgenstein, L.）　146, 150-158
ウィナー（Winner, L.）　204, 383
ウェーバー（Weber, M.）　175, 176, 205, 206, 386
ヴォルフ（Wolff, C.）　45

カ行

(カ)

ガサンディ（Gassendi, P.）　16
カーソン（Carson, R.）　267
ガダマー（Gadamer, H.G.）　47, 55
カッシーラー（Cassirer, E.）　207
ガート（Gert, B.）　232, 233
カドワース（Cudworth, R.）　107
ガーフィンクル（Garfinkel, H.）　259
カルネアデス（Carneades）　251
カント（Kant, I.）　5, 8, 15, 27, 35-39, 45, 58, 61, 70-76, 87-89, 96, 100, 101, 107, 108, 111, 116, 118, 120, 123, 125, 154, 198, 272, 273, 332, 374, 378, 382, 383

(キ)

ギアーツ（Geertz, C.）　171, 285
キェルケゴール（Kierkegaard, S.）　46, 108, 374
キケロ（Cicero, M.）　36, 100
ギデンス（Giddens, A.）　156
ギャラガー（Gallagher, S.）　32

(ク)

クヴァンテ（Quante,　M.）382
クルーク（Krug, W.T.）338
クーン（Kuhn, T.）　173

(ケ)

ケストラー（Köstler, A.）　15

(コ)

ゴフマン（Goffman, E.）　259
コリンズ（Collins, R.）　367
コールバーク（Kohlberg, L.）　261, 388

サ行

(サ)

サール（Searle, J.）　32, 46, 83, 84, 150, 357, 376, 378

(シ)

シェプフ（Schöpf, A.）　62
ジェームズ（James, W.）　18, 19, 335
シェリング（Schelling, F.W.）　45
シジウィック（Sidgwick, H.）　78
シノペのディオゲネス（Diogenes）　104
シャウアー（Schauer, F.）　38

シュッツ（Schütz, A.）　176
シュムークラー（Schmookler, J.）　183
シュライエルマッハー（Schleiermacher, F.）　45
ジルフィラン（Gilfillan, S.C.）　183
ジンガー（Singer, M.G.）　78
ジンメル（Simmel, G.）　284, 286, 390

（ス）

スミス（Smith, A.）　97, 212

（セ）

セリンジャー（Selinger, I.）　367

タ行

（タ）

ダーウィン（Darwin, C.）　166
ダービン（Durbin, P.）　341

（チ）

チルドレス（Childress, J.）　231
チンマリ（Zimmerli, W.）　3, 142, 144, 146, 220, 223, 353, 379

（テ）

ディルタイ（Dilthey, W.）　44, 46, 54
デカルト（Descartes）　45, 118, 151, 310, 385
デューイ（Dewey, J.）　21, 73

（ト）

ドレィファス兄弟（Dreyfus, H. & St.）　354-357
ドロイゼン（Droysen, J.G.）　44, 45
トンプソン（Thompson, P.）　17, 18

ナ行

（ニ）

ニーチェ（Nietzsche, F.W.）　29, 50, 53, 54, 100, 108, 332
ニュベルク（Nyberg, D.）　58
ニューマン（Newman, J.H.）　65, 254, 388

（ノ）

ノイマン（Neumann, J.）　212
ノヴォトニー（Nowotny, H.）　165

ハ行

（ハ）

ハイデガー（Heidegger, M.）　17, 46, 47, 50, 54, 55, 108, 118, 146-155, 160, 161, 205, 207, 210, 357, 373, 376-379, 386
パウエン（Pauen, M.）　128
パウロ（Paulos）　111, 112
バークリ（Berkeley, G.）　107
ハーシェル（Herschel, J.F.W.）　211
パース（Peirce, Ch.S.）　5, 7, 32, 53-57, 61-67, 72, 85, 118, 141, 142, 154, 188, 230, 243, 245, 256, 265-268, 284, 292, 338, 340, 349, 354, 355, 366, 371, 375, 379
パスカル（Pascal, B.）　211
ハーバーマス（Habermas, J.）　5, 48, 189, 261, 317, 379
ハーマン（Hamann, J.G.）　45
ハヤニイ（Hayani）　183
パラケルスス（Paracelsus）　44
バレーラ（Varela, F.）　32
ハンター（Hunter, L.）　183
ハンチントン（Huntington, S.）　320-324, 390

（ヒ）

ピエズ（Pies, I.）　90
ビーチャム（Beauchamp, T.）　231
ヒックマン（Hickman, R.）　21
ヒューム（Hume, D.）　29, 64, 77, 80-82

（フ）

フィーンバーク（Feenberg, A.）　308
フクヤマ（Hukuyama, F.Y.）　323
フーコー（Foucault, M.）　156, 194, 386
フッサール（Husserl, E.）　32, 46, 150, 357, 376, 378

フービッヒ（Hubig, Ch.）　264
プラトン（Platon）　44, 48, 63, 65, 152, 208, 251, 252
フレッチャー（Fletcher, J.）　267
フロイト（Freud, S.）　198
フロム（Fromm, E.）　226, 276, 295
フンボルト（Humboldt, W.）　45

（へ）

ヘーゲル（Hegel, G.W.F.）　45, 121, 189, 325, 378, 381
ベック（Beck, U.）　212, 310, 390
ヘッフェ（Höffe, O.）　64, 75, 76
ベブレン（Veblen, T.）　284
ヘラクレイトス（Hërakleitos）　65, 139, 140, 373, 385
ベルヌイ（Bernoulli, D.）　211
ベンサム（Bentham, J.）　97, 125, 212

（ホ）

ホッセンフェルダー（Hossenfelder, M.）　109, 110
ホッブズ（Hobbes, T.）　97
ホッヘ（Hoche, H.-U.）　93, 94
ボードリヤール（Baudrillard, J.）　289, 376
ホネット（Honneth, A.）　141
ホーマン（Homann, K.）　90
ポランニ（Polanyi, M.）　259, 260, 356
ボルグマン（Borgmann, A.）　85, 160, 209, 210

マ行

（マ）

マイルズ（Miles, St.）　295, 296
マキャベリ（Machiavelli, N.）　193
マッキー（Mackie, J.L.）　77
マートン（Merton, R.）　220, 387
マンスフィールド（Mansfield, E.）　182, 184

（ミ）

ミラー（Miller, J.P.）　15, 128-130
ミランドラ（Mirandola, P.）　100
ミル（Mill, J.S.）　44, 78, 212

（ム）

ムーア（Moore, G.E.）　64, 80-83
ムージル（Musil, R.）　254, 255, 388

（メ）

メルロ＝ポンティ（Merleau-Ponty, M.）　47

（モ）

モール（Mall, H.）　296, 360
モルゲンシュテルン（Morgenstern, O.）　212

ヤ行

（ヤ）

ヤニッヒ（Janich, P.）　350, 351

ラ行

（ラ）

ライプニッツ（Leibniz, G.W.）　44, 45
ライル（Ryle, G.）　152, 153
ラウダン（Laudan, R.）　176
ラエルティオス（Laertius, D.）　252
ラタン（Ruttan）　183
ラトゥール（Latour, B.）　85
ラプラス（Laplace, P.S.）　211, 223

（リ）

リクール（Ricoeur, P.）　47, 56
リベット（Libet, B.）　128

（ル）

ルカーチ（Lukács, S.）　141
ルソー（Rousseau, J.）　97
ルター（Luther, M.）　3, 44, 45, 134, 135, 142, 144, 353, 383, 384

（レ）

レンク（Lenk, H.）　3, 50, 379
レンチュ（Rentsch, Th.）　3, 113-116, 150-152, 155, 379

（ロ）

ロック（Locke, J.）　105, 107, 321, 323, 324, 331
ローポール（Ropohl, G.）　142, 144-146, 336
ロールズ（Rawls, J.）　113, 384

原著文献表

＊本文中に頁数の指示がある邦訳については本文に頁数を示す（大家慎也氏協力）。

＊なお、文献表略記号として HWP、*Historisches Wörterbuch der Philosphie.* Ed. J. Ritter. u. a が用いられている。

Abel, G. 2004: Interpretationsethik; in: H. M. Schönherr-Mann（Hg.）: *Hermeneutik als Ethik*; München 2004, 91-116

Abel, K. O. 2001: Art. Verstehen; HWP 11, 918-938

Ach, J., Ch. Runtenberg 2002: *Bioethik. Disziplin und Diskurs. Zur Selbstaufklärung angewandter Ethik*; Frankfurt/New York

Adeney, B. 1995; *Strange virtues. Ethics in a Multicultural World*; Illinois

Aristoteles 1975: *Ethica Nicomachea;* ed. I. Bywater; Oxford[16] 1975 ([1]1984)（高田三郎訳『ニコマコス倫理学』上・下、岩波文庫、1971-73 年）

Arthur, B. 2000: *Increasing Returns and Path Dependence in the Economy* ([1]1994); Ann Arbor（有賀裕二訳『収益逓増と経路依存――複雑系の経済学』多賀出版、2003 年）

Banse, G. 2002: Über den Umgang mit Unbestimmtheit; in: G. Banse; A. Kiepas（Hg.）: *Rationalität heute. Vorstellungen, Wandlungen, Herausforderungen*; Münster, 211-234

Baudrillard, J. 1970: *La Société de consommation: Ses mythes, ses structures*; Paris（今村仁司・塚原史訳『消費社会の神話と構造』普及版、紀伊國屋書店、1995 年）

Bayertz, K. 1996:（Hg.）*Moralischer Konsens. Technische Eingriffe in die menschliche Fortpflanzung als Modellfall*; Frankfurt

Bayertz, K. 2002:（Hg.）*Warum moralisch sein?*; Paderborn

Bayertz, K. 2005:（Hg.）*Die menschliche Natur. Welchen und wie viel Wert hat sie?* Paderborn

Bechmann, G., I. Hronszky 2003: *Expertise and its Interfaces. The dense relationship of science and politics*; Berlin

Beck, St. 1996; *Umgang mit Technik. Kulturelle Praxen und kulturwissenschaftliche Forschungskonzepte*; Berlin

Beck, U. 1993: *Die Erfindung des Politischen. Zu einer Theorie reflexiver Modernisierung*; Frankfurt

Beck, U. 1986: *Risikogesellschaft. Auf dem Weg in eine andere Moderne*; Frankfurt/M.（東廉・伊藤美登里訳『危険社会――新しい近代への道』法政大学出版局、1998 年）

Bianchi, M. 1998:（Hg.）*The active consumer. Novelty and surprise in consumer choice*; London, New York

Bien, G. 1989: Art. Praxis, praktisch; in: HWP 7, 1277-1287

Bieri, P. 2005: *Das Handwerk der Freiheit. Über die Entdeckung des eigenen Willens* ([1]2001) 42005; Frankfurt

Birnbacher, D. 2003: *Analytische Einführung in die Ethik*; Berlin/New York

Bleker, J. 1976: Art. Kasuistik; in HWP 4, 706f.

Böhme, G. 2003: *Leibsein als Aufgabe. Leibphilosophie in pragmatischer Hinsicht*;

Kusterdingen
Böhme, G., A. Manzei 2003: (Hg.) *Kritische Theorie der Technik und der Natur*; München
Bogner, A., H. Torgersen 2005: (Hg.) *Wozu Experten? Ambivalenzen der Beziehung von Wissenschaft und Politik*; Wiesbaden
Borgmann, A. 1984: *Technology and the Character of Contemporary Life. A Philosophical Inquiry*; Chicago, London
Borsche, T. 1980: Artikel Leib, Körper; in HWP 5, 173-178
(Stiftung) Brandenburger Tor 2002: (Hg.) *Technikkultur. Von der Wechselwirkung der Technik mit Wissenschaft, Wirtschaft und Politik*; Berlin
Breinig, H. 1990: (Hg.) *Interamerikanische Beziehungen. Einfluss - Transfer - Interkulturalität*; Frankfurt
Brocker, M., H. H. Nau 1997: (Hg.) *Ethnozentrismus. Möglichkeiten und Grenzen des interkulturellen Dialogs*; Darmstadt
Broichhausen, J. 1985: *Schadenskunde. Analyse und Vermeidung von Schäden in Konstruktion, Fertigung und Betrieb*; München/Wien
Bühler, A. 1994: (Hg.) *Unzeitgemäße Hermeneutik: Verstehen und Interpretation im Zeitalter der Aufklärung*; Frankfurt
Bunge, M. 1983: *Epistemologie. Aktuelle Fragen der Wissenschaftstheorie* ([1]1980); Zürich
Callahan, D. 2004: Art. Bioethics; in R. Chadwick (Hg.): *Encyclopedia of Bioethics*, 3. Edition; London, 278-287
Chiles, J. 2001: *Inviting disaster. Lessons from the age of technology*; New York（高橋健次訳『最悪の事故が起こるまで人は何をしていたのか』草思社、2006 年）
Coolen, M. 1987: Philosophical anthropology and the problern of responsibility in technology; in: P. Durbin (Hg.), *Technology and Responsibility*; Dordrecht 1987, 41-65
Corona, N.; B. Irrgang 1999: *Technik als Geschick? Geschichtsphilosophie der Technik*; Dettelbach
Czuma, H. 1974: Autonomie. *Eine hypothetische Konstruktion praktischer Vernunft*; Freiburg
Demmerling, Ch., Th. Rentsch 1995: (Hg.) *Die Gegenwart der Gerechtigkeit. Diskurse zwischen Recht, praktischer Philosophie und Politik*; Berlin
Dewey, J. 1989: *Die Erneuerung der Philosophie*; Harnburg（清水幾太郎・清水礼子訳『哲学の改造』岩波文庫改版、1968 年）
Dewey, J. 1995: *Erfahrung und Natur*; übersetzt von M. Suhr; Frankfurt [2]1929; New York（河村望訳『デューイ＝ミード著作集 4 経験と自然』人間の科学社、1997 年）
Dierkes, M. 1989: *Was ist und wozu betreibt man Technikfolgen-Abschätzung?* Berlin
Dierkes, M., U. Hoffmann, L. Marz 1992: *Leitbild und Technik. Zur Entstehung und Steuerung technologischer Innovation*; Berlin
Dosi, G. 1984: *Technical Change and Industrial Transformation. The Theory and an Application to the Semiconductor Industry*; Houndsmills
Douglas, M., Baron Isherwood 1996: *The world of goods. Towards anthropology of consumption* (11979); New York（浅田彰・佐和隆光訳『儀礼としての消費——財と消費の経済人類学』新曜社、1984 年）
Dreyfus, H. 1985: *Die Grenzen künstlicher Intelligenz. Was Computer nicht können* ([1]1972);

Königstein/Taunus（黒崎政男・若村修訳『コンピュータには何ができないか――哲学的人工知能批判』産業図書、1992年。邦訳は1979年の英語の改訂版の翻訳）

Dreyfus, H. 2001: *On the Internet*; London, New York（石原孝二訳『インターネットについて――哲学的考察』産業図書、2002年）

Dreyfus, H., St. Dreyfus 1987: *Künstliche Intelligenz. Von den Grenzen der Denkmaschine und dem Wert der Intuition*; Reinbek bei Harnburg（椋田直子訳『純粋人工知能批判――コンピュータは思考を獲得できるか』アスキー、1987年）

Dreyfus, H., St. Dreyfus 2004: The ethical implication of the fife-state skill-acquisition model; in: *Bulletin of science-technology and society* 24-3/2004, 251-264

Düttmann, A. G. 1997: *Zwischen den Kulturen. Spannungen im Kampf um Anerkennung*; Frankfurt

Düwell, M.; K. Steigleder 2003:（Hg.）*Bioethik. Eine Einführung*; Frankfurt

Eckensberger, L., U. Gähde 1993: *Ethische Norm und Empirische Hypothese*; Frankfurt

Edelstein, W. 1986:（Hg.）*Zur Bestimmung der Moral. Philosophische und sozialwissenschaftliche Beiträge zur Moralforschung*; Frankfurt

Edquist, Ch. 1997:（Hg.）*Systems of innovation. Technologies, institutions and organisations*; London/Washington

Eisendle, R., E. Miklantz 1992:（Hg.）*Produktkulturen. Dynamik und Bedeutungswandel des Konsums*; Frankfurt/New York

Elling, E. 1989: Art. Pragmatismus, Pragmatizismus; in: HWP 7, 1244-1249

Erlach, K. 2000: *Das Technotop. Die technologische Konstruktion der Wirklichkeit*; Münster, Harnburg, London

Esser, J. u. a. 1998:（Hg.）*Soziale Schließung im Prozess der Technologieentwicklung; Leitbild, Paradigma, Standard*; Frankfurt, New York

Etzioni, A. 1997: *Die Verantwortungsgesellschaft. Individualismus und Moral in der heutigen Demokratie*; aus dem Englischen von Ch. Münz（[1]1996）; Frankfurt, New York

Falkenburg, B. 2004: *Wem dient die Technik?* Baden-Baden

Faßler, M. 1991: *Abfall, Moderne, Gegenwart. Beiträge zum evolutionären Eigenrecht der Gegenwart*; Gießen

Feenberg, A. 1991: *Critical Theory of Technology*; New York, Oxford（藤本正文訳『技術――クリティカル・セオリー』法政大学出版局、1995年）

Feldhaus, St. 1996: Unsicherheitsbewältigung durch Expertenkompetenz? Ansätze einer Gutachterethik; in: *Jahrbuch für christliche Sozialwissenschaften* 37（1996）, 96-122

Ferguson, E. 1993: *Das innere Auge. Von der Kunst des Ingenieurs*; aus dem Amerikanischen von A. Ehlers; Basel, Boston, Berlin（11992）

Fonk, P. 2004: *Das Gewissen. Was es ist-wie es wirkt-wieweit es bindet*; Kevelaer

Gadamer, H. G. 1974: Art. Hermeneutik; in: HWP 3, 1061-1073

Gallagher, S., F. Varela 2001: Redrawing the Map and Resetting the Time: Phenomenology and the Cognitive Sciences; in: St. Crowell, L. Embree, S. Julian（Hg.）*The Reach of Reflection: Issues for Phenomenology's Second Century*; 2001

Gallee, M. A. 2003: *Bausteine einer abduktiven Wissenschaft- und Technikphilosophie*; Münster

Garfinkel, H. 1967: *Studies in Ethnomethodology*; Oxford

Gasset, J. O. y 1978: *Betrachtungen über die Technik*; in: Gesammelte Werke Bd. 4, 7-69; Stuttgart（前田敬作訳『技術とは何か』創文社、1955 年）

Geertz, C. 1994: *Dichte Beschreibung. Beiträge zum Verstehen kultureller Systeme*; übersetzt von B. Luchesi, u. R. Bindmann; Frankfurt（吉田禎吾・柳川啓一・中牧弘允・板橋作美訳『文化の解釈学』1・2、岩波書店、1987 年）

Gehlen, A. 1953: Die Technik in der Sichtweise der Anthropologie; in: *Anthropologische Forschung*; Geinbek bei Harnburg

Gehlen, A. 1957: *Die Seele im technischen Zeitalter*; Harnburg（平野具男訳『技術時代の魂の危機——産業社会における人間学的診断』法政大学出版局、1986 年）

Gert, B. 1983: *Die moralischen Regeln. Eine neue rationale Begründung der Moral*; übers. v. W. Rosenthai（[1]1966）; Frankfurt/M.

Gethmann, C. F. 1991: Ethische Aspekte des Handeins unter Risiko; in: M. Lutz-Bachmann（Hg.）: *Freiheit und Verantwortung. Ethisch handeln in den Krisen der Gegenwart*; Berlin, 152-169

Gethmann, C. F. 1998: Praktische Subjektivität und Spezies; in W. Hogrebe（Hg.）: *Subjektivität*; München, 125-145

Gethmann, C. F., G. Kamp 2000: Gradierung und Diskontierung bei der Langzeitverpflichtung; in: D. Birnbacher, G. Pudermüller（Hg.）: *Zukunftsverantwortung und Generationensolidarität*; Würzburg 137-153

Gethmann, C. F., M. Kloepfer 1993: *Handeln unter Risiko im Umweltstaat*; Berlin u. a.

Gethmann, C. F. u. a. 1993: *Langzeitverantwortung im Umweltstaat*; Bonn

Gethmann, C. F. u. a. 1995: *Verteilungsgerechtigkeit im Umweltstaat*; Bonn

Gil, Th. 2003: *Die Rationalität des Handelns*; München

Götz, K. 1999（Hg.）: *Wissensmanagement. Zwischen Wissen und Nichtwissen*; München

Goffman, E. 1983: *Wir alle spielen Theater. Die Selbstdarstellung im Alltag*; aus dem Amerikanischen von P. Weber-Schäfer C1959); München, Zürich（石黒毅訳『行為と演技——日常生活における自己呈示』誠信書房、1974 年）

Gooding, D. u. a. 1989: *The uses of experiment; Studies in the natural sciences*; Cambridge

Grin, J., A. Grunwald 2000:（Hg.） *Vision Assessment: Shaping Technology in 21St Century Society. Towards a Repertoire for Technology Assessment*: Berlin u. a.

Grunwald, A. 2003:（Hg.） *Technikgestaltung zwischen Wunsch und Wirklichkeit*; Berlin u. a.

Grunwald, A., St. Saupe 1999: *Ethik in der Technikgestaltung. Peaktische Relevanz und Legitimation*; Berlin u. a.

Hare, R. M. 1992: *Moralisches Denken: seine Ebenen, seine Methode, sein Witz*; übersetzt von Ch. Fehige und G. Meggle（*Moral Thinking: lts Levels, Method and Point 1981*）; Frankfurt（内井惣七・山内友三郎監訳『道徳的に考えること——レベル・方法・要点』勁草書房、1994 年）

Harris, J. 1995: *Der Wert des Lebens. Eine Einführung in die medizinische Ethik*; übers. von D. Jaber C1985）; Berlin

Harris, J., S. Holm 1998:（Hg.） *The Future of Human Reproduction. Ethics, Choice and Regulation*; Oxford

Hauser, R. 1976: Art. Kasuistik; in HWP 4, 703-705

Heidegger, M. 1972: *Sein und Zeit*; [12]1972; Tübingen（辻村公一、ハルトムート・ブフナー訳『有と時』ハイデッガー全集、第2巻、創文社、1997年）
Hieber, J. 2002: *Interrogative Ethik*; Darmstadt
Higgs, E. u. a. 2000:（Hg.）*Technology and the Good Life?*; Chicago, London
Hoche, H. -U. 1992: *Elemente einer Anatomie der Verpflichtung. Pragmatisch-wollenslogische Grundlegung einer Theorie des moralischen Argumentierens*; Freiburg
Höffe, O. 1989: *Politische Gerechtigkeit. Grundlegung einer kritischen Philosophie von Recht und Staat*; Frankfurt/M.（北尾宏之・望月俊孝・平石隆敏訳『政治的正義――法と国家に関する批判哲学の基礎づけ』新装版、法政大学出版局、1994年）
Höffe, O. 1991: *Plädoyer für eine judikativ-kritische Forschungsethik; in: H. Lenk（Hg.）: Wissenschaft und Ethik*; Stuttgart, 233-247
Hoffmann, Th. S. 2004: Art. Zweck/Ziel in: HWP 12, 1486-1510
Holzheu, F., P. Wiedemann 1993: Perspektiven der Risikowahrnehmung; in: Münchener Rück（Hg.）: *Risiko ist ein Konstrukt*; München, 9-19
Homann, K. 1980: *Die Interdependenz von Zielen und Mitteln*; Tübingen
Homann, K., I. Pies 1994: Wirtschaftsethik der Moderne. Zur ökonomischen Theorie der Moral; in: *Ethik und Sozialwissenschaften 5*（1994）1, 3-12
Honnefelder, L. 1983: Conscientia sive ratio. Thomas von Aquin und die Entwicklung des Gewissensbegriffs; in: Joseph Szöverffy（Hg.）*Mittelalterliche Komponenten des europäischen Bewusstseins*; Berlin, 8-19
Honneth, A. 2005: *Verdinglichung. Eine anerkennungstheoretische Studie*; Frankfurt（辰巳伸知・宮本真也訳『物象化――承認論からのアプローチ』法政大学出版局、2011年）
Horowitz, R., A. Mohun 1998:（Hg.）*His and Hers*; Charlottesville, London
Hossenfelder, M. 2000: *Der Wille zum Recht und das Streben nach Glück. Grundlegung einer Ethik des Wollens und Begründung der Menschenrechte*; München
Hubig, Ch. 1993: *Technik- und Wissenschaftsethik. Ein Leitfaden*; Berlin u. a.
Hubig, Ch. 1997: *Technologische Kultur*, Leipziger Schriften zur Philosophie 3.; Leipzig
Hubig, Ch. 2000: *Studie nicht-explizites Wissen: Noch mehr von der Natur lernen*; Stuttgart
Hubig, Ch. 2002: *Mittel*; Bielefeld
Huisinga, R. 1996: *Theorien und gesellschaftliche Praxis technischer Entwicklung. Soziale Verschränkungen in modernen Technisierungsprozessen*; Amsterdam
Hume, D. 1973: *Ein Traktat über die menschliche Natur*; übers. v. Th. Lipps u. ed. v. R. Brandt; 2 Bde. Hamburg（伊勢俊彦・石川徹・中釜浩一『人間本性論』1・2・3、法政大学出版局、2011-2012年）
Ihde, D. 1979: *Technics and Praxis*; Dordrecht
Ihde, D. 1990: *Technology and the lifeworld. From garden to earth*; Bloomington Indianapolis
Ihde, D. 1993: *Postphenomenology. Essays in the postmodern context*; Evanston
Ihde, D. 1998: *Expanding Hermeneutics. Visualism in Science*; Evanston
Ihde, D. 2000a: Epistemology engines; in: *Nature* 406/6, 21
Ihde, D. 2000b: Putting technology in its place. Why don't Europeans carry Mayan calendar calculator in the Filofaxes? in: *Nature* 404（27. 4. 2000）, 935
Ihde, D. 2002: *Bodies in technology*; Minnesota London

Irrgang, B. 1983:"Evolution"im 17. und 18. Jahrhundert- Fallstudien zur methodologischen Vorgeschichte von Darwins Theorie; in: *Conceptus* 42, 3-28
Irrgang, B. 1986: Zur Problemgeschichte des Topos"christliche Anthropozentrik"und seine Bedeutung für eine Umweltethik; in: *Münchener Theologische Zeitschrift 37* (1986), 185-203
Irrgang, B. 1992: Renaissance-Philosophie als Wegbereiter neuzeitlicher Naturwissenschaft; in: *Philosophischer Literaturanzeiger 45* (1992), 71-88
Irrgang, B. 1994a: Neuzeitliche Skepsis, nicht der Pyrrhonismus begründet Toleranz; in: *Ethik und Sozialwissenschaften 5* (1994), 593-594
Irrgang, B. 1994b: Gerechtigkeit als Grundlage einer internationalen Umweltpolitik; in: *Sozialwissenschaftliche Informationen 23* (1994), I, 40-49
Irrgang, B. 1995: *Grundriss der medizinischen Ethik*; München, Basel（飛田就一・川村克俊監訳『医の倫理』昭和堂、2003 年）
Irrgang, B. 1996a: Von der Technologiefolgenabschätzung zur Technologiegestaltung. Plädoyer für eine Technikhermeneutik; in: *Jahrbuch für Christliche Sozialwissenschaften 37*, 51-66
Irrgang, B. 1996b: Die ethische Dimension des Nachhaltigkeitskonzeptes in der Umweltpolitik: in: *Ethica* 4 (1996) H. 3, 245-264
Irrgang, B. 1997: *Forschungsethik Gentechnik und neue Biotechnologie. Grundlegung unter besonderer Berücksichtigung von gentechnologischen Projekten an Pflanzen, Tieren und Mikroorganismen*; Stuttgart
Irrgang, B. 1998: *Praktische Ethik aus hermeneutischer Perspektive*; Paderborn
Irrgang, B. 1999a: Globalisierung der technologisch-ökonomischen Entwicklung und die Wiederkehr des Verantwortungssubjektes; in: H. -G. Gruber, B. Hintersherger (Hg.): *Das Wagnis der Freiheit. Theologische Ethik im interdisziplinären Gespräch. J. Gründel zum 70. Geburtstag*; Würzburg 1999, 343-353
Irrgang, B. 1999b: Gemeinwohl geht vor Eigennutz. Eine Auseinandersetzung mit dem Kommunitarismus; in: P. Fonk, U. Zelinka (Hg.): *Orientierung in pluraler Gesellschaft. Ethische Perspektiven an der Zeitenschwelle. Festschrift zum 70. Geburtstag von B. Fraling*; Freiburg, Wien 1999, 149-164
Irrgang, B. 2000: *Hermeneutik und Ethik*; in: Ethica 8 (2000), 3, 267-278
Irrgang, B. 2001a: *Technische Kultur. Instrumentelles Verstehen und technisches Handeln*; (Philosophie der Technik Bd.1) Paderborn
Irrgang, B. 2001b: *Lehrbuch der Evolutionären Erkenntnistheorie*; ([1]1993) München, Basel
Irrgang, B. 2002a: *Technische Praxis. Gestaltungsperspektiven technischer Entwicklung*; (Philosophie der Technik Bd.2); Paderborn
Irrgang, B. 2002b: *Technischer Fortschritt. Legitimitätsprobleme innovativer Technik*; (Philosophie der Technik Bd.3); Paderborn
Irrgang, B. 2002c: *Natur als Ressource, Konsumgesellschaft und Langzeitverantwortung. Zur Philosophie nachhaltiger Entwicklung*; Technikhermeneutik Band 2; Dresden
Irrgang, B. 2002d: Künstliches Leben- Natur und technische Grenzen; in: W. Hogrebe (Hg.): *Grenzen und Grenzüberschreitungen. 19. Deutscher Kongreß für Philosophie*; Bonn, 865-872
Irrgang, B. 2002e: *Humangenetik auf dem Weg in eine neue Eugenik von unten?* Bad

Neuenahr/Ahrweiler
Irrgang, B. 2002f: Das Stichwort: Hermeneutische Ethik; in: *Information Philosophie* 2/2002, 50-52
Irrgang, B. 2003a: Künstliche Menschen? Posthumanität als Kennzeichen einer Anthropologie der hypermodernen Welt?; *in Ethica* 11/2003/1, 1
Irrgang, B. 2003b: *Von der Mendelgenetik zur synthetischen Biologie. Epistemologie der Laboratoriumspraxis Biotechnologie*; Technikhermeneutik Bd.3; Dresden
Irrgang, B. 2003c: Technologietransfer transkulturell als Bewegung technischer Kompetenz am Beispiel der spätmittelalterlichen Waffentechnologie; in: *Wissenschaftliche Zeitschrift der Technischen Universität Dresden* 52 (2003) Heft 5. 6, 91-96
Irrgang, B. 2004a: Konzepte des impliziten Wissens und die Technikwissenschaften; in: G. Banse, G. Ropohl (Hg.): *Wissenskonzepte für die Ingenieurpraxis. Technikwissenschaften zwischen Erkennen und Gestalten*; VDI-Report 35; Düsseldorf 2004, 99-112
Irrgang, B. 2004b: Wie unnatürlich ist Doping? Anthropologisch-ethische Reflexionen zur Erlebnis und Leistungssteigerung; in: C. Pawlenka (Hg.): *Sportethik Regeln, Fairneß, Doping*; Paderborn 2004, 279-291
Irrgang, B. 2005a: *Posthumanes Menschsein? Künstliche Intelligenz, Cyberspace, Roboter, Cyborgs und Designer-Menschen- Anthropologie des künstlichen Menschen im 21. Jahrhundert*; Stuttgart
Irrgang, B. 2005b: *Einführung in die Bioethik*; München
Irrgang, B. 2005c: Ethical acts (actions) in robotics; in: Ph. Brey, F. Grodzinsky, K. Introna (Hg.): *Ethics of New Information Technology. Proceedings of the Sixth International Conference of Computer ethics* (CEPE2005); Enschede 2005, 241-250
Irrgang, B. 2006: *Technologietransfer transkulturell. Komparative Hermeneutik von Technik in Europa, Indien und China*; Frankfurt u. a.
Irrgang, B. 2007: *Gehirn und leiblicher Geist. Phänomenologisch-hermeneutische Philosophie des Geistes*; Stuttgart 2007; i. Dr.
James, W. 2001: *Pragmatismus. Ein neuer Name für einige alte Denkweisen*; übersetzt von K. Schubert und A. Spree, Darmstadt (桝田啓三郎訳『プラグマティズム』岩波文庫改版、1957年)
Janich, P. 1993: *Erkennen als Handeln. Von der konstruktiven Wissenschaftstheorie zur Erkenntnistheorie*; Erlangen, Jena
Janich, P. 1998: Die Struktur technischer Innovationen; in: D. Hartmann u. P. Janich (Hg.): *Die kulturalistische Wende. Zur Orientierung des philosophischen Selbstverständnisses*; Frankfurt 129-177
Janich, P. 2003: Technik und Kulturhöhe; in: A. Grunwald (Hg.): *Technikgestaltung zwischen Wunsch und Wirklichkeit*, Berlin u. a., 91-104
Joas, H. 1992: *Die Kreativität des Handelns*; Frankfurt
Johnson, St. 1997: *Interface culture. Wie neue Technologien Kreativität und Kommunikation verändern*; übers. von H. -J. Maass; Stuttgart
Jonson, A., St. Toulmin 1988: *The abuse of casuistry. A history of moral reasoning*; Berkeley u. a.
Jungermann, H., R. Kasperson, P. Wiedemann 1988: (Hg.) *Themes and Tasks of Risk*

Communication;
Jungermann, Jülich, H., B. Rohrmann, P. Wiedemann 1990: (Hg.) *Risiko-Konzepte, Risiko-Konflikte, RisikoKommunikation*;
Jungermann, Jülich, H., P. Slovic 1993: Charakteristika individueller Risikowahrnehmung; in: Münchener Rück (Hg.): *Risiko ist ein Konstrukt*, München, 89-107
Kaltenborn, O. 2001: *Das künstliche Leben. Die Grundlagen der dritten Kultur*; München
Kane, R. 1996: *The significance of free will*; New York, Oxford
Kant, I. 1975, VI: *Grundlegung zur Metaphysik der Sitten*; Werke Bd. 6, ed. W. Weischedel; Wiesbaden [5]1975（坂部恵ほか訳『人倫の形而上学の基礎づけ』カント全集、第7巻、岩波書店、2000年）
Kast, B. 2003: *Revolution im Kopf. Die Zukunft des Gehirns. Gebrauchsanweisungen für das 21. Jh.* ; Berlin
Kaulbach, F. 1980: Artikel Leib; Körper, Neuzeit; in: HWP 5, 178-185
Keulartz, J. u. a. 2002: (Hg.) *Pragmatist ethics for a technological culture*; Dordrecht
König, W. 1998: Produktion und Konsum als Gegenstände der Geschichtsforschung; in: G. Bayerl und W. Weber (Hg.): *Sozialgeschichte der Technik. Ulrich Troitzsch zum 60. Geburtstag*; Münster u. a., 35-44
Koslowski, P., K. Röttgers 2002: *Transkulturelle Wertekonflikte*, Hagen
Kuhse, H. 1994: *Die Heiligkeit des Lebens in der Medizin. Eine philosophische Kritik*, autorisierte übersetzung von Thomas Fehige, Erlangen（飯田亘之ほか訳『生命の神聖説批判』東信堂、2006年）
Laudan, R. 1984: (Hg.) *The Nature of Technological Knowledge. Are Modells of Scientific Change Relevant?* Dordrecht u. a.
Leder, D. 1990: *The absent body*; Chicago, London
Leites, E. 1988: (Hg.) *Conscience and Casuistry in early modern Europe*; Cambridge
Lenk, H. 1993: *Philosophie und Interpretation. Vorlesungen zur Entwicklung konstruktionistischer Interpretationsansätze*; Frankfurt
Lenk, H. 1994: *Macht und Machbarkeit der Technik*; Stuttgart
Lenk, H. 1995: *Interpretation und Realität. Vorlesungen über Realismus in der Philosophie der Interpretationskonstrukte*; Frankfurt
Lenk, H. 1998: *Konkrete Humanität: Vorlesungen über Verantwortungen und Menschlichkeit*; Frankfurt
Lenk, H., M. Maring 1991: (Hg.) *Technikverantwortung. Güterabwägung, Risikobewertung, Verhaltenskodizes*; Frankfurt/M., New York
Libet, B. 2005: *Mind time. Wie das Gehirn Bewusstsein produziert*, übersetzt von J. Schröder, Frankfurt（下條信輔訳『マインド・タイム——脳と意識の時間』岩波書店、2005年）
Lohmar, A. 2005: *Moralische Verantwortlichkeit ohne Willensfreiheit*; Frankfurt
Ludwig, K. -H., V. Schmidtchen 1992: Metalle und Macht 1000-1600; in: W. König (Hg.) *Propyläen Technikgeschichte* Band 2; Berlin
Mall, R. A. 1995: *Philosophie im Vergleich der Kulturen. Interkulturelle Philosophie - eine neue Orientierung*; Darmstadt
Mall, R. A., N. Schneider 1996: (Hg.) *Ethik und Politik aus interkultureller Sicht. Studien zur interkulturellen Philosophie 5*; 1996

Mansfield, E. 1968a: *The economics of technological change*; New York（伊藤史朗訳『技術進歩の経済学』日本経済新聞社、1971 年）

Mansfield, E. 1968b: *Industrial research and technological innovation. An econometric analysis*; New York（村上泰亮・高島忠訳『技術進歩の経済学』日本経済新聞社、1972 年）

Maring, M. 2004:（Hg.）*Ethisch-philosophisches Grundlagenstudium. Ein Studienbuch*; Münster

Matthäus, W. 1976: Art. Kreativität; in: HWP 4, 1194-1201

Matthes, J. 1992:（Hg.）*Zwischen den Kulturen? Die Sozialwissenschaften vor dem Problem des Kulturvergleichs*; Göttingen

McMullin, E. 1992:（Hg.）*The social dimensions of science*; Notre Dame, Indiana

Mehl, F. 2001: *Komplexe Bewertungen. Zur ethischen Grundlegung der Technikbewertung*; Münster u. a.

Meinhold, R. v. 2001: *Konsum- Livestyle- Selbstverwirklichung; Konsummotive Jugendlicher und nachhaltige Bildung*; Weingarten

Miles, St. 1998: *Consumerism as a Way of Live*; London u. a.

Miller, D. 1995:（Hg.）*Acknowledging consumption. A review of new studies*; London, New York

Mitcham, C. 1987: Responsibility and Technology. The Expanding Relationship, in: P. Durbin（Hg.）: *Technology and Responsibility*, Dordrecht 1987, 3-39

Mitcham, C. 1994: *Thinking through technology. The path between engineering and philosophy*; Chicago, London

Mokre, M. 2000:（Hg.）*Imaginierte Kulturen- reale Kämpfe. Annotationen zu Huntingtons "Kampf der Kulturen"*; Baden-Baden

Moore, G. E. 1984: *Principia Ethica*; übers. von B. Wisser; Stuttgart（泉谷周三郎・寺中平治・星野勉訳『倫理学原理』三和書籍、2010 年）

Moriarty, G. 2001: *Three kinds of ethics for three kinds of engineering*; in: IEEE Technology and society Magazine 2001, 31-38

Morton, J. A. 1971: *Organizing for innovation. A Systems Approach to Technical Management*; New York u. a.（高橋達男訳『革新のエコロジー――人と組織の有機的結合の実例』産業能率短期大学出版部、1970 年）

Musil, R. 1978: *Der Mann ohne Eigenschaften*; Reinbek bei Harnburg（加藤二郎訳『ムージル著作集　特性のない男』1 ～ 6、松籟社、1992-95 年）

Nennen, H. -U. ; D. Garbe 1996:（Hg.）*Das Expertendilemma. Zur Rolle wissenschaftlicher Gutachter in der öffentlichen Meinungsbildung*; Berlin u. a.

Newman, J. H. 1961; *Entwurf einer Zustimmungslehre*; übers. v. Th. Haecker; Mainz

Nowotny, H. 2005: *Unersättliche Neugier. Innovation in einer fragilen Zukunft*; Berlin

Nyberg, D. 1994: *Lob der Halbwahrheit. Warum wir so manches verschweigen*; übers. von H. Thies;（1993）Hamburg

Ogburn, W. 1969: *Kultur und sozialer Wandel*. Ausgewählte Schriften; ed. von O. D. Duncan; Neuwied, Berlin

O'Neill, O. 2002: *Autonomy and trust in Bioethics*; Cambridge

Parayil, G. 1999: *Conceptualising Technological Change. Theoretical and empirical Explorations*; Lauhan

Pauen, M. 2005: Ursachen und Gründe. Zu ihrer Unterscheidung in der Debatte um Physikalismus und Willensfreiheit; in: *Information Philosophie* 5/2005, 7-16
Peirce, Ch. S. 1991: *Vorlesungen über Pragmatismus*; übersetzt von E. Walther, Harnburg
Perrow, Ch. 1987: *Normale Katastrophen. Die unvermeidbaren Risiken der Großtechnik*; Frankfurt, M., NewYork
Petrowski, H. 1992: *To engineers is human: The role of failure in successful design*; (¹1982); New York
Petrowski, H. 1997: *Remaking the world. Advendures in ingineering*; New York
Pfeiffer, W. 1971: *Allgemeine Theorie der technischen Entwicklung als Grundlage einer Planung und Prognose des technischen Fortschritts*; Göttingen
Pinkus, R. u. a. 1997: *Engineering ethics. Balancing Cost, Schedule, and Risk- Lessons Learned from the Space Shuttle*; Cambridge
Polanyi, M. 1985: *Implizites Wissen*; Frankfurt（高橋勇夫訳『暗黙知の次元』筑摩書房、2003 年）
Polanyi, M. 1998: *Personal knowledge. Towards a Post -Critical Philosophy*; Oxford, New York 11958
Pool, R. 1997: *Beyond Engineering. How Society shapes Technology*; New York, Oxford
Popitz, H. 2000: *Wege der Kreativität* (¹1997); Tübingen
Poschardt, U. 2002: *Cool*; Reinbek bei Harnburg (¹2000)
Prüfer, Th.; V. Stollorz 2003: *Bioethik*; Harnburg
Radermacher, F. J. u. a. 2001a: *Management von nicht-explizitem Wissen: Noch mehr von der Natur lernen*; Abschlußbericht Teil1: Ergebnis und Einordnung; Ulm
Radermacher, F. J. u. a. 2001b: *Management von nicht-explizitem Wissen: Noch mehr von der Natur lernen; Abschlußbericht* Teil2: Wissensmanagement: Ansätze und Erfahrungen in der Umsetzung; Ulm
Radermacher, F. J. u. a. 2001c: *Management von nicht-explizitem Wissen: Noch mehr von der Natur lernen*; Abschlußbericht Teil 3: Die Sicht verschiedener akademischer Fächer zum Thema des nicht-expliziten Wissens; Ulm
Radkau, J. 1989: *Technik in Deutschland. Vom 18. Jahrhundert bis zur Gegenwart*; Frankfurt
Rammstedt, 0. 1992: Art. Risiko; in: HWP 8, 1045-1050
Reese-Schäfer, W. 1994: *Was ist Kommunitarismus?*; Frankfurt, New York
Reimann, H. 1992: (Hg.) *Transkulturelle Kommunikation und Weltgesellschaft. Zur Theorie und Pragmatik globaler Interaktion*; Opladen
Rendtorff, T. 1982: Strukturen und Aufgaben technischer Kultur; in: D. Rössler, E. Lindenlaub (Hg.): *Möglichkeiten und Grenzen der technischen Kultur*, Stuttgart, New York, 9-21
Rentsch, Th. 2000: Wie lässt sich Allgemessenheit ästhetisch denken? Zum Zusammenhang von Schönheit, Metaphysik und Lebenswelt; in: B. Merker, G. Mohr, L. Siep (Hg.) *Angemessenheit*; Würzburg, 161-173
Rentsch, Th. 2001: (Hg.) *Martin Heidegger. Sein und Zeit*; Berlin
Rentsch, Th. 2003: *Heidegger und Wittgenstein. Existenzial- und Sprachanalysen zu den Grundlagen philosophischer Anthropologie*; Stuttgart

Rescher, N. 1983: *Risk. A Philosophical Introduction to the Theory of Risk*; Oxford, London

Rheinberger, H. -J. 1992: *Experiment, Differenz, Schrift. Zur Geschichte epistemischer Dinge*; Marburg

Ricken, F. 1983: *Allgemeine Ethik*; Stuttgart

Ridley, M. 1994: *The red Queen. Sex and the Evolution of Human Nature*; London C1993(長谷川真理子訳『赤の女王——性とヒトの進化』翔泳社、1995年)

Rolf, Th. 1999: *Normalität ein philosophischer Grundbegriff des 20. Jh.*; München

Ropohl, G. 2003: *Vom Wert der Technik*; Stuttgart, Zürich

Rosenberg, N. 1982: Inside the Black Box: Technology and Economics; Cambridge u. a.

Rosenkranz, D., N. Schneider 2000: (Hg.) *Konsum. Soziologische, ökonomische und psychologische Perspektiven*; Opladen

Salas, R. 2003: *Ethica intercultural. Ensayos de una ethica discursiva para contextos culturales conflictivos.* (Re) *Lecturas del pensamiento latino americano*; Santiago

Sass, H. M. 1991: *Genomanalyse und Gentherapie. Ethische Herausforderungen in der Humanmedizin*; Berlin, Heidelberg, New York

Schaber, P. 1997: *Moralischer Realismus*; Freiburg, München

Schatzki, Th. 1996: *Social practices. A Wittgensteinian aproach to human activity and the social*; Cambridge Mass.

Schauer, F. 1991: *Playing by the Rules*; Oxford

Schenkel, W. 1993: (Hg.) *Recht auf Abfall? Versuch über das Märchen vom süßen* Brei, Berlin

Schlüter, G, Grötker, R. 1998: Art. Toleranz; in: HWP 10, 1251-1262

Schönherr-Mann, H. -M. 2004: (Hg.) *Hermeneutik als Ethik*; München

Schöpf, A. 2001: *Unbewusste Kommunikation. Der interne Diskurs des Gewissens und der externe der Gesellschaft*; Wien

Schrader, W. H. 1995: Art. Selbst; in: HWP 9, 292-305

Schröer, N. 1994: (Hg.) *Interpretative Sozialforschung. Auf dem Wege zu einer hermeneutischen Wissenssoziologie*; Opladen

Schüller, B. 1980: *Die Begründung sittlicher Urteile*; Düsseldorf

Scriven, M. 1994: Der vollkommene Roboter: Prolegomena zu einer Androidologie in: W. Zimmerli; S. Wolf (Hg.) *Künstliche Intelligenz. Philosophische Probleme*; Stuttgart, 79-111

Searle, J. 1971: *Sprechakte. Ein sprachphilosophischer Essay*; Frankfurt/M. (坂本百大・土屋俊訳『言語行為——言語哲学への試論』勁草書房、1986年)

Selinger, E.; R. Crease 2003: Dreyfus on expertise: The limits of phenomenological analysis; in *continental philosophy review* 35 (2002), 245-279

Selinger, I, J. Mix 2004: On the interactional expertise: pragmatic and ontological considerations; in: *Phenomenology and the cognitive sciences* 3/2004, 145-163

Sidgwick, H. 1981: *The Methods of Ethics*; Indianapolis/Cambridge [7]1981 ([1]1884)

Sieferle, R. -P. 1997: *Rückblicke auf die Natur. Eine Geschichte des Menschen und seiner Umwelt*; München

Simon, E. 2002: *Erhaltung von Technik durch Instandhaltung. Eine technikphilosophische Untersuchung; Masch.* Diss. Stuttgart

Singer, M. G. 1975: *Verallgemeinerung in der Ethik. Zur Logik moralischen Argumentierens*; Frankfurt/M. 1975 ([1]1961)

Spektrum Dossier 1/2003: *Spektrum der Wissenschaft Dossier: Gehirn und Geist: Angriff auf das Menschenbild* 1/2003

Stachowiak, H. 1989: *Pragmatik. Handbuch pragmatischen Denkens* Band 3; Harnburg

Stadler, G., A. Kuisle 1999: (Hg.) *Technik zwischen Akzeptanz und Widerstand*, Münster u. a.

Tenner, E. 1996: *Why things bite back. Technology and the Revenge of Unintended Consequences*; New York (山口剛・粥川準二訳『逆襲するテクノロジー——なぜ科学技術は人間を裏切るのか』早川書房、1999 年)

Thompson, M. 1981: *Die Theorie des Abfalls. über die Schaffung und Vernichtung von Werten*; Stuttgart

Thompson, P. 1986: The philosophical foundations of risk; in: *The Southern Journal of Philosophy* (1986) Bd.24, Nr.2, 273-286

Thompson, P. 2002: Pragmatism, discourse ethics and occasional philosophy; in: Keulartz u. a. (Hg.): *Pragmatists ethics for a technology culture, Dordrecht*, 199-216

Tiles, M., H. Oberdiek 1995: *Living in a technological Culture; Human Tools and Human Values*; London, New York

Toulmin, St. 1994: *Kosmopolis. Die unerkannten Aufgaben der Moderne*; Frankfurt

VDI 2002: *VDI-Richtlinien Ethische Grundsätze des Ingenieurberufs, Fundamentals of Engineering Ethics vom März 2002*

Vieth, A. 2006: *Einführung in die Angewandte Ethik*; Darmstadt

Virilio, P. 1986: *Ästhetik des Verschwindens*: übers. v. M. Karbe und G. Roßler ([1]1980); Berlin

Votruba, G. 1983: Prävention durch Selbstkontrolle; in: M. Warnbach (Hg.): *Der Mensch als Risiko*; Frankfurt/M. 29-48

Wagner, G. 1992: *Vertrauen in Technik.* überlegungen zu einer Voraussetzung alltäglicher Technikverwendung; Berlin

Walther, H. 1999: *Neurophilosophie der Willensfreiheit. Von libertarischen Illusionen zum Konzept natürlicher Autonomie* ([1]1997), Faderborn

Weingarten, M. 2000: *Entwicklung und Innovation; Europäische Akademie*, Graue Reihe Nr.21; Bad Neuenahr

Weiss, G. 1999: *Body, Images. Embodiment as intercorporeality*; New York, London

Wengenroth, U. 1997: Technischer Fortschritt, Deindustrialisierung und Konsum. Eine Herausforderung für die Technikgeschichte; in *Technikgeschichte* Band 64 (1997) Nummer 1, 1-18

Wengenroth, U. 2001: Vom Innovationssystem zur Innovationskultur. Perspektivwechsel in der Innovationsforschung; in: J. Abele u. a.: *Perspektivwechsel in der Innovationsforschung*; Köln u. a., 23-32

Wengenroth, U. 2004: Gute Gründe. Technisierung und Konsumentenentscheidungen; in *Technikgeschichte* 71 (2004) Heft 1, 1-18

Winner, L. 1986: *The whale and the reactor. A Search for limits in an age of high technology*; Chicago London (吉岡斉・若松征男訳『鯨と原子炉——技術の限界を求めて』

紀伊國屋書店、2000 年）
Winner, L. 1992: *Autonomous technology. Technics-out-of-control as a theme in political thought*; Cambridge Mass. 1992; 11977
Wittgenstein, L. 1970: *Über Gewißheit*; ed. von G. E. Anscombe u. G. H. von Wright; Frankfurt/M. (黒田亘訳「確実性の問題」『ウィトゲンシュタイン全集』9、大修館書店、1975 年）
Wolf, O. 1976: Art. Kasuistik; in HWP 4, 705f.
Wuketits, F. M. 1990: Moral- eine biologische oder biologistische Kategorie?; in: *Ethik und Sozialwissenschaften* l/1990, 1, 161-207
Young, R. 1995: *Colonial desire. Hybridity in theory, culture and race*; London, New York
Zahlmann, Ch. 1992: *Kommunitarismus in der Diskussion. Eine streitbare Einführung*; Berlin
Zaner, R. 1984: A Criticism of Moral Conservatism's View of In Vitro Fertilization and Embryo Transfer; in: *Perspectives in Biology and Medicine* 27, 2 (1984), 200-212
Zimmerli, W. 1990a: Prognosen als Orientierungshilfe für technisch-naturwissenschaftliche Entscheidungen; DVT 1990, 4-17
Zimmerli, W. 1990b: *Der Stellenwert des technischen Fortschritts aus philosophischer Sicht. Vier vorbereitende historisch-kritische Thesen; Technischer Fortschritt in der Landwirtschaft-Tendenzen, Auswirkungen, Beeinflussungen*; Münster-Hiltrup
Zimmerli, W. 1990c: Zur Dialektik des technisch-wissenschaftlichen Expertentums; in: W. Zimmerli, H. Sinn (Hg.): *Die Glaubwürdigkeit technisch-wissenschaftlicher Informationen*; Düsseldorf, 1-8
Zimmerli, W. 1991: Die Wiederkehr des Individuums- Basis einer Ethik von Technik und Wissenschaft; *Forschung aktuell TU Berlin* 8, Nr.36-38, 16-20
Zimmerli, W. 1993: Die Bedeutung der empirischen Wissenschaften und der Technologie für die Ethik; in: A. Hertz, W. Korff, T. Rendtorff, H. Ringding (Hg.): *Handbuch der christlichen Ethik*; Freiburg, Basel, Wien, Aktualisierte Neuausgabe 1993 Bd.I, 297-316
Zimmerli, W. 1997a: Prognose- Antizipation- Entwurf- Vorschein. Hinweise zur Rettung der Wissenschaftsphilosophie; in: Friedrich Gaded, Constance Peres (Hg.): *Antizipation in Kunst und Wissenschaft. Ein interdisziplinäres Erkenntnisproblem und seine Begründung bei Leibniz*; Wiesbaden, 263-279.
Zimmerli, W. 1997b: *Technologie als >Kultur<*; Hildesheim
Zimmerli, W. 1999: Zeit als Zukunft. Management von Nichtwissen; in: *Bulletin ETH Zürich*, Nr.272, Januar 99, 38-41

解釈学的倫理学——科学技術社会を生きるために

2014年5月30日　初版第1刷発行

監訳者　松田　毅

発行者　齊藤万壽子

〒606-8224　京都市左京区北白川京大農学部前
発行所　株式会社昭和堂
振込口座　01060-5-9347
TEL(075)706-8818／FAX(075)706-8878
ホームページ　http://showado-kyoto.jp

印刷　モリモト印刷

ISBN 978-4-8122-1401-5

イルガング 著

医の倫理

本体２７００円＋税

シュレーダー＝フレチェット 著

環境リスクと合理的意思決定

本体４３００円＋税